企業法務の —— リーガル・リサーチ

編集代表

髙宮 雄介　森・濱田松本法律事務所　外国法共同事業　弁護士

小林 和真呂　西村あさひ法律事務所・外国法共同事業　弁護士

鈴木 剛志　アンダーソン・毛利・友常法律事務所 外国法共同事業　弁護士

伊藤 伸明　長島・大野・常松法律事務所　弁護士

有斐閣

序　文

1　はじめに

⑴　企業法務におけるリーガル・リサーチの重要性

　本書は、企業法務に関するリーガル・リサーチについて、大規模法律事務所の第一線で執務を行う弁護士が事務所の垣根を越えた共同作業として執筆した稀有な書籍である。本書でいう「リーガル・リサーチ」には、法令や裁判例、文献等の各種リソースを検索することだけではなく、取り組むべき様々な法律分野の特徴や典型的な法律問題を知るとともに、当該法律分野における様々なリソースの位置づけを理解し、リサーチをして得た結果を、直面する問題の解決に活かすことまでをも含んでいる。

　企業法務に取り組むうえでリーガル・リサーチが重要であることは言うまでもない。法律分野全般においてリサーチが重要であることは当然であるが、とりわけ企業法務においては、取り扱う法律問題が高度かつ複雑であることが多く、また当該法律問題によって左右されるステーク（利害）は巨額であることが多い。加えて、企業法務において関わることになる当事者はそれぞれが相応の法的知識を有していることが多く、十分なリサーチをせずに安易な対応を行うことは致命的なリスクとなり得る。他方、企業法務は、企業のビジネスと密接に結びついている。このため、企業法務におけるリサーチに際しては、ビジネスの時間軸に合わせ、短時間かつ効率的に回答を導き出すことが求められる。したがって、企業法務に取り組むうえでは、それに適したリーガル・リサーチのスキルを身に付けることが不可欠である。

⑵　本書が想定する読者層

　本書は、⑴で記載した問題意識を踏まえ、企業法務に取り組む際に、より的確かつ効率的に対応できるようになることを願って企画されたものである。したがって、本書は企業法務に取り組んでいる、または、その可能性がある方々

i

には、皆様に読んでいただきたいと考えている。もっとも、本書が特に想定する読者層をあえて挙げるとすれば、以下のとおりとなる。

第1に、企業法務を主として取り扱う法律事務所に入所してから日が浅い若手の弁護士の方々である。こうした法律事務所のうち、特に大規模な法律事務所においては、一刻も早く実務に慣れることができるように趣向を凝らした研修プログラムが設けられていることもあり、そうでない場合であっても、先輩弁護士から若手弁護士に対して様々な形で、各専門分野におけるリーガル・リサーチの基礎を修得する手ほどきが行われている。もっとも、こうした研修プログラムや先輩弁護士から後輩弁護士への手ほどきは実務の傍らで行われることから、時間的制約を中心とした各種制約に服せざるを得ず、必ずしも十分な対応を行い得るとは限らない。本書は、こうした現実に鑑み、企業法務を主として取り扱う法律事務所の若手の弁護士の方々が、事務所の研修プログラムや先輩弁護士からの手ほどきと併せて参照することにより、早期に実務に慣れるための格好のツールになるものと考えている。

第2に、企業の法務部門や総務部門において日々社内の各部門から法律相談を受けて対応にあたっているインハウスロイヤーを含む法務部の方々である。企業の法務部門や総務部門では、株主総会対応や取締役会の運営等のコーポレート関係の業務、事業部門の求めに応じた契約書のレビュー、行政機関からの各種調査等への対応等、日々多種多様な法律相談を扱っており、その過程で様々な分野における知識・経験が蓄積される。もっとも、企業の法務部門や総務部門においては、社内の各部門からあらゆる問い合わせに対応することが求められるがゆえに、その知識・経験には濃淡が生じ、知識・経験が浅いまま対応を迫られる分野が生じることは避け難い。企業の法務部門や総務部門の方々には、そうした分野の法律問題に取り組むに際し、ひとまず本書の該当箇所を確認することによって、効率的かつ効果的に対応を行っていただけるものと考えている。

第3に、現在法科大学院や法学部において司法試験に向けて勉強中であったり、司法修習に取り組む等しており、近い将来、企業法務に接することとなる可能性が高い法曹の卵の方々である。法曹になるためのトレーニングに際して最も重要なのは基本六法をはじめとする基礎的な法律分野に関する正確かつ

深い知識であることは言うまでもなく、本書で取り扱う実務的な知識もこうした基礎的な法律分野に関する正確かつ深い知識の上に拠って立つものである。もっとも、法科大学院や法学部の教育においてもリーガル・リサーチに関する科目が提供され、企業法務に関する分野が取り扱われる場合も多いほか、法曹三者のいずれの分野に進むに際しても企業法務の各分野に関する法律問題を取り扱う機会はあることから、司法修習において各修習課程に取り組むにあたっても、企業法務に関するリーガル・リサーチの手法に触れることは有用と思われる。こうした観点より、本書は、法曹の卵の方々にも、企業法務の各分野におけるリーガル・リサーチの概要を知るためにお薦めできるものと考えている。

この(2)の冒頭で述べたとおり、本書が想定している読者層は上記に限られるものではない。例えば、一般的な民事事件を中心に取り扱っている法律事務所の弁護士が依頼者から専門的な分野に関する法律相談を受けた際に回答にあたってのリサーチの出発点として参照したり、司法修習を終えてから一人で独立して法律事務所を開業する弁護士が多種多様な分野の法律相談を受ける際の備えとして目を通したりといった活用方法も考えられる。

2 本書の特徴

(1) 総 論

1(1)の冒頭で述べたとおり、本書は、①リーガル・リサーチの中でも企業法務に特化した書籍であること、②大規模法律事務所の弁護士が事務所の垣根を越えて執筆した書籍であること、③各専門分野の第一線で執務を行う弁護士が執筆した書籍であることという特徴を有する。これらの特徴は、1(2)で述べた主として想定する読者層に本書を活用していただきやすくするために本書の企画時に特に意識された点であり、執筆者としても本書を手に取る皆様に是非価値を感じていただければと考えている点である。

以下、(2)においてそれぞれの特徴の持つ意味について説明する。

(2) 各 論

① リーガル・リサーチの中でも企業法務に特化した書籍であること

法律に関連した活動に携わるにあたり、法令や裁判例、行政機関が発出する

ガイドラインや研究者の論文・書籍などの各種リソースを調査することは不可欠であり、これらの調査や分析にあたっては、相応のノウハウや知見が求められる。このため、リーガル・リサーチは他の分野のリサーチとは区別された独自の分野として認識されてきた。そして、こうした特徴から、リーガル・リサーチは、雑誌の論稿や書籍の題材としても、決して数は多くないものの、これまで一定程度は取り上げられることがあった。しかし、これまでに知られているリーガル・リサーチを題材にした雑誌の論稿や書籍のほとんどは、例えば、研究職を目指す者または研究職になりたての者を主たる読者として想定し、アカデミアにおけるリーガル・リサーチを念頭に執筆がなされていたり、個人から多種多様な事件を幅広く引き受ける弁護士を目指す者、または、これになりたての者を主たる読者として想定し、刑事事件や家事事件を含む弁護士業務全般における初歩的なリーガル・リサーチを念頭に執筆がなされたりするものであった。これに対し、本書は、企業法務に特化したリーガル・リサーチを念頭に執筆がなされた書籍である点に大きな特徴がある。無論、企業法務におけるリーガル・リサーチにおいても、アカデミアや弁護士が取り扱う他の分野において求められるリーガル・リサーチと共通する部分は多い。しかし、企業法務におけるリーガル・リサーチは、相対的に限られた時間の中で、実務的見地から許容される結論を出すことが求められるという点において、他の分野のリーガル・リサーチと大きく異なっており、そのためには固有のノウハウを学ぶことが重要であり、本書はそうしたノウハウを読者に提供することを主眼にしている。

② 　大規模法律事務所の弁護士が事務所の垣根を越えて執筆した書籍であること

　本書の第2の特徴は、多数の大規模法律事務所の弁護士が協力して執筆した書籍である点にある。弁護士は、執務の中で専門分野に関して深い考察を行ったり、実務に関する様々な知見やノウハウを習得したりする機会があることから、各自の専門分野について、そうした点を雑誌等における論稿や書籍にまとめて発表する機会は決して少なくない。しかし、多くの場合、そうした論稿や書籍は、各弁護士個人または各弁護士が所属する法律事務所の弁護士の名義において発表されるのみであり、とりわけ企業法務を取り扱う大規模法律事務

所においてはこれが顕著である。これに対し、本書は、企業法務の主要な専門分野（14分野）について、大規模法律事務所の弁護士が所属する法律事務所の垣根を越えて協力している点に大きな特徴がある。各専門分野におけるリーガル・リサーチの手法やノウハウは、それぞれが所属する法律事務所に固有のものではなく、分野全体に共通するものであるところ、本書のような企業法務全般におけるリーガル・リサーチに関して取り扱う書籍について、特定の法律事務所と紐づく形ではなく、所属する法律事務所の垣根を越えた形で世に問うことができた点は、本書の性質上も、非常に意味があることと考えられる。

③ 各専門分野の第一線で執務を行う弁護士が執筆した書籍であること

本書の第3の特徴は、その執筆者が各専門分野の第一線で執務を行う弁護士である点にある。

現在の企業法務は高度に専門分化が進んでおり、いかに優れた弁護士であっても、一人で全ての分野について完全にカバーすることは難しい。このことから、企業法務を主軸とする大規模法律事務所においては、M&A・コーポレート関係、ファイナンス関係、訴訟・紛争関係といった比較的幅広い分野から、独占禁止法関係、労働法関係、知的財産法関係といったより専門性の高い分野まで、長年にわたり当該分野を中心に執務をし、当該分野について高度に知識や経験を修得している弁護士が専門分野ごとに執務をする体制を確保することにより、法律事務所全体として企業法務の主要分野全体をカバーする体制を構築している。すなわち、大規模法律事務所においては、長期間にわたって執務をしている少数の弁護士のもとに企業法務全般にかかる知識・経験が集積されているわけではなく、個々の専門分野の知識・経験は、各専門分野を取り扱う弁護士がそれぞれ有している状況にある。このことから、本書は、企業法務の主要分野について、その分野固有の知識・経験を盛り込む形とすべく、各専門分野を取り扱う弁護士が執筆をする形としている。

さらに、本書は、各専門分野について、当該分野の第一線で執務を行う弁護士が執筆に携わっているという点においても特徴的である。本書の編集・執筆は、弁護士として執務を開始してから概ね15年前後の経験を有する中堅あるいは若手のパートナー層を中心に行っている。こうした弁護士はまさに働き盛りの世代であり、各専門分野において、依頼者が大規模法律事務所に期待する

難易度の高い論点やプロジェクトに関する相談を受け、これまでに蓄積してきた知識・経験を活かし、自らの采配のもとで案件を成功に導きだす役割を日々担っている。また、こうした世代の弁護士は、事務所内における教育や研修にも中心的に関与していることが多く、新人弁護士への研修や事務所内における他分野の弁護士に対する継続的な研修において、講師等の役割を任されることも少なくない。本書は、このように、各専門分野におけるリーガル・リサーチに関して、最も知識・経験を有し、かつこれらを事務所内で他の弁護士に伝える役割を任されることが多い弁護士による著作となっており、記載内容の正確性を担保するとともに、紙幅の許す限りにおいてにおいて効率的かつ分かりやすく要点を伝えられるよう心掛けている。

3　本書全体および各章の構成

　2 で説明した本書の特徴を活かす観点から、本書においては全体および各章のそれぞれの構成に関し、以下に述べるような工夫を行っている。

　このうち本書全体に関しては、企業法務の主要分野のリーガル・リサーチに関して述べた章の前に、各分野に共通する企業法務のリーガル・リサーチの基本に関して解説する章を設けるという配慮を行った。本書の主たる目的は企業法務におけるリーガル・リサーチに関し、分野ごとに異なる点を個別に取り上げて解説を行うことにあるが、個別分野におけるリサーチを行うに先立ち、裁判例や法令をはじめとする基礎的なリソースの調査の手法を身に付けることは不可欠である。第1章においては、こうした分野横断的に求められる基本的なリサーチスキルやリサーチツールについて、リーガル・リサーチに取り組むうえでの心構えなどとともに解説することで、企業法務におけるリーガル・リサーチに不慣れな読者への配慮を図っている。

　また、主要分野ごとに解説を行っている各章（第2章〜第15章）に関しては、**1**(1)で解説した企業法務におけるリーガル・リサーチの重要性に鑑み、高度かつ複雑な問題に対し、短時間かつ効率的に回答を導き出すことができるよう、できる限り「分野の特徴」「リサーチツール」「個別分野でのリサーチ」という順序で解説を行うように心掛けた。このうち、「分野の特徴」は、企業法務の各分野はそれぞれ専門性が高いことから、具体的なリーガル・リサーチに入る

前に当該分野の特徴を把握しておいた方が結果として効率的であることが多いという問題意識に鑑みて設けている。また、「リサーチツール」は、企業法務においては専門分化が進んでいるゆえに、ある分野においては重要視されるリソースが別の分野ではあまり参照されなかったり、ある分野だけで参照されるリソースがあるという実態に鑑みて設けた項目であり、項目内で挙げている書籍や雑誌、関連するウェブサイトやデータベースといったリソースに関しては、できる限り当該分野における重要性や性格等もあわせて解説することを心掛けた。以上に加え、本書に取り上げた企業法務の主要分野においては、それぞれ当該分野内においても性格が異なるいくつかの個別分野が含まれており、当該個別分野ごとに典型的に必要となるリサーチの性質や参照することが求められるリソースが異なることも多いため、「個別分野でのリサーチ」に関して項目を設けている。「個別分野でのリサーチ」においては、読者の理解に資するように、当該個別分野において典型的に生じる法律問題を設例の形で示すことを心掛けた。そのうえで、当該個別分野においてはどのような形でリーガル・リサーチを進めていくことが一般的であり、その際にはどのようなリソースを参照することが考えられるかを解説する構成とすることで、企業法務の現場において本書を効果的に活用できるよう工夫している。

　なお、本書においては、代表的なリサーチツールに関して太字で強調表示をし、読者の視認性を確保しているほか、有斐閣ウェブサイト上のウェブサポートページ（https://www.yuhikaku.co.jp/books/detail/9784641126572。下の二次元コードよりアクセス可）において、本文内で紹介をしたウェブサイト等のリンク集を掲載し、読者が容易に当該情報にアクセスできるような環境を整備している。これらも、企業法務の現場において直面する様々な法的問題に短時間かつ効率的に対応するために本書において行った工夫の一例である。

4　おわりに

　2で述べたとおり、本書は、①リーガル・リサーチの中でも企業法務に特化した書籍であること、②大規模法律事務所の弁護士が事務所の垣根を越えて執筆した書籍であること、③各専門分野の第一線で執務を行う弁護士が執筆した

書籍であることという特徴を有した稀有な書籍であり、執筆者としては、こうした特徴をもとに、**1**(2)で述べたとおり、企業法務に現に携わっているまたは将来携わる可能性のある方々に、取っ掛かりとして幅広く手に取っていただく書籍となることを心より期待している。

　最後に、本書は上記のような特徴を有する書籍であるがゆえに、その実現は様々な困難を伴うものであり、発刊に協力してくださった関係者の皆様には深く感謝を申し上げたい。とりわけ、大規模法律事務所の弁護士が事務所の垣根を越えて執筆する書籍であるという特徴および各専門分野の第一線で執務を行う弁護士が執筆した書籍であるという特徴を実現するにあたり、各自が所属する法律事務所内の調整を担当してくださった編著者各氏、多忙を極める中で編著者各氏からの要請に応じて本書の執筆を快く引き受けてくださり、他の法律事務所の弁護士およびスペシャリストとの討議等を踏まえたうえで迅速に優れた論稿を寄せてくださった各事務所の弁護士およびスペシャリストの皆様に深く感謝を申し上げる。また、本書の企画にお声掛けくださった株式会社有斐閣実務書編集部部長の亀井聡様、関係者が多岐にわたる複雑な工程管理を一手に引き受けたうえで発刊に導いてくださった同編集部の鈴木淳也様、藤木雄様にも改めて感謝を申し上げ、序文とする次第である。

　2025 年 1 月

編著者を代表して

髙 宮 雄 介

目　次

第1章　リサーチの基本 ——————————————————1

I リーガル・リサーチに必要な情報 ……………………………………1

　1　法令等　1

　　　(1)　法　律（1）　／　(2)　政　令（1）　／　(3)　府令・省令（1）　／

　　　(4)　告　示（2）　／　(5)　最高裁判所規則（2）　／　(6)　通達・通

　　　知・監督指針・ガイドライン（2）　／　(7)　法令適用事前確認手続

　　　（日本版ノーアクションレター制度）（2）　／　(8)　地方自治体の条

　　　例・規則（2）

　2　判例・審決等　2

　　　(1)　裁　判（2）　／　(2)　準司法手続による審理（3）

　3　企業情報等　3

　　　(1)　企業の開示情報（3）　／　(2)　信用情報（4）

　4　文　献　4

　　　(1)　書　籍（4）　／　(2)　雑　誌（4）　／　(3)　法令・文献の略称

　　　（5）

II 情報へのアクセスと留意点 …………………………………………5

　1　データベース　5

　　　(1)　パブリックのデータベース（5）　／　(2)　商用データベース

　　　（13）　／　(3)　その他（18）

　2　図書館　19

　　　(1)　公共図書館（19）　／　(2)　専門図書館（20）

　3　サブスクリプション型法律書提供サービス　21

　4　その他：当局への電話照会　24

　　　(1)　電話照会を行うことの是非を判断する（25）　／　(2)　入念な理

　　　論構成を行う（25）　／　(3)　電話照会先を確認する（25）　／　(4)

電話照会の記録を残す（26）　／　（5）　電話照会結果の分析・評価を
行う（26）

Ⅲ　リサーチとナレッジ・マネジメント　……………………………………26

  1　リサーチにおけるナレッジ・マネジメントの重要性　26

    （1）　ナレッジ・マネジメントとは（26）　／　（2）　ナレッジ・マネジ
メントの促進がリサーチにもたらす効果（26）

  2　組織内に蓄積されるナレッジの活用　27

    （1）　形式知化されたナレッジ（27）　／　（2）　形式知化しづらいナレ
ッジ（28）

  3　リサーチツールの効果的な活用とナレッジ・マネジメント　29

    （1）　リテラシーの向上（29）　／　（2）　ツールの使い分け（29）　／
（3）　生成 AI を用いたリサーチツール（29）

Ⅳ　リサーチのアウトプット　………………………………………………30

  1　報告の形式　30

    （1）　依頼者が求める成果物は何か（30）　／　（2）　リサーチメモの要
素（前提事実・問題設定・結論・法的検討）（30）

  2　報告（リサーチメモ）を準備する際の留意点　31

    （1）　リサーチの範囲と順序（31）　／　（2）　論理の組み立て（31）　／
（3）　求めているリサーチ結果が得られなかった場合（32）

  3　法律文献等の出典の表示、引用について　32

第2章　訴訟実務のリサーチ ——————————————34

Ⅰ　訴訟実務分野の特徴　………………………………………………34

  1　訴訟実務とは　34

  2　訴訟の種類および本章の取扱い対象　34

  3　訴訟実務の特徴　36

    （1）　対立当事者（相手方）の存在、第三者として国家機関の判断権者
である裁判所の存在（36）　／　（2）　適用される法令の多様性（36）
／　（3）　各場面における手続等の理解の必要性（37）　／　（4）　裁判
所が定める規則の重要性（38）　／　（5）　裁判所の実務運用の理解

（38）　／　(6)　判例、裁判例の重要性（39）　／　(7)　紛争の全体像
の把握の重要性（40）　／　(8)　他の専門家との協力の重要性（40）

II　訴訟実務にわたるリサーチツール …………………………………41

1　裁判所ウェブサイト　41

2　基本書　42

(1)　民　　法（42）　／　(2)　要件事実の基本書（44）　／　(3)　民事訴
訟法等の基本書（44）　／　(4)　民事執行法・民事保全法等の基本書
（45）

3　コンメンタール　45

(1)　民　　法（45）　／　(2)　民事訴訟法（46）　／　(3)　民事執行法・
民事保全法（46）

4　裁判官等執筆の書籍　47

5　裁判書類の書式に関する書籍　47

6　最高裁判所の判例解説　48

7　判例等記載の定期刊行物　48

III　個別の分野でのリサーチ ……………………………………………48

1　民事保全　48

(1)　民事保全の検討（48）　／　(2)　申立て（49）　／　(3)　申立てか
ら保全命令まで（51）

2　訴　　訟　51

(1)　訴えの提起（52）　／　(2)　審　　理（53）　／　(3)　和　　解（54）
　／　(4)　判決・上訴（55）

3　民事執行　56

(1)　財産の調査・特定（56）　／　(2)　申立て（57）

第3章　会社法分野のリサーチ ——————————————59

I　会社法の特徴 …………………………………………………………59

1　会社法（会社法務）とは　59

2　会社法の特徴　60

(1)　多様なステークホルダーの調整規範（60）　／　(2)　関連する法

xi

令やソフトローの豊富さ（数の多さ、社会動向に合わせたアップデートの多さ）（61）　／　⑶　多岐にわたるリサーチ資料（文献・裁判例・統計資料・他社例等）（61）

Ⅱ　会社法にかかるリサーチツール　………………………………………62

　1　会社法全般に関係する資料　62

　　⑴　基本書（63）　／　⑵　コンメンタール（63）　／　⑶　立案担当者の解説（64）　／　⑷　実務本（65）　／　⑸　定期刊行物（66）　／　⑹　ソフトロー・ガイドライン等（67）

　2　データベース・統計資料　69

Ⅲ　個別の分野でのリサーチ　………………………………………………70

　1　株主総会　70

　　⑴　株主総会全般（70）　／　⑵　各種書類の作成・レビュー（71）　／　⑶　株主総会の事後対応（72）　／　⑷　例外的手続等への対応（72）

　2　取締役会の運営（利益相反等）　74

　　⑴　取引に関する決定権限の所在（承認機関はどこか）（74）　／　⑵　具体的な決定手続の内容（決議要件、決議方法を含む運営方法等）（75）　／　⑶　付随的に必要な手続の有無（議事録等の作成要否、開示の要否等）（76）　／　⑷　その他留意事項等（77）

　3　ガバナンス設計　78

　　⑴　監査等委員会設置会社の概要（78）　／　⑵　監査等委員会設置会社への移行状況（78）　／　⑶　監査等委員会設置会社への移行のスケジュール、必要な準備・手続（78）　／　⑷　移行後の取締役会・監査等委員会の運営その他留意点（80）

　4　役員報酬（RS・SO）　80

　　⑴　エクイティインセンティブの概要および法的論点の全体像（81）　／　⑵　会社法上の必要手続について（82）　／　⑶　その他の論点（82）

目　次

第 4 章　M&A のリサーチ ————————————84

I　M&A 実務の特徴 ……………………………………84

1　M&A とは　84

2　M&A に関する案件の特徴　84

(1)　多様な取引対象・取引形態（84）　／　(2)　案件の展開・進捗に応じた対応（85）　／　(3)　クロスボーダー案件への対応（86）

II　M&A 全般にかかるリサーチツール ………………87

1　M&A に関係する書籍　87

(1)　M&A 実務全般に関する書籍（87）　／　(2)　M&A の取引対象・取引類型に応じて参考にすべき書籍（87）　／　(3)　法務デュー・ディリジェンスに関する書籍（88）　／　(4)　M&A 契約に関する書籍（89）　／　(5)　クロスボーダーM&A に関する書籍（89）

2　M&A 案件の先例に関する情報　89

III　個別の分野でのリサーチ ……………………………90

1　非上場会社の株式譲渡　90

(1)　取引ストラクチャー・スケジュールの検討（(ii)）（91）　／　(2)　法務デュー・ディリジェンス（(iii)）（93）　／　(3)　最終契約（(iv)）（94）　／　(4)　クロージング（取引の実行）（(v)）（96）

2　上場会社の経営統合、資本提携　96

(1)　経営統合の取引ストラクチャーに関するリサーチ（98）　／　(2)　資本提携の取引ストラクチャーに関するリサーチ（101）

3　公開買付けを伴う M&A　103

(1)　関連する法令等や検討の視点（103）　／　(2)　金商法上の公開買付け規制に関するリサーチ（105）　／　(3)　過去の公開買付け事例に関するリサーチ（106）　／　(4)　スクイーズアウトに関する会社法のリサーチ（106）　／　(5)　上場規則や M&A の公正性担保に関するルールのリサーチ（107）　／　(6)　〔事例 3〕における具体的なリサーチの方向性（108）

xiii

第5章　倒産・事業再生分野のリサーチ ————————110

I 倒産・事業再生分野の特徴 ……………………………………110

1　倒産とは　110

2　倒産・事業再生分野の関係機関　111

3　倒産・事業再生に関する案件の特徴　111

(1) 実務の重要性（111）　／　(2) 分野内の多様性・他分野との交錯
（113）　／　(3) 国境を越えた対応の必要性がある場合（114）

II 倒産・事業再生分野全般にかかるリサーチツール ………………114

1　倒産法の基本書　114

2　倒産法のコンメンタール　115

3　倒産・事業再生分野に関する刊行物　115

4　倒産・事業再生実務・手続関係の書籍　116

(1) 全　般（116）　／　(2) 清算型法的整理（117）　／　(3) 再生型
法的整理（118）　／　(4) 私的整理（119）

5　倒産・事業再生分野のウェブサイト　120

6　国外の倒産・事業再生に関する情報　120

III 個別の分野でのリサーチ ………………………………………121

1　破産管財事件　121

(1) 破産管財事件の初動対応全般（123）　／　(2) 工場・店舗等
（124）　／　(3) 動産（在庫商品・什器備品等）の財産換価（124）
／　(4) 所有不動産（125）　／　(5) 賃貸借契約、継続的供給契約
（125）　／　(6) その他資産の財産換価（126）　／　(7) 従業員の取
扱い（126）　／　(8) 破産管財の税務（127）　／　(9) 国外資産
（127）　／　⑽ 東京地裁以外の地裁管轄の破産管財事件（127）

2　民事再生事件　128

(1) 民事再生手続の概要・スケジュール（129）　／　(2) 債権回収を
最大化するためにとるべき措置（129）　／　(3) 事業再生 M&A の概
要、各種スキーム（131）　／　(4) スポンサー選定、スポンサー契約
の検討（131）

xiv

目 次

第6章　独占禁止法分野のリサーチ ————————————133

I　独占禁止法実務の特徴 ……………………………………………133

  1　独占禁止法とは　133

  2　独占禁止法の所管官庁　133

  3　独占禁止法に関する案件の特徴　134

    (1)　公取委による解釈や考え方の重要性（134）　／　(2)　分野内の多様性・他分野との交錯（135）　／　(3)　国境を越えた対応の必要性（136）　／　(4)　リーガルを越えた対応の必要性（136）

II　独占禁止法全般にかかるリサーチツール ……………………………137

  1　公取委ウェブサイト　137

  2　独占禁止法の基本書　138

  3　独占禁止法のコンメンタール　138

  4　独占禁止法に関する定期刊行物　139

  5　独占禁止法実務・手続関係の書籍　139

  6　海外の独占禁止法に関する情報　140

III　個別の分野でのリサーチ …………………………………………141

  1　企業結合案件　141

    (1)　公取委対応（142）　／　(2)　海外当局対応（144）

  2　被疑事件調査対応　146

    (1)　調査対応段階（147）　／　(2)　訴訟段階（150）

  3　単独行為規制に関する相談対応　151

    (1)　適用条文の検討（151）　／　(2)　行為の違法性に関するリサーチの実施（153）　／　(3)　適用条文の検討（154）　／　(4)　行為の違法性に関するリサーチの実施（155）

第7章　ファイナンス分野のリサーチ ————————————157

I　ファイナンス取引の特徴 ……………………………………………157

  1　ファイナンス取引におけるリサーチの必要性　157

  2　対象資産のデューディリジェンスに際してのリサーチ　157

    (1)　会社組織（158）　／　(2)　資　産（158）　／　(3)　契約関係

xv

（158） ／ （4）　許認可（159）

3　対象資産の取得に際してのリサーチ　159

（1）　金融商品取引法の適用に関するリサーチ（159）　／　（2）　宅建業法の適用に関するリサーチ（160）　／　（3）　不動産登記法（160）

4　取得ストラクチャーに関するリサーチ　160

（1）　対象資産が不動産信託受益権の場合（160）　／　（2）　対象資産が現物不動産の場合（161）

5　取引エンティティであるSPC固有の論点に関するリサーチ　161

（1）　TMKによる現物不動産の追加取得（161）　／　（2）　投資家に対する資金の還流（161）　／　（3）　投資家による追加出資（162）

6　ローン契約のドラフトに関するリサーチ　162

7　担保契約のドラフトに関するリサーチ　163

Ⅱ　ファイナンスにかかるリサーチツール ……………………………………164

1　ファイナンス総論　164

（1）　ファイナンス全般を扱う法律書（164）　／　（2）　会計・ファイナンス理論（164）

2　個別の分野　165

（1）　不動産ファイナンス（165）　／　（2）　プロジェクトファイナンス（167）　／　（3）　キャピタルマーケット（169）

Ⅲ　個別事例でのリサーチ ………………………………………………………170

1　不動産ファイナンスにおける個別リサーチ事例　170

（1）　前　提（171）　／　（2）　代替手段（172）　／　（3）　具体的に留意すべき事項（173）

2　プロジェクトファイナンスにおける個別リサーチ事例　174

（1）　質問(1)について（175）　／　（2）　質問(2)について（177）

3　キャピタルマーケットにおける個別リサーチ事例　178

（1）　必要な手続・スケジュールの検討（179）　／　（2）　開示書類の作成（181）

目　次

第8章　金融規制分野のリサーチ ————————————183

I　金融規制法実務の特徴 ……………………………………………183

　1　金融規制法とは　183

　2　金融規制法の所管官庁　183

　3　金融規制法に関する案件の特徴　184

　4　各種ガイドラインやプリンシプル等の位置づけ　185

II　金融規制法全般にかかるリサーチツール …………………………187

　1　法律、施行令、施行規則、告示等　187

　2　各種ガイドライン　187

　3　パブリックコメント回答等　188

　4　審議会での議論等　189

　5　（上記1〜4以外の）所管官庁のウェブサイト　189

　6　裁判例　190

　7　書　籍　190

　8　その他　191

III　個別の分野でのリサーチ ………………………………………191

　1　総　論　191

　　　(1)　参入規制（191）　／　(2)　行為規制（193）　／　(3)　その他
　　　（194）

　2　各　論　194

　　　(1)　銀行分野（194）　／　(2)　保険分野（195）　／　(3)　キャピタル
　　　マーケット分野（197）　／　(4)　証券化・流動化分野（197）　／　(5)
　　　金商法上の業規制分野（ファンド分野以外）（197）　／　(6)　ファン
　　　ド分野（199）　／　(7)　デリバティブ取引分野（200）　／　(8)　不公
　　　正取引分野（201）　／　(9)　信託分野（202）　／　(10)　決済分野
　　　（203）　／　(11)　信用分野（205）　／　(12)　マネロン分野（206）　／
　　　(13)　決済分野以外のフィンテックその他（207）　／　(14)　金融分野に
　　　おける個人情報保護（208）

xvii

第 9 章　税務分野のリサーチ ——————————210

I　税務の特徴 ·······································210

　1　租税法とは　210

　2　所管官庁　211

　3　税務に関する案件の特徴　212

　　　(1)　法令の解釈にあたっての条文の重要性（212）　／　(2)　税務当局
　　　による解釈の実務に対する影響（212）　／　(3)　分野内の多様性・他
　　　分野との交錯（213）　／　(4)　国際的な取引に関する課税問題への対
　　　応の必要性（213）

II　税務全般にかかるリサーチツール ·················214

　1　国税庁によるウェブサイトおよび出版物　214

　2　租税法の基本書　214

　3　租税法のコンメンタール・逐条解説　215

　4　毎年の税制改正に関する解説　215

　5　税務に関する定期刊行物　216

　6　国際課税・国外の税務に関する文献　216

III　個別の分野でのリサーチ ·······················217

　1　M&A における税務　217

　　　(1)　取り得るスキームの検討（217）　／　(2)　M&A における課税関
　　　係の概要の確認（218）　／　(3)　会社分割の課税関係の検討（スキー
　　　ム①）（218）　／　(4)　事業譲渡の課税関係の検討（スキーム②）
　　　（220）　／　(5)　会社分割および株式の譲渡に関する課税関係（スキ
　　　ーム③）（221）　／　(6)　行為計算否認規定の適用可能性の検討
　　　（222）

　2　ファイナンス（ストックオプション税制）における税務　222

　　　(1)　他の法分野の検討の必要性（223）　／　(2)　課税上の取扱いの検
　　　討（223）　／　(3)　契約書の作成にあたっての検討（225）　／　(4)
　　　補足（税制非適格ストックオプションおよび有償ストックオプション
　　　について（226）

　3　国際取引における税務　226

xviii

（1）　取引の具体的な内容の確認（226）　／　（2）　適用される税目の整理（227）　／　（3）　所得税法（源泉所得税）の検討（227）　／　（4）　消費税の検討（229）

第10章　労働法分野のリサーチ ——————————————231

I　労働法実務の特徴 ……………………………………………………231

1　労働法とは　231

2　労働法に関する案件の特徴　232

（1）　事案に応じた法令調査の必要性（232）　／　（2）　厚生労働省の公開資料の重要性（232）　／　（3）　依頼者の状況に適したリサーチツール選定の必要性（233）　／　（4）　事実上の対応に関するアドバイスの必要性（233）

II　労働法全般にかかるリサーチツール ………………………………234

1　労働法の基本書　234

2　労働法の条文解説・コンメンタール等　235

3　裁判例・定期刊行物　237

4　実務・手続関係の書籍　239

III　個別の分野でのリサーチ ……………………………………………242

1　就業規則等の社内規程の整備　242

（1）　就業規則等の社内規程全般について（242）　／　（2）　賃金体系等について（243）　／　（3）　同一労働同一賃金に関する検討について（244）

2　不祥事社員への対応　245

（1）　ハラスメント発生時の対応について（245）　／　（2）　懲戒の検討について（246）

3　労働組合対応　247

（1）　労働組合対応全般（247）　／　（2）　不当労働行為関連（248）

4　M&Aにおけるデュー・ディリジェンス　248

（1）　人事労務に関するデュー・ディリジェンス（248）　／　（2）　人事労務に関するデュー・ディリジェンスにおけるリサーチ（249）

xix

第11章　知的財産法分野のリサーチ ————————251

I　知的財産法実務の特徴 ……………………………………251

1　知的財産法とは　251

2　知的財産法の所管官庁等　251

（1）所管官庁（251）　／　（2）管轄裁判所（253）　／　（3）その他（254）

3　知的財産法に関する案件の特徴　254

（1）横断的な検討の必要性（254）　／　（2）判例の重要性（255）　／（3）頻繁な法改正（256）　／　（4）属地主義（257）　／　（5）実務慣行の重要性（257）

II　知的財産法にかかるリサーチツール ……………………258

1　裁判例について　258

（1）裁判所ウェブサイト（258）　／　（2）知的財産高等裁判所ウェブサイト（258）

2　裁判手続について　259

3　特許庁ウェブサイト　260

4　J-PlatPat　260

5　文化庁ウェブサイト　261

6　経済産業省　261

7　知的財産法の基本書等　261

（1）特許法に関する基本書等（261）　／　（2）商標法に関する基本書等（262）　／　（3）意匠法に関する基本書等（263）　／　（4）不正競争防止法に関する基本書等（263）　／　（5）著作権法に関する基本書等（263）　／　（6）AIやデータ取引に関する基本書等（264）　／（7）ライセンス契約に関する基本書等（264）　／　（8）知的財産権関係の判例集（264）　／　（9）M&Aと知的財産権に関するデュー・ディリジェンスに関する参考書等（264）

III　個別の分野でのリサーチ ……………………………………265

1　M&Aにおける知財デュー・ディリジェンス　265

（1）対象会社の保有する知財の確認（265）　／　（2）対象会社が締結

目　次

している知財関連契約の確認（269）　／　(3)　その他の知財関連問題の検討（271）

2　訴訟案件　272

(1)　〔事例 2–1〕について（272）　／　(2)　〔事例 2–2〕について（273）

第 12 章　危機管理実務のリサーチ ——————————275

I　危機管理実務の特徴 ……………………………………………275

1　企業の危機管理とは　275

2　危機管理案件とリサーチの特徴　276

(1)　多様な法令・ルール（277）　／　(2)　事実調査と法的分析の相互連関（277）　／　(3)　刑事・行政手続・民事責任追及に関する検討（277）　／　(4)　リーガルを越えた知見・対応の必要性（278）

II　危機管理実務全般にかかるリサーチツール ………………278

1　危機管理対応一般　278

2　第三者委員会対応、内部通報等にかかる文献　279

3　行政当局対応に関する基本的ツール　280

(1)　行政当局のウェブサイト（280）　／　(2)　基本書・コンメンタール等（282）

4　刑事手続にかかる文献　283

5　国外の危機管理対応にかかる基本的ツール　284

III　個別の分野でのリサーチ ………………………………………287

1　品質不正事案　287

(1)　事実調査（287）　／　(2)　ステークホルダーへの対応（288）

2　粉飾決算事案　289

(1)　調査委員会の組成（289）　／　(2)　株主総会や監査法人等の対応（290）

3　従業員による横領　290

(1)　不正調査にかかる検討（291）　／　(2)　懲戒処分等にかかる検討（292）　／　(3)　再発防止策等にかかる検討（292）

xxi

第13章　情報・データ（個人情報保護）分野のリサーチ —————294

I　情報・データ（個人情報保護）の実務の特徴 ················294

  1　個人情報保護法とは　294

  2　個人情報保護法の所管官庁　294

  3　個人情報保護法に関する案件の特徴　295

    (1)　個情委による解釈や考え方の重要性（295）　／　(2)　分野内の多
様性・他分野との交錯（296）　／　(3)　外国の個人情報保護法との交
錯（296）　／　(4)　民間規律と公的規律の交錯（297）　／　(5)　リー
ガルを越えた対応の必要性（297）

II　個人情報保護法全般にかかるリサーチツール ················298

  1　個情委ウェブサイト　298

    (1)　総　論（298）　／　(2)　ガイドライン・Q&A・パブコメ（299）
／　(3)　特定分野ガイドライン等（300）

  2　個人情報保護法の解説書　301

  3　個人情報保護法に関する定期刊行物・連載記事　302

  4　サイバーセキュリティ関係の書籍　303

  5　プライバシーポリシー・社内規程関係の書籍等　303

  6　特定分野に特化した書籍　304

  7　外国の個人情報保護法に関する情報　304

  8　隣接分野の情報源　306

III　個別の分野でのリサーチ ················308

  1　個人情報保護法上の適法性に関する相談案件　308

    (1)　個人情報の提供の可否に関する相談（308）　／　(2)　仮名加工情
報や匿名加工情報制度の利用に関する相談（309）　／　(3)　民間規律
および公的規律の双方が問題となる相談（309）

  2　漏えい等発生時の対応に関する相談案件　311

    (1)　サイバーセキュリティに関する相談（311）　／　(2)　金融分野に
おける個人情報の漏えい等に関する相談（311）

  3　グローバルプライバシーポリシーの作成に関する相談案件　312

    (1)　日本の個人情報保護法を踏まえた総論的な対応（312）　／　(2)

目　次

海外の国・地域の個人情報保護法にかかる対応（313）

第 14 章　国際通商分野のリサーチ ————————————314

I 国際通商実務の特徴 ……………………………………………314

1　国際通商法の全体像　314

2　国際通商法分野の特徴　315

II 個別の分野 ……………………………………………………317

1　WTO 協定　317

(1)　WTO 協定の概要（317）　／　(2)　WTO 協定の関連機関（319）／　(3)　WTO 協定に関するリサーチ（320）

2　地域貿易協定（RTA）　321

(1)　RTA とは（321）　／　(2)　RTA に関するリサーチツール・入門書（323）

3　投資協定　324

(1)　投資協定とは（324）　／　(2)　投資協定に関するリサーチツール・入門書（326）

4　貿易救済　327

(1)　貿易救済措置の概要（327）　／　(2)　貿易救済措置に関する国内法令の概要およびリサーチ方法（328）　／　(3)　貿易救済措置に関する WTO 協定上の規律の概要およびリサーチ方法（329）

5　貿易実務と通関・関税　330

(1)　貿易実務（330）　／　(2)　輸出入通関（331）　／　(3)　関　税（332）　／　(4)　貿易実務と通関・関税に関するリサーチ方法（333）

6　政府調達　333

(1)　政府調達の概要（333）　／　(2)　政府調達に関する国内法令の概要およびリサーチ方法（334）　／　(3)　政府調達に関する国際ルールの概要およびリサーチ方法（335）

7　経済安全保障　335

(1)　経済安全保障とは（335）　／　(2)　経済安全保障を実現するための法制度（336）　／　(3)　経済安全保障に関する案件の特徴（337）

xxiii

／　(4)　経済安全保障分野のリサーチ方法（338）

8　人権・環境と通商規制　340

(1)　人権に着目した規制（340）　／　(2)　環境・持続可能性に着目した規制（341）　／　(3)　リサーチ方法（342）

第15章　外為法分野のリサーチ ——————————343

I　外為法実務の特徴 ……………………………………343

1　外為法とは　343

2　外為法分野の全体像　343

3　外為法の所管大臣・官庁　345

4　外為法に関する案件の特徴　345

(1)　法制の特徴（345）　／　(2)　所管省庁による解釈・執行の特徴（347）　／　(3)　外為法の取引における検討項目としての重要性の高まり・弁護士の関与（348）　／　(4)　複数の法域の規制にまたがる対応の必要性（349）

II　外為法全般にかかるリサーチツール ……………………350

1　関係当局ウェブサイト　350

2　外為法分野の参照書籍　351

(1)　全体を解説した書籍（351）　／　(2)　経済制裁分野（351）　／　(3)　安全保障貿易管理（351）　／　(4)　投資管理（対内直接投資等）（353）　／　(5)　立案担当者等によるその他の書籍（353）　／　(6)　金融機関実務（354）

3　外為法に関する定期刊行物　354

4　国外の外為法分野に関する情報　355

III　個別の分野でのリサーチ ……………………………356

1　企業買収と投資審査　356

(1)　外為法に基づく日本の当局対応（356）　／　(2)　海外当局対応（360）

2　輸出規制対応　361

(1)　制度の説明と用語の解説（361）　／　(2)　違反があった場合の影

xxiv

響の確認（362）／　(3)　米国輸出規制の観点からの検討（362）

3　経済制裁に関する相談対応　363

(1)　外為法に基づく制裁取引該当性の検討（363）／　(2)　米国の制裁該当性の検討（365）

執筆者一覧　　367

凡　例

■　法令名の略語について

解説中で使用する法令名略語は、原則として、有斐閣刊行の法令集の巻末に掲載されている略語に従う。なお、有斐閣ウェブサイト上でも、法令名略語について検索可能である（https://www.yuhikaku.co.jp/static/ryakugo.html）。

■　裁判例の表記について

最判平成元・12・14 民集 43 巻 12 号 2078 頁
　＝最高裁判所平成元年 12 月 14 日判決、最高裁判所民事判例集 43 巻 12
　　号 2078 頁のことを示すように一般的な法律書と同様の形式とする。

■　その他について

解説で紹介する法制度や書籍、ウェブサイト等の情報については、原則 2024 年 12 月末日時点の情報とする。各ウェブサイトの URL 一覧を、有斐閣ウェブサイト上（https://www.yuhikaku.co.jp/books/detail/9784641126572）に掲載しているので、右の二次元コードよりアクセスし適宜活用されたい。

第1章

リサーチの基本

I　リーガル・リサーチに必要な情報

　様々な法分野においてリーガル・リサーチは必要となる。各法分野のリーガル・リサーチの基礎となる情報を「法令等」・「判例・審決等」・「企業情報等」・「文献」に分け、それぞれの特徴を紹介する。

1　法　令　等
(1)　法　律

　国会によって制定される法律は、内閣または衆参両院の議員が提案し国会で審議され成立、制定される。それぞれ「政府立法」「議員立法」という。官報で公布される。

　政府立法の場合、所管官庁内の審議会で法案が審議され国会に提出されたのち、審議となる。所管官庁の審議会は、例えば法務省の「法制審議会」、金融庁の「金融審議会」などがある。

(2)　政　令

　憲法、法律を実施するため、あるいは法律の委任に基づいて内閣が制定する命令を政令という。政令のほとんどが「〜法施行令」「〜に関する法律施行令」といった題名になり、官報で公布される。

(3)　府令・省令

　行政事務を分担する各省庁の大臣が制定する命令を府令・省令という。府令・省令のほとんどが「〜法施行規則」「〜に関する法律施行規則」といった

題名になり、官報で公布される。

(4) 告　示
　各省庁の大臣、委員会、裁判所等が行政組織内の規則や行政処分などの事項を広く知らしめるためのものを告示という。官報で公布される。

(5) 最高裁判所規則
　最高裁判所が定める規則である。その内容は訴訟に関する手続や弁護士・裁判所の内部規律、司法処理に関する事項などで、民事事件関係、刑事事件関係、家事事件・少年事件関係、その他に分かれており、官報で公布される。

(6) 通達・通知・監督指針・ガイドライン
　行政機関の大臣・長官が管轄の下位機関や職員（実際には管轄する業界も含む）に対し、所管する法令の解釈・運用に対しての方針を示すために発するものである。省庁によって通達・通知・監督指針・ガイドラインと名称や形式が異なり公表される。また、官報で公布されるガイドラインも一部存在する。
　　例：金融庁「金融検査・監督の考え方と進め方（検査・監督基本方針）」「事
　　　　務ガイドライン」

(7) 法令適用事前確認手続（日本版ノーアクションレター制度）
　民間企業等が、その事業活動に関連する具体的行為が特定の法令の規定の対象となるのかどうかを事前にその規定を所管する国の行政機関に照会し、その行政機関が回答したものを公表する制度である。

(8) 地方自治体の条例・規則
　条例は、地方自治体の議会が制定し、規則は、その長が発する命令である。

2　判例・審決等
(1) 裁　判
　裁判所が下した法判断には、判決・決定・命令の3種類があり、扱う事件

は民事事件・行政事件・刑事事件・家事事件・少年事件・医療観察事件などがある。

最高裁判所の下に高等裁判所（知的財産高等裁判所も含む）、地方裁判所、家庭裁判所、簡易裁判所の4種類の下級裁判所がある。

まず、最初に担当する裁判所で下された判決を第1審判決といい、第1審判決に不服のある場合は第2審の裁判所（高等裁判所等）での裁判となりその判決が第2審（控訴審）判決である。そして第2審判決に不服のある場合、上訴（最高裁判所等）＝上告となり第3審（上告審）の3つの審級の裁判所で裁判を受けることができる三審制をとっている。

リーガル・リサーチにおいては、裁判が確定しているのか、継続中なのか、裁判の進捗状況が重要となる場合がある。

(2) 準司法手続による審理

行政機関による裁判手続に準じた手続を経た公的判断としての審決等がある。主な行政機関と審理の判断結果は以下のとおりである。

① 特許庁　　　　　　　＝審決
② 公正取引委員会　　　＝審決
③ 国税不服審判所　　　＝裁決
④ 中央労働委員会　　　＝命令
⑤ 公害等調整委員会　　＝裁定
⑥ 電波監理審議会　　　＝決定
⑦ 海難審判所　　　　　＝裁定

3 企業情報等

企業法務において企業情報等のリサーチも重要である。リサーチ対象の主な企業情報等を挙げる。

(1) 企業の開示情報

① 金融商品取引法に基づく有価証券報告書・大量保有報告書・半期報告書・公開買付に関する書類等。

② 東京証券取引所に上場している企業の基本情報・適時開示情報・ファイリング情報・コーポレート・ガバナンス情報等。
③ 企業が官報その他の方法により株主や債権者等、特定の利害関係者に限らず広く会社の情報を公開する「公告」。電子公告・官報掲載公告・新聞掲載公告等がそれにあたる。

⑵ 信用情報
　企業の経営状況、倒産（破産・民事再生・特別清算・会社更生・事業再生 ADR など）の情報が主に企業の信用情報となる。

4 文　献
「法令」「判例」等の解説、関連する法分野に関する論説や実務に関する解説などの文書を指す。

⑴ 書　籍
　法律の解説書、コンメンタール、各分野の実務書、判例の評釈が掲載されている書籍。

⑵ 雑　誌
① 法律雑誌
　判例や判例の評釈、法律の解説、各分野の実務に関する解説等が掲載されている。
② 一般雑誌
　一般に発行されている様々な雑誌も、時には企業に関する情報や業界情報など多岐にわたり、リサーチ対象になり得る。
③ 大学紀要ほか
　各大学が発行する紀要や、各分野の学会が発行する会誌などにはその分野の論文が掲載されており、リサーチ対象となり得る。

⑶　法令・文献の略称

　法令や文献を探す際、脚注等で記載されている法令や文献が略称となっており正式名称がわからないことがある。その場合は、以下を参考にするとよい。

・「**法律文献等の出典の表示方法〔2014 年版〕**」(特定非営利活動法人法教育支援センター)[1]　　10 年ほど前の版になるので新しい法令や新しく発刊された文献の略称の掲載はないが参考になる。

・「**東京大学法科大学院ローレビューにおける文献の引用方法〔第 18 版〕**」(2024 年 2 月 21 日改訂)(東京大学法科大学院ローレビュー編集委員会)[2]　　「東京大学法科大学院ローレビュー」への論稿投稿時の表現について統一ルールをまとめたものである。法令・文献等の略称の記載例が掲載されており、毎年改訂されている。

Ⅱ　情報へのアクセスと留意点 [3]

　リーガル・リサーチの際必要な情報を取得するにあたり、データベース・図書館および最近特に進化しているサブスクリプションサービスにつき、それぞれ特徴と留意点を挙げる。

1　データベース
⑴　パブリックのデータベース

　国や公共団体、大学などが運営するデータベース、および、それに準ずるウェブサイトで主要なものを紹介する。

　①　法　令

・**e-Gov 法令検索** [4]　　現行法の検索、改正沿革確認も可能で、ダウンロード形式を選ぶことができる。新規制定・未施行法令一覧・略称法令一覧の掲載もある。

---

1)　https://houkyouikushien.wixsite.com/bunken
2)　https://www.j.u-tokyo.ac.jp/law/wp-content/uploads/sites/18/2024/02/lawreview19_bunkenninnyou.pdf
3)　2024 年 12 月末日時点の情報。
4)　https://laws.e-gov.go.jp

・**e-Gov 国会提出法案**[5]　各行政機関等が提出した法律案へのリンクがあり確認できる。

・**e-Gov パブリック・コメント**[6]　国の行政機関が政令や省令等を定めようとする際に、行政運営の公正さの確保と透明性の向上を図り国民の権利利益の保護に役立てることを目的に、事前に広く一般から意見を募りその意見を考慮・反映させる制度である。各行政機関の意見募集案件と結果公示案件が公表される。結果公示案件では、寄せられた意見やそれに対する回答が掲載されている。

・**日本法令索引**（国立国会図書館）[7]　明治 19（1886）年 2 月の公文式（法律、命令の公布の手続、施行期限や閣令、省令の制定権の根拠などを定めたもの）施行以後の法令と、帝国議会および国会に提出された法案の検索ができ、さらに法令の改廃経過や法案の審議経過等が参照できる。

・**法令データベース**（名古屋大学大学院法学研究科）[8]　過去の法令を全文検索できるデータベース。明治 19（1886）年から平成 29（2017）年までの法令と勅令を収録。改正沿革が表示され、どの年のどの法令による改正かがわかる。衆議院制定法律、e-Gov 法令検索、日本法令索引へのリンクも備えている。

・**インターネット版官報**（国立印刷局）[9]　平成 15（2003）年 7 月 15 日以降の法律、政令等の官報情報と、平成 28（2016）年 4 月 1 日以降の政府調達の官報情報が PDF で無料公開されている。直近 90 日間の官報情報（本紙、号外、政府調達等）は、全て無料で閲覧できる。

・**法案の成立の確認**　**内閣法制局**[10]、**衆議院**[11]、**参議院**[12] の各ウェブサイトで確認できる（会期ごとに確認可能）。可決された法案に附帯決議がある場合、衆参両院ウェブサイトに掲載されている。

---

5)　https://www.e-gov.go.jp/laws-and-secure-life/diet-submission-bill.html
6)　https://public-comment.e-gov.go.jp/pcm/1050
7)　https://hourei.ndl.go.jp/#/
8)　https://jahis.law.nagoya-u.ac.jp/lawdb/
9)　https://kanpou.npb.go.jp
10)　https://www.clb.go.jp
11)　http://www.shugiin.go.jp/internet/index.nsf/html/index.htm
12)　https://www.sangiin.go.jp

第 1 章　リサーチの基本

・法案提出に至るまでの過程の確認　　所管官庁が置く「審議会」の会議録などで確認できる。新規法案の場合は法案提出の意味、改正法案の場合は改正理由、条文の追加や削除についての説明などを知ることができる。

　例：**法務省「法制審議会」**[13)]、金融庁**「金融審議会」**[14)] など

・最高裁判所規則集 (裁判所ウェブサイト)[15)]　　最高裁判所規則の主要なものが、民事事件関係、刑事事件関係、家事事件・少年事件関係、その他に分かれて掲載されている。民事事件関係には、例えば「会社更生規則」、「会社非訟事件等手続規則」、「仲裁関係事件手続規則」、「破産規則」、「発信者情報開示命令事件手続規則」等がある。

・日本法令外国語訳データベース (法務省)[16)]　　翻訳を行う際の統一的ルールとなる「法令用語日英対訳辞書」、「法令翻訳の手引き」を用い、法令所管省庁が翻訳を行っており、それが公開されている。

　法令とその翻訳を検索できる「法令検索」、標準対訳辞書を検索できる「辞書検索」、法令中の用語の文脈を検索できる「文脈検索」の 3 つの検索方法を選択できる。また、「概要情報」として新規立法・新規立法案または改正法案 (国会提出段階) について、法令の内容の理解に資することを目的として英文で概要をまとめた資料が掲載されている。

　原案→暫定版公開→最終版公開といったスケジュールで公開されている。

　告示や通達、ガイドラインが翻訳されているものもあり、法令は未翻訳でも法令名のみ翻訳されている場合もある。

　また、「日本法令外国語訳データベース」の他に各省庁が独自に公表する法令の英語訳が存在する場合もある。これら英語訳については公定訳ではなく、各法令が現行法と一致していない場合もあるので参照にあたっては注意が必要である。

・条例 Web アーカイブデータベース (同志社大学条例 Web 作成プロジェクト)[17)]

---

13)　https://www.moj.go.jp/shingikai_index.html

14)　https://www.fsa.go.jp/singi/singi_kinyu/base.html

15)　https://www.courts.go.jp/toukei_siryou/kisokusyu/index.html

16)　http://www.japaneselawtranslation.go.jp/ja

17)　https://jorei.slis.doshisha.ac.jp

日本中の自治体の例規（条例・規則等）の網羅的な横断検索を実現するとともに、過去の例規についても検索することを目的として作成された条例データベースである。ウェブで公開されている例規だけでなく、自治体からのデータ提供や、紙媒体の例規も収録されている。検索結果はヒットした例規の表示に加え、地方別、自治体種別、制定年分布、例規種別、分野別、日本地図での分布状況などが表示される。全国 1772 自治体の 143 万 6879 例規が検索できる（2024 年 7 月 21 日最終収集）。

・**全国条例データベース powered by eLen**（鹿児島大学司法政策教育研究センター）[18]　　各自治体のウェブサイトに公開されている例規を収録している。例規本文中の引用法令が e-Gov 法令検索の本文へリンクされている。登録例規本数 143 万 6330（2024 年 11 月 5 日最終収集）。

②　通達等

所管官庁のウェブサイトで告示や通達、ガイドラインの閲覧や検索ができる。

・**財務省：告示・通達等** [19]

・**国税庁：法令解釈通達** [20]

・**金融庁：法令・指針** [21]

　　例：金融庁所管法令一覧、告示一覧、国会提出法案、金融検査・監督の考え方と進め方（検査・監督基本方針）、事務ガイドライン

・**法務省：商業・法人登記関係の主な通達等** [22]

・**厚生労働省：法令等データベースサービス** [23]

上記に挙げた各省庁の掲載ページやデータベースに通達等の全てが掲載されているわけではない。その場合は、各分野の「〜法令集」や「〜総覧」といった書籍等に掲載がある場合もあるので確認が必要である。

③　法令適用事前確認（日本版ノーアクションレター制度）等

総務省のウェブサイトに「法令適用事前確認（日本版ノーアクションレター

---

18)　https://elen.ls.kagoshima-u.ac.jp

19)　https://www.mof.go.jp/about_mof/act/kokuji_tsuutatsu/index.htm

20)　https://www.nta.go.jp/law/tsutatsu/menu.htm

21)　https://www.fsa.go.jp/common/law/index.html

22)　http://www.moj.go.jp/MINJI/minji06_00098.html

23)　https://www.mhlw.go.jp/hourei/

第 1 章　リサーチの基本

制度)」[24] のページが設けられており、制度の概要および「各省庁の法令適用事前確認手続」の掲載ページの URL が記載されている。民間企業等が、その事業活動に関連する具体的行為が特定の法令の規定の対象となるのかどうかを事前にその規定を所管する国の行政機関に照会し、その行政機関が回答したものを公表する制度である。法令適用事前確認手続を利用することにより、計画する事業の行為が特定の法令の規定の適用対象となるかどうかがわかる。

　例 1：金融庁「法令解釈に係る照会手続（ノーアクションレター制度ほか）」[25] には所管法令別に照会に対する回答が掲載されている。

　例 2：経済産業省「法令適用事前確認手続き」[26] には公開中の照会事例へのリンクの掲載がある。

　例 3：経済産業省「グレーゾーン解消制度・プロジェクト型『規制のサンドボックス』・新事業特例制度」[27] には、グレーゾーン解消制度の活用事例、規制のサンドボックス制度の活用事例、新事業特例制度の活用事例などが掲載されている。

　④　日本銀行「外為法の報告書についてよく寄せられる質問と回答」[28]

　日本銀行のウェブサイトに外為法と関連政省令により定められた報告 [29] につき、財務省その他事業所管省庁に内容の確認をとり、よくある照会を事例集とした「外為法の報告書についてよく寄せられる質問と回答」がある。資本取引編、対内直接投資・特定取得編、技術導入編、その他の報告書関係（支払等報告書、国際収支項目など）、「オンライン提出」関係の 5 つに分かれる。

　⑤　インターネット資料収集保存事業（WARP）（国立国会図書館）[30]

　既に廃止および削除されてしまったウェブページを蓄積したサイトとしてWARP がある。

---

24)　https://www.soumu.go.jp/main_sosiki/gyoukan/kanri/kakunin/index.html

25)　https://www.fsa.go.jp/common/noact/

26)　https://www.meti.go.jp/policy/no_action_letter/index.html

27)　https://www.meti.go.jp/policy/jigyou_saisei/kyousouryoku_kyouka/shinjigyo-kaitakuseidosuishin/index.html

28)　https://www.boj.or.jp/about/services/tame/faq/index.htm

29)　https://www.boj.or.jp/about/services/tame/t_seido.htm

30)　https://warp.ndl.go.jp

国の行政機関（中央省庁）・立法機関のウェブサイト、都道府県のウェブサイト、合併前の市町村・既に合併を終えた市町村および合併協議会のウェブサイト、法人・機構組織変更によりリニューアルされる各種法人のウェブサイト、国際的・文化的イベントのウェブサイト等が収録されており、検索が可能となっている。

⑥ 判 例

・**裁判所ウェブサイト：裁判例検索**[31]　最高裁判所判例集・高等裁判所判例集・下級裁判所裁判例速報・行政事件裁判例集・労働事件裁判例集・知的財産裁判例集の検索ができる。最近の最高裁判例、下級審裁判例、知的財産裁判例の PDF 閲覧も可能。「裁判所　裁判要旨英訳　検索」[32] もあり、掲載判例の数は少ないが英文で要旨を読むこともできる。

・**法務省：訟務重要判例集データベース**[33]　訟務月報（法務省訟務局が作成している判例情報誌）に掲載されている裁判例を検索・閲覧できるシステムである。

・**国税不服審判所：公表裁決事例集**[34]　国税不服審判所が公表した裁決の要旨、事例の検索ができる。

・**厚生労働省：労働委員会関係命令・裁判例データベース**[35]　不当労働行為をめぐって争われた事件に関する都道府県労働委員会および中央労働委員会から発せられた命令、労働委員会関係の判決等の情報を収録している。

・**総務省：情報公開・個人情報保護関係答申・判決データベース**[36]　行政機関情報公開法・独立行政法人等情報公開法・行政機関個人情報保護法・独立行政法人等個人情報保護法に基づき行政機関の長または独立行政法人等が行った開示決定等に対し不服申立てまたは取消訴訟等が提起された事案について、情報公開・個人情報保護審査会の答申および裁判所が言い渡した判決を収集・分析した結果を検索・閲覧できる。

・**公正取引委員会：審決等データベース**[37]　独占禁止法および下請法等に

---

31)　https://www.courts.go.jp/app/hanrei_jp/search1

32)　https://www.courts.go.jp/app/hanrei_en/search

33)　http://www.moj.go.jp/shoumu/shoumukouhou/shoumu01_00041.html

34)　https://www.kfs.go.jp/service/

35)　https://www.mhlw.go.jp/churoi/meirei_db/index.html

36)　https://koukai-hogo-db.soumu.go.jp

係る審決等を検索できる。

・**国土交通省（運営：不動産適正取引推進機構）：不動産トラブル事例データベース**[38]　不動産取引をめぐるトラブルについて、裁判事例、国土交通省各地方整備局や各都道府県で宅建業者に対して行った行政処分、（一財）不動産適正取引推進機構で調整した特定紛争処理案件の中から基礎的で有用と思われる事例を抽出し、項目ごとに整理したうえ、事案の概要や紛争の結末等について要約情報を収録している。

　⑦　**企業情報**

・**EDINET**（金融庁）[39]　金融商品取引法に基づく有価証券報告書等の開示書類に関する電子開示システム。有価証券報告書・大量保有報告書・半期報告書・公開買付に関する書類等を検索できる。

・**適時開示情報閲覧サービス**（日本取引所グループ）[40]　国内金融商品取引所（東京証券取引所、名古屋証券取引所、福岡証券取引所、札幌証券取引所）の上場会社および日本証券業協会が指定するフェニックス銘柄が開示した投資判断上重要な情報1か月分を検索できる。

・**東証上場会社情報サービス**（日本取引所グループ）[41]　東京証券取引所に上場している会社の基本情報、適時開示情報・ファイリング情報、コーポレート・ガバナンスなどの情報を検索できる。

・**コーポレート・ガバナンス情報サービス**（日本取引所グループ）[42]　東京証券取引所に上場している会社が提出する「コーポレート・ガバナンスに関する報告書」に掲載されている内容を閲覧できる。なお、東京証券取引所では、適時開示における実務上の取扱いや開示の手順など上場会社の実務マニュアルとして「会社情報適時開示ガイドブック」[43]を、上場を検討する企業、IPO関係者を対象に上場審査の考え方や上場手続を解説した「新規上場ガイドブック」

---

37)　https://www.jftc.go.jp/shinketsu/
38)　https://www.retio.or.jp/trouble/
39)　https://disclosure2.edinet-fsa.go.jp/WEEK0010.aspx
40)　https://www.jpx.co.jp/listing/disclosure/index.html
41)　https://www.jpx.co.jp/listing/co-search/index.html
42)　https://www.jpx.co.jp/listing/cg-search/index.html
43)　https://www.jpx.co.jp/equities/listing/disclosure/guidebook/index.html

（プライム市場・スタンダード市場・グロース市場等)[44) をウェブサイトと冊子で公表している（法改正や取引所の規則改正で内容が改正される場合があるので、利用する際は注意が必要である）。

・**法務省電子公告システム** [45)   電子公告を行っている会社を検索することができるサービス。公告期間が終了した公告は掲載も終了し、検索ができなくなる。

　以上の情報と後述する図書館（文献）について、分野別に代表的なデータベースを簡単にまとめたものが図表 1-1 である。

図表 1-1　パブリック（に近い）データベース

法令	判例	企業情報	文献
e-Gov ポータル（官公庁のトータルの情報）	裁判所ウェブサイト　裁判例検索	EDINET（金融庁）	国立国会図書館
e-Gov 法令検索	法務省　訟務重要判例集データベース	適時開示情報閲覧サービス（日本取引所グループ）	CiNii（国立情報学研究所）
e-Gov 国会提出法案	国税不服審判所　公表裁決事例集	東証上場会社情報サービス（日本取引所グループ）	法務省図書館
日本法令索引（国立国会図書館）	厚生労働省　労働委員会関係命令・裁判例データベース	コーポレート・ガバナンス情報サービス（日本取引所グループ）	最高裁判所図書館
法令データベース（名古屋大学大学院法学研究科）			
インターネット版官報（国立印刷局）	総務省　情報公開・個人情報保護関係答申・判決データベース	法務省電子公告システム	東京都立図書館
日本法令外国語訳データベース（法務省）	公正取引委員会　審決等データベース		東京大学附属図書館
条例 Web アーカイブデータベース（同志社大学）	国土交通省　不動産トラブル事例データベース		独立行政法人工業所有権情報・研修館
全国条例データベース（鹿児島大学）			

---

44)　https://www.jpx.co.jp/equities/listing-on-tse/new/guide-new/index.html

45)　http://e-koukoku.moj.go.jp

第 1 章　リサーチの基本

⑧　海外データベース

・**Cornell Law School Legal Information Institute**[46]　コーネルロースクールの附属機関が運営している米国法令等に関する情報サイト。留学生向けに米国ロースクール課程では米国の法令のオリジナルテキストを参照する際にこちらのサイトを用いるとよいとのロースクールなどからのアドバイスがあり、その後の実務においても参照することがある。

・**SSRN: Social Science Research Network**[47]　社会科学分野の論文データベース。欧米の主要な学術論文はこちらで参照可能な場合が多く、学術論文の脚注等の引用においても SSRN コードが付されていることがある。フォーマルな成果物の執筆をする際はこちらで確認するほうがよい。

・**EDGAR: Electronic Data Gathering, Analysis, and Retrieval system**[48]　米証券取引委員会（SEC）が管理・運営し、SEC に提出が義務付けられている書類を提出したり、提出された書類をオンライン上で公開する電子開示システム。日本の EDINET は EDGAR をモデルにしている。

(2)　商用データベース

次に、商用（有料）の各データベースとその主な特徴を挙げる。それぞれ契約内容によって利用できる内容が変わることをご留意いただきたい。

①　法令・判例・文献情報を提供

・**D1-Law**（第一法規株式会社）[49]　「現行法規」または「現行法規・履歴」、「現行法規　通知通達」、「判例体系」、「法律判例文献情報」で構成されるデータベースである。各サービスを串刺し検索が可能であり、かつ、それぞれのサービスがリンクしている。

検索結果をリッチテキスト形式、テキスト形式、PDF 形式、RIS 形式、CSV 形式でダウンロードできる。

各サービスの主な特徴として「現行法規・履歴」は現在の条文のみならず過

---

46)　https://www.law.cornell.edu
47)　https://www.ssrn.com/index.cfm/en/
48)　https://www.sec.gov/search-filings
49)　https://www.daiichihoki.co.jp/d1-law/

去・未来の各時点での条文全文の表示が可能である。また、「法令に基づく通知」や「法令に関連するパブリックコメント」についても全部ではないが確認ができる。「判例体系」は戦前の判例、例えば大審院の判例から収録されており、争点となった法分野の体系ごとに判例が分類されている。「法律判例文献情報」は 1982 年 1 月からの法律関連文献の書誌情報になる。

・TKC ローライブラリー (株式会社 TKC)[50]　　審決・裁決を含む大審院からの判例、公的判例集、法律雑誌原本 PDF などが収録されている。法律雑誌も約 140 誌と収録数が多い。「Super 法令 web」、「刑事事件量刑データベース」、「交通事故過失相殺事例データベース」なども契約によって利用できる。オプションで「LegalBookSearch」というサブスクリプション型法律書提供サービスもある。

・判例秘書 INTERNET (株式会社 LIC)[51]　　公式判例集、判例雑誌掲載判例および独自入手判例を収録している判例データベースと、法律雑誌「判例タイムズ」「金融法務事情」「金融・商事判例」「銀行法務 21」「労働判例」「ジュリスト」「判例百選」「法学教室」「六法全書」「最高裁判所判例解説」等が PDFで収録されており、判例と収録雑誌の記事が相互リンクされている。

・登記秘書 INTERNET プレミアム (株式会社 LIC)[52]　　登記関連雑誌「登記研究」「月刊登記情報」「月刊登記先例解説集」「登記インターネット」が創刊号から PDF で収録されている。各雑誌に掲載の記事・先例・質疑応答の検索が可能である。

・Westlaw Japan (株式会社ウエストロー・ジャパン)[53]　　法令、判例、審決、「旬刊商事法務」や「NBL」を含む書誌雑誌、文献情報が収録されている。Westlaw Japan にしか収録されていない雑誌もある。また、時事通信のニュースも収録されている。

・商事法務データベース (株式会社商事法務)[54]　　株式会社商事法務が発行す

---

50)　https://www.tkc.jp/law/lawlibrary/
51)　https://www.hanreihisho.com/hhi/
52)　https://www.hanreihisho.com/thi/
53)　https://www.westlawjapan.com/solutions/products/westlaw-japan/
54)　https://database.shojihomu.co.jp/nbl/app/signon/display

第1章　リサーチの基本

る雑誌「資料版商事法務」「NBL」をデータベース化したものである。2点とも創刊号から収録されている。データベースを契約するには各雑誌の定期購読が必要である。

・**旬刊商事法務データベース**（公益社団法人商事法務研究会）[55]　　公益社団法人商事法務研究会が発行する機関誌「旬刊商事法務」をデータベース化したものである。公益社団法人商事法務研究会の会員が利用できる。

・**官報情報検索サービス**（国立印刷局）[56]　　昭和22（1947）年5月3日（日本国憲法施行日）から当日発行分（午前8時30分以降に公開）までの官報の内容を日付やキーワードを指定して検索できる。

　② **企業情報・新聞雑誌**

・**TDnet データベースサービス**（日本取引所グループ）[57]　　全国の証券取引所の上場会社の開示情報、東証アローズ内のインフォメーション・テラスの各種資料等を閲覧・保存・印刷することができるサービスである。検索対象は過去5年分のデータとなる。

・**eol データベース**（株式会社アイ・エヌ情報センター）[58]　　国内株式公開企業を中心とした企業情報を総合的に提供するデータベースである。企業の基本情報・業績・財務状況・キャッシュフロー等や、株価・IPO 情報・日経平均株価・外国為替等のマーケット情報、金融商品取引法による開示書類、証券取引所開示書類、プレスリリースなどの開示書類データが収録されている。検索結果の一括ダウンロードや検索結果一覧を Excel/CSV でダウンロードも可能である。

・**XeBRaL ADDS**（株式会社ゼブラル）[59]　　2004年5月以降の本邦上場企業約3800社および非上場の継続開示企業・外国法人・個人等から提出された EDI-NET・TDNET 提出文書を網羅的に収録している。検索結果のダウンロードや検索結果一覧を Excel/CSV でダウンロードも可能である。検索事例やガバ

---

55)　https://database.shojihomu.or.jp/jksh/app/signon/display
56)　https://search.npb.go.jp/kanpou/auth/login/LoginStartUp.form
57)　https://www.jpx.co.jp/equities/listing/disclosure/tdnet/index.html
58)　https://www.indb.co.jp/service/corporate_data/eol/
59)　https://xebral.com

ナンス・データ機能も備えている。オプションで、TOB 事例データベースサービスの提供もある。

・**スピーダ**（株式会社ユーザベース）[60]　　企業・業界分析に必要となる情報が網羅的かつ体系的に整理された情報プラットフォームである。トレンドな情報のレポート解説や株価、企業の時価総額、海外企業情報まで収録されている。

・**MARR Pro**（株式会社レコフ）[61]　　M&A 関連情報に特化したデータベース。1996 年以降の日本企業の M&A 情報を収録しており、M&A 関連の記事や資料に情報が引用されることもある。オプションで防衛策データやスキーム別詳細情報、アドバイザー情報等も提供している（2024 年 6 月 18 日よりレコフ M&A データベースがアップグレードされ MARR Pro となっている）。

・**日経バリューサーチ**（株式会社日本経済新聞社）[62]　　企業・業界分析の情報プラットフォーム。上場企業からベンチャー企業、海外企業情報まで 100 万社超の財務情報、株価等の情報、人物人事異動、経済・業界統計、新聞ニュース、業界トレンド情報等を収録している。

・**総務 Net**（株式会社インターネットディスクロージャー）[63]　　株主総会の日程や会場の情報、機関投資家による議決権行使、株主優待、主要株主、役員報酬等株主総会関連の情報が収録されている。

・**帝国データバンク**（株式会社帝国データバンク）[64]／**東京商工リサーチ**（株式会社東京商工リサーチ）[65]　　企業の経営状況、倒産（破産・民事再生・特別清算・会社更生・事業再生 ADR など）や信用調査など情報を提供している。

・**日経テレコン**（株式会社日本経済新聞社）[66]　　日経各紙、全国紙、47 都道府県の新聞、業界の専門紙、経済雑誌、専門雑誌、日経や大手シンクタンクのレポートから複数の企業データベースや人事情報、海外メディアも収録している総合データベースである。

---

60)　https://jp.ub-speeda.com
61)　https://www.marrpro.jp
62)　https://nvs.nikkei.co.jp
63)　https://kaijinet.esper-search.com/trial/soumu.aspx
64)　https://www.tdb.co.jp
65)　https://www.tsr-net.co.jp
66)　https://telecom.nikkei.co.jp

第 1 章　リサーチの基本

・**G-Search**（株式会社ジー・サーチ）67)　　全国約 145 万社の企業情報や、約 150 紙誌・過去 30 年以上にわたる新聞・雑誌記事、学術文献の情報などを提供している。

・**JDream Ⅲ**（株式会社ジー・サーチ）68)　　日本最大級の科学技術文献情報データベース。国立研究開発法人科学技術振興機構が作成する国内外の科学技術（医学を含む）に関する文献情報を収録している。

　以上の情報を分野別に簡単にまとめたものが図表 1-2 である。

図表 1-2　商用データベース

法令・判例・文献	企業情報	新聞雑誌等
D1-Law（第一法規株式会社）	TDnet データベースサービス（日本取引所グループ）	日経テレコン（株式会社日本経済新聞社）
TKC ローライブラリー（株式会社 TKC）	eol データベース（株式会社アイ・エヌ情報センター）	G-Search（株式会社ジー・サーチ）
判例秘書 INTERNET（株式会社 LIC）	XeBRaL ADDS（株式会社ゼブラル）	JDream Ⅲ（株式会社ジー・サーチ）
登記秘書 INTERNET プレミアム（株式会社 LIC）		
Westlaw Japan（株式会社ウエストロー・ジャパン）	スピーダ（株式会社ユーザベース）	公益財団法人大宅壮一文庫（後出）
商事法務データベース（株式会社商事法務）	MARR Pro（株式会社レコフ）	
旬刊商事法務データベース（公益社団法人商事法務研究会）	日経バリューサーチ（株式会社日本経済新聞社）	
官報情報検索サービス（国立印刷局）	総務 NET（株式会社インターネットディスクロージャー）	
	帝国データバンク（株式会社帝国データバンク）	
	東京商工リサーチ（株式会社東京商工リサーチ）	

③　海外のデータベース

・**Lexis**（レクシスネクシス・ジャパン株式会社）　　米国＆コモンウェルス法を中心

---

67)　https://db.g-search.or.jp

68)　https://jdream3.com

17

とした情報データベース。法律情報からニュース・企業情報までが横断検索できる。判例・法令・法律論文・実務解説書・英文契約書式・世界各国ニュース・企業情報等が収録されている。最近では AI の搭載も始まった。

・**WestlawNext**（トムソン・ロイター株式会社）　米国（連邦・州）、英国等の判例、法令および注釈付制定法集「United States Code Annotated」（USCA）、約 900 タイトルの米国内発行の雑誌・紀要を収録している。最近では AI の搭載も始まった。

・**Practical Law**（トムソン・ロイター株式会社）　英国の法律事務所 Slaughter and May 出身の弁護士 2 名が 1990 年代に創設した Practical Law Company（PLC）が提供している各種契約書および契約関連書類のテンプレート、契約条項の解説等のインターネットサービス。PLC には英国の大手法律事務所出身の弁護士が多く所属し、これらの弁護士が中心となって日々更新を行っているので、判例文や書籍等で情報を入手するのと比べて情報収集スピードが速く、頻繁にアップデートされた英文契約書雛型等が入手できる。英米系の大規模法律事務所や国際企業の法務部門等を中心に、世界で 10 万人を超える弁護士が利用している。

・**LEXLOGY**（Law Business Research）　100 か国以上に 40 万人の購読者を持つ、第一線の国際的なリーガルリソース。150 の法域・6500 名の弁護士のネットワークで、競争法や紛争、雇用からエネルギーまで 110 の分野にわたるレポートを収録している。日本の大手法律事務所が発行するレターも収録されている。

・**Mlex**（レクシスネクシス・ジャパン株式会社）　世界各国の独占禁止法・競争法、個人情報保護・セキュリティ、金融犯罪、フューチャーモビリティ等、規制リスクの高い分野の法規制や摘発記事の配信サービスである。

(3)　その他

・**弁護士情報・法人情報検索**（日本弁護士連合会）[69]　日本弁護士連合会が提供する弁護士・法人検索できるサイト。

---

69)　https://member.nichibenren.or.jp/general_search

第1章　リサーチの基本

・**裁判官検索**（新日本法規ウェブサイト）[70]　　日々発行される官報の情報が反映され、「裁判官検索」で裁判官の異動履歴や、その裁判官が扱った主な判示事項（裁判所ウェブサイトから参照）を見ることができる。

・**PICK UP! 法令改正情報**（新日本法規ウェブサイト）[71]　　新日本法規出版株式会社の編集担当者が独自に選んだ法律、政令、政省、規則等、主要な情報および条文の新旧対照表を見ることができる。政令委任などの未施行法令についても、一度アップした情報に対し確定した施行日が追記更新されている。

・**法曹界人事**（Westlaw Japan／トムソン・ロイター株式会社）[72]　　時事通信社がウエストロー・ジャパンに提供する最高裁判所・法務省の最新人事情報が掲載されている。

2　図書館

(1)　公共図書館

①　**国立国会図書館**[73]　　全国の公共図書館、公文書館、美術館や学術研究機関等が提供する資料、デジタルコンテンツを統合的に検索できるサービスとして「**国立国会図書館サーチ**」がある。

②　**国立国会図書館オンライン**　　国立国会図書館所蔵の和図書、洋図書、和雑誌・和新聞、洋雑誌・洋新聞、電子資料、国内博士論文などの検索ができる。

　　　例：**リサーチ・ナビ**[74]、**レファンレンス協同データベース**[75]、**個人向け
　　　　　デジタル化資料送信サービス**[76] 等

③　**CiNii Research**（国立情報学研究所）[77]　　論文、図書・雑誌や博士論文などの学術情報の検索ができる。

---

70)　https://www.sn-hoki.co.jp/judge_list/

71)　https://www.sn-hoki.co.jp/article_list/pickup_hourei_top/

72)　https://www.westlawjapan.com/p_affairs/

73)　https://www.ndl.go.jp

74)　https://ndlsearch.ndl.go.jp/rnavi

75)　https://crd.ndl.go.jp/reference/

76)　https://www.ndl.go.jp/jp/use/digital_transmission/individuals_index.html

77)　https://cir.nii.ac.jp

④　**法務省図書館**[78]　　国立国会図書館の支部図書館として法務省内に設置されている。法令の立案等の法務行政に必要な図書・資料を収蔵している。一般の利用も可能（要事前連絡）。

⑤　**最高裁判所図書館**[79]　　裁判事務に必要な国内外の法令集、判例集、解説書、論文集、雑誌などの法律専門書が中心に蔵書されている。一般の利用も可能（要前日連絡）。

⑥　その他

・**地方自治体の図書館、各大学図書館**　　各図書館が所蔵する資料も参考になる。国立国会図書館とデータ連携している図書館の資料であれば「**国立国会図書館サーチ**」で串刺し検索が可能である。

・**独立行政法人工業所有権情報・研修館**[80]　　特許情報プラットフォーム（J-PlatPat）など、知的財産に関する情報の検索ができる。

(2)　**専門図書館**

・**統計図書館**（総務省統計局）[81]　　総務省統計局のほか、国の機関、地方公共団体、民間団体等の統計関係資料および諸外国の統計書ならびに我が国の歴史的な統計古資料等を所蔵している統計専門の図書館である。

・**労働図書館**（独立行政法人労働政策研究・研修機構）[82]　　労働関係の専門図書館である。

・**証券図書館**（公益財団法人日本証券経済研究所）[83]　　証券制度、経済の調査・研究のための専門図書館である。東京・大阪に設置されている。

・**公益財団法人損害保険事業総合研究所図書館**[84]　　保険関連（損害保険がメイン・生命保険関連もあり）の資料を所蔵している。

・**公益財団法人日本税務研究センター図書室**[85]　　国内外の租税等に関する

---

78)　https://www.moj.go.jp/housei/tosho-tenji/kanbou_library_library01_00001.html
79)　https://www.courts.go.jp/saikosai/tosyokan/index.html
80)　https://www.inpit.go.jp
81)　http://www.stat.go.jp/library/
82)　https://www.jil.go.jp/lib/
83)　http://www.libblabo.jp/shoken/home32.stm
84)　http://www.sonposoken.or.jp/library

図書、資料、判例、統計、雑誌等を所蔵している。

・**一般財団法人機械振興協会 BIC ライブラリ**[86]　　機械振興協会経済研究所附設の図書館。機械産業関連資料を所蔵している。

・**「建築・都市・住宅・建設産業分野専門図書館」横断検索システム**[87]　　日本建築学会所属の関連資料の横断検索ができるシステムである。

・**アジア経済研究所図書館**（JETRO)[88]　　開発途上地域の経済、政治、社会等を中心とする諸分野の学術的文献、基礎資料、および最新の新聞・雑誌を所蔵する専門図書館である。

・**公益財団法人大宅壮一文庫**[89]　　日本で初めての雑誌図書館であり、評論家・大宅壮一氏（1900 年～1970 年）の雑誌コレクションを引き継いで、明治時代以降 150 年余りの雑誌を所蔵している。雑誌記事索引データベースを作成し、主な所蔵雑誌の記事を検索できる。雑誌原本の閲覧や複写も可能である。

3　サブスクリプション型法律書提供サービス

　近年、インターネット上にて定額で法律書籍を読むことができるサブスクリプション型法律書提供サービスの提供が始まり、内容が充実してきている。主な提供元は以下となる。各サービスの特徴については図表 1-3 にまとめて記載した。

・**弁護士ドットコム LIBRARY**（弁護士ドットコム株式会社)[90]：弁護士・法律事務所向け

・**BUSINESS LAWYERS LIBRARY**（弁護士ドットコム株式会社)[91]：弁護士・法律事務所・企業向け

・**LEGAL LIBRARY**（株式会社 Legal Technology)[92]：弁護士・法律事務所・企業

85）　https://www.jtri.or.jp/library/information/
86）　http://www.jspmi.or.jp/biclibrary/index.html
87）　http://news-sv.aij.or.jp/tosyo/s1/top_para.html
88）　https://www.ide.go.jp/Japanese/Library/
89）　https://www.oya-bunko.or.jp
90）　https://library.bengo4.com/about
91）　https://services.businesslawyers.jp/private/
92）　https://legal-library.jp

図表 1-3　主なサブスクリプション型法律書提供サービス（2024 年 12 月末日時点の情報）

サービス名	弁護士ドットコム LIBRARY	BUSINESS LAWYERS LIBRARY	LEGAL LIBRARY
提供会社	弁護士ドットコム株式会社	弁護士ドットコム株式会社	株式会社 Legal Technology
提供対象	弁護士・法律事務所	弁護士・法律事務所・企業	弁護士・法律事務所・企業
掲載コンテンツ等	法律実務書と法律雑誌：2200 冊以上 書式：3500 以上	法律実務書と法律雑誌：1900 冊以上	法律書籍、官公庁の資料、パブリックコメントなど：総計 2300 点以上
参画出版社	岩波書店、学陽書房、ぎょうせい、金融財政事情研究会、勁草書房、現代人文社、晃洋書房、三修社、司法協会、信山社、新日本法規出版、税務経理協会、立花書房、中央経済社、東洋経済新報社、日本加除出版、日本商事仲裁協会、日本能率協会マネジメントセンター、日本評論社、日本法令、日本労働弁護団、発明推進協会、フィルムアート、弁護士ドットコム株式会社、法律文化社、法令出版、有斐閣、レクシスネクシス・ジャパン、労働新聞社 等	岩波書店、学陽書房、ぎょうせい、金融財政事情研究会、勁草書房、晃洋書房、三修社、信山社、新日本法規出版、税務経理協会、第一法規、中央経済社、東洋経済新報社、日本加除出版、日本商事仲裁協会、日本能率協会マネジメントセンター、日本評論社、日本労働弁護団、発明推進協会、フィルムアート社、法律文化社、法令出版株式会社、有斐閣、レクシスネクシス・ジャパン、労働新聞社 等	有斐閣、中央経済社、日本加除出版、現代人文社、きんざい、民事法研究会、ぎょうせい、勁草書房、日本リーダーズ協会 等

第 1 章　リサーチの基本

Legalscape	LegalBookSearch	LION BOLT
株式会社 Legalscape	株式会社 TKC	株式会社サピエンス
弁護士・法律事務所・企業	弁護士・法律事務所・企業・大学	弁護士・法律事務所・企業
法律書と法令・官公庁等が作成している各種資料へリンク（全てではない） 2800 冊以上収録（商事法務は 700 冊以上、『会社法コンメンタール』『ハンドブック』シリーズ収録） 法令：7000 件以上 パブリックコメント：全件（2 万件以上） 17 分野の最新ニュース掲載（森・濱田松本法律事務所監修）	TKC ローライブラリーのオプションサービス 収録書籍：1040 冊 法律・会計・税務・経営等を中心とした専門書の PDF 閲覧 TKC ローライブラリーの横断検索に対応 書籍掲載判決にリンク	法律専門書・雑誌：1 万件余りが検索対象 書籍全体を読むことはできないが、検索ワードがどの本にどのように記載されているか文脈の確認ができる
ぎょうせい、勁草書房、経団連出版、商事法務、新日本法規出版、中央経済社、東京大学出版会、日本加除出版、日本商事仲裁協会、有斐閣、日本評論社、税務経理協会、労働新聞社　等	日本評論社、中央経済社、ぎょうせい、商事法務、現代人文社、労働開発研究会　等	

23

向け

・**Legalscape**（株式会社 Legalscape）[93]：弁護士・法律事務所・企業向け

・**LegalBookSearch**（株式会社 TKC）[94]：弁護士・法律事務所・企業・大学向け

・**LION BOLT**（株式会社サピエンス）[95]：弁護士・法律事務所・企業向け（検索サービス）

・その他オンライン提供サービス

①**有斐閣 Online**（株式会社有斐閣）[96]：有斐閣が運営する有料のコンテンツ配信サイト。法律分野の実務家や研究者向けにコンテンツを配信している。「ジュリスト」等の紙媒体の記事のデータも有料で提供し、ウェブオリジナル記事の掲載もある。

②**商事法務ポータル**（株式会社商事法務）[97]：商事法務が開設するインターネットサービス。無料で閲覧できるものと、有料の「プレミアム」がある。法律実務家向けに「組織法務」、「取引法務」、法教育を含む多岐にわたる分野の情報が掲載されている。実務家が解説の掲載されており、メールマガジンの配信サービスもある。

③**丸善リサーチ**（株式会社 Legal Technology）[98]：会計・税務専門家向けの書籍のサブスクリプションサービス。

4　その他：当局への電話照会

　上述した法令や裁判例、文献等に関してリサーチを尽くしてもなお、直面する問題について答えが見つからない場合には、顕名または匿名にて、当該論点に関連する法令等を管轄する**当局への電話照会**を行うことも考えられる。

　当局への電話照会を行う場面のうち、特定分野に関する規制の有無等について一般的な質問を行う場合には、担当部署・部門をあらかじめ確認のうえ、適切な宛先に問い合わせることによって、答えを得られる場合が多い。

---

93)　https://www.legalscape.co.jp

94)　https://sp.lawlibrary.jp/lgs/lbs/index.html

95)　https://law-books.lionbolt.jp

96)　https://yuhikaku.com/list/guide/about

97)　https://portal.shojihomu.jp

98)　https://tax.maruzen-research.jp

これに対し、具体的な案件が背後にあって、特定のスキームや関連論点について依頼者からアドバイスを求められているような場合には、慎重に電話照会のアプローチを検討する必要がある。

後者について電話照会を行う場合のプロセスと、各プロセスにおける留意点は、以下のとおりである。

(1) 電話照会を行うことの是非を判断する

まず、そもそも電話照会を行うかどうかについて、事前に依頼者の意向を確認する必要がある。なぜなら、電話照会を行うこと自体が、案件の進行に影響を及ぼすリスクを孕むからである。例えば、新しいスキームのビジネスを検討している場合に、電話照会をした結果「このスキームは違法である」と当局から明示的に回答されると、それ以上検討を進めることができなくなってしまう。また、照会に対して当局からなかなか回答を得られない場合、回答を待つ間案件を進めることができないというデメリットも生じ得る。

(2) 入念な理論構成を行う

電話照会を行うことになった場合には、依頼者が求める回答を意識しつつ、事前に論点を整理し、緻密に理論構成を行うべきである。実際に電話照会を行う際にも、単に照会事項を伝えるのではなく、論点を提示して考え方の筋道を示すことにより、当局からポジティブな回答を引き出せるように誘導するといった工夫が必要な場面もある。

(3) 電話照会先を確認する

所轄官庁の代表電話に連絡するのではなく、照会事項に応じて、担当部署・部門を確認して適切な照会先に問い合わせることが効率的である。なお、最近では所轄官庁が複数にまたがる規制等もあるため、照会先は1つとは限らないことを意識しておくべきである。また、実務的な論点に関しては、官公庁のみならず、業界団体への照会を行うことが適切な場合もある。

⑷　電話照会の記録を残す

どのような事実・資料に基づき、何についての照会を行ったかという点はもちろんのこと、電話照会を行った日時や応対した担当者の所属部署と氏名、回答内容についても記録に残しておくべきである。この記録は、将来組織内の他の弁護士が類似論点に関して照会を行う際にも、ナレッジ・マネジメント（Ⅲ）の観点から有用である。

⑸　電話照会結果の分析・評価を行う

とりわけ法律事務所に所属する弁護士の場合、電話照会結果をそのまま依頼者に伝えるのでは、弁護士としての付加価値を提供できていないと言わざるを得ない。当局から回答が得られた場合には、回答内容を慎重に分析・評価したうえで、依頼者にアドバイスを行うことを常に心がけたい。

Ⅲ　リサーチとナレッジ・マネジメント

1　リサーチにおけるナレッジ・マネジメントの重要性

⑴　ナレッジ・マネジメントとは

ナレッジ・マネジメントとは、「情報・知識・経験・知恵など（ナレッジ）を集約・管理・共有（マネジメント）し、それらを有効活用するための仕組み（ないし仕組み作り）」[99]である。

⑵　ナレッジ・マネジメントの促進がリサーチにもたらす効果

なぜ、ナレッジ・マネジメントの実践がリサーチにおいて重要なのか。

過去にある依頼者から質問を受けた論点について、他の依頼者から再び質問を受ける機会は、実はとても多い。このような場合、前回の案件で作成したリサーチメモや、当時調べた文献等をわかりやすくまとめておくことがリサーチ時間の短縮による業務効率化につながることは言うまでもない。また、過去に蓄積されたナレッジを利用できれば、ナレッジを探すための作業時間が短縮さ

---

99)　森下国彦ほか『企業法務におけるナレッジ・マネジメント』（商事法務、2020 年）3 頁。

第1章　リサーチの基本

れ、その分具体的案件の緻密な分析や検討に時間を充てることが可能となる。その結果、リサーチ結果の質の向上を図ることもできる。

　リサーチにおいては、複数の情報を収集したうえでそれらを分析することが求められるが、収集した情報からは直ちに結論を導くことができない難しい論点も多く存在する。このような場合、事務所内または法務部門内において、ナレッジを共有する仕組みが構築されていれば、過去案件において、どのようなロジックで結論を導いたのか参照することができる。また、たとえリサーチ対象となる法的問題の内容が過去のものと全く同一ではなくても、類似する論点から推論を行うことにより、法的アドバイスの内容が大きくぶれたり、誤った方向性に向かうリスクはかなり軽減され得る。

　もう1つ忘れてはいけない重要な効果として、「法的アドバイスに関する内容の一貫性を担保できる」という点が挙げられる。ここでいう「一貫性」とは、特定の論点に関して弁護士または法務担当者が質問を受けた場合、同じ前提条件であれば同じ回答をすることができる、または一貫したロジックでぶれのない回答をすることができる、という意味である。

　同じ法律事務所または法務部門において、担当者によってばらつきのある法的アドバイスをしていたのでは、依頼者（法務部門の場合は社内依頼者）からの信頼は揺らいでしまう。そのため、「法的アドバイスに関する内容の一貫性」を担保することは、法律／法務業務を行ううえで不可欠というべきである。

2　組織内に蓄積されるナレッジの活用

　では、リサーチに役立つ組織内のナレッジとして、具体的にどのようなものが考えられるか。

(1)　形式知化されたナレッジ

　まず形式知としては、リサーチメモの先例や、典型論点に関するメモの雛形が挙げられる。このようなナレッジは、リサーチの「取っ掛かり」を得るために有用であるだけでなく、直面している法的問題と類似する論点を先例や雛形が扱っている場合に、メモのたたき台としても使えるので、非常に便利である。ただし、利用にあたっては、過去案件と今直面している案件との事実関係等に

関する違いを注意深く精査し、本当に同じロジックで論じることが適切なのか、新たに検討すべき論点がないかを見極める必要がある。また、法改正や裁判例の動向によっては、過去のリサーチ時とは異なる解釈をすべきケースもある点に留意すべきである。

次に、依頼者から質問を受けやすく、かつ外部のデータベースや文献等だけでは探しにくい情報として、損害賠償金額（またはその上限）の相場や、当局への申請等に要する時間、案件のスキームに関する傾向といった情報がある。このような情報は、組織内でナレッジとして蓄積し、先例リストのような形でまとめておくと使いやすい。

さらに、直接案件のリサーチに関連しないものであっても、論文等の執筆にあたり収集した資料や、セミナー・勉強会のための参考資料は、1つの論点について網羅的かつ掘り下げて作成されていることが多いので、案件のリサーチにおいても参考になる。

(2) 形式知化しづらいナレッジ

形式知化しづらい「暗黙知」も、重要な組織内のナレッジである。

例えば、リサーチの方法として当局への電話照会を行うケースがあるが、電話照会を行う行為自体が案件に一定の影響を及ぼす場合もあり得る（Ⅱ4(1)参照）。このような場合、過去における当局への照会結果がナレッジとして蓄積されていれば、実際に電話をかける前に、過去の回答内容や担当官に関する情報を事前に入手することができる。

また、全く新しい分野のリサーチ依頼を受けた場合、どこから手を付けるべきか土地勘がなく悩む場合もある。このような場合、少なくとも事務所内または法務部門内において「誰がその分野に詳しいか／ナレッジを持っているか」という情報にアクセスすることができれば、その人に相談することにより、リサーチの方向性や勘所を摑むことができるかもしれない。

以上のとおり、組織内には、リサーチに必要なナレッジが沢山存在することから、日頃からナレッジを整理し共有することで、これらを最大限活用すべきである。

第1章　リサーチの基本

3　リサーチツールの効果的な活用とナレッジ・マネジメント

　上記2では、組織内に蓄積されるナレッジについて述べたが、外部の有料データベース等を適切に使い分け、活用することもナレッジ・マネジメントの1つである。

(1)　リテラシーの向上

　新しいリサーチツールを使う際には、サービスベンダーによる説明会やトレーニングを通じて、リテラシーの向上を図る必要がある。近年は、有料データベースの種類や機能も多岐にわたることから、基本操作のみならず、よく参照する資料のお気に入り登録やしおり、シェア機能といった付加的機能を使いこなせるかどうかがリサーチ業務の効率性に大きく影響する。

　また、同じサービスであっても、次々と新たな機能やサービスが実装されることから、初回のみならず継続的にトレーニングに参加し、自分自身のナレッジもアップデートしていくことが望ましい。

(2)　ツールの使い分け

　判例検索ツールや企業情報検索ツールについては、同種のサービスが複数利用可能な場合もあると思われるが、ツールによって収録範囲や情報の更新頻度は少しずつ異なる。そこで、リサーチを行うにあたっては、各ツールの特徴を十分理解したうえで、リサーチ目的に合うツールを選定すべきである。

(3)　生成AIを用いたリサーチツール

　さらに、最近では生成AIを用いたリサーチツールも増えてきている。このようなツールでは、プロンプトを入力することにより、AIが根拠となる資料の内容を要約して回答してくれるといった便利な機能がついている場合もある。

　この場合、要約された回答をそのままリサーチに利用するのではなく、必ず根拠とされる文献・法令の条文自体を読み直して、要約の過程で捨象された要素がないかを精査する必要がある。また、プロンプトの入力の仕方によって、回答内容や回答の精度が変わる場合もあることに留意すべきであろう。

29

Ⅳ　リサーチのアウトプット

1　報告の形式

(1)　依頼者が求める成果物は何か

　リサーチ結果をまとめるにあたっては、まず当該案件におけるリサーチの目的に立ち返って、依頼者がどのような成果物を期待しているかを把握することが重要である。法律事務所からの正式な回答として法律意見書のようなフォーマルな成果物を求められるケースもあれば、依頼者の社内検討用資料として、詳細な情報収集と整理が求められるケース（判例分析等）もある。あるいは詳細なメモの作成は不要で、メールでクイックに回答すれば足りるようなケースも考えられるだろう。

　成果物の形式について依頼者と事前にすり合わせを行うことは、リサーチの範囲や深さ、成果物提出までのスケジュール感を把握するためにも必須である。

(2)　リサーチメモの要素（前提事実・問題設定・結論・法的検討）

　上述のとおり、リサーチメモの形式は依頼者のニーズによって異なるが、メモの内容に関しては、以下のような要素を意識すべきである。なお、以下①ないし④の順序は、ある程度以上の分量のメモを作成する場合を想定したものであるが、より短いメモやメールアドバイスの場合には、法的検討に続いて結論を最後に記載するケースも多い。

①　前提事実

　どのような事実関係および資料に基づき検討を行ったかを記載する。

　重要な前提事実が変わると、とりわけ案件への具体的なあてはめが必要なリサーチにおいて、リサーチの結論が変わる場合もあり得るので、メモ作成にあたって事前に依頼者とも確認しておくことが望ましい。

②　問題設定

　依頼者からの依頼内容を正しく理解したうえで、リサーチの対象および範囲を確定する。依頼者は、リサーチ結果に基づくアドバイスに依拠して意思決定を進める場合もあるところ、この問題設定が曖昧だと、依頼者が具体的なあて

はめの場面においてどのように意思決定すべきかわからなくなってしまう。また、そのような漠然としたアドバイスを提供することは、弁護士のリスクヘッジという観点からも好ましくない。

なお、依頼事項が1つであっても、論点が複数にわたるときは、問題設定の段階で論点を切り分けて提示することにより、読み手が各論点の関係性や論理構造を把握しやすくなる。

③ 結論

依頼者の問いに対する答えを、端的に述べる。なお、結論に至った理由の要点をあわせて簡潔に記載することにより、依頼者は結論部分を読むだけでも大要を理解しやすくなる。

④ 法的検討

問題設定に基づき、結論に導くために必要十分な検討を行う。依頼者の問いに直接関連しない論点を長々と検討したようなメモは、必要な論点に関する焦点をぼやけさせ、読みにくい文章になってしまうので、注意を要する。

2 報告（リサーチメモ）を準備する際の留意点

(1) リサーチの範囲と順序

簡潔なメモのみ作成する場合であっても、リサーチの対象範囲内においては徹底的に調べるという姿勢が基本である。依頼者の質問内容に対する回答に近いものがあったからといって飛びついてしまうと、論点の見落としや、似て非なる結論を導いてしまうおそれがある。

リサーチの順序としては、リサーチ対象となる法令等を出発点とすべきであるし、裁判例であれば、まずは最も論点に近い裁判例の判決文を参照したうえで、その後重要な評釈や、関連論点に関する裁判例をリサーチしていく流れが通常である。また、文献についても、片っ端から見ていけばよいというものではなく、信頼性、重要性の高い文献から優先的にリサーチすべきであろう。

(2) 論理の組み立て

十分なリサーチを尽くしたら、出揃った材料に基づき分析を行い、結論を導くための論理構成を検討する。リサーチ結果は論理的に一貫していることが大

前提であるから、まずは、結論の妥当性をいったん横に措き、論理の筋を考えるのがお勧めである。他方で、このアプローチは、ときに過度に保守的な分析結果になってしまい、依頼者の求める回答に配慮しない、または実務上現実的でない結論を導いてしまうリスクと隣合わせであることを忘れてはならず、最終的にメモを完成させる段階で改めて検討を要する。

結論が出たら、本当にその結論が正しいのかを批判的に検証する必要がある。このとき、類似の論点の思考プロセスに従って、推論しつつ検証をすることも有効であろう。

なお、法的分析の過程においては、どこまでが客観的な事実であるかを明確にし、解釈についても学者の論説と私見を混同しないよう、表現に気を遣うべきである。

⑶　求めているリサーチ結果が得られなかった場合

裁判例や文献等を調べても答えの出ないような論点に直面することも多い。むしろ、依頼者は、自分で調べても答えが出ないからこそ弁護士または法務部門に相談するとも考えられる。

徹底的なリサーチの結果、探している結論が見つからなかった場合、まずはどこまでわかって、どの点がわからないかを明確にしたうえで、類似論点から推論の筋を考える。このとき、学者の議論や諸外国での議論が参考になる場合もあろう。

なお、論点が類似しているからといって必ずしも同様の推論があてはまるとは限らないため、「類似論点」との異同を正確に示して、結論の妥当性について検証することも必要である。

3　法律文献等の出典の表示、引用について

リサーチメモの作成にあたっては、リサーチ内容の根拠となる法令、判例、法律文献等の出典を正しく記載することも重要である。また、法律文献等の記載を引用する場合には、引用箇所・範囲を明示的に示す必要がある。

この場合、気を付けなければならないのが「孫引き」である。孫引きとは、一次資料を直接引用することなく、二次資料から引用するまたは二次資料のみ

を出典として記載することである。孫引きは、一次資料を参照せず切り取られた情報のみを参照することにより、不正確な引用や、誤った解釈につながるおそれが高く、ひいては著作権法違反となるリスクもあるので、原則として避けるべきである。

　本稿では、紙幅の関係上、具体的な出典の表示に関する具体的なルール、作法については割愛する。出典の表示方法については色々な考え方があるが、上記Ⅰ4(3)で紹介した下記が参考になる。

・**「法律文献等の出典の表示方法〔2014 年版〕」**（特定非営利活動法人法教育支援センター)[100]

・**「東京大学法科大学院ローレビューにおける文献の引用方法〔第 18 版〕」**（2024 年 2 月 21 日改訂）（東京大学法科大学院ローレビュー編集委員会)[101]

〔中村智子＝Ⅰ・Ⅱ 1～3、

門永真紀＝Ⅱ 4・Ⅲ・Ⅳ〕

---

100)　https://houkyouikushien.wixsite.com/bunken

101)　https://www.j.u-tokyo.ac.jp/law/wp-content/uploads/sites/18/2024/02/lawreview19_bunken
ninnyou.pdf

第2章

訴訟実務のリサーチ

I　訴訟実務分野の特徴

1　訴訟実務とは

　訴訟とは、裁判所において、裁判によって、対立する当事者間の権利・義務等の法律関係を確定し（民事訴訟）、または、国家の刑罰権を確定する（刑事訴訟）こと、または、その手続のことである。

　実際の訴訟では、実体法に定められる実体的な権利義務の存否に関する十分なリサーチを行い、そして、訴訟法に定められる訴訟手続にも精通しておく必要がある。さらに、訴訟の実務では、手続を定める条文に習熟しているだけでは不十分であり、必ずしも条文には記載されていない裁判所のルール、運用を理解し、これらを踏まえた緻密な訴訟戦略が重要となってくる。

　訴訟については、訴訟そのものが単体で問題となることはなく、労働訴訟や知財訴訟、または、独占禁止法に基づく排除措置命令の取消しに関する行政訴訟など、本書における他の章と絡んで問題となる。そこで、特定の法分野に関する特徴やリサーチ方法等は他の章に譲り、本章では法的紛争の解決手段たる訴訟の実務を取り扱う。

2　訴訟の種類および本章の取扱い対象

　訴訟には、**1**で述べたように、民事事件を取り扱う民事訴訟および刑事事件を取り扱う刑事訴訟があるが、これに加えて、行政事件訴訟法に基づき行政庁の処分等の効力を争う行政訴訟がある。なお、行政が相手ではあるものの、国家賠償法に基づく損害賠償請求訴訟等は、一般的には民事訴訟として分類される。

34

第 2 章　訴訟実務のリサーチ

　また、民事訴訟とは、民事訴訟法のもとで「処分権主義」や「弁論主義」と
いった原則が採られ、憲法上、裁判の公開が要請される（憲82条1項）訴訟事
件を指す。これに対し、訴訟と同様に裁判所で取り扱われる民事事件として、
非訟事件がある。非訟事件は、非訟事件手続法のもと非公開で行われ（非訟30
条）、職権探知主義が採用される（同法49条）など、訴訟の手続とは異なる。そ
して、非訟事件は、成年後見や親子交流などの家事事件を主な対象とするもの
と思われがちであるが、実際の企業法務では、実務上重要な事件も非訟事件と
して取り扱われる。例えば、借地非訟事件（例：借地条件変更申立事件〔借地借家
17条1項〕、増改築許可申立事件〔同条2項〕、更新後の建物再築許可申立事件〔同法18条
1項〕等）、株式売買価格決定申立事件（会社144条2項等）、少数株主の株主総会
招集許可申立事件（同法297条4項）、発信者情報開示命令申立事件（プロ責1) 8
条）なども非訟事件として扱われる。

　民事紛争の解決手段は、必ずしも民事訴訟での判決や決定に限られるわけで
はない。裁判所の訴訟手続によらずに、民事上の紛争の解決を図る手続もある
（裁判外紛争解決手続。英語で Alternative Dispute Resolution、略して「ADR」といわれる）。
これには、話し合いを通じて紛争の解決を目指すもの、例えば、「民事調停」
のように裁判所で行う話し合いや、行政機関（具体例：労働委員会、消費生活セン
ター）が主導する話し合いを通じて紛争の解決を目指すものがある。また、紛
争の当事者が、紛争についての判断を中立的第三者である仲裁人の判断にゆだ
ねて、紛争を解決する「仲裁」という手続もある。特に、国際的な民事紛争に
ついては、日本の判決には執行力が認められていない国（代表例は、中国）も多
くある一方で、仲裁については、2025年1月3日時点で、中国を含め172か
国が加盟している「外国仲裁判断の承認及び執行に関する条約」（通称：ニュー
ヨーク条約）により、外国での仲裁判断にも執行力が認められるため、紛争の
解決手段として仲裁が使われる例は多い。

　以下、本書においては、調停、仲裁、刑事訴訟および行政訴訟等は取り扱わ
ず、我が国の民事訴訟のみを取り扱う。

---

1)　2025年5月までに、「特定電気通信による情報の流通によって発生する権利侵害等への対処に
　関する法律」（略称：情報流通プラットフォーム対処法）に改称される。

3 訴訟実務の特徴

⑴ 対立当事者（相手方）の存在、第三者として国家機関の判断権者である裁判所の存在

まず、訴訟手続に関わる者について説明する。訴訟は、対立する当事者間の権利・義務等の法律関係を確定する手続であるから、必然的に依頼者と対立する当事者（相手方）が存在する。これは、例えば、依頼者が原告であれば、対立当事者は被告である。仮差押手続や仮処分手続では、債権者と債務者、非訟手続であれば、申立人と相手方など、手続の種類によって呼称が異なる点に注意が必要である。

また、依頼者や相手方が、単独ではなく複数の場合もある。依頼者が複数の場合には、当初は共通の利害関係を有していたにもかかわらず、その途中から利益相反の問題が生じることもあり得るため、受任の段階で潜在的な利害対立の可能性についても検討しておくことが必要となる。また、訴訟の当事者が複数の場合には、訴訟手続が通常とは異なるものも多いため、各種の訴訟手続の進行の仕方や他の当事者に及ぼす効力等をリサーチしながら、慎重な対応を心掛ける必要がある。

訴訟においては、判断権者として、司法権を有する国家機関（憲76条1項）であり、中立の第三者である裁判所が存在する。裁判官は法律の専門家ではあるものの、企業訴訟で扱う法律は多岐にわたり、また複雑なものも多いため、必ずしもすべての裁判官が問題となっている法律の内容の詳細まで熟知している保証まではない。そして、裁判所にある資料は限られていること、また、裁判官は常時多くの事件を抱えていて多忙な場合も多いことから、裁判官が法令のリサーチを行うには限界がある可能性があり、またリサーチを行う視点も限られる可能性がある。したがって、訴訟代理人は、事案を踏まえて、多角的な視点から積極的に入念なリサーチを行ったうえで、裁判官に対して、法令の内容や解釈適用に関する説明を丁寧に行うことが求められる。

⑵ 適用される法令の多様性

企業訴訟においては、解釈適用が問題となる法令は、民法や会社法にとどまらず、労働法、知的財産法、独占禁止法、倒産法などの多種多様な法令に及ぶ

ケースが多い。

　もっとも、本章では、実体法としては主に民法、手続法としては民事訴訟法のリサーチツールを中心に紹介し、他の法律は他章での解説に譲ることとする。

(3)　各場面における手続等の理解の必要性

　以下では、企業訴訟に関わる手続の全体像を示す。それぞれの手続の詳細については、Ⅲで説明する。

　まず、最も重要な手続が、権利義務の存否やその範囲、法律関係を確定する判決手続である。弁護士が関わる企業間の訴訟では、ほとんどの場合、簡易裁判所ではなく、地方裁判所で第1審が行われる。そして、第1審判決に対する不服申立手続は控訴（民訴[2] 281条1項）であり、地方裁判所の判決に対して控訴がなされると、高等裁判所が控訴審を担当する。控訴審判決に対する不服申立手続は上告（同法311条1項）または上告受理の申立て（同法318条1項）であり、高等裁判所の判決については最高裁判所が上告審を担当する。これらの手続を経て、上訴期間内に上訴がなされず、または最高裁判所の判決がなされれば、判決が確定することになる。また、判決が一度確定した場合でも、例外的な事情が認められれば、再審請求を行うことができる（同法338条）。

　訴訟前の手続として、民事保全や証拠保全手続を検討するべき場合もある。また、判決が確定した後や判決が確定する前でも仮執行宣言（民訴259条1項）などの債務名義を得ることができた場合の手続として、民事執行手続が存在する。

　裁判は、判決以外にも決定または命令で行われる場合もある。この決定または命令に対する不服申立手続は、手続の種類に応じて、異議や抗告である。異議の例としては、訴訟費用確定処分に対する異議（民訴71条4項）、裁判所書記官の処分に対する異議（同法121条）がある。また、抗告には、手続に応じて、1週間以内に提起しなければならない即時抗告（同法332条）、取消しを求める利益がある限り提起可能な通常抗告（同法328条）、高等裁判所が許可した場合に最高裁判所に行う許可抗告（同法337条1項）、憲法違反を理由として最高裁

---

2)　2026年5月までに改正民訴法が施行され条文番号が一部ずれるが、本書では現行の条文番号を掲記する。

判所に行う特別抗告（同法336条1項）がある。

　言うまでもないが、民事訴訟実務においては、それぞれの手続の詳細を正確に理解することは必要最低条件である。例を挙げると、厳格な期限が定められている手続、例えば、第1審判決に対する控訴期限（民訴285条）、控訴審判決に対する上告期限（同法313条の準用による同法285条）、訴え取下げに対する異議の申述期限（同法261条5項）、仮処分の執行期限（民保43条2項）等については、たとえ1日でも期間が過ぎてしまえば、依頼人は重大な不利益を被る。他の例として、手続の種別、例えば、仮処分命令申立て却下決定に対する不服申立てが保全異議なのか、即時抗告なのかなど、決して手続の選択を誤るわけにはいかない。

(4)　裁判所が定める規則の重要性

　法は、民事裁判手続に関して、所定の事項[3]について個別に最高裁判所規則にゆだね、さらに、手続に関し必要な事項については、包括的に最高裁判所規則を制定することを認めている（憲77条1項、民訴3条、民保8条、民執21条）。これらの規定に基づき、最高裁判所は、民事訴訟規則、民事執行規則、民事保全規則等の規則を制定している。これらの規則は内容は細かいものも多いが、実際の裁判の手続は、これらの規則に従って行われるため、十分理解をしておく必要がある。

(5)　裁判所の実務運用の理解

　訴訟手続を円滑に進めていくためには、民事訴訟法、同規則等の理解だけでなく、裁判所の実務運用の理解も必要となる。

　例えば、民事訴訟法、同規則等には明記されていないものの、通例、委任状や資格証明書は、発行から3か月以内の原本の提出が求められ、それよりも古いものについては、再提出を求められることがある。また、これらの書類は、コピーの提出は認められていない。また、第1審に提出する委任状に、控訴審での代理についても授権されていたとしても、実際に控訴審での代理を行う

3）　例えば、日本の裁判所が管轄権を有する訴えについて、管轄裁判所が定まらないときは、その訴えは、最高裁判所規則で定める地を管轄する裁判所の管轄に属する（民訴10条の2）等。

第2章　訴訟実務のリサーチ

場合には、新たな委任状の提出が求められる。別の例として、民事保全事件では、民事保全法や同規則には、その担保金の金額について何ら規定していないものの、実務上は、一定の基準の範囲で金額が決定されることになっている。民事保全は迅速性が求められることから、担保金の準備で手間取ることは避けたいところである。したがって、担保決定がなされた後すぐに供託手続を完了できるように、その基準額についても事前に把握したうえで、依頼者とコミュニケーションをとっておければ、保全手続を円滑に進めることが可能となる。

　また、裁判所の運用については、それぞれの裁判所の係属部によっても異なる。例えば、東京地裁では、民事事件の種類に応じて、担当する部が異なり、通常事件を扱う民事通常部の他に、専門的な事件を扱う専門部として、執行部、保全部、商事部、労働部、知的財産権部、建築部、交通部、医療集中部等がある。専門部では、提出書類や事件の進行等の方法でそれぞれの運用を定めていることがあり、そうした運用を正確に理解しておかないと、手続の進行が遅れる等の支障が生じることがある。具体的な運用をいくつか紹介する。

・保全部では、原則として申立て後に全件、債権者代理人との面接がある
・知的財産権部では、裁判官手控えも含めた書面提出、電子データの提出が求められる
・建築部では、出来高一覧表、追加変更工事一覧表、瑕疵一覧表等の作成が求められる
・交通部では、一覧表の利用が求められる
・医療集中部では、証拠の付番にルールがある　等

　裁判所において、裁判官に次ぐ重要な役割を担うのが裁判所書記官・事務官である（裁58条・60条）。書記官らは、主に、裁判の進行管理や書類の管理・チェック等を行っており、各種の手続や運用に詳しいエキスパートでもある。したがって、書記官らとの適切なコミュニケーションは、手続の円滑な進行では非常に重要である。

⑹　判例、裁判例の重要性

　法律と並ぶ重要性を有するものとして、最高裁判所の判例および下級審裁判所の裁判例が挙げられる。

39

法的には、判例および裁判例に他の裁判官の判断を拘束する効力は認められていない。しかし、最高裁の判例については、一部の事例判断を除いては、事実上、下級審裁判所の裁判官はその判断に従うことがほとんどである。仮に下級審裁判所の裁判官が、最高裁の判例と相反する判断を示した場合には、それが控訴審判決であれば上告受理の申立て事由となり（民訴318条1項）、それが高等裁判所の決定または命令であれば、許可抗告事由となる（同法337条2項）。

　また、下級審裁判所の裁判例についても、裁判官が判断を行ううえで、類似の事案で判断が示されていることは、その裁判官の心証に少なくない影響を与えるものと思われ、自己に有利な裁判例を見つけ出すことができれば、訴訟の帰趨が大きく変わることもあり得る。下級審裁判所の裁判例の先例的価値については、その判断が、高等裁判所によるものかまたは地方裁判所によるものか、合議体によるものかまたは単独体によるものか、専門部による判断なのか通常部での判断なのか、また、その裁判所の所在地がどこか等にも事実上左右される。

(7)　紛争の全体像の把握の重要性

　紛争においては、相手を打ち負かして勝訴を勝ち取ることだけが、最善の紛争解決方法ではない場合もあることには注意喚起をしておきたい。確かに、勝訴判決を得ることができれば、訴訟の対象となった訴訟物の存否に関する紛争は解決される。もっとも依頼者にとって一番よい解決方法は何なのか、相手方当事者は何を望んでいるのか、などの背景事情やその影響等を含めた社会的紛争の実態の全体像を把握したうえで、必要があれば、裁判所外での話し合いによる解決を目指すことや、訴訟が開始されている場合でも、和解を行うことが当事者にとって望ましいケースもある。

(8)　他の専門家との協力の重要性

　専門的な分野の紛争では、他の専門家との協力が重要となる。例えば、賃料増減額訴訟や不動産の廉価売却が問題となる否認権行使請求訴訟で、適正な不動産の賃料や価格が問題となった場合には、不動産鑑定士に意見を聞いたり、鑑定意見書を準備してもらったりする必要が生じることがある。ほかにも、株

式価値の評価については公認会計士等、建築訴訟については一級建築士等との協力が必要となる場合もある。

もっとも、資格を有する専門家が作成した意見書であっても、後日、その信用性が争われ、反対当事者が依頼した専門家や裁判所が選任した専門家との間で意見が分かれてしまうこともあり得る。そこで、専門家に依頼する場合には、訴訟実務の専門家としての観点から、専門家の選定をはじめ、意見書が根拠とする事実関係の信頼性などを丹念に検証し、他の関係者から反論がなされても訴訟に耐えうるものであることを慎重に確認する姿勢を忘れてはならない。

Ⅱ　訴訟実務にわたるリサーチツール

1　裁判所ウェブサイト

後記Ⅲでも述べるが、**裁判所のウェブサイト**では、訴訟実務等の手続の流れや実際に用いられる書式、手続上の注意点などが記載されており、大変参考になる。以下では、主に東京地方裁判所の各部のウェブサイト等を中心にいくつか紹介を行うが、参考となる裁判所のウェブサイトはこれに限られるものではない。

民事通常事件について「**民事訴訟・少額訴訟で使う書式**」[4] 等、商事事件について「**民事第 8 部（商事部）**」[5] 等、建築紛争訴訟について「**建築訴訟事件について**」[6] 等、知的財産訴訟について、「**民事第 29 部、第 40 部、第 46 部、第 47 部（知的財産権部）**」[7] 等、民事執行について、「**民事第 21 部（民事執行センター・インフォメーション 21）**」[8] 等、民事保全について、「**民事第 9 部（保全部）紹介**」[9] 等、控訴、上告等について「**民事受付について（民事事件係）**」[10]、「**申立て等で使う書式例**」[11] 等。

---

4)　https://www.courts.go.jp/saiban/syosiki/syosiki_minzisosyou/index.html

5)　https://www.courts.go.jp/tokyo/saiban/minzi_section8/index.html

6)　https://www.courts.go.jp/tokyo/saiban/l3/Vcms3_00000560.html

7)　https://www.courts.go.jp/tokyo/saiban/minzi_section29_40_46_47/index.html

8)　https://www.courts.go.jp/tokyo/saiban/minzi_section21/index.html

9)　https://www.courts.go.jp/tokyo/saiban/minzi_section09/index.html

10)　https://www.courts.go.jp/tokyo-h/saiban/tetuzuki/mousitate_tyui/index.html

2 基本書

⑴ 民法

① 全般・民法改正

平成 29 年債権法改正（以下、単に「債権法改正」）前に刊行されたものであるものの、民法の伝統的通説を代表する基本書であり、判例にも影響を与え、いまだに実務への影響力があるものとして、**我妻栄『民法講義Ⅰ〜Ⅴ₄』**（岩波書店、1954 年〜1983 年）、**同『事務管理・不当利得・不法行為』**（日本評論社、1937 年）がある。

近時の有力な学説の立場から、ケースメソッド方式で民法全般に関して解説を加えたもの（債権法改正は一部のみ反映）として、**内田貴『民法Ⅰ〜Ⅳ』**（東京大学出版会、2004 年〜2020 年）が挙げられる。このほか、民法全般にわたり、定評のある基本書として、**川井健『民法概論⑴〜⑸』**（有斐閣、2005 年〜2015 年）、**近江幸治『民法講義Ⅰ〜Ⅶ』**（成文堂、2015 年〜2022 年）、**平野裕之『民法総則』『物権法』『担保物権法』『債権総論』『債権各論Ⅰ　契約法』『債権各論Ⅱ　事務管理・不当利得・不法行為』**（日本評論社、2017 年〜2024 年）等がある。

債権法改正について、立案担当者が法改正の趣旨・内容を解説したものであり、債権法改正の立案担当者の見解を確認するためにまず手にすべき文献として、**筒井健夫 = 村松秀樹編著『一問一答　民法（債権関係）改正』**（商事法務、2018 年）がある。また債権法改正に関し、簡潔に解説した定評のある文献として、**大村敦志 = 道垣内弘人編『解説　民法（債権法）改正のポイント』**（有斐閣、2017 年）等が挙げられる。

② 民法総則

民法総則に関する比較的最近の定評のある基本書として、**四宮和夫 = 能見善久『民法総則〔第 9 版〕』**（弘文堂、2018 年）、**佐久間毅『民法の基礎 1 総則〔第 5 版〕』**（有斐閣、2020 年）、**山本敬三『民法講義Ⅰ 総則〔第 3 版〕』**（有斐閣、2011 年）等がある。このうち、前二者は債権法改正を踏まえた解説がなされている。

③ 物権法、担保物権法

物権法に関して分かりやすくまとめられ、最近定評のある基本書としては、

---

11)　https://www.courts.go.jp/sendai-h/saiban/tetuzuki/syosiki/index.html

佐久間毅『民法の基礎2物権〔第3版〕』（有斐閣、2023年）等がある。また、担保物権法に関し、実務等で頻繁に参考にされ、信頼性の高い基本書として、**道垣内弘人『担保物権法〔第4版〕』**（有斐閣、2017年）がある。これ以外に最近定評のある基本書としては、**松井宏興『担保物権法〔第2版〕』**（成文堂、2019年）等がある。

④　債権総論、債権各論

債権法改正を踏まえ、判例、学説を比較して検討し、債権総論について詳細に解説した信頼のおける基本書の1つとして、**中田裕康『債権総論〔第5版〕』**（岩波書店、2025年）がある。また、実務家や研究者等向けに、債権法改正後の債権総論について詳細に解説し、自説を述べるものとしては、**潮見佳男『新債権総論Ⅰ・Ⅱ』**（信山社、2017年）がある。**同『プラクティス民法　債権総論〔第5版補訂〕』**（信山社、2023年）は、上述の『新債権総論Ⅰ・Ⅱ』と比較すれば簡易な記載ではあるが、同じ著者が債権総論を1冊にまとめた信頼のおける基本書である。

債権法改正を踏まえ、契約法について、判例、学説や改正の経緯を的確にまとめ、同分野の信頼のおける基本書の1つとして、**中田裕康『契約法〔新版〕』**（有斐閣、2021年）がある。また、実務家や研究者等向けに、債権法改正後の契約法について詳細に解説するものとしては、**潮見佳男『新契約各論Ⅰ・Ⅱ』**（信山社、2021年）がある。債権法改正前のものであるが、様々な学説や論点を細かく整理する等し、定評ある基本書として、**山本敬三『民法講義IV‑1 契約』**（有斐閣、2005年）がある。

不法行為法に関し、比較的新しく定評があり、実務でも信頼性の高いものとして、**窪田充見『不法行為法〔第2版〕』**（有斐閣、2018年）、**潮見佳男『不法行為法Ⅰ・Ⅱ〔第2版〕』**（信山社、2013年・2011年）等がある（ただし、後二者は債権法改正前のもの）。

⑤　家　族　法

家族法の基本書として比較的新しく定評のあるものとして、**前田陽一ほか『民法VI親族・相続〔第7版〕』**（有斐閣、2024年）、**窪田充見『家族法〔第4版〕』**（有斐閣、2019年）、**潮見佳男『詳解 相続法〔第2版〕』**（弘文堂、2022年）等がある。

(2)　要件事実の基本書

　司法研修所が編集し、要件事実の基本を確認するために実務上必須の文献として、**司法研修所編『改訂 新問題研究 要件事実』**（法曹会、2023 年）、**司法研修所編『紛争類型別の要件事実——民事訴訟における攻撃防御の構造〔4 訂〕』**（法曹会、2023 年）がある。同じく司法研修所によるもので、より詳細に説明が加えられたものとして、**司法研修所編『民事訴訟における要件事実(1)・(2)』**（法曹会、1986 年・1992 年）もあるが、債権法改正前のものであり、現在の司法研修所の説明の仕方と異なる部分もあるなど、利用の際には留意が必要である。この他、民法に関する要件事実を確認する際に実務上比較的用いられる書籍として、**大江忠『要件事実民法(1)〜(8)〔第 4 版〕』**（第一法規、2014 年〜2024 年。以下、「大江・要件事実(1)〜(8)」）、**村田渉 = 山野目章夫編著『要件事実論 30 講〔第 4 版〕』**（弘文堂、2018 年）等がある。

(3)　民事訴訟法等の基本書

　実務が採用する旧訴訟物理論の立場に立ち、多くの論点について説得的な理由に基づき説明がなされる等、長年にわたり実務における信頼性の高い基本書として、**伊藤眞『民事訴訟法〔第 8 版〕』**（有斐閣、2023 年）、同じく旧訴訟物理論の立場に立ち、近時の鋭い問題意識に基づいて全般的な説明がなされ、最近定評のある基本書として**三木浩一ほか『民事訴訟法〔第 4 版〕』**（有斐閣、2023 年）がある。

　他方、新訴訟物理論の立場に立ったうえ、著者の問題意識に基づいた説得的な説明がなされ、長年にわたって民事訴訟法における最高水準の基本書として高い信頼性のあるものとして、**新堂幸司『新民事訴訟法〔第 6 版〕』**（弘文堂、2019 年）、同じく新訴訟物理論の立場から、民事訴訟法上の多くの重要な論点について判例・学説を踏まえて掘り下げた検討がなされているものとして、**高橋宏志『重点講義民事訴訟法(上)・(下)〔第 2 版補訂版〕』**（有斐閣、2013 年・2014 年）がある。

　旧民事訴訟法から現行の民事訴訟法に大改正がなされた際、立法担当官によって一問一等形式で説明がなされた解説書であり、改正の内容や趣旨等を確認する際に目を通すべきものとして、**法務省民事局参事官室編『一問一答 新民**

事訴訟法』（商事法務、1996 年）がある。

　また、最高裁事務総局民事局が監修をし、民事訴訟実務を行ううえでその理解を欠かすことができない民事訴訟規則を条文ごとに解説したものとして、**最高裁判所事務総局民事局監修『条解民事訴訟規則〔増補版〕』**（司法協会、2004年。以下、「最高裁監修・条解民訴規」）がある。

⑷　民事執行法・民事保全法等の基本書

　民事執行法における最も信頼性の高い基本書であり、民事執行手続を網羅的に解説した基本書として、**中野貞一郎＝下村正明『民事執行法〔改訂版〕』**（青林書院、2021 年。以下、「中野＝下村・民執法」）がある。

　民事保全手続に長年携わった元裁判官による著作であり、民事保全法の条文の解説のみならず、実務運用等についても触れながら説明がなされ、実務家に頼りにされている基本書として、**瀬木比呂志『民事保全法〔新訂第 2 版〕』**（日本評論社、2020 年）がある。

　最高裁事務総局民事局が監修をし、民事執行規則、民事保全規則について条文ごとに解説したものとして、**最高裁判所事務総局民事局編『条解民事執行規則(上)・(下)〔第 4 版〕』**（法曹会、2020 年）、**同監修『条解民事保全規則〔改訂版〕』**（司法協会、1999 年）がある。

3　コンメンタール

⑴　民　法

　民法の条文について、判例や学説を踏まえた詳細な解説を確認するためには『新注釈民法(1)～(20)』（有斐閣、2017 年～2024 年〔未発刊あり〕）、『注釈民法(1)～(26)』（有斐閣、1964 年～1987 年）、『新版注釈民法(1)～(28)』（有斐閣、1989 年～2015 年〔未発刊あり〕）を確認することが必須であるといえる。

　民法の財産法編を 1 冊にまとめた伝統的な見解に基づくコンメンタールであり、実務家も手元におき、しばしばより詳しい調査検討の端緒としても利用するなど、信頼性の高いものとして、**我妻栄ほか『我妻・有泉コンメンタール民法〔第 8 版〕』**（日本評論社、2022 年）がある。また、**松岡久和ほか編『改正債権法コンメンタール』**（法律文化社、2020 年）は、債権法改正後の条文を解説し

たものとして、最近定評のある文献である。

遠藤浩 = 良永和隆編『基本法コンメンタール民法総則〔第 6 版〕』（日本評論社、2012 年）、鎌田薫ほか編『新基本法コンメンタール物権』・同『債権 1』・同『債権 2』（日本評論社、2020 年・2021 年）、松川正毅 = 窪田充見編『新基本法コンメンタール親族〔第 2 版〕』・同『相続〔第 2 版〕』（日本評論社、2019 年・2023 年）は、上記『新注釈民法』等よりはコンパクトであるものの、民法の条文ごとに分かりやすい解説が加えられている文献である。

(2) 民事訴訟法

民事訴訟法の各条文について非常に詳しく解説され、実務において信頼されている民事訴訟法のコンメンタールとして、秋山幹男ほか『コンメンタール民事訴訟法 I 〜 VII』（日本評論社、2014 年〜2022 年。以下、「秋山ほか・コンメ I 〜 VII」）、高田裕成ほか編『注釈民事訴訟法(2)〜(5)』（有斐閣、2015 年〜2023 年）がある。

民事訴訟法の各条文を 1 冊にまとめて解説し、信頼性のあるものとしては、兼子一原著・松浦馨ほか『条解民事訴訟法〔第 2 版〕』（弘文堂、2011 年）がある。

加藤新太郎 = 松下淳一編『新基本法コンメンタール民事訴訟法(1)・(2)』（日本評論社、2017 年・2018 年）は、『秋山ほか・コンメ』や『注釈民事訴訟法(2)〜(5)』等よりはコンパクトであるものの、民事訴訟法の条文ごとに分かりやすい解説が加えられている。

(3) 民事執行法・民事保全法

民事執行法および民事保全法のそれぞれの条文ごとに分かりやすい解説が加えられ、実務でもしばしば目を通すことになるコンメンタールとして、伊藤眞 = 園尾隆司編集代表『条解民事執行法〔第 2 版〕』（弘文堂、2022 年）、山本和彦ほか編『新基本法コンメンタール民事執行法〔第 2 版〕』（日本評論社、2023 年）、山本和彦ほか編『新基本法コンメンタール民事保全法』（日本評論社、2014 年）等がある。

4　裁判官等執筆の書籍

　裁判官らが民事執行法・民事保全法の手続上の重要な点について実務の立場から丁寧に解説した文献であり、民事執行や民事保全手続を行う際にまず目を通すべき書籍の１つであり、比較的新しいものとして、**中村さとみ＝劒持淳子編著『民事執行の実務　不動産執行編(上)・(下)〔第5版〕』**（金融財政事情研究会、2022年。以下、「中村＝劒持編著・不動産執行(上)・(下)」）、**同編著『民事執行の実務　債権執行・財産調査編(上)・(下)〔第5版〕』**（金融財政事情研究会、2022年。以下、「中村＝劒持編著・債権執行・財産調査(上)・(下)」）、**江原健志＝品川英基編著『民事保全の実務(上)・(下)〔第4版〕』**（金融財政事情研究会、2021年。以下、「江原＝品川編著・民事保全(上)・(下)」）がある。

　『最新裁判実務大系(1)～(11)』（青林書院、2013年～2018年）、**『新・裁判実務大系(1)～(29)』**（青林書院、2000年～2012年〔未発刊あり〕）、**『リーガル・プログレッシブ(1)～(14)』**（青林書院、2008年～2023年）は、それぞれの法分野に関わる裁判上の論点等に関し、裁判官が判例等を踏まえてわかりやすく解説を加えたものとして、一定の法分野の訴訟等を行うときに調査、検討の対象とすべき文献である。

　同様に、**『裁判実務シリーズ(1)～(11)』**（商事法務、2012年～2019年）は、各分野でしばしばあらわれる訴訟類型について、裁判官が論点ごとの解説や原告・被告の立場ごとの主張立証のポイント等を解説したものであり、当該分野の訴訟を行う際に非常に参考となる。

5　裁判書類の書式に関する書籍

　裁判所関係者が執筆した裁判書類の書式を解説等した文献については、後述するⅢの各所において解説を加えるが、それらを除いて比較的よく利用されるものとして、例えば、以下のようなものがある。**大島明『書式 民事訴訟の実務〔全訂10版〕』**（民事法研究会、2017年。以下、「大島・書式」）、**松本利幸＝古谷健二郎編『書式 民事保全の実務〔全訂6版〕』**（民事法研究会、2020年。以下、「松本＝古谷編・書式」）、**裁判所職員総合研修所監修『書記官事務を中心とした和解条項に関する実証的研究〔補訂版・和解条項記載例集〕』**（法曹会、2010年。以下、「総研監修・和解条項」）。

6 最高裁判所の判例解説

Ⅰ3(6)のとおり、訴訟実務を行ううえでは、最高裁判例の結論や内容、射程等の検討が極めて重要であるが、最高裁判所調査官が担当した各事件について解説を加えたものとして、「**最高裁判所判例解説**」（法曹会）、「**法曹時報**」（法曹会）、「ジュリスト」（有斐閣）がある。

7 判例等記載の定期刊行物

判例や裁判例の結論や内容、これらに対する解説等を確認する定期刊行物のうち、代表例として挙げられるものは、「**判例時報**」（判例時報社）、「**判例タイムズ**」（判例タイムズ社）、「**金融・商事判例**」（経済法令研究会）、「**金融法務事情**」（金融財政事情研究会）、「**労働判例**」（産労総合研究所）等がある。

Ⅲ 個別の分野でのリサーチ

〔事例〕

　依頼者であるA社は、サプライヤーB社から製品の工作機械を購入し、自社の工場で使用していた。ところが、当該機械からの出火により、A社の工場が全焼してしまった。A社は、火災によって生じた損害の賠償についてB社と交渉を進めていたが、交渉は難航し、話し合いによる解決の目途は立っていない。

1 民事保全

(1) 民事保全の検討

上記〔事例〕の事案では、話し合いによる解決が困難であるとのことから、A社としては、B社に対する訴訟の提起等の法的措置を検討することになる。しかし、法的措置により債務名義を得ることができたとしても、強制執行までの間にB社の財産が費消されれば、A社は十分な損害の回復を受けることはできない。そこで、まずは、B社の財産の状況を調査・確認し、あらかじめB社の財産を保全する必要があるかを検討するべきである。〔事例〕の事案では、A社がB社に対して損害賠償請求を行うことになるから、この損害賠償請求権を保全するために、B社の財産に対して仮差押えを行うことを検討すること

第2章　訴訟実務のリサーチ

になる。

(2)　申　立　て

①　申立書の作成

仮差押命令の申立てには、被保全債権の存在および保全の必要性を疎明する必要がある（民保13条）。そのため、依頼者から関連する資料（〔事例〕の事案では、B社との取引基本契約書、仕様書等）の提供を受けて精査を行うとともに、関係者から聴き取りを行い、事実関係や背景事情を把握したうえ、さらに文献や判例・裁判例の調査も実施して、被保全債権および保全の必要性の検討を行うことになる。

〔事例〕の事案では、債務不履行に基づく損害賠償請求権、不法行為に基づく損害賠償請求権、製造物責任に基づく損害賠償請求権等を被保全権利とすることが考えられる。そこで、被保全権利の検討にあたっては、Ⅱで挙げた民法の基本書に加えて、債務不履行や不法行為、製造物責任法等にフォーカスした文献や判例・裁判例の調査を行うべきである。製造物責任法については、例えば、**消費者庁消費者安全課編『逐条解説　製造物責任法〔第2版〕』**（商事法務、2018年）を参照する。保全の必要性に関しては、Ⅱで挙げた基本書のほか、**松本＝古谷編・書式、江原＝品川編著・民事保全(上)・(下)**等の実務本が有用である。

以上の検討を経たうえで、仮差押命令申立書を作成する。申立書の作成にあたっては、**江原＝品川編著・民事保全(上)・(下)**や、**松本＝古谷編・書式、東京地裁民事第9部（保全部）**のウェブサイト「**2．保全事件の申立て**」[12]に掲載された書式や記載例を参照するほか、**大江・要件事実(1)〜(8)**等の要件事実に関する文献を参照し、請求原因事実が漏れなく主張できていることを慎重に確認するべきである。特に、**江原＝品川編著・民事保全(上)・(下)**は、東京地裁民事第9部（保全部）の裁判官が執筆した書籍であり、申立書の記載事項等の基礎的な事項から実務的な論点まで幅広く解説しているため、民事保全手続の様々な場面で参照することの多い重要な文献である。

また、申立書には、当事者目録、請求債権目録、仮差押債権目録（債権仮差

---

12)　https://www.courts.go.jp/tokyo/saiban/minzi_section09/hozen_ziken_mousitate/index.html

押えの場合）、物件目録（不動産仮差押えの場合）の各種目録を添付する必要がある。これらの目録については、裁判所のウェブサイト（例えば、前掲の**東京地裁民事9部（保全部）のウェブサイト**）に掲載された書式や記載例を参照するとよい。裁判所のウェブサイトの書式例をそのまま使用できない場合には、**松本 = 古谷編・書式、佐藤裕義編著『裁判上の各種目録記載例集——当事者目録、物件目録、請求債権目録、差押・仮差押債権目録等〔改訂版〕』**（新日本法規出版、2019年）等の書式集も参照する。非典型的な財産（暗号資産等）を対象とした仮差押えの申立ての場合には、書式集等に記載例が掲載されていないこともあるため、法律雑誌等の調査を行うべきである。事案によっては、事前に裁判所書記官に相談することもある。

申立書以外にも、資格証明書や申立費用、郵便切手等の準備が必要となる。これらについては、裁判所のウェブサイト（例えば、**東京地裁民事第9部（保全部）のウェブサイト「第2-3 保全命令申立ての必要書類等（債権仮差押命令申立事件）」**[13]）の案内を参照する。

そのほか、仮差押えの準備を行うにあたっては、裁判官や弁護士への取材記事や座談会に関する記事を参照することも有益である。例えば、東京地裁の書記官への取材記事である「**特集・東京地裁書記官に訊く㊤——保全・執行・刑事編**」LIBRA 9巻1号（2009年）[14] は、実務上の留意点を把握するうえで有用である。

② 管 轄

民事保全については、本案の管轄裁判所または仮に差し押さえるべき物もしくは係争物の所在地を管轄する地方裁判所が管轄権を有する（民保12条1項）。本案の管轄裁判所の検討が必要となる場合には、民事訴訟法の条文を確認するほか、Ⅱで挙げた民事訴訟法の基本書を参照する。なお、東京地裁等では、事件類型によっては保全事件も専門部（労働部、商事部、知的財産部等）が担当するため、申立書の提出先には注意が必要である。

---

13) https://www.courts.go.jp/tokyo-s/saiban/l3/l4/Vcms4_00000357.html

14) https://www.toben.or.jp/message/libra/pdf/2009_01/p04-17.pdf

(3) 申立てから保全命令まで

保全事件の専門部がある東京地裁や大阪地裁では、原則として全件で債権者面接が行われている。目録の表現の調整等の形式的な修正に加え、被保全債権や保全の必要性について主張や疎明の補充が求められることがある。そのような場合には、裁判官からの指摘を踏まえ、再度のリサーチを行う必要がある。

裁判所は、原則として債権者に担保を立てさせたうえで保全命令を発令する（民保 14 条 1 項）。担保の額は、裁判所が、保全命令の種類、保全の目的物の種類・価格、債務者に生じると予想される損害の程度等を考慮して裁量で決定するため、事前に正確な額を予想することは困難であるが、**司法研修所編『民事弁護教材 民事保全〔改訂補正版〕』**（日本弁護士連合会、2005 年）等を参照して事前に担保の額の目安を把握しておくことが望ましい。担保提供の期間は原則として 7 日となるため、担保決定後、速やかに、法務局に担保金を供託し、法務局から交付された供託書を裁判所に提出することが求められる。供託手続の流れや供託申請書の記載については、法務局のウェブサイト（記載例については**「供託書等の記載例」**[15]）、手続の流れについては「**（供託手続）裁判上の担保（保証）の手続について」**[16]）を参照する。

保全命令の発令に際しては、決定書の作成に用いられる各種の目録や送達に必要となる郵便切手を提出する必要がある。また、不動産仮差押えの場合には、登記のための登録免許税の納付も必要となる。これらの提出書類については、裁判所のウェブサイト（例えば、**東京地裁民事第 9 部（保全部）のウェブサイト「3. 保全事件の発令まで」**[17]）を確認する。なお、担保決定時に書記官から必要な書類について案内がされるケースも多い。

2 訴 訟

本項では、〔事例〕の事案において、A 社が B 社を相手に訴訟を提起することになったというケースを念頭に、訴訟手続において必要となるリサーチについて解説する。

---

15) https://www.moj.go.jp/MINJI/minji06_00015.html

16) https://houmukyoku.moj.go.jp/tokyo/page000744.html

17) https://www.courts.go.jp/tokyo/saiban/minzi_section09/hozen_ziken_haturei/index.html

(1) 訴えの提起

① 訴状の作成

訴えの提起は裁判所に訴状を提出して行う（民訴 134 条 1 項）。訴状の作成にあたって、書式や記載事項等の基礎的な事項を確認する必要がある場合には、**大島・書式**等の書式集を参照する。

訴状には、請求の趣旨および原因を記載する必要がある。請求原因の検討については、民事保全に関して **1(2)①** で解説した内容が訴訟手続にも当てはまる。請求の趣旨の検討にあたっては、**塚原朋一編著『事例と解説 民事裁判の主文〔補訂版〕』**（新日本法規出版、2024 年）、**裁判所職員総合研修所監修『民事実務講義案Ⅰ〔5 訂版〕』**（司法協会、2016 年）等の文献のほか、**弁護士法人佐野総合編『主文例からみた請求の趣旨記載例集』**（日本加除出版、2017 年。以下、「佐野総合編・記載例集」）等の書式集を参照するのが有益である。複雑な事案や特殊な事案では、これらの文献に記載例が掲載されていないこともあるため、類似する事案の判例・裁判例を検索し、その判決主文を参照するのが望ましい。なお、**佐藤裕義編著『訴訟類型別 訴状審査をめぐる実務』**（新日本法規出版、2018 年）等を参照し、訴状審査の側面から訴状の作成において問題となる事項を理解することも有益である。

訴状以外にも、資格証明書等の添付書類や手数料等を準備する必要がある。添付書類については、裁判所のウェブサイト（例えば、**東京地裁のウェブサイト「民事訟廷事務室事件係からのお知らせ」**[18]）や、**大島・書式**等を参照する。手数料の額は訴額に応じて定まるため、**裁判所書記官研修所編『訴額算定に関する書記官事務の研究〔補訂版〕』**（法曹会、2019 年）等を参照して、訴額を算定する必要がある。訴額の算定が複雑な場合等、事前に書記官に相談するのが望ましいケースもある。

そのほか、訴えの提起の準備にあたっては、裁判官や弁護士への取材記事や座談会の記事を参照し、実務上の留意点を確認することも有用である。そのような記事の例としては、書記官への取材記事である**「特集・東京地裁書記官に訊く(下)——民事訴訟手続・破産編」LIBRA 9 巻 3 号**（2009 年）[19] がある。

---

18) https://www.courts.go.jp/tokyo/saiban/syoutei_osirase/index.html

19) https://www.toben.or.jp/message/libra/pdf/2009_03/p02-17.pdf

② 管　轄

民事訴訟法の条文を確認して管轄権のある裁判所を検討する。〔事例〕の事案のような取引関連紛争の場合には、契約に専属的合意管轄に関する定めが設けられていることも多いため、契約書の精査は必須である。

また、被告から移送の申立てがされた場合には、**秋山ほか・コンメ I** 等の文献を参照するほか、必要に応じて判例・裁判例の調査も行い、反論の可否や方針を検討することになる。

③ 送　達

公示送達が必要となる場合には、**裁判所職員総合研修所監修『民事訴訟関係書類の送達実務の研究〔新訂〕』**（司法協会、2006 年）等を参照して必要書類や手続の流れを確認する。公示送達の申立てにあたっては、申立書のほか、被告の住居所に関する調査報告書等の提出が必要となる。

⑵　審　理

① 準備書面、証拠等の提出

被告の主張・立証の内容を踏まえて、準備書面や追加の証拠の提出の要否や内容を検討する。準備書面の作成にあたっては、必要に応じて、依頼者に事実関係を確認するとともに、文献や判例・裁判例の調査を行う。

また、訴訟の局面においては、実体法のリサーチだけでなく、民事訴訟手続についてのリサーチが必要になることもある。**秋山ほか・コンメ I 〜VII** 等のコンメンタールは、著名な実務家や学者が共同で執筆した注釈書であるため信頼性が高く、また、条文の意味や趣旨、関連する判例・裁判例や学説の状況等を幅広く解説したものであるため、リサーチにあたって最初に参照するべき文献である。特定の手続についてさらに詳細な調査が必要な場合には、コンメンタールに加え、その分野にフォーカスした文献・論文等に当たることも必要となる。例えば、文書提出命令の申立て（民訴 221 条）がされ、文書提出義務（同法220 条）の有無が争点となった場合には、**門口正人編集代表『民事証拠法体系⑴〜⑸』**（青林書院、2003 年〜2007 年）、**山本和彦ほか編『文書提出命令の理論と実務〔第 2 版〕』**（民事法研究会、2016 年）等の文献を参照するとともに、関連する判例・裁判例の調査を行うべきである。

② 尋 問

事実関係が争点となる事案では、多くの場合、争点整理の終了後、証人や当事者の尋問が行われる。その場合には、人証申請の要否および対象、尋問事項を検討したうえ、証拠申出書を作成して裁判所に提出する。尋問事項の検討にあたっては、**加藤新太郎編著『民事尋問技術〔第4版〕』**（ぎょうせい、2016年。以下、「加藤編著・技術」）を参照するのが有益である。

尋問を行うにあたっては、質問の制限（民訴規114条）、文書等の質問への利用（同法116条）、異議（同法117条）等の手続を理解しておくことが重要である。民事訴訟法や民事訴訟規則の条文を確認するだけでなく、**最高裁監修・条解民訴規**等を参照して理解を深めておくのが望ましい。また、尋問の技術については、**加藤編著・技術**が参考になる。

(3) 和 解

尋問の実施後には、裁判所から和解の勧試がされることが多い。ただし、事案によっては、尋問の実施前に和解勧試が行われ、早期の解決が図られることもある。

和解協議の結果、基本的な条件について合意に至った場合は、和解条項案を作成することになる。和解条項に関する基礎的な事項を確認する必要がある場合には、**司法研修所民事弁護教官室「民事弁護実務の基礎——はじめての和解条項」**[20] を参照するのが有益である。和解条項案の作成にあたっては、**総研監修・和解条項**は必読である。その他に参照すべき文献としては、**田中豊『和解交渉と条項作成の実務』**（学陽書房、2014年）、**茗荷政信＝近藤基『書式 和解・民事調停の実務〔全訂8版補訂版〕』**（民事法研究会、2020年）等がある。さらに、複雑な取引に関する条項が設けられる場合には、関連する分野の契約書に関する実務本も併せて参照するべきである。

---

20) https://www.courts.go.jp/saikosai/vc-files/saikosai/shihoukensyujyo/9-6minjibengo-hajimete
nowakaijoukou-honbun.pdf

第2章　訴訟実務のリサーチ

⑷　判決・上訴

①　控訴の提起

（i）　控訴期間の確認

　控訴期間は、判決書の送達を受けてから2週間である（民訴285条）。控訴期間の始期は、判決書の送達日を裁判所書記官に聞いて確認するのが一般的である。

（ii）　控訴状・控訴理由書の作成

　控訴状の作成については、基本的には、訴状の作成について解説した内容が当てはまる。控訴の趣旨については、**佐野総合編・記載例集**等の書式集を参照するのが有益である。複雑な事案や特殊な事案では、書式集に記載例が掲載されていないこともあるため、そのような場合には、判例・裁判例の調査を行い、類似の事案における控訴の趣旨を参照するのが望ましい。添付書類や控訴費用については、裁判所のウェブサイト（例えば、**仙台高裁のウェブサイト「控訴申立ての手続」**[21]）を確認する。また、裁判官や弁護士への取材記事や座談会に関する記事を参照し、実務上の留意点を確認することも重要である。そのような記事の例として、書記官への取材記事である「**特集・東京高裁書記官に訊く――民事部・刑事部編**」**LIBRA 15巻5号**（2015年）[22]がある。

　また、控訴人は、控訴状に第1審判決の取消しもしくは変更を求める事由を具体的に記載し、または控訴の提起後50日以内に、これらを記載した書面（控訴理由書）を提出しなければならない（民訴規182条）。控訴人の代理人である場合には、判決理由を踏まえて改めて文献や判例・裁判例等の調査を行い、反論すべき事項を十分に検討したうえで、控訴状または控訴理由書を作成するべきである。

　一方、被控訴人の代理人である場合には、判決理由および控訴理由書の内容を踏まえ、必要に応じて文献や判例・裁判例等の調査を行ったうえ、第1回期日の2週間前から1週間前までの間に、控訴答弁書を裁判所に提出する。

（iii）　強制執行停止の申立ての検討

　〔事例〕の事案では被告であるB社に関係する事項であるが、仮執行宣言付

21）　https://www.courts.go.jp/sendai-h/saiban/tetuzuki/kouso_mousitate/index.html

22）　https://www.toben.or.jp/message/libra/pdf/2015_05/p02-13.pdf

55

判決が言い渡された場合には、控訴に伴う強制執行停止の申立てを行うか否かを速やかに検討する必要がある。

　強制執行停止の申立てを行う場合には、裁判所のウェブサイト（例えば、**東京地裁民事第9部（保全部）のウェブサイト「13. 強制執行停止事件の流れ（申立てから発令まで）」**23)）等を参照して手続の流れを把握するとともに、**大島・書式**等を参照して申立書の記載事項その他の必要な事項を確認・検討する。

　(iv)　控訴審の審理

　控訴人から新たな主張や証拠が提出されない場合には、第1回期日で弁論が結審することが多い。事案によっては、控訴審で改めて和解協議が行われることもある。

　②　上告提起・上告受理申立て

　上告提起および上告受理申立てに必要なリサーチについては、基本的には、第1審について解説した内容が当てはまる。ただし、原判決に不服があれば提起できる控訴とは異なり、上告の提起は憲法違反や法律に定められた重大な訴訟手続の違反を理由とする場合に、上告受理の申立ては判例違反その他の法令の解釈に関する重要な事項を含むことを理由にする場合にのみ行うことができる（民訴312条・318条1項）。そのため、控訴審判決の言渡し後、これらの事由が存在するか否かを速やかに検討する必要がある。

3　民事執行

　本項では、〔事例〕の事案において、B社に対する損害賠償請求訴訟でA社の請求を認容する判決が言い渡され、その判決が確定したというケースを念頭に、民事執行の各場面で必要となるリサーチについて解説する。

(1)　財産の調査・特定

　強制執行の申立てを行うためには、対象となる財産を特定する必要がある。そのため、債務者の十分な財産が判明していない場合には、強制執行の申立てに先立って、依頼者への聞き取りを行うなどして、対象とすべき債務者の財産

---

23)　https://www.courts.go.jp/tokyo/saiban/minzi_section09/kyousei/index.html

を調査・確認しなければならない。

このような調査によっても満足な弁済を受けるのに十分な財産が特定できない場合等においては、民事執行法が定める財産開示手続や第三者からの情報取得手続の利用を検討することになる。財産開示手続等に関する基本的な事項は、Ⅱで挙げた基本書を参照して確認する。そのうえで、これらの手続の申立てを行うにあたっては、裁判所のウェブサイト（執行センターのウェブサイト「財産開示手続を利用する方へ」[24]、「第三者からの情報取得手続を利用する方へ」[25]）のほか、東京地裁民事執行センター[26]の裁判官が執筆した**中村＝剱持編著・債権執行・財産調査(下)**等を参照し、申立書の記載事項や記載内容、添付書類、申立費用等を確認・検討する。

(2) 申立て

強制執行の申立てを行う際には、執行の対象となる財産の種類に応じて、申立書を裁判所に提出することになる。申立書の作成にあたっては、**園部厚『書式 不動産執行の実務──申立てから配当までの書式と理論〔全訂12版〕』**（民事法研究会、2022年）、**同『書式 債権・その他財産権・動産等執行の実務──申立てから配当までの書式と理論〔全訂15版〕』**（民事法研究会、2020年）等の書式集を参照し、具体的な記載内容や記載方法を確認する。裁判所のウェブサイト（例えば、**執行センターのウェブサイト「民事第21部（民事執行センター・インフォメーション21)」**）に掲載された書式を参照することも有益である。

なお、申立書以外の必要書類は、執行の対象となる財産の種類等によって異なるため、注意が必要である。例えば、不動産の強制競売の場合には、評価証明書、公課証明書等の提出が必要とされる。準備に漏れがないよう、裁判所のウェブサイト（例えば、前掲**執行センターのウェブサイト**）等を確認して必要書類を確認することが重要である。

そのほか、民事執行の申立てを行うにあたっては、**中野＝下村・民執法**等の基本書を参照して、手続の基本的な内容を押さえることは必須である。それら

---

24) https://www.courts.go.jp/tokyo/saiban/minzi_section21/zaisankaizi/index.html

25) https://www.courts.go.jp/tokyo/saiban/minzi_section21/dai3shajyouhoushutoku/index.html

26) https://www.courts.go.jp/tokyo/saiban/minzi_section21/index.html

に加え、東京地裁民事執行センターの裁判官が執筆した**中村＝劔持編著・債権執行・財産調査**(上)・(下)、**同編著・不動産執行**(上)・(下)を参照するのも有益である。

［川端健太・嶋村直登＝Ⅰ・Ⅱ、

綱島康介・司波　望＝Ⅲ］

第**3**章

会社法分野のリサーチ

I 会社法の特徴

1 会社法（会社法務）とは

　会社は、株式会社においては株主、持分会社においては社員という構成員の集合に法人格が付与されたものであり、対外的な事業活動によって利益を上げ、それを構成員に分配する営利活動を目的としている[1]。

　様々な形態・規模の会社が存在するが、典型的に公開会社である株式会社を例にとると、株主の有限責任性、株主による所有、所有と経営の分離、株式の自由譲渡性という性質のもとに、株主と会社、会社と取締役、株主と株主、株主と取締役、株主と債権者等、会社を中心として、異なる立場、かつ、多くのステークホルダーの間で関係が生成される。会社法は、会社のあり方を含むこれらの関係について一定のルールを定めることで、擬制的な存在でありながら、経済活動において重要な地位を占めている会社をめぐる関係・取引の土台となっている。したがって、会社法には、会社の決定または当事者の合意のみでは変更することができない強行法規が多く、会社法務に携わる者にとって、会社法を正確かつ深く理解し、株主総会や取締役会等の意思決定機関の運営、株主提案等の少数株主権の行使、監査役による監査、取締役に対する責任追及、株式や新株予約権の発行、配当等、様々な場面で会社法に則って会社の運営を行うことは非常に重要である。

　他方で、生きた存在であり、時代の移り変わりとともにあるべき姿が変遷する会社についてあらゆる事項をハードローである会社法に定めることは不可能

---

　1)　田中亘『会社法〔第4版〕』（東京大学出版会、2023年。以下、「田中・会社法」）3頁。

であり、また、会社が直面する様々な状況・事象に対処するためにはより具体化した規範が有用であるため、後述のとおりソフトローにより具体化される規範も多く、また、社会動向および実務の発展によって、その内容は頻繁に更新される。また、上場会社については、インサイダー取引規制や金融商品取引所規則を含む開示規制等、会社法の他にも会社を運営するうえで重要な法令等があり、上場会社に関する会社法務に携わるうえで習得が必須となる。

さらに、株主総会、取締役会等の会社の機関の運営、会社と株主の関わり方等については、最低限のルール（例えば、株主総会の招集通知の発送期限、利益供与の禁止、フェアディスクロージャールール）は定められているが、当然、これを遵守するだけで望ましい機関運営や株主との関係構築ができるわけではなく、ルールを遵守したうえで如何にして望ましいあり方を実現するかは各会社の創意工夫に委ねられている。そこで、株主総会の運営、取締役会事務局の役割、株主との対話（エンゲージメント）等、特に上場会社に広く共通する会社運営上の課題については、法務担当者に限らず多くの会社関係者によって積極的にベストプラクティスの発信・紹介が行われており、各会社が切磋琢磨している。

このように、多くの会社関係者・アドバイザーが企業価値の向上や株主利益の実現のために活動しており、実務が日進月歩で進化するため、キャッチアップが必要な実務動向は広範かつ大量で、必要な知識水準を維持することも容易ではないが、裏を返せば、法務担当者が創意工夫をこらし、ひいては、実務の発展に貢献する機会が多いことは会社法務の醍醐味であるように思われる。

2 会社法の特徴

(1) 多様なステークホルダーの調整規範

会社法の特徴の1つとして、多様なステークホルダーの利害調整規範であることが挙げられる。会社には様々なステークホルダーが存在するため、経済を支える基本的な仕組みとしての会社制度がより合理化・国際化され、活用しやすくなるようにするため、株主間、株主・債権者間、株主・経営陣間といった多様なステークホルダー間で生じ得る利害対立を、適切に解決あるいは未然に防止するための規範として会社法が存在する。

したがって、会社法に関するリサーチをする際にも、どのステークホルダー

間のどのような利害対立が問題となるのかを意識し、それを調整するために会社法がどのような内容のルールを定めているのか、あるいはどのような解釈がされているのか、といった観点から検討していく必要がある。

(2) 関連する法令やソフトローの豊富さ（数の多さ、社会動向に合わせたアップデートの多さ）

会社法は、会社法制の基礎を成す基本法であり、企業法務を扱う身としては当然会社法そのものの理解を深めることは必須である。

もっとも、会社法の周辺には、会社の組織、運営または管理等にも影響を及ぼす法令（社債株式等振替法、金融商品取引法、産業競争力強化法、労働契約法・労働組合法、会社更生法・民事再生法等）や、法的拘束力をもたない規範であるいわゆるソフトローが数多く存在し、それぞれ会社法と密接に関連しながら、重要な機能を担っている。

会社法は、前述のとおり、会社法制の基礎を成す基本法であり、かつ、多様なステークホルダーの利害調整規範であることから、その改正には各方面での利害調整が必要となり、どうしても時間がかかる傾向があることから、社会動向や実務の発展に合わせたタイムリーな規範のアップデートについては、法的拘束力がないソフトローの方で手当てするという場合も多い。特に上場会社においては、法的拘束力がないソフトローについても、実質的には遵守することが前提とされているケースが多く、実務上、上場会社の案件を扱う際には、ソフトローの内容も踏まえてアドバイスをすることは必須といえる。

企業法務に携わるにあたって、把握しておくべき具体的なソフトローについては、Ⅱ1(6)を参照されたい。

(3) 多岐にわたるリサーチ資料（文献・裁判例・統計資料・他社例等）

会社法は、言うなれば日々の企業活動の1つひとつ、そのすべての土台となるものである。そのため、必然的に、会社法に関連する裁判例は多く存在し、会社法に関する検討をする際に、関連する裁判例（やその解説）のリサーチを行うことは基本かつ重要である。

また、会社法については、様々な属性の著者・団体により執筆された文献が

豊富に存在する。文献の種類だけとっても、立案担当者の解説本、学者が執筆するいわゆる基本書、逐条での解説がされている各種コンメンタール、判例解説、全国株懇連合会（全株懇）や日本経済団体連合会（経団連）といった団体が取りまとめている各種ひな形類、信託銀行・印刷会社・弁護士・弁護士会・法律事務所等の実務家が執筆する実務本、会社法に関する論文を多く掲載する定期刊行物、ウェブ記事などが挙げられる。

また、各社の関心度が高い株主総会やコーポレート・ガバナンスといったトピックについては、各社における取組や運用状況等を分析した統計資料も充実している。

さらに、上場会社においては、株主総会招集通知（事業報告等を含む）は、**Ⅱ2**で述べるように、東証上場会社情報サービス等により取得可能であり、また、会社法関連の重要な決定事実や発生事実は東京証券取引所の有価証券規程上の適時開示の対象となっていることから、比較的容易に他社例も確認することができる。

このように、会社法については、裁判例や文献はもちろんのこと、統計資料、他社例に至るまで、リサーチ資料の幅が広いという特徴があるため、リサーチを行うにあたっては引き出しを多く持っておき、多角的な視点から検討することが重要である。

特に会社法関連で具体的におさえておくべきリサーチ資料については、**Ⅱ**を参照されたい。

Ⅱ　会社法にかかるリサーチツール

1　会社法全般に関係する資料

会社法にかかるリサーチを行うにあたっては、学者の基本書はもちろんのこと、コンメンタールや、会社法の改正時の立案担当者の解説、判例解説等参照すべき資料は多岐にわたる。さらに、リサーチの対象である個別の論点ごとに掘り下げた学者や実務家による論文等もあるため、効率よくリサーチを行う必要がある。なお、会社法に関する個別の論点のリサーチの際には必ず基本書やコンメンタールは確認すべきであり、**Ⅲ**の個別分野における各事例のリサーチ

においても当然確認すべきものであるが、重複を避けるためⅢの各事例の解説において基本書やコンメンタールにはあえて触れていないことに留意されたい。

(1) 基 本 書

会社法実務において、いわゆる基本書として最も参照する機会が多いのは**江頭憲治郎『株式会社法〔第9版〕』**（有斐閣、2024年）と考えられる。同書は平成17年改正前商法時代からの定評のある基本書であり、会社法制定後も随時改訂され直近の令和元年改正の内容も踏まえたものとなっている。また、実務上、参照する機会が多い基本書としては**田中・会社法**が挙げられる。同書は、本文の平易な解説に加えて、コラムにおいて近時の実務で論点となっている事項について掘り下げた解説がされている点で特徴がある。このほかにも有用な基本書は多数あるが、実務上比較的参照する機会が多いものとしては、**前田庸『会社法入門〔第13版〕』**（有斐閣、2018年）、**神田秀樹『会社法〔第26版〕』**（弘文堂、2024年）、**龍田節＝前田雅弘『会社法大要〔第3版〕』**（有斐閣、2022年）などが挙げられる。以上は、会社法制定後のものであるが、平成17年改正前商法時代と共通する論点については当時の基本書であっても、参照する頻度が高いものがあり、例えば、**大隅健一郎＝今井宏『会社法論 上巻〔第3版〕・中巻〔第3版〕・下巻Ⅱ』**（有斐閣、1991年・1992年・1991年）は、株主総会等の会社法における基本的な論点の多くについて通説的な見解となっている。

(2) コンメンタール

コンメンタールとしては、**江頭憲治郎＝森本滋編集代表『会社法コンメンタール(1)～(22)・(補巻)』**（商事法務、2008年～2021年）が平成26年改正までの会社法の改正を反映したものとなっており、会社法のリサーチの際には必ず参照すべきものである。その他、コンメンタールとしては、**酒巻俊雄＝龍田節編集代表『逐条解説会社法(1)～(6)・(9)』**（中央経済社、2008年～2020年）や、平成26年改正まで反映している**奥島孝康ほか編『新基本法コンメンタール会社法(1)～(3)〔第2版〕』**（日本評論社、2015年～2016年）の他、実務家も多く参画し、令和元年改正までを反映している**江頭憲治郎＝中村直人編著『論点体系会社法(1)～(6)〔第2版〕』**（第一法規、2021年）等がある。

また、会社法は、事業報告等の開示書類の記載事項をはじめとして多くの事項を会社法施行規則や会社計算規則等の法務省令に委任している場合があるため、リサーチ対象となる論点によっては、これらの法務省令のリサーチが必要となる。その場合に必ず参照すべきであるのが、**弥永真生『コンメンタール会社法施行規則・電子公告規則〔第 3 版〕』**（商事法務、2021 年）および**同『コンメンタール会社計算規則・商法施行規則〔第 4 版〕』**（商事法務、2022 年）である。さらに、上場会社については株式会社証券保管振替機構が運営する株式等振替制度の下で、社債、株式等の振替に関する法律の適用を受けるため、同法に関するリサーチには**高橋康文編著『逐条解説 新社債、株式等振替法』**（金融財政事情研究会、2006 年）が参考になる。

なお、(1)と同様に、平成 17 年改正前商法時代と共通する論点については当時のコンメンタールであっても、参照する頻度が高いものがあり、例えば、**上柳克郎ほか編集代表『新版注釈会社法(1)～(15)・(補巻)～(第 4 補巻)』**（有斐閣、1985 年～2000 年）は参照することが多い。ただし、平成 17 年改正前商法時代の見解であるため、会社法において同様に当てはまるかの検証が必要であることには留意すべきである。

(3)　立案担当者の解説

会社法のリサーチの際には、会社法の解釈にあたって立案担当者の解説が参考になる。特に、会社法は平成 17 年の制定後、平成 26 年改正、令和元年改正と複数の改正が行われているため、リサーチ対象となる会社法の条文ごとにどの時点で制定・改正されたものかを把握したうえで、対応する立案担当者の解説を参照する必要がある。なお、法令等の制定・改正の過程で所管の官公庁によりパブリックコメントが実施され、それに対する当該官公庁の考え方が公表されることがあるので、リサーチの際に制定・改正時の議論を確認する必要がある場合にはパブリックコメントに対する考え方も参考になる。

会社法制定関係としては、制定・改正時に発刊される一問一答シリーズである**相澤哲編著『一問一答 新・会社法〔改訂版〕』**（商事法務、2009 年）、定期刊行物である「旬刊商事法務」に連載された立案担当者の解説をまとめた**同編著『立案担当者による新・会社法の解説』**別冊商事法務 295 号（2006 年）および

同編著『立案担当者による新会社法関係法務省令の解説』別冊商事法務300号（2006年）、実務的によく論点になる事項についても言及している同ほか編著『論点解説 新・会社法』（商事法務、2006年）および同編著『Q&A 会社法の実務論点 20 講』（金融財政事情研究会、2009年）がある。なお、会社法制定後も存続している特例有限会社については、郡谷大輔編著『中小会社・有限会社の新・会社法』（商事法務、2006年）や、会社法施行前後の法律問題については、同編著『会社法施行前後の法律問題』（商事法務、2006年）が参考になる。

　平成 26 年改正関係としては、一問一答シリーズである坂本三郎編著『一問一答 平成 26 年改正会社法〔第2版〕』（商事法務、2015年。以下、「一問一答平成26 年改正」）、「旬刊商事法務」に連載された立案担当者の解説をまとめた同編著『立案担当者による平成 26 年改正会社法の解説』別冊商事法務 393 号（2015年）および同ほか編著『立案担当者による平成 26 年改正会社法関係法務省令の解説』別冊商事法務 397 号（2015年）がある。

　令和元年改正関係としては、同様に、一問一答シリーズである竹林俊憲編著『一問一答 令和元年改正会社法』（商事法務、2020年）の他、令和元年改正に至る法制審議会の議論をまとめた中間試案および要綱が掲載されている別冊商事法務編集部編『令和元年改正会社法①──中間試案、要綱、新旧対照表』別冊商事法務 447 号（2020年）、「旬刊商事法務」に掲載された立案担当者の解説に加えて、学者および実務家の解説も掲載されている同編『令和元年改正会社法②──立案担当者・研究者による解説と実務対応』別冊商事法務 454 号（2020年）および同編『令和元年改正会社法③──立案担当者による省令解説、省令新旧対照表、パブリック・コメント、実務対応 Q&A』別冊商事法務 461 号（2021年）がある。

　なお、平成 17 年改正前商法時代に創設され、会社法においても存続している条文のリサーチについては、当時の一問一答シリーズや立案担当者の解説が役立つこともあるので、当時の議論が会社法においても同様に当てはまるかの検証は必要であるものの、必要に応じて参照することが考えられる。

⑷　実　務　本

　会社法においては、実務的な取扱いが論点になることも多いため、リサーチ

の際には学者の基本書だけでなく、実務家も執筆者となっている実務本を参照することも多い。例えば、比較的参照することが多いものとしては、**中村直人編著『株主総会ハンドブック〔第5版〕』**（商事法務、2023年。以下、「中村編著・総会ハンドブック」）をはじめとする商事法務が発刊する**『ハンドブック』**シリーズがある。また、会社法の各分野について平易な解説で定評がある**森・濱田松本法律事務所編『新・会社法実務問題(1)〜(9)』**（中央経済社、2015年〜2022年）がある。その他、実務上論点になることが多い事項を扱っているものとしては、**大阪株式懇談会編『会社法実務問答集I上・I下・II〜VII』**（商事法務、2017年〜2025年）および**後藤元監修『実務問答会社法』**（商事法務、2022年）がある。実務上、株式会社に次いで合同会社の論点も取り扱うことがあるが、初期的なリサーチとしては**森本滋編『合同会社の法と実務』**（商事法務、2019年）が参考になる。

　なお、平成17年改正前商法時代と共通する論点については当時の実務本であっても、参照する頻度が高いものがあり、例えば、実務上の論点を幅広く扱っているものとして、**稲葉威雄ほか編『実務相談株式会社法(1)〜(5)〔新訂版〕』**（商事法務研究会、1992年）および**同編『実務問答株式会社法〔補遺〕』**（商事法務、2004年）があるが、会社法において同様に当てはまるかの検証が必要であることは(1)〜(3)と同様である。

(5)　定期刊行物

　会社法に関する定期刊行物としては、商事法務研究会が刊行している**「旬刊商事法務」**があり、会社法をはじめとする企業関連法制に関する学者および実務家の論文や立案担当者の解説が掲載されており、実務上の最新の議論もフォローしている。また、商事法務が刊行している**「資料版商事法務」**には事例分析や統計等が掲載されており、**「別冊商事法務」**は「旬刊商事法務」の連載がまとめて掲載されたり、個別テーマごとの事例分析等が掲載されている。有斐閣が刊行している**「ジュリスト」**や商事法務が刊行している**「NBL」**においても、会社法に関する論文や解説が掲載されることが少なくない。

　そのほか、実務上の最新の論点について平易な論文や解説が掲載されているものとしては、中央経済社が刊行している**「ビジネス法務」**が挙げられる。同

社が刊行している「**旬刊経理情報**」や「**企業会計**」も、会計や開示関連をはじめとして会社法に関する論文や解説が掲載されることもある。また、日本監査役協会が刊行している「**月刊監査役**」も監査の視点を中心に会社法に関する論文が解説が掲載されることがあるので、実務上リサーチの際に参照する場合がある。

このように、会社法分野では、リサーチ対象となる論点について取扱う論文や解説が多く存在するため、基本的な文献調査として、定期刊行物において当該論点に関する有力な学者および実務家の論文や立案担当者の解説が掲載されていないかは必ず確認するようにすることが重要である。

(6) ソフトロー・ガイドライン等

会社法実務、特に上場会社の実務においては、会社法だけではなく、東京証券取引所（以下、「東証」）や官公庁が制定するソフトローやガイドライン等を確認することも重要である。コーポレート・ガバナンスや開示の実務は不断の検証が必要とされ、官公庁、東証その他の自主規制機関、経済界、学者および実務家等の多数の利害関係者が参画する研究会や審議会を経て制定・改訂されるソフトローやガイドライン等は会社法実務に与える影響が大きいため、実務上、リサーチの際には論点に応じて参照することが多い。

上場会社の会社法実務に関する主なソフトローおよびガイドライン等として実務上参照すべきものは、東証のホームページに掲載されている**有価証券上場規程**[2]・**有価証券上場規程施行規則**[3] 等の上場規則や「**会社情報適時開示ガイドブック**」[4] その他ガイドブック等の他、上場会社のコーポレート・ガバナンスに関して、望ましい実務対応（ベストプラクティス）をまとめた**コーポレートガバナンス・コード**（2015 年 6 月 1 日適用開始、2018 年 6 月改訂、2021 年 6 月再改訂）[5] や、機関投資家が「目的を持った対話」（エンゲージメント）を通じて企業

---

2) https://jpx-gr.info/rule/tosho_regu_201305070007001.html
3) https://jpx-gr.info/rule/tosho_regu_201305070041001.html
4) https://www.jpx.co.jp/equities/listing/disclosure/guidebook/nlsgeu000006nfqk-att/disclosure-guidebook_202404.pdf
5) https://www.jpx.co.jp/equities/listing/cg/tvdivq0000008jdy-att/nlsgeu000005lnul.pdf

の中長期的な成長を促すなど、受託者責任を果たすための原則である**スチュワードシップ・コード**（2014年2月策定、2017年5月改訂、2020年3月再改訂）[6]がある。コーポレートガバナンス・コードに基づく上場会社の取組は、スチュワードシップ・コードに基づく機関投資家と上場会社との建設的な対話によって更なる充実を図ることが可能であるとして、コーポレートガバナンス・コードとスチュワードシップ・コードは「車の両輪」と評される。

　その他、官公庁が策定する各種ガイドライン等もリサーチの対象テーマに応じて適宜参照する必要がある。例えば、主なガイドライン等としては、開示等の金商法関係として金融庁「**企業内容等の開示に関する留意事項について（企業内容等開示ガイドライン）**」（2024年10月最終改訂）[7]、同「**株券等の大量保有報告に関するＱ＆Ａ**」（2021年3月1日最終改訂）[8]、同「**インサイダー取引規制に関するＱ＆Ａ**」（2024年4月19日最終改訂）[9]、同年**9月27日応用編問7の改訂**[10]、同「**株券等の公開買付けに関するＱ＆Ａ**」（2024年4月1日最終改訂）[11]、同「**公開買付けの開示に関する留意事項について（公開買付開示ガイドライン）**」（2024年10月1日適用開始）[12]、ガバナンス関係として、経済産業省「**コーポレート・ガバナンス・システムに関する実務指針（CGSガイドライン）**」（2022年7月19日最終改訂）[13]、同「**グループ・ガバナンス・システムに関する実務指針（グループガイドライン）**」（2019年6月28日）[14]、経済産業省産業組織課「**『攻めの経営』を促す役員報酬——企業の持続的成長のためのインセンティブプラン導入の手引**」（2023年3月31日最終改訂。以下、「経産省・インセンティブプラン導入の手引」）[15]、M&A関係として、経済産業省「**公正なM&Aの在り**

---

6)　https://www.fsa.go.jp/news/r1/singi/20200324/01.pdf

7)　https://www.fsa.go.jp/common/law/kaiji/kaiji-guide.pdf

8)　https://www.fsa.go.jp/common/law/kaiji/tairyohoyu.pdf

9)　https://www.fsa.go.jp/common/law/insider_qa_.pdf

10)　https://www.fsa.go.jp/news/r6/shouken/20240927/03.pdf

11)　https://www.fsa.go.jp/common/law/kaiji/koukaikaitsuke.pdf

12)　https://www.fsa.go.jp/common/law/kaiji/20241001_guideline-tenderoffer.pdf

13)　https://www.meti.go.jp/policy/economy/keiei_innovation/keizaihousei/pdf/cgs/guideline2022.pdf

14)　https://www.meti.go.jp/policy/economy/keiei_innovation/keizaihousei/pdf/groupguideline.pdf

15)　https://www.meti.go.jp/press/2022/03/20230331008/20230331008.pdf

方に関する指針──企業価値の向上と株主利益の確保に向けて」(2019年6月28日)[16]、同「企業買収における行動指針──企業価値の向上と株主利益の確保に向けて」(2023年8月31日)[17]、株主総会関係として、**経済産業省＝法務省**「株主総会運営に係るQ&A」(2023年3月30日最終改訂)[18]、**金融庁＝法務省＝経済産業省**「継続会(会社法317条)について」(2020年4月28日)[19]等がある。なお、株主総会関係でコロナ禍の時期に公表されたQ&A等についてはコロナ禍の影響が収束し、社会経済活動が平常化した状況においても同様に当てはまるかは慎重に検討する必要がある。

2　データベース・統計資料

会社法務においては、検討に際して他社の基礎情報や開示例を参照すべき場面がしばしばあり、これらをリサーチする際にはデータベースや統計資料を利用することとなる。

例えば、他社の基礎情報に関して、株式会社は、事業目的、商号、本店所在地、発行済株式総数、機関設計、役員等の情報を登記することが必要であり(会社911条)、これらは**インターネット登記情報提供サービス**により取得することが可能である。また、毎年の計算書類や組織再編に際しての債権者異議手続等に関する情報について公告が必要であり、これらの情報は、当該会社の定款上の公告方法に応じて**官報情報検索サービス**や**法務省電子公告システム**により取得することが可能である。

他社の開示例についても、上場会社においては、会社法のほか、金商法や証券取引所規則等により様々な情報を開示することが義務付けられており、金商法に基づく有価証券報告書等については**EDINET**[20]、適時開示情報については**適時開示情報閲覧サービス(TDnet)**[21]、株主総会招集通知等については**東証上場会社情報サービス**等でそれぞれ取得することが可能である。また、これら

---

16) https://www.meti.go.jp/shingikai/economy/fair_ma/pdf/20190628_shishin.pdf
17) https://www.meti.go.jp/press/2023/08/20230831003/20230831003-a.pdf
18) https://www.meti.go.jp/covid-19/kabunushi_sokai_qa.html
19) https://www.fsa.go.jp/ordinary/coronavirus202001/11.pdf
20) https://disclosure2.edinet-fsa.go.jp/WEEK0010.aspx
21) https://www.release.tdnet.info/inbs/I_main_00.html

の開示情報を一元化した有料のデータベースとして、XeBRaL[22]、eol[23] 等がある。

さらに、ガバナンスや株主総会に関する他社動向を知るうえでの統計資料としては、東京証券取引所の「**コーポレート・ガバナンス白書**」[24]、全株懇の「**全株懇調査報告書**」[25]、商事法務研究会の「**株主総会白書**」等がある。

Ⅲ　個別の分野でのリサーチ

1　株主総会

〔事例 1〕
　依頼者である X 社は、今年 6 月の定時株主総会において、海外アクティビストである Y から剰余金の配当および自己株式の取得に係る株主提案を受けており、株主の賛否が拮抗していることから、プロキシーファイト（委任状勧誘戦）に発展している。また、これに際して、Y からは株主名簿の閲覧謄写仮処分の申立てや検査役選任の申立てが行われており、株主総会終了後には株主総会決議取消訴訟等が提起されるおそれもある。

(1)　株主総会全般

株主総会の開催に際しては、事前準備としてのスケジュール策定、招集通知（事業報告や参考書類を含む）、シナリオおよび想定問答等の作成、当日の受付および議事運営、終了後の議事録作成や登記申請等、各プロセスにおいて法的な留意事項が存在する。また、株主提案や不祥事等のイレギュラーな事態が発生した場合には、通常とは異なる対応を迫られる場面もある。これらの事項を含め、株主総会全体について解説した文献としては、**中村編著・総会ハンドブック、東京弁護士会会社法部編『新株主総会ガイドライン〔第 2 版〕』**（商事法務、2015 年）、**宮谷隆＝奥山健志『株主総会の準備事務と議事運営〔第 5 版〕』**（中央経済社、2021 年。以下、「宮谷＝奥山・準備事務」）等がある。

---

22)　https://adds.xebral.jp/governance.aspx
23)　https://ssl.eoldb.jp/EolDb/LatestNews.php
24)　https://www.jpx.co.jp/equities/listing/cg/02.html
25)　https://www.kabukon.tokyo/data/research.html

また、若手の弁護士や法務担当者でこれまで実際の株主総会を体験したことがない場合には、**中村直人『役員のための株主総会運営法〔第 3 版〕』**（商事法務、2018 年）を一読することも有用と考えられる。

(2)　各種書類の作成・レビュー

①　招集通知

招集通知は、狭義の招集通知（電子提供制度を採用している会社においてはアクセス通知）、事業報告、参考書類、計算書類および監査報告から構成されており、これらに関して一般に参照されているひな形として、招集通知全体に関しては全株懇や経団連のひな形、監査役等の監査報告に関しては日本監査役協会のひな形等がある。また、事業報告や参考書類等の個別の項目ごとに、経団連のひな形に沿って記載すべき事項の考え方等を詳細に解説した文献として、**石井裕介ほか編著『新しい事業報告・計算書類──経団連ひな形を参考に〔全訂第 2 版〕』**（商事法務、2022 年）がある。

招集通知の記載については、定型化している部分が多いことから他社事例を参照することも有用であり、**プロネクサスディスクロージャー相談第 1 部編『招集通知・議案の記載事例〔2025 年版〕』**別冊商事法務 480 号（2025 年）や前記した XeBRaL や eol 等のデータベースが参考となる。

さらに、株主総会における個別の議題の内容を検討するに際しては、それぞれの議題に係る会社法上の論点を検討すべき場合がある。例えば、剰余金の配当を行う場合には分配可能額規制（会社 461 条）に注意する必要があり、その具体的な内容や計算方法等の詳細については、前記の**『会社法コンメンタール』**や**『会社計算規則コンメンタール』**が参考になる。また、事業目的等を変更するため定款変更を行う場合には、**田村洋三監修『会社法定款事例集〔第 4 版〕』**（日本加除出版、2021 年）等の事例集や XeBRaL および eol 等のデータベースで他社事例を確認するとともに、必要に応じて司法書士とも連携し、登記上の観点から問題がないかを確認することが必要となる場合もある。

②　シナリオ

株主総会に際しては、開会宣言から閉会宣言までの流れを逐語調で記載したシナリオを作成することが一般的である。このようなシナリオのモデルについ

ては、前記した**宮谷＝奥山・準備事務**等に記載がある。

③ 想定問答

上場会社の株主総会については、一般の株主が多数参加し、その場で質疑応答を行うため、各社ごとに予測される質問を踏まえた想定問答を作成する必要があり、そこでは典型的な想定問答に加えて、時事的な話題や当該会社固有の事情等を踏まえたカスタマイズが必要となる。一般的な想定問答の内容については、**河村貢ほか『株主総会想定問答集〔2025 年版〕』**別冊商事法務 479 号（2025 年）、**日比谷パーク法律事務所＝三菱 UFJ 信託銀行㈱法人コンサルティング部編『2025 年 株主総会の準備実務・想定問答』**（中央経済社、2025 年）等が参考となる。

(3) 株主総会の事後対応

① 議事録の作成

株主総会終了後には、議事の経過の要領およびその結果等を記載した議事録を作成する必要があり（会社 318 条 1 項）、記載内容に関しては、**松井秀樹『会社議事録の作り方──株主総会・取締役会・監査役会・委員会〔第 3 版〕』**（中央経済社、2022 年。以下、「松井・議事録」）、**三井住友信託銀行ガバナンスコンサルティング部編『株主総会・取締役会・監査役会の議事録作成ガイドブック〔第 3 版〕』**（商事法務、2022 年。以下、「三井住友信託編・議事録作成ガイドブック」）等が個別の議題ごとの記載例を幅広くカバーしており、参考となる。

② 登記申請

株主総会で定款変更や役員選任等を行い、登記事項に変更が生じた場合には、登記申請が必要となる。登記申請について、一般に参照されている文献としては、**松井信憲『商業登記ハンドブック〔第 5 版〕』**（商事法務、2025 年）がある。

(4) 例外的手続等への対応

① 株主提案および委任状勧誘

昨今、上場会社に対して、アクティビストや個人株主から株主提案がなされる事例が増加しており、株主構成によっては株主提案が可決される事例も出てきている。株主提案を受けた会社側としては、会社提案を可決し、株主提案を

否決するため、株主から委任状を取得する等の方法により会社に対する賛成票を集める必要がある。このような場合の対応については、**太子堂厚子ほか『株主提案と委任状勧誘〔第 3 版〕』**（商事法務、2023 年）、**松山遙『敵対的株主提案とプロキシーファイト〔第 3 版〕』**（商事法務、2021 年）等が参考になる。

②　会社法紛争

株主総会について、招集手続や決議の方法に瑕疵がある場合には、株主から事後的に株主総会決議取消訴訟が提起される場合がある。また、株主提案がなされた場合等においては、株主から株主名簿の閲覧謄写仮処分の申立てや検査役選任の申立て等の訴訟・非訟が提起される場合もある。このような会社法に関する訴訟・非訟について、現役の裁判官が論点を解説した文献として、**東京地方裁判所商事研究会編『類型別会社訴訟 I・II〔第 3 版〕』**（判例タイムズ社、2011 年）（現在、その後の法改正等を踏まえたアップデート版として「新・類型別会社訴訟」が「判例タイムズ」で連載中）、**大竹昭彦ほか編『新・類型別会社非訟』**（判例タイムズ社、2020 年）がある。

③　バーチャル株主総会

昨今、コロナ禍により実会場で株主総会に出席する人が減少したこともあり、実会場を設けたうえで、株主総会の様子をライブ配信する事例（いわゆるハイブリッド参加型バーチャル株主総会）やウェブを通じた質問および議決権行使を認める事例（いわゆるハイブリッド出席型バーチャル株主総会）が出てきている。また、産業競争力強化法の改正により、一定の要件を満たす会社については、実会場を設けず場所の定めのない株主総会（いわゆるバーチャルオンリー株主総会）を開催することも認められている。これらバーチャル株主総会については、**経済産業省「ハイブリッド型バーチャル株主総会の実施ガイド」**（2020 年 2 月 26 日）[26]、**経済産業省＝法務省「産業競争力強化法に基づく場所の定めのない株主総会に関する Q&A」**（2021 年 6 月 16 日）[27]、**太田洋ほか編著『バーチャル株主総会の法的論点と実務』**（商事法務、2021 年）、**澤口実＝近澤諒編著『バーチャル株主総会の実務〔第 2 版〕』**（商事法務、2021 年）等が参考となる。

---

26)　https://www.meti.go.jp/shingikai/economy/shin_sokai_process/pdf/008_s01_00.pdf

27)　https://www.meti.go.jp/policy/economy/keiei_innovation/keizaihousei/pdf/virtual-only-shareholders-meeting_qa.pdf

2 取締役会の運営（利益相反等）

〔事例 2〕
　日本の上場会社である家電メーカー A 社の法務部から、A 社の取締役 X が総議決権の 100% を保有し、かつ、X が代表取締役を務める部品メーカー B 社との間で、継続的な取引を開始するにあたって、必要な手続や留意事項についてアドバイスを求められている。なお、A 社の取締役は 4 名いるが、そのうち、Y および Z は B 社の元従業員である。

　会社が取引を行うに際して必要な手続や留意事項についての相談は、企業法務の中でも最も一般的な相談のひとつである。このような相談を受けた場合には、当該取引に関する事実関係や背景事情を確認したうえで、(1)取引に関する決定権限の所在（承認機関はどこか）、(2)具体的な決定手続の内容（決議要件、決議方法を含む運営方法等）、(3)付随的に必要な手続の有無（議事録等の作成要否、開示の要否等）、(4)手続違反があった場合の影響（取引の有効性への影響、役員の責任問題等）、といった点を検討していくことになる。以下では、(1)～(4)それぞれに必要となるリサーチについてみていくこととする。

(1) 取引に関する決定権限の所在（承認機関はどこか）

　〔事例 2〕でポイントとなるのは、A 社にとって B 社との取引がいわゆる利益相反取引に該当するかという点である。利益相反取引に該当する場合には、A 社は上場会社で取締役会設置会社であるから、承認機関は取締役会となる。

　利益相反取引への該当性を検討するにあたっては、利益相反取引の類型の確認と本件へのあてはめが必要になる。利益相反取引は頻出論点であり認知度は高いものの、一方の会社にとっては利益相反取引であっても、もう一方の会社にとっては利益相反取引ではないケースがあるなど、個別の事情によっては利益相反取引に該当するかの判断が難しい場合もあり、しっかりと理解できていない初学者も多いと思われる。

　したがって、利益相反取引への該当性については、基本書や各種コンメンタール、立案担当者による解説本等も確認し、問題となっているケースと似たような事例についての解説が載っていないか確認することが望ましい。特に、**田中・会社法**は図表付きの具体例を用いて解説されており視覚的にも分かりやす

い記載となっている。

また、この点については、関連する裁判例もそれなりの数が存在するので、どのような事情の下でどのような判断がされているかを把握することは重要である。裁判例の検索については、判例リサーチツールを用いて検索することが考えられるが、効率的・網羅的に裁判例を検索することは相応に難易度が高いため、まずは基本書等で確認すべき裁判例を把握することも有用である。

〔事例2〕では、A社からみると、A社の取締役Xが総議決権の100%を保有し、かつ、Xが代表取締役を務めるB社との取引であるため、利益相反取引に該当することになり、原則としてA社の取締役会決議での承認が必要ということになる。

(2) 具体的な決定手続の内容（決議要件、決議方法を含む運営方法等）

次に、利益相反取引に該当することを前提に、どのような形で取締役会での決議を行うべきかを検討することになる。具体的には、(i)包括的な承認の可否（継続的取引なので包括的な承認とすべきか）、(ii)決議要件、(iii)取引につき重要な事実の開示の要否、(iv)実開催するか書面決議とするか、(v)実開催の場合の招集手続を省略するか、また、ウェブ会議・テレビ電話システム等の利用有無、(vi)書面決議の場合には、電子メールでの同意の可否、(vii)特別利害関係取締役（会社369条2項）への該当性、(viii)二段階決議の要否（YやZが特別利害関係取締役に該当する可能性を考慮して議決から排除した場合に、事後的に特別利害関係取締役への該当性が否定されると定足数を充足しないおそれがあることを踏まえた検討）などが問題となる。

このような論点の検討にあたっては、まずは適用される条文および関連する裁判例の有無や内容を確認することになるが、実務的な観点からの検討も必要となるため、基本書や各種コンメンタール、立案担当者による解説本に加え、実務家が執筆している実務本を確認することが有用である。実務本としては、**Ⅱ1(4)**に挙げられているものに加え、取締役会の運営という文脈では、**中村直人編著『取締役・執行役ハンドブック〔第3版〕』**（商事法務、2021年。以下、「中村編著・取締役ハンドブック」）、**東京弁護士会会社法部編『新・取締役会ガイドライン〔第2版〕』**（商事法務、2016年）、**山田和彦ほか『取締役会付議事項の実務〔第2版〕』**（商事法務、2016年）、**中村直人『取締役会報告事項の実務〔第2**

版〕』（商事法務、2016 年）、**澤口実『Q&A 取締役会運営の実務』**（商事法務、2010年）などが参考になる。

また、最先端の実務における議論・問題意識等についてアンテナを張っておくという意味では、**「旬刊商事法務」**等の旬刊誌や、**各法律事務所が自主的に発行しているニュースレター**等を確認することも有用であろう。

(3) 付随的に必要な手続の有無（議事録等の作成要否、開示の要否等）

取締役会の議事については、議事録を作成し、出席取締役・監査役全員が署名または記名押印しなければならず、取締役会の日から 10 年間、本店に備え置かなければならないこととされている（会社 369 条 3 項・371 条 7 項）。また、監査役設置会社、監査等委員会設置会社または指名委員会等設置会社については、事前に裁判所の許可を得る必要があるものの、取締役会議事録については、閲覧謄写請求の対象にもなるため、その内容に過不足がないかは慎重に検討するのが望ましい。

議事録の記載内容を検討するにあたっては、**三井住友信託編・議事録作成ガイドブック、松井・議事録、中村編著・取締役ハンドブック**などを参照するのも有用である。

次に、開示の要否についても検討する必要があるが、開示と一口に言ってもいくつか要否を検討すべき開示の種類が存在するため、それぞれの根拠をしっかりと認識することが第一歩となる。

まず、〔事例 2〕においては、会社法や関連省令との関係での開示として、個別注記表における関連当事者との取引に関する注記、事業報告における利益相反取引に関する開示の要否および内容が問題となる。開示の要否については、条文を確認しつつ、基本書や各種コンメンタールを参照して検討していくことになろう。また、具体的な記載内容については、**全国株懇連合会「事業報告モデル」**（2021 年 1 月 22 日最終改正）、**日本経済団体連合会「会社法施行規則及び会社計算規則による株式会社の各種書類のひな型（改訂版）」**（2023 年 1 月 18 日更新）などのひな形類や、公開されている他社例なども参考になると思われる。なお、上場会社における招集通知作成には宝印刷やプロネクサスといった印刷会社が関与することが一般的であるが、その際には各印刷会社が使用するガイ

ドブックである、宝印刷「定時株主総会招集通知作成のポイント 第4分冊 2024年版 事業報告および監査報告編、事業報告と招集通知」やプロネクサス「株主総会招集通知作成の手引き——事業報告・計算書類編（2024年版）」なども参照されることになると思われる。

　さらに、〔事例2〕のように取締役会決議を行う会社が上場会社の場合には、東京証券取引所の**有価証券上場規程**に基づく適時開示や金融商品取引法に基づく臨時報告書の提出の要否も検討する必要がある。取引の規模・内容によっては、東京証券取引所の有価証券上場規程における適時開示事由に該当する可能性があるため、**有価証上場規程・同施行規則**のほか、**会社情報適時開示ガイドブック**を確認しつつ、適時開示の要否を検討すべきである。また、具体的な開示内容については、**会社情報適時開示ガイドブック**に加え、他社例での開示内容も参考にすべきであろう。臨時報告書の提出要否や記載内容については、条文のほか、**中村聡ほか『金融商品取引法 資本市場と開示編〔第3版〕』**（商事法務、2015年）などを参照するとよい。臨時報告書の他社例は EDINET で閲覧可能なので、確認すべきであろう。

(4)　その他留意事項等

　その他の留意事項としては、(i)仮に上記のような手続に瑕疵がある場合（例えば、招集通知が一部の取締役にされていなかった場合や、特別利害関係を有する取締役が議決に参加してしまった場合）に取締役会決議の効力にどのような影響が生じるのか、(ii)〔事例2〕のように利益相反取引に該当する取引にもかかわらず、会社法で要求される取締役会決議等の手続を怠ったなど、利益相反規制違反があった場合の当該取引の有効性への影響や取締役に生じ得る責任等、(iii)取締役の責任の利益相反取引に関する特則などについても検討しておく必要がある。

　これらについては、条文や裁判例のほか、基本書や各種コンメンタール、立案担当者による解説本、上記で紹介した実務本等を参照することになろう。特に、取締役の責任については、**澤口実＝奥山健志編著『新しい役員責任の実務〔第3版〕』**（商事法務、2017年）などがまとまっていて参考になる。

3 ガバナンス設計

〔事例 3〕
　依頼者である X 社は、東京証券取引所プライム市場に株式を上場している監査役会設置会社であるが、監査等委員会設置会社への移行を計画している。X 社より、監査等委員会設置会社へ移行するメリット、移行のスケジュールおよび検討事項、移行に必要な手続、ならびに移行後の取締役会・監査等委員会の運営その他留意点について教えてほしいとの依頼を受けた。

(1)　監査等委員会設置会社の概要

　監査等委員会設置会社は平成 26 年改正会社法によって創設された新たな機関設計である。監査役会設置会社から監査等委員会設置会社への移行の依頼があった場合に、まずは監査等委員会設置会社のガバナンス上の特徴や他の機関設計との比較等全体像を把握することが重要である。そのうえで、依頼者である X 社に対する監査等委員会設置会社に移行するメリット等の説明が可能となる。監査等委員会設置会社の概要を把握するのに役立つ文献としては、**一問一答平成 26 年改正**等の平成 26 年改正会社法の立案担当者の解説や、平成 26 年改正会社法のコンメンタールである**岩原紳作編『会社法コンメンタール補巻 平成 26 年改正』**（商事法務、2019 年）が挙げられる。

(2)　監査等委員会設置会社への移行状況

　上場会社の機関設計等のガバナンス体制を検討する際には、他社と比較してガバナンスが劣っていると投資家から評価されることがないように他社事例の傾向に留意する必要がある。そのため、実務上、監査等委員会設置会社への移行を検討する際には、上場会社のうち監査等委員会設置会社に移行した会社の数・割合や、同業他社の動向等他社事例の傾向を統計的に把握することが重要である。例えば、上場会社の機関設計等のガバナンスに関する信頼性の高い統計資料としては、**東京証券取引所「東証上場会社　コーポレート・ガバナンス白書 2023」**（2023 年 3 月)[28] 等が挙げられる。また、「**東証上場会社情報サービス**」[29] も機関設計ごとに該当する機関設計を有する上場会社に関する情報を検

---

28)　https://www.jpx.co.jp/equities/listing/cg/tvdivq0000008jb0-att/cg27su0000004bk2.pdf

29)　https://www2.jpx.co.jp/tseHpFront/JJK010020Action.do

索することができ、他社事例の傾向を把握するうえで役立つツールである。

(3)　監査等委員会設置会社への移行のスケジュール、必要な準備・手続

　監査等委員会設置会社の移行方針が決定されたら、移行のスケジュールや、検討事項および移行に必要な手続の精査が必要になる。例えば、主な検討事項としては、取締役会の在り方（社外取締役の割合、重要な業務執行の取締役への委任〔会社399条の13第5項・6項〕の有無と範囲、取締役会の付議基準等）、任意の指名委員会・報酬委員会の設置の要否または（既に設置済みである場合は）当該指名委員会・報酬委員会との関係の整理、監査等委員・監査等委員会の在り方（監査等委員の構成、常勤監査等委員の選定の要否、内部監査部門の位置付け・連携、監査スタッフ、監査体制等）、報酬体系（監査等委員である取締役とそれ以外の取締役の報酬の区別〔会社361条2項〕）、役員体制・人事、定款、取締役会規則および監査等委員会規則等の諸規則の整備、内部統制システムの基本方針の改定等が挙げられる。

　監査等委員会設置会社の移行には、定款変更に加えて、監査等委員以外の取締役の選任、監査等委員である取締役の選任、監査等委員以外の取締役の報酬、監査等委員である取締役の報酬について株主総会決議が必要となるため、株主総会の招集、付議議案の検討および株主総会招集通知（株主総会参考書類等を含む）の準備とともに、上場会社であれば適時開示や株主総会後に提出されるコーポレート・ガバナンス報告書、有価証券報告書・臨時報告書の準備、登記手続の検討も必要になる。

　監査等委員会設置会社の移行のスケジュールや必要な手続、検討事項のリサーチにあたっては、**塚本英巨『監査等委員会導入の実務』**（商事法務、2015年。以下、「塚本・実務」）、**太子堂厚子『Q&A監査等委員会設置会社の実務〔第2版〕』**（商事法務、2021年。以下、「太子堂・実務」）が幅広い論点について要領よくまとまっており、監査等委員会規則等の諸規則のサンプル等も掲載されており、実務上参考になる。

　また、定款変更議案等のドキュメンテーションの際には他社事例が参考になるが、他社事例における定款変更議案等の株主総会招集通知（株主総会参考書類等を含む）ならびにプレスリリース、コーポレート・ガバナンス報告書、有価証券報告書および臨時報告書の記載ぶりや他社事例の傾向を確認したい場合は、

東証上場会社情報サービスや TDnet、EDINET を検索することで他社事例の
サンプルを収集することが有益である。さらに、監査等委員会規則や、監査等
委員会の監査基準等の検討にあたっては、**日本監査役協会の基準・規則・ひな
型（監査等委員会設置会社)**[30) も参考になろう。

⑷　移行後の取締役会・監査等委員会の運営その他留意点

　監査等委員会設置会社への移行後に実際に取締役会・監査等委員会を運営し
ていくにあたっての主な留意点としては、株主総会における監査等委員による
監査等委員である取締役以外の取締役の選解任や報酬等に関する意見陳述権
（会社 342 条の 2 第 4 項・361 条 6 項）の行使の在り方や、任意の指名委員会および
報酬委員会が設置されている場合における各委員会の権限との関係性等が挙げ
られる。

　かかる監査等委員の意見陳述権を巡る論点については、**塚本・実務**および**太
子堂・実務**の他、日本監査役協会が公表する各種報告書（**日本監査役協会「選任
等及び報酬等に対する監査等委員会の意見陳述権の再考——任意の指名報酬委員会との関係
も踏まえたあるべき姿」**〔2023 年 8 月 1 日〕[31) 等）も参考になる。また、任意の指
名委員会・報酬委員会との関係性については、任意の指名委員会・報酬委員会
の法的・実務上の論点を幅広く取り扱う**澤口実監修『任意の指名委員会・報酬
委員会の実務』**（商事法務、2022 年）も参照されることが多い。

　その他監査等委員会設置会社に関する実務上の論点については、学者と実務
家の座談会形式である**藤田友敬＝澤口実編著『新・改正会社法セミナー——令
和元年・平成 26 年改正の検討』**（有斐閣、2023 年）において論じられている場
合があるので、適宜参照すべきである。

4　役員報酬（RS・SO）

〔事例 4〕
　依頼者である上場会社 X 社から、経営陣に対するエクイティインセンティブに

30）　https://www.kansa.or.jp/support/library/tags/company_3/

31）　https://www.kansa.or.jp/wp-content/uploads/2023/10/el001_20231018-2.pdf

ついて、設計を含めて相談に乗ってほしいとの依頼を受けた。導入にあたって必要な手続その他の法的な留意点についても説明してほしいとの依頼である。

(1) エクイティインセンティブの概要および法的論点の全体像

当然のことではあるが企業価値の向上において経営陣の果たす役割は大きく、経営陣に（中長期的な）企業価値の向上に対する適切なインセンティブを持たせることの重要性は高い。しかし、特に過去において、日本企業の経営陣の報酬は固定部分の割合が同規模の米欧の企業のそれに比して高かった。かかる状況において、日本再興戦略改訂 2014 に基づき 2015 年に策定された**コーポレートガバナンス・コード**において「経営陣の報酬については、中長期的な会社の業績や潜在的リスクを反映させ、健全な企業家精神の発揮に資するようなインセンティブ付けを行うべきである」（原則 4-2）とされ、その後、経産省から 2016 年に「『攻めの経営』を促す役員報酬——新たな株式報酬（いわゆる「リストリクテッド・ストック」）の導入等の手引き」が公表されるなど、政府によって経営陣に対するインセンティブ付与が推進されたことに加えて、外国投資家を中心とした株主・投資家による働きかけにより、上場会社におけるインセンティブ報酬の導入・拡張の動きが非常に活発になった。引き続き、経営陣の報酬はコーポレートガバナンス上の重要課題であり、株主・投資家が高い関心を有する事項であるので、多くの上場会社が経営陣のインセンティブ報酬の導入・見直しを行っており、上場会社の法務担当者が関与する機会は多い。

インセンティブ報酬についてなじみが薄い場合に法的論点を含めた全体像を把握するためには、**経産省・インセンティブプラン導入の手引**、髙田剛『**実務家のための役員報酬の手引き〔第 2 版〕**』（商事法務、2017 年）、松尾拓也ほか編著『**インセンティブ報酬の法務・税務・会計——株式報酬・業績連動型報酬の実務詳解**』（中央経済社、2017 年）等が参考になる。

インセンティブ報酬には事前交付型リストリクテッド・ストック、事後交付型リストリクテッド・ストック、パフォーマンス・シェア、株式交付信託、ストックオプション、ファントム・ストック、パフォーマンス・キャッシュ、SAR（Stock Appreciation Right）等、多くの種類がある。これらのうちいずれを採用するかについては法務担当者への相談の前の段階で方向性が定まっているこ

とも多いとは思われるが、上記のような文献を参照し、それぞれの特徴について理解しておくことは有益であろう。

(2) 会社法上の必要手続について

　エクイティインセンティブの付与は報酬の支給（役員に付与する場合）とエクイティ（株式および新株予約権）の発行を兼ねるものであり、報酬として確定額報酬（会社361条1項1号）または不確定額報酬（同項2号）のいずれにするのか、発行に係る法的構成について株式であれば現物出資型または無償発行型、新株予約権であれば相殺構成または無償構成のいずれにするのか、整理したうえで、両方についての会社法の手続を遺漏なく行う必要がある。手続を整理するにあたっては上記で紹介した実務本等がやはり参考になるが、令和元年改正により手当てされている点も多く、特に令和元年改正前の文献については、令和元年改正に係る文献を併せて参照する必要がある。

　また、会社法にのみ関連する論点ではないが、株式または新株予約権の割当契約および新株予約権の発行要項（数は多くないが種類株式を用いる場合は種類株式）の内容についても、インセンティブの観点からの経済的な設計に加えて、譲渡制限解除時の納税資金の確保のための設計、非違行為があった場合の無償取得等の手当て等の法的な論点があり、**経産省・インセンティブプラン導入の手引**のサンプル書類を含む実務本等や開示から分かる他社事例の内容も踏まえて検討する必要がある。なお、エクイティインセンティブの導入にあたっては、税務上の損金算入が認められるための要件を充足することも重要であり、直接的には税務の問題であるが法務担当としても目を配っておくことが望ましい。

(3) その他の論点

　エクイティインセンティブの付与にあたっては有価証券届出書、有価証券通知書、臨時報告書または発行登録書の提出等の金商法上の開示の論点、自己株式の処分により株式報酬を付与する場合のインサイダー取引規制に係る論点、従業員に付与する場合の賃金該当性の問題等、会社法以外の法令等に関する論点に直面する可能性がある。基本的には上記で紹介したエクイティインセンティブについての実務本等を参照し、深掘りが必要であれば関連法分野で紹介さ

れている書籍等を参照されたい。

　なお、金商法上の開示およびインサイダー取引規制については**金融庁**が出している「**企業内容等の開示に関する留意事項について（企業内容等開示ガイドライン）**」や「**インサイダー取引規制に関する Q&A**」で実務上の要請も踏まえて手当てされた論点もある（前者については 2023 年に、後者については 2023 年および 2024 年に、株式報酬に関連して実務上重要な改正があった）。

　　　　　　　　　　　　　　　　　　［十倉彬宏＝Ⅰ 1・Ⅲ 4、

　　　　　　　　　　　　　　　　　　　坂本佳隆＝Ⅰ 2・Ⅲ 2、

　　　　　　　　　　　　　　　　　　　野澤大和＝Ⅱ 1・Ⅲ 3、

　　　　　　　　　　　　　　　　　　　河島勇太＝Ⅱ 2・Ⅲ 1］

第4章

M&A のリサーチ

I　M&A 実務の特徴

1　M&A とは

　M&A とは、Mergers and Acquisitions の略語であるが、当然ながら日本の法令上の用語ではなく、実務上も確定した定義はない。一般的には、企業または事業の移転に関する取引全般を意味する用語として用いられることが多いため、以下では、かかる取引全般を意味するものとして用いることとする。もっとも、以下は、紙幅の関係で M&A の中でも代表的な取引類型に関するリサーチの端緒について説明するものにとどまるため、紹介する書籍において引用されている他の文献なども参考にした上で調査・検討を深める必要があることはご留意いただきたい。

2　M&A に関する案件の特徴

(1)　多様な取引対象・取引形態

　M&A という場合、支配権の移転を伴う取引のみを意味する場合もあるが、必ずしもそれに限らず、マジョリティの取得に至らないような部分的な出資・買収を M&A ということもある。

　また、M&A の当事者や対象となる企業または事業も、多種多様なものがある。例えば、当事者が事業会社か金融投資家か、対象となる企業が上場会社か非上場会社か、国内企業か海外企業か、規制業種を営んでいるか否かといった事情によって案件の内容および手続は大きく異なることとなる。さらに、取引の形態も、株式譲渡や株式引受けなどの株式・持分の移転によるもの、合併、会社分割など組織再編によるものなど、様々な類型のものがあるため、案件に

84

応じて適切な取引形態を選択することとなる。

　以上のとおり、M&A 案件といってもその内容は多種多様であるため、M&A を横断的に規制する法令というものはなく、M&A 全般を所管する当局というものもない。案件によって適用される法令および所管する当局も異なるため、他の法分野を専門とする弁護士と協働することがほぼ必須となる。そのため、M&A を担当する弁護士としては、他の弁護士とスムーズに連携するためにも、M&A の過程で典型的に問題となる他の分野の論点についても知見を兼ね備えておくことが求められる。

(2)　案件の展開・進捗に応じた対応

　M&A 案件を取り扱う弁護士は、案件の展開・進捗に応じて様々な対応を求められ、それぞれの局面に応じた法的な検討および作業が求められる。

　一般的には、M&A の当事者間において初期的な案件の打診や提案を行う段階において、開示情報やその後の協議・交渉の存在・内容に関する守秘義務について定めた秘密保持契約（以下、「NDA」）を当事者間で締結することが多い。

　また、案件の初期段階から、取引のストラクチャー・スケジュールや取引実行の可否に関して法的観点から検討を行うことが求められる。かかる検討においては、会社法や金融商品取引法（以下、「金商法」）など M&A に関連する一般的な法分野に加えて、特に対象となる企業・事業が規制業種を営む場合にはその適用法令も踏まえた検討が必要となる。

　それと並行して、近年では M&A 案件を遂行するにあたって対象となる企業・事業に関する法務デュー・ディリジェンスを実施することが実務的に定着している。法務デュー・ディリジェンスを行う場合には、想定される取引のストラクチャーや対象となる企業または事業に関する適用法令も踏まえた法的分析を行い、取引実行の障害の有無、対象企業・事業の価値評価に影響を及ぼす事象の有無、取引を遂行するために必要となる法的手続・対応の有無について検討することが必要となる。法務デュー・ディリジェンスにおいては、対象企業・事業に関する法的問題点を横断的に確認することとなるため、規制業種を営む場合の適用法令のみでなく、会社法や労働法などあらゆる企業・事業に適用ある法令の遵守状況を確認することとなるほか、対象企業・事業に締結され

ている契約の有無や内容の分析など法令以外の観点からの確認も求められる。

また、当然ながら、M&A 案件を取り扱う弁護士は、M&A に関する契約の作成、協議・交渉および締結や取引実行（クロージング）に至るまでの一連のプロセスにも積極的・主体的に関与することが求められる。かかるプロセスにおいては、各当事者において取引を遂行するために必要となる法的手続や法務デュー・ディリジェンスにおいて判明した法的問題点も踏まえて契約内容を検討し、協議・交渉することとなるが、協議・交渉を円滑に進めるためには M&A に関する契約実務も把握したうえで対応することが求められる。

なお、M&A に関する契約については、M&A の諸条件を最終的に確定し、法的拘束力のある合意をする契約（いわゆる最終契約）を締結する前に、中途段階での合意書（以下、「MOU」）を締結することもある。MOU については、案件の初期段階で締結することもあれば諸条件についての協議・交渉が進んだ段階で締結することもあるため、その目的や内容も様々であるが、弁護士としては、その要否も含めて検討を求められることが多い。

それに加えて、M&A 案件の当事者に上場会社が含まれる場合には、法令や金融商品取引所の規則に基づく開示書類の要否の検討およびその作成も必要になる。

(3) クロスボーダー案件への対応

M&A 案件においては、取引当事者が海外企業である場合や買収対象に海外の企業・事業が含まれる場合など、国境を越えた対応が必要になることが多い。その場合、取引を遂行するために必要となる法的手続を検討するにあたって各取引当事者や買収対象に適用のある国外の法令についても検討が必要となるうえ、海外の企業・事業に関する法務デュー・ディリジェンスにおいても国外の法令に基づく確認が必要となる。その場合、関連する国・法域の現地弁護士との協働することになるが、前もってその国・法域における法規制および実務の概要についてリサーチしておくことが有益となることも多い。

第 4 章　M&A のリサーチ

Ⅱ　M&A 全般にかかるリサーチツール

1　M&A に関係する書籍

⑴　M&A 実務全般に関する書籍

　M&A に関しては、前述のとおり多種多様な取引対象・取引形態のものがあるうえ、案件のフェーズによっても検討すべき事項が大きく異なるため、案件やその状況によってリサーチに際して参照すべき書籍は多岐にわたるが、M&A の各類型についての典型的な法的論点や実務について把握するにあたっては、**西村あさひ法律事務所編『M&A 法大全(上)・(下)〔全訂版〕』**(商事法務、2019 年。以下、「西村あさひ編・M&A 法大全(上)・(下)」)や**森・濱田松本法律事務所編『M&A 法大系〔第 2 版〕』**(有斐閣、2022 年。以下、「森・濱田松本編・M&A 法大系」)が有用であろう。

　また、M&A 取引の全体的な流れや法的論点に限らず実務的な留意事項を概観する際には、**木俣貴光『企業買収の実務プロセス〔第 3 版〕』**(中央経済社、2021 年)や**柴田義人ほか編『M&A 実務の基礎〔第 2 版〕』**(商事法務、2018 年)も参考になる。特に、M&A についての経験がない状態でリサーチを行う場合には、具体的なリサーチに入る前に、M&A 取引の流れの中でどのフェーズにいるのか、リサーチの結果がその局面においてどのような影響を及ぼすのかを理解しておくことが望ましい。

⑵　M&A の取引対象・取引類型に応じて参考にすべき書籍

　M&A に関するリサーチでは、多種多様な取引対象・取引類型に応じた書籍を参照する必要がある。以下では、M&A の代表的な取引類型に関してよく参照される書籍を挙げる。また、下記Ⅲにて紹介する各事例の各取引類型に関して個別に紹介する書籍もあわせて確認するのが望ましい。

①　会社法上の組織再編手続および事業譲渡に関する書籍

・森・濱田松本法律事務所編『組織再編〔第 3 版〕』(中央経済社、2022 年。以下、「森・濱田松本編・組織再編」)

・玉井裕子編集代表『合併ハンドブック〔第 4 版〕』(商事法務、2019 年。以下、

87

「玉井編・合併ハンドブック」）

・酒井竜児編著『会社分割ハンドブック〔第3版〕』（商事法務、2021年。以下、「酒井編著・会社分割ハンドブック」）

・対木和夫編著『会社分割の法務』（中央経済社、2017年。以下、「対木編著・会社分割の法務」）

・宇野総一郎編集代表『株式交換・株式移転・株式交付ハンドブック』（商事法務、2023年。以下、「宇野編・株式交換・株式移転・株式交付ハンドブック」）

②　プライベート・エクイティ・ファンドによる M&A 取引および買収ファイナンス

・大久保涼編著『買収ファイナンスの法務〔第2版〕』（中央経済社、2018年）

・青山大樹編著『詳解シンジケートローンの法務』（金融財政事情研究会、2015年）

・福田匠『プライベート・エクイティ・ファンドの法務〔第2版〕』（中央経済社、2019年）

③　クロスボーダー M&A

・森幹晴編著『クロスボーダー M&A の契約実務』（中央経済社、2021年。以下、「森編著・クロスボーダー」）

・渡辺章博『新版 M&A のグローバル実務〔第2版〕』（中央経済社、2013年。以下、「渡辺・グローバル実務」）

・関口尊成＝井上俊介『論点解説クロスボーダー M&A の法実務』（商事法務、2023年。以下、「関口＝井上・論点解説　クロスボーダー」）

(3)　法務デュー・ディリジェンスに関する書籍

　法務デュー・ディリジェンスに関する一般的な実務や典型的な留意事項については、以下の書籍が参考になる。もっとも、法務デュー・ディリジェンスにおいて指摘すべき法的問題点や対応策について網羅的に説明するものではないため、案件に応じたリサーチおよび検討が必要になることには留意すべきである。

・長島・大野・常松法律事務所編『M&A を成功に導く　法務デューデリジェンスの実務〔第4版〕』（中央経済社、2023年。以下、「長島・大野・常松編・法務デューデリジェンスの実務」）

第 4 章　M&A のリサーチ

・宮下央ほか編著『業種別 法務デュー・ディリジェンス 実務ハンドブック〔第 2 版〕』（中央経済社、2024 年。以下、「宮下ほか編著・業種別法務デュー・ディリジェンス」）
・佐藤義幸『法務デューデリジェンス チェックリスト〔第 2 版〕』（masterpeace、2020 年）

⑷　M&A 契約に関する書籍

　M&A に関する契約を作成するにあたっては、各条項の法的意義、サンプル文案や実務的な論点を把握しておく必要があるが、その際も書籍を参照するのが望ましい。M&A 契約は多岐にわたるが、以下では、①株式譲渡契約その他の M&A 取引の実行に関する契約および②株主間契約およびジョイント・ベンチャー契約については、下記Ⅲ**1** にて紹介する書籍を参照いただきたい。

　ここでは、M&A 契約に関連してて表明保証保険について加入を検討する機会が近年多くなっていることから、参考書籍を紹介しておく。
・山本啓太＝関口尊成『M&A 保険入門〔改訂版〕』（保険毎日新聞社、2024 年）
・稲田行祐ほか『表明保証保険の実務〔第 2 版〕』（金融財政事情研究会、2024 年）
・滝川佳代編著『M&A リスク管理の最前線――国内外の最新実務』（商事法務、2018 年）

⑸　クロスボーダー M&A に関する書籍

　前述のとおり、クロスボーダー M&A においては関連する国・法域の現地弁護士とも協働して対応する必要があるが、日本における M&A の法規制および実務とは異なる論点が生じることも多いため、クロスボーダー M&A に関する一般的な留意事項や実務を把握しておく必要がある。前記⑵③に挙げる書籍はクロスボーダー M&A 全般についてのものであるが、必要に応じて各国のM&A や企業法務について解説したものも参照するのが望ましい。

2　M&A 案件の先例に関する情報

　M&A 実務においては、法令に関する調査に加えて、同種案件の先例を調査したうえで、担当する案件と同種案件との相違を確認することが、ストラクチ

ャー・スケジュールの検討、M&A の諸条件の協議・交渉、開示内容の準備に
あたって有益である。特に、上場会社が関与する M&A については、金商法や
金融商品取引所の規則に基づき案件の詳細が開示されているものも多い。先例
の調査にあたって利用可能なデータベースは複数あるが、それぞれについて開
示範囲や検索方法を正確に理解し、適切な同種案件を把握できるよう精通して
おくことが望ましい。

　特に、金商法に基づく開示書類を閲覧することができる **EDINET**（Electronic
Disclosure for Investors' NETwork）[1] については、参照する機会は多いであろう。
また、金融商品取引所の規則に基づく適時開示書類については、**適時開示情報
閲覧サービス** [2] において閲覧することができる。ただし、EDINET では各開
示書類について閲覧可能な期間が設定されていること、適時開示情報閲覧サー
ビスでは過去 31 日分のみ閲覧可能であることから、網羅的な検索はできない
ことに留意する必要がある。そのため、閲覧期間が経過したものも含めて先例
を確認するためには他の**データベース**を参照する必要がある [3]。

　また、クロスボーダー M&A においては、外国における同様のデータベース
にアクセスして先例を検索することも有益であろう [4]。

III　個別の分野でのリサーチ

1　非上場会社の株式譲渡

〔事例 1〕
　依頼者である X 社は、Y 社から、その一部事業である医療機器製品 a の製造事
業についての売却の打診を受け、同事業の取得を検討している。なお、Y 社からは、
売却後もジョイント・ベンチャーの形態で、同事業に対して一定割合の出資を行い
たいとの希望も受けている。

---

1)　https://disclosure2.edinet-fsa.go.jp/
2)　https://www.release.tdnet.info/inbs/I_main_00.html
3)　有料のデータベースであるが、例えば、**Eol**（https://ssl.eoldb.jp/EolDb/UserLogin.php）、**適時
開示情報**（**TDnet**）（https://www.jpx.co.jp/markets/paid-info-listing/tdnet/index.html）、**XeBRaL
ADDS**（https://xebral.com/）、**スピーダ**（https://jp.ub-speeda.com/）がある。
4)　例えば、米国の **EDGAR**（https://www.sec.gov/search-filings）が挙げられる。

第4章　M&Aのリサーチ

　上場会社を対象としないM&A取引の場合、そのプロセスは一社の買主候補者との間で相対で取引を行うか、複数の買主候補者による入札手続により実施するかなどによっても異なるが、〔事例1〕のような相対取引の場合、一般的な取引の流れは、(i)NDA・MOUの締結、(ii)取引ストラクチャー・スケジュールの検討、(iii)法務デュー・ディリジェンスの実施、(iv)最終契約の締結、(v)クロージング（取引の実行）となる。このうち(i)NDA・MOUの締結については、Ⅰ2(2)で既に述べたとおりであるため、以下では、〔事例1〕をベースに(ii)〜(v)の各場面において典型的に必要となる作業やリサーチについて見ていく。

(1)　取引ストラクチャー・スケジュールの検討（(ii)）
①　取引ストラクチャーの検討

　M&A取引では、採用される取引ストラクチャーによって、法務デュー・ディリジェンスにおける検討の視点や取引に必要となる契約書の種類や内容も異なってくるため、その検討は取引の初期段階で行われる。もっとも、法務デュー・ディリジェンスの結果を踏まえて取引ストラクチャーの修正が必要となる場合もある。

　取引ストラクチャーは、当該案件における目的その他固有の事情を踏まえた個別具体的な検討が必要となるが、非上場会社を対象とするM&Aを含む、M&A取引における典型的なストラクチャーについては、**西村あさひ編・M&A法大全(上)・(下)**や**森・濱田松本編・M&A法大系**などの書籍で解説されている。また、〔事例1〕については、会社全体ではなくその一部事業を対象とするいわゆるカーブアウト取引であるため、取引ストラクチャーの検討の際には、**濱口耕輔ほか編著『詳説・カーブアウトM&A』**（商事法務、2023年）や**柴田堅太郎編著『ストーリーで理解するカーブアウトM&Aの法務』**（中央経済社、2023年）などのカーブアウトM&A取引に関する書籍が検討の出発点として有用である。

　取引ストラクチャーの中で会社分割などの組織再編手続を活用する場合には、その手続についてもリサーチの対象となる。組織再編手続については、**酒井編著・会社分割ハンドブック**や**森・濱田松本編・組織再編**が、組織再編手続や実務的論点について網羅的に解説しており、リサーチをする際には参照が必須で

ある。事業の切り出しの手法に、会社分割ではなく事業譲渡を用いる場合には、**三浦亮太＝河島勇太『事業譲渡・譲受けの法務〔第3版〕』**（中央経済社、2018年。以下、「三浦＝河島・事業譲渡・譲受け」）などの事業譲渡に関する書籍も有用である。

　取引ストラクチャーは、会計・税務の観点からの検討も必須であり、法務アドバイザーとは別に起用される会計・税務のアドバイザーと協働して検討にあたるのが通常だが、会計・税務上の論点については弁護士も基本的な理解を持っておくことが望ましい。この観点からは、**大石篤史ほか編著『税務・法務を統合したM&A戦略〔第3版〕』**（中央経済社、2022年。以下、「大石ほか編著・M&A戦略」）などはM&A取引における税務上の論点について幅広く取り上げて解説しており、参考になる。

　加えて、対象会社が取得している許認可の関係で、取引実行にあたって規制当局への届出や審査などの一定の手続が要求される場合や、対象事業を切り出す際に事業上必要な許認可を引き継ぐことができない場合がある。そのため、取引ストラクチャーの検討にあたっては、対象会社が取得している許認可や対象事業に適用のある業規制の観点からの検証も必須である。〔事例1〕では、対象事業が医療機器の製造事業であり、医薬品、医療機器等の品質、有効性及び安全性の確保等に関する法律（以下、「薬機法」）の適用を受けるため、薬機法に関する解説書（例えば、**田中宏岳ほか『テーマ別 ヘルスケア事業の法律実務』**〔中央経済社、2023年〕など）を参照してリサーチを行う必要がある。なお、許認可の承継についての実務上の手続や標準処理期間などについては必ずしも法令上明らかでない場合も多いため、必要に応じて管轄官庁や審査機関へ問い合わせることが有益であるが、案件の初期段階では案件情報の秘匿性が高いことが一般的であるため、依頼者の社名などの情報を伏せたうえで問い合わせるなどの工夫が必要となる（「第1章 リサーチの基本」Ⅱ4も参照）。

②　取引スケジュールの策定・所要手続の検討

　取引ストラクチャーにおいて会社分割などの組織再編手続を活用する場合には、取引スケジュールの策定にあたって、会社法に基づく債権者保護手続や会社分割に伴う労働契約の承継等に関する法律（労働契約承継法）に基づく従業員保護手続などにかかる期間を考慮する必要がある。これらの手続の確認にあた

っては、**酒井編著・会社分割ハンドブック**や**森・濱田松本編・組織再編**などを参照する。

　また、競争法や外為法に基づく届出等の手続が必要となる場合には、その届出準備や審査に係る期間、届出後の待機期間等もスケジュールに織り込む。これらのスケジュールの検討に際しては、それぞれ、「第6章　独占禁止法分野のリサーチ」**Ⅲ1**および「第15章　外為法分野のリサーチ」**Ⅲ1**を参照されたい。

　M&A取引の当事者が上場会社である場合には、取引に伴い適時開示が必要になる場合があるため、開示準備や事前相談などの適時開示関連の作業も考慮のうえ、スケジュールを作成する必要がある。適時開示に関するリサーチについては、**東京証券取引所上場部編「会社情報適時開示ガイドブック」**（以下、「会社情報適時開示ガイドブック」)[5] を含む**日本取引所グループのウェブサイト** [6]や、**中村聡ほか『金融商品取引法——資本市場と開示編〔第3版〕』**（商事法務、2015年。以下、「中村ほか・金商法」）を参照する（あわせて「第3章　会社法分野のリサーチ」**Ⅱ1⑷・2**も参照されたい）。

⑵　法務デュー・ディリジェンス（(ⅲ)）

　法務デュー・ディリジェンスを行う際に、**長島・大野・常松編・法務デューデリジェンスの実務**は必読の文献である。また、対象となる事業の業種に応じて、デュー・ディリジェンスの視点や典型的な論点も変わってくるところ、**宮下ほか編著・業種別法務デュー・ディリジェンス**では、業種ごとにデュー・ディリジェンスのポイントがまとめられているため、M&A取引の対象となる業種に応じて参照する。ただし、対象となる会社や事業の状況は事案ごとに1つとして同じものはなく、当然ながら法務デュー・ディリジェンスで検討すべき法的リスクや対応策も異なるため、法務デュー・ディリジェンスにあたっては、先例を踏襲した定型的な作業に終始するのではなく、当該事案に応じた個別具体的な検討することが重要であることに留意する。

　冒頭の〔事例1〕のようなカーブアウトM&Aでは、会社全体ではなく一部

---

5)　https://www.jpx.co.jp/equities/listing/disclosure/guidebook/index.html

6)　https://www.jpx.co.jp/equities/listing/disclosure/index.html

事業のみが譲渡対象となり、事業を独立して運営するために備えているべき機能を欠いていることにより生じる問題、いわゆるスタンドアローン・イシューなど、特有の論点が生じることが多い。この点については、前述のカーブアウトM&Aに関する書籍が参考になるほか、必要に応じて、**マーサージャパン編『カーブアウト・事業売却の人事実務』**（中央経済社、2022年）も参照する。

　加えて、競争関係にある事業者間のM&A取引の場合には、法務デュー・ディリジェンスの際に競争法上の機微情報を取引当事者間で共有することにつき、一定の制約を受けるため、開示資料の一部のマスキングや、クリーンチームの組成といった対応がとられることがある。このような競争法上の制約については、「第6章　独占禁止法分野のリサーチ」**III 1**を参照されたい。

(3)　最終契約（(iv)）

①　株式譲渡契約

　〔事例1〕のような取引において採用される典型的な取引ストラクチャーの1つは、会社分割などにより、対象事業を売主から新たに設立した新会社に対して切り出したうえで、売主から買主に対して当該新会社の株式を譲渡するというものである。この場合、最終契約として、新会社株式にかかる株式譲渡契約が必要となる。また、株式譲渡契約の中では、取引ストラクチャーに応じて、関連して実施する取引に関する規律を定めることが多く、〔事例1〕であれば、Y社からの会社分割などによる事業の切り出しの実施やX社・Y社間の株主間契約の締結について当事者の義務やクロージングの前提条件として規定することが考えられる。

　株式譲渡契約書の作成にあたっては、**藤原総一郎編著『M&Aの契約実務〔第2版〕』**（中央経済社、2018年）は必読である。また、**藤田友敬編著『M&A契約研究』**（有斐閣、2018年）や戸嶋浩二ほか『M&A契約──モデル条項と解説』（商事法務、2018年。以下、「戸嶋ほか・M&A契約」）も、株式譲渡契約書の書式と詳細な解説が掲載されており、極めて有用である。ただし、契約書のドラフトの際には、書式や先例のサンプルに依拠するのではなく、当該事案における個別具体的な状況に応じて自ら考えて作成することを怠らないことが肝要である。例えば、買主の側に立つ場合には、デュー・ディリジェンスの発見されたリス

ク事項への対応をどのように契約書に落とし込むかといった視点からの検討が不可欠となる。

加えて、契約書のドラフト作成は、M&A関連契約の解釈について示された裁判例を意識して行うことも重要となる。日本ではM&A取引に関する裁判例がいまだ多いとはいえないものの、徐々に蓄積が進んでおり、このリサーチの際には、**神田秀樹＝武井一浩編『実務に効く M&A・組織再編判例精選』**（有斐閣、2013年）や**阿南剛ほか『実務分析 M&A判例ハンドブック〔第2版〕』**（商事法務、2022年）などの書籍が参考になる。

② 株主間契約

〔事例1〕のように、M&A取引により対象会社の株式を複数者で持ち合うジョイント・ベンチャーを組成する場合には、会社の株式の取扱いや会社のガバナンス・運営等について株主間で予め合意しておきたいという実務上の要請があり、これらについて規律する株主間契約（合弁契約またはジョイント・ベンチャー契約とも呼ばれる）が締結されるのが通常である。株主間契約書の作成にあたっては、**藤原総一郎編著『株主間契約・合弁契約の実務』**（中央経済社、2021年）および**金丸和弘ほか編著『ジョイント・ベンチャー契約の実務と理論〔新訂版〕』**（金融財政事情研究会、2017年）が、株主間契約書における主要な条項や論点について詳説しており、必読である。**宍戸善一ほか『ジョイント・ベンチャー戦略大全〔改訂版〕』**（東洋経済新報社、2022年）もジョイント・ベンチャーの組成から終了までの各段階で生じうる論点などが詳しく解説されており、有用である。

③ 会社分割契約・事業譲渡契約

一部事業を会社分割により切り出す場合、吸収分割契約（新設分割の場合には新設分割計画）が必要となる。この作成の際には、前述の組織再編に関する書籍を参照するほか、**対木編著・会社分割の法務**も会社分割契約の書式やその解説が豊富で有用である。

また、事業の切り出しに事業譲渡を用いる場合には、事業譲渡契約が必要となる。この作成にあたっては、**戸嶋ほか・M&A契約**および**三浦＝河島・事業譲渡・譲受け**が、事業譲渡契約の書式や解説が詳しく掲載されており、参考になる。

⑷　クロージング（取引の実行）（(ⅴ)）

　取引実行にあたって、組織再編手続、競争法・外為法の届出や、業規制との関係で一定の手続が必要となる場合には、通常、最終契約の締結後、クロージングまでの間に、これらの手続や届出および審査対応を行う。

　これらに加えて、最終契約に付随して関係当事者間で締結される、各種の付随契約の交渉・締結も、最終契約の締結後クロージングまでの間に行われることが多い。特に〔事例1〕のようなカーブアウトM&Aの場合、スタンドアローン・イシューが様々な形で生じることになることから、かかる問題への対処法の1つとして、付随契約の役割が重要となる。典型的な付随契約としては、移行サービス契約、ライセンス契約、不動産賃貸借契約、出向契約などがあるが、前述のカーブアウトM&Aに関する書籍が関連する論点を広く解説しているため有用である。ライセンス契約や出向契約については、「第11章　知的財産法分野のリサーチ」および「第10章　労働法分野のリサーチ」に掲載のリサーチツールも参照されたい。

　また、クロージングの準備として、新会社の設立、株式の発行、会社分割などの組織再編手続といったコーポレートアクションが行われることもあるが、これらはいずれも登記手続を伴うため、登記必要書類の準備や登記可能性に関するリサーチが必要になることも少なくない。商業登記にかかるリサーチにあたって、**松井信憲『商業登記ハンドブック〔第5版〕』**（商事法務、2025年）および**神﨑満治郎ほか編著『論点解説　商業登記法コンメンタール』**（金融財政事情研究会、2017年）は必読である。他に、**同ほか編著『商業・法人登記500問』**（テイハン、2023年）等も参考となる。

2　上場会社の経営統合、資本提携

〔事例2〕

　依頼者である上場会社A（以下、「A社」）は、資本関係のない別の同業他社である上場会社B（以下、「B社」）との経営統合・資本提携に関心を持っている。A社もB社も持株会社ではなく、支配株主は存在していない。

　初期的なA社とB社の面談においては、B社は経営統合するのであれば、対等の精神をもって統合することを要望しており、A社としては、当該B社の要望も

第 4 章　M&A のリサーチ

踏まえ、買収案件であるといった見え方をされにくくするために、株式を対価として双方の株主がそのまま投資を継続できるようにすることを検討している。

　他方で、B 社との交渉上、経営統合が難しい場合には、A 社が B 社の株式の 15% 程度を金銭を対価として取得し、B 社との間で取締役を 1 名派遣する権利を合意して資本提携を行いたいと考えている。

　A 社から、B 社との経営統合・資本提携について、取引ストラクチャーおよび手続・スケジュールを初期的に検討したいという要望を受けた。

　上場会社の経営統合、資本提携においても、上記 1 と同様に、NDA および／または MOU の締結、取引ストラクチャー・スケジュールの検討、法務デュー・ディリジェンスの実施、最終契約の締結および開示、クロージングという基本的な流れは類似するものの、上場会社に適用される金商法上の規制や適時開示、上場会社で多数の株主が想定されることから組織再編行為について株主総会の開催等の手続や票読み、市場内外で株式が自由に売買可能であることから第三者による買い集めや対抗提案の可能性、株式買取請求その他の少数株主からの主張の可能性、米国居住株主が含まれることによる米国証券法の適用や海外競争法上の問題等、上場会社特有の検討事項が多数生じることになる。このため、法務分野以外の整理を含め、取引ストラクチャー・スケジュールの検討を慎重に行うことが多いものと思われる。

　M&A 全般、非上場会社の M&A に関するリサーチと共通する事項については、上記 II および上記 1 を参照いただいたうえで、〔事例 2〕においては、このような上場会社の経営統合、資本提携のケースを想定し、初期的な取引ストラクチャーおよびスケジュール検討の場面において問題となりやすいリサーチについて見ていくことにする 7)。

---

7)　経営統合や資本業務提携において、TOB を行うことを検討することもあるものの、TOB に関するリサーチについては下記 3 を、経営統合を行うにあたっては独禁法上の問題が生じる可能性もあり得るものの、独禁法に関するリサーチについては「第 6 章　独占禁止法分野のリサーチ」を、当事者の株主の状況によっては外為法が問題になることもあるが、外為法に関するリサーチについては「第 15 章　外為法分野のリサーチ」を、それぞれ参照いただきたい。

(1) 経営統合の取引ストラクチャーに関するリサーチ

　上場会社の組織再編による経営統合の一般的な法的手法としては、(i)合併等によりエンティティ自体を統合する方法（新設合併または吸収合併）、(ii)一方当事者を他方当事者の子会社とする形で統合する方法（株式交換）、(iii)持株会社化して統合する方法（共同株式移転により持株会社を新設する方式、株式交換および会社分割により一方当事者を持株会社化する、いわゆる抜け殻方式等）、といったものが挙げられる。また、個別案件の事情やその後のグループ内の再編を踏まえて、その他複数の組織再編や株式譲渡等の組み合わせを検討することもある。

　初期的な取引ストラクチャーの検討にあたっては、これらの方法について、手続の難易度／確実性・必要期間、重要な許認可・重要な契約／資産等の承継や統合に伴う問題の有無[8]、対価の種類（株式／現金の選択、これによる株式の希釈化／資金調達等）、税務上の影響といった複数の観点で、事案ごとの重要なポイント洗い出し、検討することが多いと思われる。また、必ずしも法的な論点ではないものの、当事者が対等の統合または対等の精神に則った統合であることを強調する場合には、持株会社化や合併といった方法が志向されやすい一方で、統合当事者の規模が大きく異なる場合には、一方当事者が親会社になる株式交換が志向される場合もあり、クライアントや関係者の意向や状況を踏まえて比較ポイントとして整理していくことになる。

　スケジュールを含む法定の手続の検討においては、株主総会決議等の会社法上の手続の要否（簡易組織再編への該当性）、海外競争法や米国証券法の手続が検討対象になることが想定され、後者は対価選択やスキームに影響を及ぼす場合もある[9]。重要な許認可があれば、当該許認可の内容次第では当該許認可を保

---

8) 労働条件の統一やシステム統合の難易度、タイミングの観点から、エンティティを直接統合するのではなく、持株会社化を行った上で一定の時間をかけて統合を行っていくことが好まれる場合もある。

9) 株式が対価の場合、米国に居住する株主の割合次第で米国証券法対応として Form F-4 というファイリングが必要になり、米国会計基準または国際財務報告基準に基づいた財務諸表の記載が必要になる。この場合には、当該準備に相当の時間と費用を要する可能性があり、取引ストラクチャーの選択に大きな影響が生じ得る。当該規制の概要については、**西村あさひ編・M&A 法大全(上)・(下)、森・濱田松本編・M&A 法大系**や、Q&A 形式で説明した**兪東ほか「日本企業の組織再編で留意したい米国証券法上の規定」**国際商事法務 39 巻 12 号（2011 年）が参考になる。これらも踏まえて取引ストラクチャーの初期的な検討を行うことが想定されるが、最新の規制内容

有する会社を消滅会社にしない取引ストラクチャー（株式交換や株式移転）が志
向される可能性もあり、また、非適格組織再編となった場合の税務上の影響が
大きい事案であれば、税制適格要件を満たす取引ストラクチャーが志向される
可能性もある [10]。

　このように、経営統合の目的・企図、会社の経営状況・許認可や契約の状況、
株主の状況、その他個別案件ごとに重要となるポイントを踏まえて、個別案件
ごとの重要性を踏まえて、比較検討ポイントをリサーチしていくことになるた
め、これらの一般的なリサーチについて以下扱う。

①　取引ストラクチャー、手続およびスケジュールの全般的なリサーチ

　取引ストラクチャーを比較検討する段階において、全般的な内容を取り扱う
ものとしては、**西村あさひ編・M&A 法大全(上)・(下)**や**森・濱田松本編・M&A
法大系**が挙げられる。また、株式交換、株式移転、合併、会社分割等のそれぞ
れの組織再編の類型ごとの論点、解説を全般的に扱っているものとして、**宇野
編・株式交換・株式移転・株式交付ハンドブック、酒井編著・会社分割ハンド
ブック、玉井編・合併ハンドブック**が挙げられる [11]。また、会社法、金商法

　が反映されていない可能性があり、また、日本法以外の問題点になるため、最終的に、または、
　株主状況を踏まえて慎重な検討が必要な場合は初期段階から、米国カウンセルへの相談が必要に
　なりうる点に留意が必要である。

10)　法人税法においては、原則的に、資産を移転する際にその含み益や含み損を譲渡損益として
　認識して課税の対象としており、これは組織再編にともなう資産の移転でも同様の扱いとなって
　いる。また、組織再編のうち、株式交換や株式移転のように、株式の移転のみで完全子会社の資
　産の移転は伴わない組織再編行為についても、完全親会社が株式保有を通じて完全子会社を取得
　するという点において合併と同様の経済的効果が認められることから、後述する適格組織再編成
　に該当する場合を除き、完全子会社の保有資産は時価評価したうえで、課税対象とされる。他方
　で、組織再編の前後で支配関係に変動がなく、また、投資が継続していると捉えられるものとし
　て一定の要件を満たす組織再編については、適格組織再編成として課税が繰り延べられる、すわ
　なち、組織再編に伴う資産の移転が課税対象とならないこととされている。適格組織再編成に該
　当するか否かにより、税務上の影響が大きく異なる可能性があり、取引ストラクチャーの検討に
　おいては重要な比較要素となる可能性がある。税務上の問題については、税務アドバイザーに確
　認を求めるケースも多いものと思われるが、取引ストラクチャーを整理、検討するために、法務
　のリサーチとしても初期的に確認することも想定される。当該適格組織再編成の要件の確認のた
　めには、まずは法人税法、法人税法施行規則、法人税基本通達等の確認からスタートすることに
　なるが、**佐藤信祐ほか『M&A・組織再編成の税務詳解 Q&A』**（中央経済社、2020 年）、**中村慈
　美『図解組織再編税制〔令和 6 年版〕』**（大蔵財務協会、2024 年）が参考になる。また、**大石ほ
　か編著・M&A 戦略**も有用である。

等を含めたスケジュールについて、**橋本副孝ほか共編『会社法実務スケジュール〔第3版〕』**（新日本法規、2023年）も有用である。

　過去の類似案件において採用された取引ストラクチャー、開示内容、スケジュール等について実例調査を行うことも重要となり、上記**Ⅱ**で紹介した**EDINET、TDnet**等を活用することになる。

②　会社法関連のリサーチ

　組織再編に関する会社法の手続については、まずは会社法、会社法施行令および会社計算規則等の法令 12) を確認することからスタートすることになるが、基本書（江頭憲治郎『**株式会社法〔第9版〕**』〔有斐閣、2024年。以下、「江頭・株式会社法」、田中亘『**会社法〔第4版〕**』〔東京大学出版会、2023年。以下、「田中・会社法」〕）、コンメンタール（『**会社法コンメンタール(1)〜(22)**』〔商事法務〕、弥永真生『**コンメンタール会社法施行規則・電子公告規則〔第3版〕**』〔商事法務、2021年〕、同『**コンメンタール会社計算規則・商法施行規則〔第4版〕**』〔商事法務、2022年〕）、**江頭憲治郎＝中村直人編著『論点体系会社法(1)〜(4)〔第2版〕』**（第一法規）は確認すべきものになる。また、実務上の論点については、「**実務問答会社法**」（「**旬刊商事法務**」〔商事法務研究会〕連載中、2016年〜）および、**相澤哲編著『Q&A会社法の実務論点20講』**（金融財政事情研究会、2009年）が参考になる。その他にも、会計処理を踏まえた純資産の部の変動 13) については、**郡谷大輔＝和久友子編著『会社法の計算詳解〔第2版〕』**（中央経済社、2008年）、**小松岳志＝和久友子『ガイドブック会社の計算——M&A編』**（商事法務、2011年）が参考になる 14)。

---

11)　個別の論点についてさらに深い検討を行う場合には、田中亘ほか編『**論究会社法**』（有斐閣、2020年）も有用である。その他、税務に関するリサーチについては「第9章　税務分野のリサーチ」を参照いただきたい。

12)　なお、上場会社の場合には、社債、株式等の振替に関する法律により、組織再編の手続を含めて会社法が一部修正されており、留意が必要となる。

13)　例えば、経営統合後の初年度の配当にかかる分配可能額が十分に確保できるか、取引ストラクチャーにおいて自己株取得や配当といった取引を組み合わせられるかといったことが問題になる可能性もある。

14)　なお、組織再編に伴う純資産の変動を扱うにあたっては、会計上の取扱いを把握したうえで、会社法に基づく純資産の部の処理を確認する必要があり、企業結合に関する会計基準、事業分離等に関する会計基準、企業結合会計基準および事業分離等会計基準に関する適用指針等を参照することになる。また、当該会計処理の解説として、**有限責任監査法人トーマツ編『組織再編会計ハンドブック』**（中央経済社、2018年）、**布施伸章『詳解　組織再編会計 Q&A〔第5版〕』**（清文

③　開示関連のリサーチ

　組織再編および株主総会の招集の意思決定に伴い、通常、適時開示を行い、また、臨時報告書の提出を行うことが想定される。適時開示については、有価証券上場規程を確認するとともに、**会社情報適時開示ガイドブック**を確認する必要がある。臨時報告書については、企業内容等の開示に関する内閣府令を確認するほか、**宝印刷総合ディスクロージャー研究所編『臨時報告書作成の実務Q&A』**（商事法務、2015 年）、開示全般のリサーチについては、**中村ほか・金商法、長島・大野・常松法律事務所編『アドバンス金融商品取引法』**（商事法務、2019 年）も有用である。開示書類の具体的な記載内容の程度等について、実例調査を行うことが重要である点は上記①のとおりである。

(2)　資本提携の取引ストラクチャーに関するリサーチ

　資本提携の取引ストラクチャーの一般的な法的手法としては、(i)第三者割当増資、(ii)特定の既存の株主からの相対取得または ToSTNeT 取引、(iii)市場での取得、(iv)これらの組み合わせといったものが挙げられる。もっとも、(i)は資金需要等の第三者割当増資の合理的な理由が必要になり、(ii)は売却意向を持つ株主が存在することが前提になり、また、(iii)は対象となる株式の流動性が十分でない場合は市場価格が高騰して企図した金額またはタイミングで取得できないといった不確実性もあり、これらの状況により手法が限定される可能性もある。

　適時開示が検討対象になるのは経営統合の場合と同様であるものの、これに加えて、第三者割当増資の場合には有価証券届出書、既存の大株主からの取得の場合は売出規制に該当するかの検討が必要になり、また、大量保有報告書の提出が通常必要となる。

　さらに、既発行の上場会社の株式の取得が対象になるため、新株発行による第三者割当増資以外の手法の場合にはインサイダー取引規制の問題が生じ [15]、ToSTNeT を含む市場取引の場合はいわゆるクロクロ取引も利用できないため、取引ストラクチャーに影響を及ぼす可能性がある。

　社、2024 年）も有用である。
15)　デュー・ディリジェンスにおいてインサイダー情報を把握した場合の対処や、複数の取引を組み合わせた場合等には公表のタイミングや各取引の順序との関係も問題になることがある。

資本業務提携契約において、役員指名権や取締役会へのオブザーバー参加、対象会社が一定の行為を行う場合の事前協議や拒否権、株式の買増し・売却に関する権利義務等が検討されることもあるが、統合案件と異なり、資本業務提携契約の当事者である株主と少数株主との間で利害対立が生じる可能性があり、開示の要否[16] も踏まえて契約交渉が必要になる。

以下ではこれらの資本提携の初期的な検討のリサーチについて扱う。なお、大量保有報告書以外の開示に関するリサーチ方法は上記(1)と同様である。

① 資本提携の全般的なリサーチ

資本提携に関するリサーチとしては、**西村あさひ編・M&A 法大全(上)・(下)、森・濱田松本編・M&A 法大系**のほか、戸嶋浩二＝熊谷真和編集代表『**資本業務提携ハンドブック**』（商事法務、2020 年）、太田洋ほか編著『**資本・業務提携の実務〔第 3 版〕**』（中央経済社、2024 年）、**森・濱田松本法律事務所キャピタル・マーケッツ・プラクティスグループ編『上場株式取引の法務〔第 2 版〕**』（中央経済社、2019 年）を参照することが有用であり、第三者割当増資については、**太田洋ほか編著『新株発行・自己株処分ハンドブック**』（商事法務、2024 年）、**森・濱田松本法律事務所キャピタル・マーケッツ・プラクティスグループ編著『エクイティ・ファイナンスの理論と実務〔第 3 版〕**』（商事法務、2022 年）も有用である。また、上場会社との契約についてのより深い検討を行う場合には、**田中亘＝森・濱田松本法律事務所編『会社・株主間契約の理論と実務**』（有斐閣、2021 年）は参照すべきものになる。

② 大量保有報告書、インサイダー取引規制のリサーチ

大量保有報告について全般的な説明を行っているものとして、**町田行人『詳**

---

16)　2024 年 4 月 1 日施行の改正企業内容等の開示に関する内閣府令により、企業・株主間のガバナンスに関する合意（役員候補者指名権の合意、議決権行使内容を拘束する合意、事前承諾事項等に関する合意）や、企業・株主間の株主保有株式の処分・買増し等に関する合意（保有株式の譲渡等の禁止・制限の合意、保有株式の買増しの禁止に関する合意、株式の保有比率の維持の合意、契約解消時の保有株式の売渡請求の合意）について一定のものは、2025 年 3 月 31 日以後に終了する事業年度に係る有価証券報告書等から重要な契約として開示が求められるため、対象会社としては、株主への説明も踏まえて検討することがより必要になる。特に、この後述べる文献において改正が反映されていないものもあり、検討にあたっては、パブリックコメントの結果や上利悟史ほか「重要な契約の開示に関する『企業内容等の開示に関する内閣府令』等の改正の解説」商事法務 2353 号（2024 年）4 頁が参考になる。

解 大量保有報告制度』（商事法務、2016 年）、**根本敏光『大量保有報告制度の理論と実務』**（商事法務、2017 年）が参考になり、金融庁企画市場局「**株券等の大量保有報告に関する Q&A**」（2010 年）、および、その解説である三井秀範＝土本一郎編『**詳説 公開買付制度・大量保有報告制度 Q&A**』（商事法務、2011 年。以下、「三井＝土本編・詳解公開買付制度」）は参照すべきものになる。インサイダー取引規制については、**横畠裕介『逐条解説インサイダー取引規制と罰則』**（商事法務、1989 年）は参照すべきものになり、実務上の問題点を含め、**木目田裕＝上島正道監修『インサイダー取引規制の実務〔第 2 版〕』**（商事法務、2014 年）、**戸嶋浩二ほか編著『事例でわかるインサイダー取引〔第 2 版〕』**（商事法務、2024 年）も有用である。また、実務上の論点について、**飯田秀総監修『実務問答金商法』**（商事法務、2022 年。以下、「飯田監修・実務問答金商法」）および、その後の「旬刊商事法務」で連載が継続している「**実務問答金商法**」の記事も参考になる。

3　公開買付けを伴う M&A

〔事例 3〕
　依頼者（ファンド）は、ある上場会社（以下、「T 社」）の買収に関心を持っている。
　T 社の株主構成をみると、創業者である代表取締役社長の資産管理会社が約 34%、社長個人が約 3% を保有する。また、T 社との間で資本業務提携契約を締結する別の事業会社（以下、「X 社」）が約 10% を保有する。その他はおおむね分散している。
　次に、T 社の役員構成をみると、取締役は計 5 名、業務執行取締役が 3 名（うち 2 名は社長とその親族）、X 社から派遣された社外取締役が 1 名、独立役員である社外取締役が 1 名であり、また、監査役が計 3 名（うち独立役員である社外監査役が 2 名）である。
　依頼者から、①T 社に対する公開買付けと同時に、社長が保有する資産管理会社の株式を取得することに法的問題があるか、②社長の再出資を前提に MBO として二段階買収を行う場合、全体としてどのような手続となるか、という質問を受けた。

(1)　関連する法令等や検討の視点

　本項では、公開買付けを伴う M&A に関する相談を受けた場合に、どのようにリサーチを進めていくことになるかを概観したい。

公開買付けについては、金商法27条の2以下に、その手続等が定められている。金商法上、一定の場合には公開買付けの実施が強制される。実務においても、強制公開買付けの対象となるか否かが重要な論点となる場合もある。

　また、公開買付けを実施する場合には、公開買付届出書等における開示規制を遵守する必要がある。具体的な開示内容は、内閣府令（発行者以外の者による株券等の公開買付けの開示に関する内閣府令）の別紙様式の記載上の注意により定められる。さらに、金商法は公開買付けに関する行為規制を設けており、均一の条件による買付けの実施（均一性ルール）（金商27条の2第3項）や公開買付け以外の方法による買付けの禁止（別途買付けの禁止）（同法27条の5）等にも留意する必要がある。

　また、金商法上、公開買付開始公告に際して、公開買付届出書を提出する必要があるところ（金商27条の3第2項）、実務上、届出書の提出に先立ち、関東財務局に対し、公開買付届出書のドラフトや関連書類を提出したうえで事前相談を実施することが求められている。そのため、関東財務局またはその上位機関である金融庁の示す金商法の解釈が実務上重要な意義を持つ。また、事前相談を経て実施された過去事例の記載や、その前提となる法的整理も参考となる。

　M&Aを目的とする公開買付けは、対象会社の上場を維持する場合もあれば、非公開化を目的とする場合もある。非公開化を前提とする場合、公開買付けに全ての株主が応募することはないため、二段階目の手続として、いわゆるスクイーズアウト（少数株主の締め出し）を実施することになる。このスクイーズアウト手続としては、本書執筆時現在（2024年11月）、税務上の取扱い等も影響し、会社法に定める株式等売渡請求（会社179条以下）または株式併合（同法180条以下）が用いられることが多い。

　さらに、上場会社を対象会社とするM&Aでは、取引所が定める上場規則も、案件遂行上重要となる。対象会社においては、金商法上の意見表明報告書に先立ち、意見表明に係るプレスリリースを行う必要がある（取引所への事前相談も必要となる）。また、親子上場の解消等の事案においては、支配株主等との重要な取引等に係る企業行動規範も適用がありうる。

　そのほか、公開買付けを含むM&A取引の公正性担保という視点も重要である。

第 4 章　M&A のリサーチ

　なお、公開買付けを伴う M&A であっても、上記 **1** や **2** の〔事例〕と同じく、対象会社に対するデュー・ディリジェンスが実施されることも多く、また、米国証券法のような外国法、業規制、競争法、税務・会計の問題なども検討する必要があるが、ここでは省略する。

(2)　金商法上の公開買付け規制に関するリサーチ

　まず、M&A 実務の文脈における公開買付け規制を概観すべく、**森・濱田松本編・M&A 法大系**や**西村あさひ編・M&A 法大全(上)・(下)**の該当箇所を参照することが考えられる。公開買付け規制に触れたことがなければ、**山下友信 = 神田秀樹編『金融商品取引法概説〔第 2 版〕』**（有斐閣、2017 年）などの概説書を参照してもよい。個別条文の解釈を掘り下げて検討する場合には、**神田秀樹ほか編『金商品取引法コンメンタール(1)〜(4)』**（商事法務）のようなコンメンタールもある [17]。

　これらに加え、公開買付け規制に関して、より実務的な問題も含めて詳細に解説したものとして、**長島・大野・常松法律事務所編『公開買付けの理論と実務〔第 3 版〕』**（商事法務、2016 年。以下、「長島・大野・常松編・理論と実務」）などがあり、必ずしも法令に規定のない実務慣行も記載されており便宜である。そのほか、個別論点ごとに分析・検討をした文献として、**池田唯一ほか『金融商品取引法セミナー───公開買付け・大量保有報告編』**（有斐閣、2010 年）、**証券法研究会編『金商法大系 I (1)・I (2)』**（商事法務、2011 年・2012 年）、**飯田監修・実務問答金商法**もある。

　また、上述の事前相談の実務に鑑みても、**金融庁企画市場局「公開買付けの開示に関する留意事項について（公開買付開示ガイドライン）」**（2024 年。以下、「TOB ガイドライン」）、**同「株券等の公開買付けに関する Q&A」**（2009 年、2024 年最終改訂）など金融庁が公表する法令解釈の確認は必須である。**池田唯一ほか編著『新しい公開買付制度と大量保有報告制度』**（商事法務、2007 年）、**三井 = 土本編・詳説公開買付制度**といった金融庁の担当官または元担当官による解説書を参照することも重要である。

---

17)　比較法の観点からの検討も含めて、より掘り下げた分析を行う場合には、**飯田秀総『公開買付規制の基礎理論』**（商事法務、2015 年）も参考となりうる。

もっとも、公開買付け規制に関しては、令和6年5月に改正法が成立しており、公布の日から起算して2年を超えない範囲内において政令で定める日から施行される。また、関連政省令やガイドライン、Q&A 等の改正も予定されている。したがって、上記各文献についても改訂がなされる可能性がある。改訂がなされていない場合には、立案担当官による解説等を参照して、改正法対応を誤らないようにする必要がある。

(3)　過去の公開買付け事例に関するリサーチ

　上述のとおり、過去事例における届出書上の記載やそこから読み取れる法令解釈は、当局の事前相談手続を経たものであり参考になる。また、公開買付届出書の提出に際して所定の添付書類の提出が求められるところ、例えば、いわゆる資金証明（公開買付けに要する資金の存在を示す書面）として、資金調達方法に応じていかなる書面を提出する必要があるかについて調べる際にも、先例の確認は有用である。

　過去事例のリサーチに関しては、上記Ⅱ2で述べた EDINET 等を活用することになる。ただし、過去事例の記載は参考になるが、金商法等の関係法令の改正や、関係する指針・ガイドラインの策定・改訂があった場合には、同様のストラクチャーの事案であっても、過去事例を踏襲できない場合もある。

　なお、M&A を目的とする公開買付けの過去事例の分析に関しては、例えば、**内田修平ほか「近時における公開買付けの新潮流(1)・(2)」資料版商事法務 447号・448 号**（2021 年）といった論考も、近時の傾向などを概観するにはよい。

(4)　スクイーズアウトに関する会社法のリサーチ

　非公開化目的の公開買付けにおけるスクイーズアウト手続については、上述のとおり、会社法に基づく株式等売渡請求や株式併合の手続が用いられている。

　これらの手続については、上記2で紹介した会社法の基本書（田中・会社法、江頭・株式会社法など）や M&A 実務の解説書（森・濱田松本編・M&A 法大系、西村あさひ編・M&A 法大全(上)・(下)など）で概観できる。より詳細を確認したい場合には、スクイーズアウト手続に焦点を当てた書籍として、**松尾拓也ほか『スクイーズ・アウトの法務と税務〔第3版〕**（中央経済社、2021 年）がある。

第4章　M&Aのリサーチ

　また、株式等売渡請求は平成 26 年会社法改正で導入された制度であり、株式併合についても同改正で組織再編と同様の情報開示や株式買取請求権等が整備されたことにより、スクイーズアウト目的で活用されるようになった制度である。したがって、**坂本三郎編著『一問一答　平成 26 年改正会社法〔第 2 版〕』**（商事法務、2015 年）、**同編著『立案担当者による平成 26 年改正会社法の解説』**別冊商事法務 393 号（2015 年）といった平成 26 年改正に関する解説書等が参考になることもある[18]。

(5)　上場規則や M&A の公正性担保に関するルールのリサーチ

　まず上場規則に関しては、取引所が発行する**会社情報適時開示ガイドブック**を参照する。同ガイドブックには、上述した支配株主との重要な取引等にかかる企業行動規範の解説も含まれている。当該行動規範の適用がある事案においては、支配株主等による公開買付けへの賛同の決定を含め、支配株主等との重要な取引にかかる決定が、少数株主にとって不利益なものでないことに関し、利害関係を有しない者による意見の入手を行う必要がある。

　M&A 取引の公正性担保に関しては、実務上、**経済産業省「公正な M&A の在り方に関する指針」**（2019 年。以下、「2019 年指針」）や、**同「企業買収における行動指針」**（2023 年。以下、「2023 年指針」）の影響が大きい。支配株主による買収や MBO のような構造的に利益相反性が高い事案においては特別委員会を設置する実務が定着するとともに、そのような事案ではなくとも、非公開化事案では特別委員会を設置する実務が浸透している。これらの指針については、その公表後に、策定に関与した学者や実務家による解説論考が発表されており[19]、参考となる。また、各指針を踏まえ、実務上具体的にどのような公正性担保措置がとられているかを確認する場合、例えば、東京証券取引所は、定期的に、2019 年指針で示された公正性担保措置の実施に係る開示状況をまとめたデータ（「**『公正な M&A の在り方に関する指針』を踏まえた開示状況集計**」）を公表しており、これも参考となる。そのほか、事例分析に係る実務家の文献として、**内田修平**

---

18)　なお、令和元年改正においても、開示の充実などの改正が行われている。

19)　これらの論考は、「**ジュリスト**」（有斐閣）や「**旬刊商事法務**」に掲載され、その後、書籍化されることも多い。

ほか「『公正な M&A の在り方に関する指針』策定後の公開買付けにおける公正性担保措置の分析」資料版商事法務 459 号（2022 年）、**佐橋雄介ほか「買収行動指針および公正 M&A 指針を踏まえた上場会社をめぐる買収事案の事例分析(上)・(下)」資料版商事法務 483 号・484 号**（2024 年）などもある。

　なお、上記各指針はあくまでベストプラクティスの在り方を示すものであるが、実際には裁判実務においても斟酌されており、株式買取請求にかかる価格決定の裁判においては、これらの指針に沿って公正性担保措置の実施状況が検討されることも多い。ジュピターテレコム事件最高裁決定後の下級審裁判例において、「一般に公正と認められる手続」の実施に関してどのような認定がなされているか確認することも意義がある。

⑹　〔事例 3〕における具体的なリサーチの方向性

　まず質問①について見ると、対象会社株式の約 34% を保有する資産管理会社の株式を取得することが論点となる。「**株券等の公開買付けに関する Q&A**」の問 16 が、まさにこの論点を取り扱っている。この Q&A については、担当官解説（三井 = 土本編・詳解公開買付制度）もある。**TOB ガイドライン**には情報開示の在り方についても記載がある。上述の令和 6 年金商法改正により 3 分の 1 ルールの閾値は変更されるが [20]、引き続き同様の論点が存続するだろう。

　また、過去事例も参考となる。**EDINET** 等を使って過去の公開買付届出書を検索すれば、いくつか類似事例が出てくる。公開買付けと同時にまたはこれと一体として資産管理会社の買収が実行されている事例の届出書においては、資産管理会社株式の価格の設定方法を含めて、均一性ルールや別途買付けの禁止等に違反しないと買付者が判断した理由が書かれていることが多い。

　次に質問②について見れば、本件は MBO に該当し、2019 年指針等に沿って特別委員会の設置等の公正性担保措置がとられることを前提に、二段階買収の手続を進めることになる。

　公開買付けに際しては、上述の資産管理会社株式の取扱いに加え、X 社保有の対象会社株式の取扱いも問題となりうる。X 社との間ではいわゆる応募契約

---

20)　改正法により閾値は 30% に変更される。

第 4 章　M&A のリサーチ

を締結することが見込まれるが、応募契約の実務については例えば**長島・大野・常松編・理論と実務**284 頁以下などをひとまず参照するとよい。応募契約の開示については、**TOB ガイドライン**の 14 頁以下などに記載がある。

　また、MBO のような利益相反性のある M&A の留意点については、例えば**森・濱田松本編・M&A 法大系** 792 頁以下で概観し、さらに、特別委員会の委員の人選の考え方などより詳細について、**2019 年指針**やその解説論考を書籍化した**藤田友敬編『M&A の新たな展開』**（有斐閣、2020 年）などを参照することが考えられる。慣れないうちは上記⑸で紹介したような近時の事例分析の論考を確認して、実務相場をつかむことも大切である。

[福田　淳＝Ⅰ・Ⅱ、

大沼　真・山内建人＝Ⅲ 1、

若林義人＝Ⅲ 2、

近澤　諒＝Ⅲ 3]

第5章

倒産・事業再生分野のリサーチ

I 倒産・事業再生分野の特徴

1 倒産とは

「倒産」という用語は、一般に広く企業が債務を弁済することができなくなった状態を含む意味で用いられている[1]。これに対して、「倒産法」は、事業の再建を目的とする「再建型」の民事再生手続と会社更生手続、および、事業の清算を目的とする「清算型」の破産手続と特別清算手続の各倒産手続を規律する法律の総称である。

倒産・事業再生分野で用いる「法的整理」や「私的整理」という用語には確立した定義はないが、一般に、「法的整理」とは、上記の倒産法が定める手続をいい、「私的整理」とは、倒産法が定める手続によらずに、債権者と債務者の合意に基づき、債務（主として金融債務）について猶予・減免などをすることにより、経営困難な状況にある企業を再建するための手続をいうとされる[2]（円滑な廃業を目的とした廃業型の私的整理もある）。私的整理の中でも、公正な手続に則って適切な内容の再生計画を成立させるために一定の規律が設けられている「準則型私的整理」は、金融機関が債務者の債務の猶予・減免に応じるために必要不可欠な手続である。

---

1) 東京商工リサーチは、倒産を「企業が債務の支払不能に陥ったり、経済活動を続けることが困難になった状態」を指すとしている（https://www.tsr-net.co.jp/plus/yogo/detail/1188072_1525.html）。帝国データバンクは、「企業経営が行き詰まり、弁済しなければならない債務が弁済できなくなった状態」を指すとしている（https://www.tdb.co.jp/report/details/tosan-teigi/）。
2) 私的整理に関するガイドライン研究会「私的整理に関するガイドライン」（2001年9月）1頁参照。

2 倒産・事業再生分野の関係機関

倒産法は、倒産処理手続内での権利関係を定めた実体法の側面に加えて、裁判所が関与する手続を定める手続法の性質を有する法律でもある。裁判所は、手続開始決定や、債務者の一定の行為の許可、再生計画または更生計画の認可、債権者の権利行使を制約する命令等、一定の司法判断が必要となる場合に手続に関与する。

日本国内の裁判所では、東京地方裁判所と大阪地方裁判所に倒産専門部が設けられており、各専門部では、倒産処理手続や事業再生のノウハウや知見を蓄積している。全国の地方裁判所にも管轄権があるが、担当裁判官の全てが倒産や事業再生の専門的知見を有しているわけではない。そのため、倒産法は、裁判所の専門性を補う役割を担う実務家（弁護士等）を選定して、破産手続の破産管財人、更生手続の管財人、再生手続の監督委員などとして手続に関与させることを認めている。弁護士としては、債務者代理人の立場だけではなく、裁判所側の立場や考え方も理解しておく必要がある。

私的整理のうち準則型私的整理では、公平な手続遂行を実現するために第三者機関が手続を主宰・監督する。法務省および経済産業省の認証機関である事業再生実務家協会や、全国の全ての都道府県に設置された商工会議所等が運営する中小企業活性化協議会といった第三者機関が手続に関与し、弁護士や公認会計士などの実務家を選任して、手続において重要な役割を担わせることで、私的整理の公平な手続遂行を図っている（次頁図表 5-1 参照）。

以上に加えて、倒産・事業再生分野の政策を所掌している行政機関としては、経済産業省、中小企業庁および金融庁が挙げられ、ガイドラインの作成やQ&A の公表、各種補助金の支給等を行っている。

3 倒産・事業再生に関する案件の特徴

(1) 実務の重要性

倒産法の法解釈の特徴として、債権者と債務者は、債務の猶予・減免等の権利変更をめぐって、必然的に利害が対立する関係にあり、個別具体的な事案における債権者その他の利害関係人の利害や権利関係を適切に調整しつつ、事業の再建または適切かつ公平な清算を図ることが最終目的であることが挙げられ

図表 5-1

	分類	通称	主な手続機関	根拠法令・ガイドライン
法的整理	再建型	再生手続	裁判所・監督委員	民事再生法
		更生手続	裁判所・管財人	会社更生法
	清算型	破産手続	裁判所・破産管財人	破産法
		特別清算手続	裁判所・清算人	会社法（会社法第2編第9章第2節）
私的整理	準則型私的整理	事業再生 ADR	事業再生実務家協会[3] および同協会が選任した弁護士・公認会計士が手続を主宰（議事進行、調査報告等）	裁判外紛争解決手続の利用の促進に関する法律、産業競争力強化法第3節
		中小企業版私的整理ガイドライン[4]	債務者および主要債権者が選定に同意した弁護士・公認会計士（第三者支援専門家）が手続に関与（調査報告等）	中小企業の事業再生等に関するガイドライン
		再生計画策定支援手続	中小企業活性化協議会[5] および同会が選任した弁護士・公認会計士が手続に関与（調査報告等）	産業競争力強化法
	任意の私的整理	なし	なし	なし

る。倒産法の条文の解釈や当てはめも個別具体的な事案を解決して、事業再建や公平な清算を図るための判断であることを十分に念頭に置く必要がある。この意味では、理論に基づく抽象的な法解釈だけでなく、どのような事案でどのような判断がなされたかという点が非常に重要である。個別事案における裁判所の判断は決定として公表されているものもあるが、当該事案を解決するための事例判断も多い。公表裁判例だけでなく、その背景にある裁判所の実務の考

---

3) https://www.turnaround.jp/

4) 主要な債権者となる金融機関の業界団体として**一般社団法人全国銀行協会（全銀協）**があり、倒産・事業再生に関連するガイドラインやQ&A等をウェブサイトで公表している。また、全銀協のウェブサイトには、**中小企業版私的整理ガイドライン**の参考書式も公表されているため、参考となる。法人の倒産・事業再生に伴い代表者や役員が法人の債務を連帯保証している場合には、個人保証債務の整理のために「**経営者保証に関するガイドライン**」やQ&A等を参照する機会が多いが、全銀協のウェブサイトではこれらも公表されている（https://www.zenginkyo.or.jp/adr/sme/sme-guideline/）。

5) https://www.chusho.meti.go.jp/keiei/saisei/index.html

え方や価値判断、確立している運用等を文献や論文等の様々な形で把握しておくことが肝要である。

　私的整理は、法律に手続の詳細等が定められているわけではないため、手続に関しては、法解釈ではなく、ガイドラインや第三者機関が定める手続規程等の解釈が問題となり得る。上場企業である等の特段の事情がない限り、私的整理の事案は対外的に公表されないため、公表事例のみから個別具体的な私的整理の実務をリサーチすることは必ずしも容易ではない。しかし、文献や公刊物では、一部情報を秘匿して事案を紹介している例もある。与信のプロである金融機関を説得して、事業再生計画に同意を得るうえで、当該事案で特に問題となった論点やその解決策および実務上の工夫等は、実際に弁護士が手続を進めるうえで非常に参考となる。

　このように倒産・事業再生に関する案件においては、常に実務を念頭に置いたリサーチが重要である。

(2)　分野内の多様性・他分野との交錯

　倒産・事業再生に関係する案件は多様である。弁護士として関与する立場としては、①債務者が依頼者の場合、②債権者が依頼者の場合、③裁判所による選任の場合が挙げられるが、いずれの場合も倒産法以外の他の法分野の専門知識が必要となる。

　例えば、事業再生の手法として M&A（株式譲渡、事業譲渡、会社分割等）の知識は必要不可欠である。また、事業継続のための融資を得る場合には、ファイナンス（DIP ファイナンス、担保契約、ABL[6]）の専門性も必要になる。その他にも労働法、危機管理・不正調査、その他債務者の業種によって交錯する法分野（知的財産、個人情報、医療、仮想通貨、各種許認可等）の専門知識が必要となることもあり、他分野の弁護士と協働することも多い。加えて、倒産・事業再生という分野の性質上、会計や税務の知識も必要不可欠であり、税理士、公認会計士との協働も必須となり、法分野の垣根を越えた対応やリサーチを要する。

---

6)　"Asset Based Lending." の略。

⑶　国境を越えた対応の必要性がある場合

　倒産・事業再生に関する案件においても、国境を越えた対応が必要となるケースは増加している。例えば、日本企業が、国外に資産を保有している場合には、当該資産に対する債権者からの強制執行等を回避し、円滑な事業再生を図るために、海外の裁判所において日本の倒産手続の承認・援助を受けたり、海外の倒産処理手続を利用する、といったことが問題となり得る。また、日本企業が、海外子会社を有する場合には、海外子会社を含めたグループ全体としての事業再生を図るために、海外子会社について、所在国にて倒産手続を利用することも検討することになる。もちろん、日本以外の法域における対応は日本の弁護士限りで対応するのではなく、それぞれの国・地域の現地弁護士との協働が必要になり、実際に協業は盛んに行われている。

II　倒産・事業再生分野全般にかかるリサーチツール

1　倒産法の基本書

　倒産・事業再生の実務において、いわゆる基本書として最も参照する機会が多いのは伊藤眞『破産法・民事再生法〔第5版〕』（有斐閣、2022年）および同『会社更生法・特別清算法』（有斐閣、2020年。以下、「伊藤・会更法」）である。どちらの書籍も、倒産法の各法律を実体法および手続法の観点から体系的かつ網羅的にまとめたものである。近時の裁判例や実務上の論点等も考慮しつつ、倒産法の手続全体や考慮すべき価値を示すものであり、倒産法の全体像を理解する観点からも一読しておくと非常に有益である。特に会社更生法と特別清算について詳述した近時の基本書は伊藤・会更法が唯一のものであり、これらの案件に関与することになった場合は、まず初めに目を通しておくと、手続全体の理解が捗る。

　そのほか、研究者が執筆した基本書として、山本和彦ほか『倒産法概説〔第2版補訂版〕』（弘文堂、2015年）、山本克己編著『破産法・民事再生法概論』（商事法務、2012年）、松下淳一『民事再生法入門〔第2版〕』（有斐閣、2014年）などが挙げられる。これらの書籍は各法律を概括的に解説するものであり、初学者向けの学習書としても有用である。

第5章　倒産・事業再生分野のリサーチ

2　倒産法のコンメンタール

コンメンタールとしては、**伊藤眞ほか『条解破産法〔第3版〕』**（弘文堂、2020年）、**園尾隆司 = 小林秀之編『条解民事再生法〔第3版〕』**（弘文堂、2013年）、**兼子一監修・三ケ月章ほか『条解会社更生法(上)・(中)・(下)〔第4次補訂〕』**（弘文堂、2001年）が研究者、裁判官、実務家が編著者として作成に関与したものであり、現存する倒産法のコンメンタールの中では、最も詳細な逐条解説である。刊行から時間が経過しており、一部の法改正を反映していない箇所もあるが、その内容は現在でも権威と定評がある。裁判官、管財人、監督委員または債務者代理人のいずれの立場においても、実務上は参照が必須である。

また、**全国倒産処理弁護士ネットワーク編『注釈破産法(上)・(下)』**（金融財政事情研究会、2015年）や**同編『新注釈民事再生法(上)・(下)〔第2版〕』**（金融財政事情研究会、2010年）は、研究者と裁判官が監修し、全国倒産処理弁護士ネットワークが編者となっている書籍である。条文の理論的な法解釈だけでなく、実務上の論点も詳説されているため、特定の条文が論点となるリサーチにおいては、上記の各『条解』と併せてよく参照する機会がある。この他にも**山本克己ほか編『新基本法コンメンタール破産法』**（日本評論社、2014年）、**同ほか編『新基本法コンメンタール民事再生法』**（日本評論社、2015年）、**竹下守夫編集代表『大コンメンタール破産法』**（青林書院、2007年）も補助的に利用することが多い。

なお、特別清算は会社法に定められているため、**松下淳一 = 山本和彦編『会社法コンメンタール(13)』**（商事法務、2014年。以下、「会社法コンメ(13)」）などの会社法のコンメンタールを参照することになる。会社法コンメ(13)は、倒産法の研究者が編著者であり、特別清算の逐条解説として権威がある。

3　倒産・事業再生分野に関する刊行物

倒産・事業再生に特化した定期刊行物としては、金融財政事情研究会が3か月ごとの5日に刊行している**「事業再生と債権管理」**がある。倒産・事業再生に関する論文や解説、近時の裁判例の紹介、研究者や実務家の座談会や対談の記事に加えて、実務の事例紹介等も掲載されているため、倒産・事業再生の最新の議論と実務をフォローできる。

このほか、金融財政事情研究会が月2回刊行している**「金融法務事情」**や、

115

経済法令研究会が毎月1日に刊行する「**銀行法務21**」は、倒産・事業再生分野のみを取り扱う専門の法律雑誌ではないが、金融関連の情報をテーマとしている特性上、倒産・事業再生に関連する記事や論文が掲載されることも多い。また、倒産・事業再生に関する重要な法改正、ガイドラインの制定・改訂、政策決定等があれば、商事法務が刊行する「**NBL**」などの日本の主要な法律雑誌でも論文が掲載されることがある。

裁判所が情報発信する刊行物もあり、最新の裁判手続の実務や運用を把握するうえで有用である。例えば、東京地方裁判所の倒産部では、申立代理人向けに「**即面通信（破産事件）**」や「**個再通信（個人再生事件）**」、破産管財人向けに「**管財タイムズ**」や、「**管財フォーラム**」といった法的倒産手続に関する資料を不定期で発行しており、東京地方裁判所倒産部にて取得可能である（その一部は東京三弁護士会の各会員ウェブサイトにも掲載されている）。

倒産・事業再生の分野では、重要な裁判例や実務上の運用が日々更新されており、最新の情報を把握するうえで、法律雑誌や裁判所の刊行物は、有用なリサーチツールである。

4 倒産・事業再生実務・手続関係の書籍

(1) 全 般

法的整理と私的整理の双方について全般的に詳述する倒産実務・手続関係の本としては、**藤原総一郎監修『企業再生の法務──実践的リーガルプロセスのすべて〔第3版〕』**（金融財政事情研究会、2021年）、**西村あさひ法律事務所編『事業再生大全』**（商事法務、2019年。以下、「西村あさひ編・事業再生大全」）、**森・濱田松本法律事務所 = KPMG FAS 編著『倒産法全書(上)・(下)』**（商事法務、2014年）などが挙げられる。これらの書籍は、倒産法の法解釈のみならず、実務の知恵や知識を豊富に掲載し、特に実務で問題となる論点や、実際の私的整理の事例を紹介するなどして、主に債務者代理人の立場から参照するうえで有用である。

倒産・事業再生分野の会計・税務に関して参考となる書籍として、**大沼長清 = 井上久爾編『企業再生・コーポレートガバナンス〔第10次改訂〕』**（ぎょうせい、2020年）や、**全国事業再生税理士ネットワーク編『認定支援機関・事業再生専門家のための事業再生税務必携〔平成29年改訂版〕』**（大蔵財務協会、

2017年)、さくら綜合事務所編著『事業再生と財産評定の実務』（商事法務、2023年）、福島朋亮ほか『中小企業再生のための財務デューディリジェンスの実務』（金融財政事情研究会、2022年）などがある。

(2) 清算型法的整理

清算型法的整理では、裁判所が手続に関与するため、債務者代理人と破産管財人いずれの立場であっても、裁判官が執筆に関与している書籍を参照することが必要不可欠である。**永谷典雄ほか編『破産・民事再生の実務——破産編〔第4版〕』**（金融財政事情研究会、2020年。以下、「永谷ほか編・実務破産編」）や**同ほか編著『破産実務の基礎』**（商事法務、2019年。以下、「永谷ほか編・破産実務の基礎」）は、多数の裁判官が執筆に関与している文献であり、裁判所の運用や考え方を把握できるため、裁判所に提出が必要な書面の作成等に際して参照するうえで非常に有益である。また、**中吉徹郎＝岩﨑慎編『破産管財の手引〔第3版〕』**（金融財政事情研究会、2024年。以下、「中吉＝岩﨑編・管財の手引」）も、東京地方裁判所の部総括判事が編著者となり、裁判官が執筆を担当する文献であるため、破産管財人の実務上の論点や悩みを解決するうえで、随時参照される。さらに、大阪地方裁判所の裁判官、書記官および弁護士が執筆に関与した書籍として、**川畑正文ほか編『破産管財手続の運用と書式〔第3版〕』**（新日本法規出版、2019年。以下、「川畑ほか編・運用と書式」）もある。これらの文献は、債務者代理人や破産債権者の立場で、破産管財人と協議や交渉をする場合においても参考となる内容が多い。なお、特別清算について裁判官、弁護士、学者が執筆に関与した書籍として**山口和男編『特別清算の理論と裁判実務 新会社法対応版』**（新日本法規出版、2008年）がある。

倒産実務に携わっている弁護士が作成した書籍としては、申立代理人の立場で参照すべきものとして、**東京弁護士会倒産法部編『破産申立マニュアル〔第2版〕』**（商事法務、2015年。以下、「東弁・マニュアル」）があり、破産管財人が参照するものとして、**第一東京弁護士会総合法律研究所倒産法研究部会編『破産管財の実務〔第3版〕』**（金融財政事情研究会、2019年。以下、「一弁・管財実務」）がある。また、**木内道祥監修『破産実務Q&A 220問』**（金融財政事情研究会、2019年。以下、「木内監修・破産実務Q&A」）が幅広い論点を網羅しており詳しい。なお、特

117

別清算については、**鈴木規央『詳解 特別清算の実務――手続・書式のすべて』**（中央経済社、2023 年）があり、特別清算手続を書式も含めて詳説する類書に乏しいため参考となる。

(3) 再生型法的整理

再生型法的整理の分野でも、裁判官が執筆に関与した書籍に依拠したリサーチが非常に重要である。会社更生手続であれば、**東京地裁会社更生実務研究会編著『会社更生の実務(上)・(下)〔新版〕』**（きんざい、2014 年）は、東京地方裁判所の会社更生実務研究会が編著した会社更生手続に関する数少ない実務本である。会社更生手続における裁判所・裁判官の考え方を把握するうえで、非常に重要なリサーチツールとなる。

民事再生手続の場合、再生債務者が手続を主体的・主導的に進めて、裁判所や監督委員がこれを監督するという手続の特徴から、必要な各手続や申立は再生債務者が主導することが求められる。裁判官が民事再生手続の実務について解説した書籍として、**永谷典雄ほか編『破産・民事再生の実務――民事再生・個人再生編〔第 4 版〕』**（金融財政事情研究会、2020 年。以下、「永谷ほか編・実務民再・個再編」）、**舘内比佐志ほか編『民事再生の運用指針』**（金融財政事情研究会、2018 年。以下、「舘内ほか編・運用指針」）、**鹿子木康編著『民事再生の手引〔第 2 版〕』**（商事法務、2017 年。以下、「鹿子木編著・民再の手引」）がある。これらは各関係当事者の共通見解を形成しているといえ、裁判所（裁判所書記官を含む）や監督委員とコミュニケーションをとる際には、これらの書籍の確認を明示的に求められることもあるほどであり、参照は必須である。

弁護士や学者が著者である実務本として、会社更生手続については、**松下淳一＝事業再生研究機構編『新・更生計画の実務と理論』**（商事法務、2014 年）、**全国倒産処理弁護士ネットワーク編『会社更生の実務 Q&A 120 問』**（金融財政事情研究会、2013 年）などがある。これらの書籍は刊行から時間が経過してしまっているが、会社更生の実務を解説する書籍が限られていることもあり、必然的に参照することが多い。

民事再生手続については、実際に民事再生手続で必要となる各書面を作成するにあたって、**藤原総一郎ほか編著『書式 民事再生の実務――申立てから手**

続終了までの書式と理論〔全訂5版〕』（民事法研究会、2021年）は、参照価値が高い。また、更生計画および再生計画の作成にあたっては、**西村あさひ法律事務所＝フロンティア・マネジメント㈱編『法的整理計画策定の実務』**（商事法務、2016年）が詳しい。なお、**川畑正文ほか編『はい6民です お答えします──倒産実務Q&A〔第2版〕』**（大阪弁護士協同組合、2018年。以下、「川畑ほか編・はい6民」）は、東京地裁の運用に依拠した実務本が多い中で、大阪地裁の専門部の実務運用を解説したものであり有益である。

⑷ 私的整理

私的整理手続の全般については、**全国倒産処理弁護士ネットワーク編『私的整理の実務Q&A 140問』**（金融財政事情研究会、2016年）が、主要な論点や実務上の疑問を網羅したものであり、参照する機会が多い。また、**藤原総一郎監修『私的整理の理論・実務と書式』**（民事法研究会、2019年）は、私的整理手続において活用する機会の多い書式例等を紹介するものであり、書面の作成にあたって参照するうえで便宜である。

また、私的整理では、一定の数値基準や要記載事項など、事業再生計画案に記載すべき事項の基準が示されているが、全員同意で事業再生計画案を成立させるという手続の特性上、柔軟な計画案の作成が可能であるという特徴がある。その一方で、対象とする債権者の全てが内容に承諾する必要性があることから、再建型法的整理よりも複雑かつ高度な調整が求められることも多い。このような私的整理における事業再生計画案の立案においては、**西村あさひ法律事務所＝フロンティア・マネジメント㈱編『私的整理計画策定の実務』**（商事法務、2011年）が詳しく、論点を網羅的に整理したものとして、有用である。

私的整理の中でも事業再生ADRに関しては、**事業再生実務家協会編『事業再生ADRのすべて〔第2版〕』**（商事法務、2021年）が最も詳細に事業再生ADRの手続と実務を解説する書籍である。内容も事業再生ADRの認定機関である事業再生実務家協会が編纂したものであり、実務上の権威と定評がある。事業再生ADRに関与する際には、参照が必須である。

2022年3月に公表された「中小企業の事業再生等に関するガイドライン」に関しては、**小林信明＝中井康之編『中小企業の事業再生等に関するガイドラ**

インのすべて』（商事法務、2023 年）が同ガイドラインを公表した「中小企業の事業再生等に関する研究会」の座長が編者であり、本書刊行時点で最も詳細な解説をしているため、参照価値が高い。**アンダーソン・毛利・友常法律事務所事業再生・倒産プラクティスグループ『ケースでわかる 実践 中小企業の事業再生等に関するガイドライン』**（中央経済社、2022 年）は、具体的なケーススタディの形式で同ガイドラインの手続を解説する書籍であり、実務上のイメージを摑みやすく、参考となる。

5　倒産・事業再生分野のウェブサイト

倒産法実務に携わる弁護士は、必要な準備を進めるうえで、**裁判所ウェブサイト**を頻繁に参照する。裁判所が公表している書式とは異なる書式を用いた場合、要記載事項の漏れが生じたり、裁判所や破産管財人、監督委員との円滑な情報共有を阻害することもある。そのため、裁判所が公表している書式に目を通しておくことが望ましい。

金融庁ウェブサイト[7] には、直近の金融政策に関する最新の情報が掲載されており、最近の動向が把握できるほか、**中小企業版私的整理ガイドラインの事例集や経営者保証ガイドラインの活用事例集**など、公表事例に乏しい私的整理に関する様々な情報が記載・随時更新されている。私的整理実務の先例や動向を参照するうえで有益である。

6　国外の倒産・事業再生に関する情報

クロスボーダーの事業再生に関しては、海外の倒産処理手続について日本国内での効力を実現するための外国倒産承認援助手続の理解が必要である。**深山卓也編著『新しい国際倒産法制──外国倒産承認援助法等の逐条解説 & 一問一答』**（金融財政事情研究会、2001 年）および**山本和彦『国際倒産法制』**（商事法務、2002 年）は、日本における外国倒産承認援助手続について詳細に解説する文献であり、参照価値が大きい。

外国倒産承認援助手続に限らず、クロスボーダーの事業再生を取り扱う日本

---

7)　https://www.fsa.go.jp/index.html

語の書籍としては、アンダーソン・毛利・友常法律事務所編『クロスボーダー
事業再生——ケース・スタディと海外最新実務』（商事法務、2015 年）が、倒産
実務に携わっている弁護士の立場から、具体的な事例をもとにクロスボーダー
事業再生について解説したものであり、参考となる内容が多い。

　海外の倒産処理手続が問題となる場合には、原則として現地法の資格を有す
る事務所と協働することになる。もっとも、特に初期的な検討段階では、日本
法の弁護士として一定の感覚を有しておくことは有益である。この観点からは、
「Chambers Global Practice Guides」[8]、「Legal 500」[9]、「In-depth Insolvency」[10]、
「In-depth Restructuring」[11]、「ICLG Restructuring & Insolvency Laws &
Regulations」[12] といった海外媒体が、法域毎の倒産法の概要や特徴をまとめて
おり、実務上参考になる場合がある。

　また、倒産・事業再生実務においても、他の法分野について海外法令調査を
する際と同様に、Lexology による「Panoramic」[13] や Thomson Reuters によ
る「Practical Law」といった商用データベースに掲載されている記事や各国
法律事務所が公表するニュースレター[14] を参照することもある。

III　個別の分野でのリサーチ

1　破産管財事件

〔事例 1〕
　東京地裁民事第 20 部（倒産部）から、事務所の先輩弁護士に対し、法人の破産
管財事件につき破産管財人への就任打診の連絡があり、破産者の概要、負債総額、
債権者数、破産に至る経緯、財産状況等の事案の概要の説明がなされた。あなたは、

---

8)　https://practiceguides.chambers.com

9)　https://www.legal500.com/guides/guide/restructuring-insolvency/

10)　https://www.lexology.com/indepth/insolvency

11)　https://www.lexology.com/indepth/restructuring

12)　https://iclg.com/practice-areas/restructuring-and-insolvency-laws-and-regulations

13)　以前は「Getting The Deal Through（GTDT）」という名前であった。

14)　例えば、倒産・事業再生分野で著名な国際的法律事務所である Weil, Gotshal & Manges LLP
　　は、そのウェブサイトにおいて、定期的に刊行物を発行している（https://restructuring.weil.
　　com/）。

先輩弁護士から、当該破産管財事件の管財人代理として協力してほしい旨の連絡を受け、これを受諾した。申立代理人と破産者代表者との初回面談は数日内に行われる予定であり、また別途申立代理人から申立書の副本、添付書類、打合せ補充メモ等が送付される予定であるが、現状以下の情報の共有を受けている。申立代理人および破産者代表者との初回面談に向けて確認が必要な事項は何か。

・事業：雑貨の製造・販売事業を営んでいたが、事業廃止済み
・製品の製造：主力製品は自社工場で製造し、その他製品は他社工場に製造委託
・所有物件：本社ビル（首都圏）および自社所有の製造工場（地方）、その他米国ハワイ州に従業員用の福利厚生施設（コンドミニアム）を保有
・賃貸借関係：本社ビルの一部を他社に賃貸中
・賃借店舗：大都市圏の賃借店舗複数あり、明渡未了の物件が 5 店舗ほどある
・従業員：100 人程度いたものの既に大半が退職済み（解雇予告通知済み）。一部未払賃金あり

　破産管財人は、破産財団の管理処分権を有し、破産手続開始後直ちに破産財団の管理に着手する義務があり（破 79 条）、利害関係人に対して善管注意義務を負っている（同法 85 条）。そのため、破産管財人候補者の弁護士においては、破産手続開始決定時までに破産財団の状況を把握する必要がある。さらに、破産管財人は、破産手続開始決定後は、破産者の従業員やその他債権者等からの問合せに対して、迅速かつ的確に対応する必要があるため、その観点からも破産財団の状況を速やかかつ正確に把握しておく必要がある。

　したがって、〔事例 1〕のとおり、破産管財人候補者は、裁判所からの就任打診を受諾した後、直ちに申立代理人および破産者代表者との初回面談を行う必要があり、それに先立ち申立代理人から申立書の副本、添付書類、打合せ補充メモ等を受領し、破産財団に関する速やかな情報収集を行うのが通例である。また、破産管財人候補者は、不足資料については面談時までに補充してもらうほか、初回面談時に説明を求めるべき事項を検討・整理する必要がある。以下では、〔事例 1〕につき、初回面談時までに検討・整理が必要と思われる主要な論点に関するリサーチ方法を概観していく。もっとも、実際には初回面談を待たずに申立代理人と連絡を取り、また申立代理人と協力して破産財団に属する財産の適切な保全を行う等、破産管財人には迅速かつ臨機応変な対応が求められ得ることには十分留意されたい。

第 5 章　倒産・事業再生分野のリサーチ

⑴　破産管財事件の初動対応全般

　まず、破産管財事件の初動対応や全体の流れ等を把握するためには、東京地裁民事第 20 部（倒産部）の裁判官が執筆し、その運用につき具体的に記載されている前述 II 記載の文献等を読み込み、随時参照することが必要不可欠である。そのなかでも、特に**中吉＝岩﨑編・管財の手引**や**永谷ほか編・破産実務の基礎**は必読文献であり、個別の論点等については併せて**永谷ほか編・実務破産編**を参照することが望ましい。

　また、破産管財人としての初動対応を検討するに際しては、申立代理人として準備すべき事項・集めるべき情報に漏れがないか、という観点からの確認も有用である。これに関しては、まず**東弁・マニュアル**、そのほか**東京弁護士会法友全期会破産実務研究会編『新破産実務マニュアル〔全訂版〕』**（ぎょうせい、2023 年）や**野村剛司編著『法人破産申立て実践マニュアル〔第 2 版〕』**（青林書院、2020 年）を参照のうえ、特に、申立代理人として当然に対応しておくべき事項や把握していて然るべき事項に漏れがないかをチェックしておくのが望ましい。

　破産管財人は、破産財団に属する財産を占有管理すべき職責があるため、破産手続開始後直ちに破産財団に属する財産の占有管理に着手する必要がある（破 79 条）。そのため、破産管財人候補者の弁護士としては、初回面談を待たずに、破産者の代表印そのほか印鑑、現金、預金通帳、手形・小切手、所有不動産の鍵や権利証等の物品につき破産手続開始後直ちに申立代理人から引渡しを受けられるよう、申立代理人と事前に調整しておく必要がある。また、破産管財業務の円滑な遂行のため、破産管財人候補者の弁護士としては、破産者から会計帳簿のデータの引継ぎを受けるほか、会計帳簿の内容を把握している経理担当の従業員等破産管財業務に必要な人材が破産管財人の補助者として破産管財業務に協力してくれるよう確保しておくことが重要である。

　以上のほか、以下⑵～⑼の各論点の検討に際して実務上迷う点があれば、前述 II 記載の文献もあるが、まずは倒産実務家が執筆している**木内監修・破産実務 Q&A** を参照し、必要に応じて**一弁・管財実務**、**野村剛司ほか『破産管財実践マニュアル〔第 2 版〕』**（青林書院、2013 年）や**相澤光江ほか編『事業者破産の理論・実務と書式』**（民事法研究会、2018 年）等を参照するのが有用であるよう

に考えられる。

(2) 工場・店舗等

破産手続開始により混乱が生じ、破産財団に帰属すべき財産が散逸することを防止するため、破産管財人は、原則として、破産手続開始直前または直後に破産者の本社、工場や店舗等を実際に訪問することが求められる。その際、破産管財人としては、債権者や従業員により在庫商品等の資産が持ち去られることを防止するため、工場や店舗に告示書を貼り、当該工場・店舗を施錠して、債権者・従業員等が破産管財人に無断で立ち入りすることができないようにする必要がある。

また、破産管財人は、本社・工場・店舗等訪問の際、破産者の従業員等に対して、破産手続開始の事実を告知し、今後の手続進行の見通しや未払賃金の取扱い等につき説明し、従業員の不安を取り除くことも重要である。

(3) 動産（在庫商品・什器備品等）の財産換価

破産管財人は、早期に破産財団に属する動産の現状を把握し、換価対象財産を保全のうえ、適切な換価方法を検討する必要がある。工場、店舗、倉庫等にある商品と実際の数量や権利関係が帳簿の記載と一致しないことも多くあるため、所有権の帰属・担保権の目的になっているか等の権利関係の確認も重要である。特に在庫商品・什器備品についてはその所在別（自社工場にあるもの、他社工場にあるもの、賃借店舗にあるもの等）に法律関係の整理をする必要がある。破産管財人による財産換価に特化した文献である**岡伸浩ほか編著『破産管財人の財産換価〔第 2 版〕』**（商事法務、2019 年）を必要に応じて参照することも有用である。

在庫商品等については、早期の換価に努めるべきであるものの、換価できるまでの間、当該動産の種類・状態に即して、価値の維持に必要な措置を講ずる必要がある。例えば、第三者による持出し等が懸念される場合には、在庫商品の移動・貸倉庫の利用などの手段を取ることが考えられる。〔事例 1〕の雑貨等の在庫商品が季節性・流行性のある商品である場合は、換価時期が遅れると価値が著しく下落する可能性があるので、破産手続開始後直ちに売却すること

第 5 章　倒産・事業再生分野のリサーチ

が望ましい。

(4)　所有不動産

〔事例 1〕では、破産者には日本国内において、所有不動産（本社ビル〔首都圏〕および自社所有の製造工場〔地方〕）があるため、その換価が必要となる。不動産売却のための手続には時間を要することも多いため、速やかに不動産の任意売却に向けた準備を進めることが肝要である。具体的には、所有不動産の担保設定状況を確認しつつ、担保権が設定されている場合には担保権者（別除権者）とも交渉のうえ、所有不動産の任意売却が可能かどうかを早期に見極める必要がある。破産管財人が不動産を任意売却する場合、原則として、別除権者の有する担保権を全て抹消する必要があるため[15]、別除権者との交渉が必須となる。別除権者の協力が得られない場合や物件自体の価値が乏しい場合などは所有不動産を破産財団から放棄せざるを得ないこともある。不動産売却の際の手続・留意点や別除権者との交渉の際の留意点等については、(1)に記載の文献を参照し、対応するのが有用であるように考えられる。なお、国外の所有不動産については後述(9)の文献を参照されたい。

(5)　賃貸借契約、継続的供給契約

〔事例 1〕においては、破産者が賃貸している物件（本社ビルの一部を他社に賃貸中）と破産者が賃借している物件（賃借店舗）があるため、これを分類したうえで、各賃貸借契約の処理についても検討が必要となる。

特に賃借物件については、〔事例 1〕では明渡未了の賃借店舗が 5 店舗ほどあるが、破産手続開始後の賃料は原則として財団債権となる可能性があるため（破 148 条 1 項 2 号・4 号・8 号）、財団債権の発生をできる限り抑えるためにも、破産管財人としては、直ちに賃貸人と契約終了や明渡しの時期、原状回復等について交渉することが重要になる。

また、在庫商品が貸倉庫等にも所在している場合には、その処理も必要となるため、速やかな確認が必要である。もっとも、この場合には、通常、倉庫業

---

15)　なお、買受希望者が存在すれば、別除権付きのままで不動産を売却することもある。

125

者から商事留置権（商521条）を主張される可能性が高いため、在庫商品の売却代金の一部を倉庫業者に支払って在庫商品を受け戻す必要があるか否かを検討し、交渉することになる。

以上の交渉のために破産管財人としては、申立代理人から該当の賃貸借契約書等関連資料を入手したうえで、敷金・保証金の差入額・未払賃料額、在庫品の量、原状回復費用、解約金等を早期に把握することが求められる。

以上のほか、破産者において、人事・会計関係のソフトに係る契約や通信ツールに関する契約等、残存する継続的供給契約があれば、その処理も必要となる。

(6) その他資産の財産換価

① 自 動 車

破産財団に属する自動車があるか否かの確認は、運行供用者責任や自動車税の負担を回避するためにも特に重要であり、占有下にはなく登録名義は破産者の車両がある場合には、その現状把握（所在や利用関係等の確認）を速やかに行うことが重要である。

② 債 権

以上のほか、破産財団に属する債権が存在する場合には、消滅時効完成間近の債権の有無を直ちに確認し、該当のものがある場合は、債権保全のための時効中断措置を講ずる必要がある。

(7) 従業員の取扱い

〔事例1〕においては、従業員は既に大半が退職済みであるものの、一部従業員については未払賃金があるとのことで、全国の労働基準監督署および独立行政法人労働者健康安全機構にて実施の未払賃金立替払制度の利用について検討することが考えられる。具体的には、**独立行政法人労働者健康安全機構のウェブサイト** [16] にて具体的な手続を確認しつつ、必要に応じて**野村剛司『未払賃金立替払制度実務ハンドブック〔第2版〕』**（金融財政事情研究会、2021年）等

---

16) https://www.johas.go.jp/chinginengo/miharai/tabid/417/Default.aspx

の文献を参照することが考えられる。

また、破産管財業務の処理上、必要がある場合は、人事・経理関係の元従業員を破産管財人の補助者として引き続き雇用することも有用である。その場合には、業務内容や報酬の金額等を含め検討が必要となる。

(8) 破産管財の税務

破産管財人としては、破産手続開始以前の事業年度や破産手続開始後の事業年度の税務申告等についても検討する必要があるため、Ⅱ4⑴記載の文献のほか、破産管財の税務につき特化した文献である**横田寛『新版 弁護士・事務職員のための破産管財の税務と手続』**（日本加除出版、2017年）等も参照して、必要な税務申告やその手続につき確認する必要がある。

また、⑺記載のとおり破産者の元従業員を引き続き雇用する場合には、その源泉徴収義務等もあるため留意されたい。

(9) 国外資産

〔事例1〕では破産者は米国ハワイ州に従業員用の福利厚生施設（コンドミニアム）を保有しているため、破産管財人としては当該不動産の処理についても検討する必要がある。具体的には、米国ハワイ州所在の不動産の現状（担保権設定の有無や売却した場合の回収見込額等）を確認したうえで、任意売却手続を進める場合には、現地の法律事務所の協力を得て、米国ハワイ州における日本の破産手続の承認援助制度（米国連邦倒産法第15章の手続）の利用を検討し、当該不動産の売却手続を行う必要がある。そのため、まず**阿部信一郎編著『わかりやすいアメリカ連邦倒産法』**（商事法務、2014年）や**福岡真之介『アメリカ連邦倒産法概説〔第2版〕』**（商事法務、2017年）等の文献を確認し、米国連邦倒産制度の概要や米国連邦倒産法第15章の手続を把握したうえで、現地法律事務所に相談することが望ましい。

⑽ 東京地裁以外の地裁管轄の破産管財事件

仮に〔事例1〕の破産管財事件が東京地裁の管轄ではなく、他の地裁管轄の場合（大阪等）には、例えば大阪地裁における破産管財手続の運用モデル等を

127

紹介している文献として**川畑ほか編・運用と書式**や**同ほか編・はい6民**を参照するほか、大阪府・兵庫県弁護士会の倒産実務家が中心となって執筆した**尾島史賢編集代表『実務家が陥りやすい 破産管財の落とし穴』**（新日本法規出版、2021年）、**中森亘ほか監修『破産管財BASIC』**（民事法研究会、2014年）、**中森亘＝野村剛司監修『破産管財PRACTICE』**（民事法研究会、2017年）などを参照することも考えられる。他の地裁での事件の場合には、各管轄裁判所や弁護士会等において、独自の書式や運用、スケジュールなどがないかを確認しておくことが円滑な破産管財業務遂行に資することがある。また、倒産事件処理に携わる弁護士に広く研鑽と情報交換の場を提供することを目的とした、**全国倒産処理弁護士ネットワーク（全倒ネット）**[17]の会員間で活用されている**メーリングリスト**（全国単位・各地域単位の情報交換・質疑応答がある）においては、倒産処理の実務において生起する問題・疑問点を会員が発信者となって提起し、倒産処理に携わる他の全国の弁護士が回答することにより、多様な意見・経験が共有されている。同メーリングリストの過去の投稿等を検索し、各地の倒産事件の実務運用や処理方針等含め参照することも考えられる。

2　民事再生事件

　本項では、民事再生事件を念頭に、〔事例2-1〕では、債権者としてとるべき措置等につき相談を受けた場合にどのようなリサーチを行うかを説明し、〔事例2-2〕では、スポンサーとしての関与につき相談を受けた場合にどのようなリサーチを行うかを中心に説明する。

〔事例2-1〕
　依頼者であるX社（大手電子機器メーカー）から、取引先（重要な仕入先）のY社が民事再生手続開始の申立てを行った旨の通知を受けたとの連絡があった。X社より、ひとまず、債権者として債権回収を最大化するために取るべき措置の詳細、今後のスケジュールや留意点等について教えてほしいとの依頼を受けた。

---

17)　https://www.zentoh-net.jp/aboutus/index.html

(1) 民事再生手続の概要・スケジュール

民事再生手続の概要やスケジュールについては、基本的には、**Ⅱ4(3)**記載の文献を参照しつつ、その中でも特に東京地裁民事第20部（倒産部）の裁判官が執筆している**鹿子木編著・民再の手引、永谷ほか編・実務民再・個再編、舘内ほか編・運用指針**や、著名な倒産実務家が執筆に関与している**木内道祥監修・全国倒産処理弁護士ネットワーク編『通常再生の実務Q&A150問』**（金融財政事情研究会、2021年。以下、「木内監修・再生実務Q&A」）等の文献を参照するのが有用である。

(2) 債権回収を最大化するためにとるべき措置

① 担保権の設定がない場合

既に民事再生手続開始の申立てがなされている以上、担保権を有していない一般債権者が民事再生手続を通じて債権回収を最大化する措置については、(1)記載の**鹿子木編著・民再の手引**等の主要な文献を参照しつつ、債権届出を行う以外にあまり効果的な方法はないかもしれないが、例えば債権回収全般に関する文献を参照することも考えられる。具体的には、**権田修一『債権回収基本のき〔第5版〕』**（商事法務、2020年）、**須藤英章監修『債権回収あの手この手Q&A』**（日本加除出版、2020年）、**市川充＝岸本史子編著『債権回収のチェックポイント〔第2版〕』**（弘文堂、2023年）、**島田法律事務所編『債権回収の初動〔第2版〕』**（金融財政事情研究会、2024年）等の文献があるが、これらの文献は必ずしも破産・民事再生手続等の法的倒産手続開始後の債権回収方法（特に、担保権の設定がない場合）を念頭においた処理を中心に扱っているわけではないため、その点は留意されたい。また、民事再生手続申立後に債権回収行為を行う場合には、否認権該当行為、相殺禁止等に当たり得ることには留意されたい。

② 担保権の設定がある場合

民事再生手続では、民事再生手続開始時において、再生債務者の財産上に特別の先取特権、質権、抵当権、または商法もしくは会社法の規定による留置権等を有する者は、別除権者として扱われ（民再53条1項）、民事再生手続外での権利行使が認められている。また、実務上、譲渡担保権者、所有権留保売買の売主やフルペイアウト方式のファイナンス・リースのリース会社等の非典型担

保権者も別除権者として扱われている。

　そこで、まずは、担保権の設定対象が何か（在庫、売掛金等）、非典型担保権か否か等の整理・検討が問題となり得るが、その際の処理方法や留意点等については、⑴記載の文献のほか、**「倒産と担保・保証」実務研究会編『倒産と担保・保証〔第 2 版〕』**（商事法務、2021 年）、**全国倒産処理弁護士ネットワーク編『倒産手続と担保権』**（金融財政事情研究会、2006 年）、**事業再生研究機構編『ABL の理論と実践』**（商事法務、2007 年）等を参照するのが有用である。また、担保権の設定時期により否認対象となるかの検討が必要となる可能性もあるため、注意が必要である。

　以上のほか、担保権の評価額につき争いがある場合や不足額がある場合には、担保権者（別除権者）は当該不足見込額・不足額につき債権届出する必要があることにも留意されたい。

③　近時の事業成長担保権（事業性融資の推進等に関する法律）に関する議論

　令和 6 年 6 月に成立・公布された「事業性融資の推進等に関する法律」[18]は、新しい全資産担保である「企業価値担保権」（旧称：事業成長担保権）を制度化するものとして注目を浴びている。企業価値担保権は、民事再生手続においては別除権として扱われる [19] が、その詳細や留意点については、金融庁のウェブサイト [20] や関連の論文 [21] のほか、改正の議論にかかる背景・経緯につ

18）　https://laws.e-gov.go.jp/law/506AC0000000052/20280613_000000000000000

19）　企業価値担保権は、破産手続においても別除権として扱われる。

20）　「事業全体を対象とする担保制度の検討」（https://www.fsa.go.jp/policy/jigyou_tanpo/index.html）。

　　このうち、金融審議会「事業性に着目した融資実務を支える制度のあり方等に関するワーキング・グループ報告」（2023 年 2 月 10 日公表）（https://www.fsa.go.jp/singi/singi_kinyu/tosin/20230210.html）をベースに法律案が作られており、同報告の説明資料も大いに参考になる。

21）　例えば、以下の論文を参照されたい（2024 年 12 月末日時点）。

　　・水谷登美男ほか「事業性融資の推進等に関する法律の概要(上)・(下)」NBL1270 号・1271 号（2024 年）。

　　・志甫治宣「『企業価値担保権』実務への展望と課題（前編）・（後編）」銀行実務 54 巻 7 号・8 号（2024 年）。

　　・倉持喜史「解説 企業価値担保権制度の創設——事業性融資の推進等に関する法律案」ビジネス法務 24 巻 8 号（2024 年）。

第 5 章　倒産・事業再生分野のリサーチ

いては、**事業再生研究機構編『担保法改正と事業再生』**（商事法務、2024 年）の
金融庁企画市場局信用制度参事官執筆部分等の文献を参照することが考えられ
る。

〔事例 2-2〕
　〔事例 2-1〕同様の事案において、X 社から、Y 社のスポンサー候補として名乗
り出たいとの相談があった。X 社より、ひとまず、今後のスポンサー選定手続の概
要・スケジュール・留意点、スポンサー契約に定める事項や採用すべきスキームに
ついて教えてほしいとの依頼を受けた。

---

(3)　事業再生 M&A の概要、各種スキーム

　事業再生における M&A の概要・スケジュール・留意点については、まず全
体を把握するため、Ⅱ 4 (2)記載の文献を参照しつつ、そのなかでも特に**西村あ
さひ編・事業再生大全**や**松下淳一 = 相澤光江編集代表『事業再生・倒産実務全
書』**（金融財政事情研究会、2020 年。以下、「松下 = 相澤編・全書」）の該当部分を確認
し、選択し得るスキームやその相違点等含め確認のうえ、〔事例 2-2〕におい
て最適なスキームを検討する必要がある。そのほか、事業再生 M&A の前提と
して、一般的な M&A の概要・留意点等を把握しておくことも重要であるため、
必要に応じて「第 4 章　M&A のリサーチ」の該当箇所も参照されたい。

　代表的なスキームとしては、事業譲渡・会社分割、減増資等の手法が考えら
れるが、個別のスキームに特化した文献として、例えば DES/DDS であれば
藤原総一郎編著『DES・DDS の実務〔第 4 版〕』（金融財政事情研究会、2022 年）
などを参照することも有用である。

(4)　スポンサー選定、スポンサー契約の検討

　スポンサー選定方法やスポンサー契約についてのリサーチとしては、基本的

・粟田口太郎「平時・有事を通じて有用性が高い『事業を生かすための担保』」週刊金融財政事
　情 2024 年 6 月 25 日号。
・粟田口太郎「事業性融資のための新たな全資産担保」月刊金融ジャーナル 823 号（2024 年）。
・粟田口太郎「事業性融資の推進等に関する法律案」商事法務ポータル（2024 年）（http://
　portal.shojihomu.jp/archives/67900）。

には過去の類似事例における手続やその際利用された資料等を参照し、また該当の契約条項等を把握するのが最も有用であると思われるが、スポンサー選定基準に関する一般的な議論については、**山本和彦＝事業再生研究機構編『事業再生におけるスポンサー選定のあり方』**（商事法務、2016 年）を参照することも考えられる。

　そのほか、スポンサー契約の概要や具体的な条項案につき言及している文献として(1)記載の**木内監修・再生実務 Q&A** 等の主要な文献のほか、**Ⅱ 4 (2)**、**Ⅲ 2 (3)**記載の**西村あさひ編・事業再生大全**や**松下＝相澤編・全書**を参照することも考えられる。

　以上のほか、〔事例 2-2〕の Y 社において、スポンサーへの事業承継の実行までの間、事業活動を継続するための追加資金が必要であり、金融機関等から一定の融資を受けることを検討する必要がある場合には、これに特化した文献である**三井住友銀行事業再生グループ＝東京弁護士会倒産法部編著『事業再生ファイナンスの実務』**（金融財政事情研究会、2022 年）を確認したうえで、当該融資の検討・交渉を行うのが望ましい。

〔片桐　大・南田航太郎＝Ⅰ・Ⅱ、
田子小百合・横山兼太郎＝Ⅲ〕

第**6**章

独占禁止法分野のリサーチ

I　独占禁止法実務の特徴

1　独占禁止法とは

　独占禁止法は、「私的独占の禁止及び公正取引の確保に関する法律」を正式名称とする法律を指すが、実務上は同法の関連法令も含めて「独占禁止法」と表現することが多い。以下では、独占禁止法という言葉をこうした広い意味で用いることとする。

　なお、独占禁止法と似たような言葉として「競争法」という表現が用いられることがある。これは、英語の「Competition Law」の訳語であり、日本の「私的独占の禁止及び公正取引の確保に関する法律」に類似した性質を有する海外の法令を指す語として用いられることが多いが、独占禁止法と競争法は相互に置換え可能なものとして用いられることがほとんどである。本章では、簡単化のために、日本における「私的独占の禁止及び公正取引の確保に関する法律」およびその関連法令ならびに海外の類似した法令を指す用語として独占禁止法という語を統一的に用いる[1][2]。

2　独占禁止法の所管官庁

　独占禁止法は、公正取引委員会（以下、「公取委」[3]）が所管する法律である。

---

[1]　独占禁止法を中心とした法分野を指して「経済法」という表現もあるが、大学の講義名や司法試験の科目名などの学術的な場面で主に使われており、学術的な場面から離れた案件遂行において弁護士がこの言葉を使うことはあまりない。

[2]　紙幅の関係から以下では基本的に日本における独占禁止法実務を中心としつつ、必要に応じて主要法域における独占禁止法実務にも触れることとする。

[3]　公取委の英語名が「Japan Fair Trade Commission」であるため、海外のクライアントや弁護

公取委は、独占禁止法違反行為があった場合に違反行為者に対して排除措置命令や課徴金納付命令などの独占禁止法に基づく処分、警告や注意を発出したり、一定の規模以上のM&Aについて企業結合審査を実施したりしており、独占禁止法の執行活動を行っている。また、公取委は「○○指針」や「○○の考え方」という表題を用いて数々のガイドラインを公表しており、これらは独占禁止法に関する案件の遂行上よく参照される。加えて、公取委は、「アドボカシー（唱導活動）」にも近時力を入れており、様々な事業分野において取引実態の調査等を行ったうえで独占禁止法・競争政策上の考え方等を表明し、それを通じて、事業者や事業者団体による取引慣行の自主的な改善を促したり、所管省庁による規制制度の見直しの提言を行ったりなどをしている。

　公取委を含む各国の独占禁止法を所管する官庁を「競争当局（competition authority)」と呼ぶ。米国の競争当局と言えば、連邦取引委員会（Federal Trade Commission）および司法省反トラスト局（Antitrust Division, Department of Justice）を指し、EUの競争当局と言えば、欧州委員会（European Commission）かその担当部局である競争総局（Directorate-General for Competition）を指すことが通常である。近時の実務においては、これらに加え、英国の競争当局である競争・市場庁（Competition and Markets Authority）や、中国の競争当局である国家市場監督管理総局（State Administration for Market Authority）も実務上の重要性が高い。

3　独占禁止法に関する案件の特徴

(1)　公取委による解釈や考え方の重要性

　独占禁止法に関する法解釈の特徴として、条文の文言が抽象的であり、法の趣旨に重きをおいた解釈がなされるという点が挙げられる。例えば、独占禁止法2条5項には「一定の取引分野」という言葉が出てくるが、これは「市場」のことであると通常は解釈され、具体的な案件における市場の範囲の画定（そのような作業は「市場画定」と呼ばれる）について、市場を商品市場と地理的市場に分けて検討し、需要の代替性および供給の代替性を考慮して判断するといった議論がなされる。こうした市場画定に関する考え方は、日本に固有なもので

　士と英語でやり取りをする場合には「JFTC」の略称を用いることが一般的である。

第6章　独占禁止法分野のリサーチ

はなく、世界各国の独占禁止法において解釈上採用されるものである。加えて、独占禁止法に関する裁判例は、他の法分野と比べると相対的に少なく、独占禁止法の解釈に関する多くの論点について裁判例がないということが往々にして生じるのが現状である。

　こうした状況のもと、独占禁止法実務においては、公取委が行った行政処分等において示された理由や公取委が公表しているガイドラインなどで示される所管官庁である公取委による解釈や考え方が重要であり[4]、弁護士が依頼者に独占禁止法に関するアドバイスをする場合、公取委による解釈や考え方が出発点となる。そのため、独占禁止法実務に携わるにあたっては、法令のほか、公取委による過去の行政処分等や公取委が公表しているガイドラインについても十分な注意を払う必要がある。

(2)　分野内の多様性・他分野との交錯

　独占禁止法に関係する案件は多様であるが、主には、①独占禁止法違反の疑いが発見された場合の被疑事実の調査対応（これには公取委から被疑事実に関する調査を受けた場合の公取委対応を含む）、②公取委や外国競争当局に対する企業結合届出の案件、③その他（コンプライアンス体制の整備のサポートや他社の違反被疑事実の申告にかかる案件、将来の事業活動と独占禁止法との関係について公取委に相談を行う案件、民事訴訟案件など）が挙げられる。独占禁止法分野においては、こうした案件遂行において、他の法分野を専門とする弁護士と協働することが多い。

　例えば、被疑事実の調査対応では、事実関係の調査・解明を得意とする危機管理分野の弁護士と協働することが多い。また、企業結合届出はM&A案件における諸プロセスの1つであり、企業結合届出の進捗がM&Aのスケジュールに大きな影響を与えることがあるため、M&Aを専門とする弁護士と協働することが通常である。そのほかにも、独占禁止法に関係した訴訟案件であれば訴訟案件を多く取り扱う弁護士と、データや知的財産権、労働などと独占禁止法

---

4)　そのほか、実態調査報告書で示された考え方や、公取委が定期的に公表する、企業結合審査に関する審査結果、事業者から公取委に寄せられた将来の事業活動に関する相談の概要が参照される。なお、企業結合の審査結果や将来の事業活動にかかる相談の概要は、全件公表されるわけではなく、公取委が適切と判断した主要なものが公表されるにとどまる。

135

とが交錯する領域の案件であれば、それぞれの法分野を専門とする弁護士との協働が必要になることがある。

(3) 国境を越えた対応の必要性

独占禁止法に関する案件においては国境を越えた対応が必要になることが多い。

例えば、グローバルに活動する企業同士の M&A における企業結合届出案件においては、世界中の国・地域で届出が必要になることがある。そのため、独占禁止法実務においては、様々な法域における企業結合届出の要否にかかる分析や、届出が必要と判断された国・地域における届出準備、さらにはそれらの国・地域における競争当局との折衝にも対応する必要が生じる場合がある。

また、カルテルをはじめとする独占禁止法違反の疑いが発覚した場合の対応においても、グローバルに活動する企業であれば、違反行為によって影響が生じると考えられる国・地域が多数にのぼることも少なくなく、それらの国・地域において、競争当局への申告や競争当局からの質問への回答、民事訴訟にかかる対応等を行うことが必要になる場合もある。

もちろん、日本以外の法域における対応に際しては日本の弁護士限りではなく、それぞれの国・地域の現地法弁護士と協働して対応することが多く、独占禁止法実務においては多数の国・地域の現地法弁護士と活発な交流が行われている。

(4) リーガルを越えた対応の必要性

独占禁止法の案件では、問題となる市場に関する分析をする必要があるため、ビジネスそのものに直結する事実関係を調査しなければならないことが多い。したがって、事案を正確に理解するためには法律的な知識にとどまらず、ビジネスやマーケティングに関する知見を有していることが望まれる。また、業界ごとに取引や競争の実態は大きく異なることから、市場分析においては、業界知識や競争の実態を早急に把握していくことが必要になる。加えて、最近の案件では、公取委や裁判所に対する主張の1つとして経済分析の手法を用いる事例が増えている。こうした案件では経済分析ファームとの協働が必要になり、弁護士としても一定程度は経済分析に関する知見を有していることが望ましい。

II　独占禁止法全般にかかるリサーチツール

1　公取委ウェブサイト

　独占禁止法実務に携わる弁護士が最も参照するリサーチツールは、**公取委のウェブサイト** [5] である。同ウェブサイトでは、公取委からの**報道発表資料** [6] が掲載されており公取委の最近の動向が把握できるほか、独占禁止法関連の**法令・ガイドラインの一覧** [7]、**相談事例集** [8]、**年次報告** [9] など、独占禁止法・競争政策に関する様々な情報が記載・随時更新されている。前述のとおり、近時公取委はアドボカシー活動に力を入れており、取引慣行の改善や規制・制度の見直しの提言を積極的に行っている。こうした情報も依頼者に対する助言を行う際は有用である。

　このように、独占禁止法に関する案件を進めるにあたっては、公取委のウェブサイトに関連する情報がないか調べることは必須であり、実際に手がかりになる情報が見つかることも多い。また、公取委のウェブサイトには英語ページもあり [10]、独占禁止法関連の法令やガイドラインの英訳なども公表されているため、海外の依頼者から日本の独占禁止法に関して相談を受けた場合に有用である。これらに加え、公正取引委員会が提供する**審決等データベース** [11] を活用することも重要である。当該データベースには、公取委による審決、決定、課徴金納付命令・排除措置命令、排除命令、ならびに裁判所による公取委が関わる判決および決定が集約されているため、独占禁止法に絞った裁判例を検索

---

5)　https://www.jftc.go.jp/

6)　https://www.jftc.go.jp/houdou/pressrelease/index.html

7)　https://www.jftc.go.jp/dk/guideline/index.html

8)　https://www.jftc.go.jp/dk/soudanjirei/index.html。事業者による公取委に対する相談事例のうち、公取委が公表することが適切であると判断し、事業者の了解が得られたものが、年度別、行為類型別、産業分類別、主なテーマ別にて掲載されており、公取委による判断傾向を知るうえで有用である。

9)　https://www.jftc.go.jp/soshiki/nenpou/。特に公取委による独占禁止法の執行に関する各種統計が記載されている点において有用である。

10)　https://www.jftc.go.jp/en/index.html

11)　https://snk.jftc.go.jp/DC001

するのに便利である[12]。

2 独占禁止法の基本書

独占禁止法実務において、いわゆる基本書として最も参照する機会が多いのは**菅久修一編著『独占禁止法〔第5版〕』**（商事法務、2024年。以下、「菅久編著・独禁法」）と考えられる。同書は公取委の職員またはその経験者が執筆しており、公取委が採用している解釈や考え方を知る観点から、案件に取り組むうえでは必ず目を通すことが望ましい。そのほか、研究者が執筆した基本書としては、**白石忠志『独占禁止法〔第4版〕』**（有斐閣、2023年。以下、「白石・独禁法」）は網羅的な解説がなされており、定評がある。このほかにも有用な書物は多数あるが、実務上比較的参照する機会が多いのは、**泉水文雄『独占禁止法』**（有斐閣、2022年。以下、「泉水・独禁法」）、**幕田英雄『公取委実務から考える独占禁止法〔第2版〕』**（商事法務、2022年）などである。以上は、令和元年までの独占禁止法の改正を反映した比較的最近のものであるが、それ以前に刊行されたいわゆる基本書のうち、比較的最近のものとしては、**金井貴嗣ほか編著『独占禁止法〔第6版〕』**（弘文堂、2018年。以下、「金井ほか編著・独禁法」）や**根岸哲＝舟田正之著『独占禁止法概説〔第5版〕』**（有斐閣、2015年）なども定評がある基本書の一例である。

また、初学者向けの学習書に位置付けられるものとしては、**菅久修一編著『はじめて学ぶ独占禁止法〔第4版〕』**（商事法務、2024年）、**白石忠志『独禁法講義〔第11版〕』**（有斐閣、2025年。以下、「白石・講義」）、**土田和博ほか『条文から学ぶ独占禁止法〔第3版〕』**（有斐閣、2024年）が挙げられる。

3 独占禁止法のコンメンタール

コンメンタールとしては、**白石忠志＝多田敏明編著『論点体系 独占禁止法〔第2版〕』**（第一法規、2021年。以下、「白石＝多田編著・論点体系」）と**村上政博編集代表『条解独占禁止法〔第2版〕』**（弘文堂、2022年。以下、「村上編・条解」）が令

---

12) ただし、民事訴訟において独占禁止法に関する主張がなされている裁判例は収録されておらず、こうした裁判例の検索には最高裁判所が提供する判例データベースや各種の商用データベースを用いる必要がある。

和元年までの独占禁止法の改正を反映した内容となっており、比較的参照しやすい。また、やや刊行から時間が経っているものの、**根岸哲編『注釈独占禁止法』**（有斐閣、2009 年。以下、「根岸編・注釈」）は、研究者が編著者となっているコンメンタールであり [13]、理論面においては特に信頼性が高いと考えられている。また、法令やガイドラインに関して大きな改正が行われる際に概ね発刊される**『逐条解説』**シリーズ（商事法務）は、改正があった箇所にかかる立案担当者による条文解説であり、条文の文言に必ずしも顕われていない内容が記載されていることがあるため、実務上よく参照される。

4 独占禁止法に関する定期刊行物

競争法に関する日本語の定期刊行物としては、公正取引協会が毎月 15 日に刊行している「**公正取引**」があり、独占禁止法に関する論文や解説が掲載されているため、国内外の独占禁止法の最新の議論がフォローできる。このほか、日本の主要な法律雑誌でも、独占禁止法に関する記事や論文が掲載されることは少なくなく、独占禁止法実務に携わる際はこれらにおいて関連する情報が収載されていないかについても注意が必要である。

5 独占禁止法実務・手続関係の書籍

独占禁止法分野においては実務・手続関係に関しても優れた本が多い。一例として、**長澤哲也『独禁法務の実践知〔第 2 版〕』**（有斐閣、2024 年。以下、「長澤・実践知」）は、独占禁止法に関する案件において必要となる実務感覚を知るうえでも有用である。また、**村上政博ほか編『独占禁止法の実務手続』**（中央経済社、2023 年）や、令和元年改正前に刊行されたものになるが、**榊原美紀ほか『詳説 独占禁止法審査手続』**（弘文堂、2016 年。以下、「榊原ほか・審査手続」）は、法令やガイドライン等からは読み取りづらい実務上の運用に関する情報も記載されており参考になることが多い。これらの書物はとりわけ実務上の悩みが生じた際の対応策を検討する際に有用である。

---

13) これに対し、先述した 2 冊のコンメンタールは、実務面に力を入れる観点から編著者に実務家が多く加わっている。

6　海外の独占禁止法に関する情報

　海外の独占禁止法のうち、企業からの法律相談の際に問題になることが多いのは米国および欧州における独占禁止法である。これらに関する助言を行うにあたっては原則として現地法の資格を有する弁護士と協働することになるが、日本法弁護士としても一定の感覚を有していることは有益である。

　こうした観点から海外の独占禁止法に関する基本書を紹介すると、米国に関しては、**American Bar Association, Antitrust Law Section "Antitrust Law Developments（9ᵗʰed.）"**（American Bar Association, Antitrust Law Section, 2022. 以下、「Antitrust Law Developments（ABA）」）が、特に参照価値が高い。同書は、大部な書籍であるが、米国における独占禁止法に関し、網羅的かつ体系的に紹介しており信頼性にも定評があるほか、新版が定期的に発刊されることで情報の鮮度も保たれていると考えられるため、取り急ぎ確認することができると望ましい。日本語で米国における独占禁止法に関して情報を得たい場合には、発刊から一定程度時間が経っているものの、**植村幸也『米国反トラスト法実務講座』**（公正取引協会、2017 年）や**渡邊肇『米国反トラスト法執行の実務と対策〔第 2 版〕』**（商事法務、2015 年）が参考になる。また、欧州に関しては、**Richard Whish = David Bailey "Competition Law（10ᵗʰed.）"**（Oxford University Press, 2021. 以下、「Competition Law（Whish＝Bailey）」）は、手軽に参照することができ、信頼性にも定評がある書籍であるため、基本書としてよく用いられる。また、やや古いものになるが、**Jonathan Faull = Ali Nikpay "The EU Law of Competition（3rd）"**（Oxford University Press, 2014）は欧州競争法に関する概説書として一定の権威があり、必要に応じて参照するとよい。

　英語で世界各国の独占禁止法に関するニュース・解説記事を配信しているメディアとしては、「**Global Competition Review（GCR）**」[14] や「**Competition Policy International（CPI）**」[15]、「**Mlex**」[16] などが挙げられる。これらのウェブサイトは、世界各国における独占禁止法に関するニュース・解説記事をこまめに掲載しており、実務上参考になる場合が多い。

---

14)　https://globalcompetitionreview.com/
15)　https://www.pymnts.com/cpi
16)　https://mlexmarketinsight.com/

加えて、経済協力開発機構（OECD）には競争委員会（Competition Committee）があり、**OECD ウェブサイト**にもこれに対応する形で「**Competition**」のページが存在する[17]。当該 OECD の「Competition」のページには、近時独占禁止法実務の分野において話題になっているトピックに関するレポート等が掲載されており、独占禁止法実務の中でも先端的なトピックに関する海外の動向を知る際に有用である。また、同ページ内の「**Best Practice Roundtables on Competition Policy**」では、定期的に実施されている OECD 加盟国間の競争政策の議論についてレポートが公表されている。

なお、海外の独占禁止法に関しても、リサーチの出発点として**各国の競争当局のウェブサイト**を参照することが有益であることも多いが、国・地域によっては、英語でアクセスできる情報は限定的であったり、やや古いものであったりする場合もあることから注意を要する。

独占禁止法実務においても、他の法分野について海外法令調査をする際と同様に、Lexology による「**Panoramic**」[18] や Thomson Reuters による「**Practical Law**」、Global Legal Group による「**ICLG**」（International Comparative Legal Guide）[19] といった主要法律メディアに掲載されている記事や**各国法律事務所が公表するニュースレター**を参照することもある。このため、独占禁止法実務に取り組むに際しては、これらの情報ソースの使い方についても精通しておくことが望まれる。

III　個別の分野でのリサーチ

1　企業結合案件

〔事例 1〕
　依頼者である X 社は、X 社の競争事業者である Y 社を、同社の完全親会社である A 社と共同で運営すべく、A 社より Y 社発行済株式の一部を取得することを計画している。X 社より、国内外での競争法届出の要否、届出準備の内容、スケジュ

---

17)　https://www.oecd.org/competition/

18)　以前は「Getting The Deal Through（GTDT）」という名称で広く知られていた。

19)　https://iclg.com/

ールおよびデュー・ディリジェンスその他Ｙ社情報の取得に関する留意点について教えてほしい、との依頼を受けた。

(1) 公取委対応

① 届出要否検討

独占禁止法、独占禁止法施行令、私的独占の禁止及び公正取引の確保に関する法律第九条から第十六条までの規定による認可の申請、報告及び届出等に関する規則（以下、「届出規則」）の各規定に基づき判断する。明確でない点がある場合は、公取委ウェブサイト上の**届出書記載要領**および**届出制度Q&A**を参照するほか、**深町正徳編著『企業結合ガイドライン〔第2版〕』**（商事法務、2021年。以下、「深町編著・企業結合ガイドライン」）、**村上編・条解**等を参照する。それでもなお不明な場合、公取委企業結合課に照会することもある。

② スケジュール検討

基本的には、後述④の初期的な競争分析を踏まえ、過去に経験した類似事例も参照しつつ判断する。

届出受理日および9条通知日（排除措置命令を行わない旨の決定がなされた日）は公取委のウェブサイト上で四半期ごとに公表される。もっとも、正式届出前の届出前相談において実質的な企業結合審査がなされることが多いため、実質的な企業結合審査の期間については公表情報からは把握困難なことに注意が必要である。

③ クリーンチーム組成・ガン・ジャンピング関係

競争関係にある事業者間の企業結合の場合、デュー・ディリジェンスその他を通じた相手方からの情報取得の対応次第では、不当な取引制限に当たる疑いが生じるほか、競争関係にある事業者間であるか否かを問わず、届出が必要な企業結合については、届出をして待機期間が満了する前に実質的に取引を実行したのと同視され得る共同行為等に及ぶと、届出義務違反の疑いが生じる（いわゆる「ガン・ジャンピング」）。そこで、ガン・ジャンピングとならないよう、当事会社間で情報交換その他企業結合の検討に際して生じ得る行動に関するルールを予め設けて遵守する必要が生じる。ガン・ジャンピングの一般論については、**井本吉俊編著『M&A担当者のための独禁法ガン・ジャンピングの実務』**

（商事法務、2017 年）を参照する。

　具体的には、競争に影響を与え得る情報（いわゆる競争機微情報）については競争関係にある事業の意思決定に関与しない役職員、外部アドバイザー等からなるクリーンチームを組成し、クリーンチーム限りの扱いとすることを含め、情報交換ルール、クリーンチーム・アグリーメント、誓約書等を策定・締結することになる。これらのルール等については、基本的には、過去案件の実例を踏まえて作成する。

④　競争分析（市場画定・競争の実質的制限の有無〔競争分析〕等）

(ⅰ)　市場画定

　市場画定一般に関する考え方については、**公取委「企業結合審査に関する独占禁止法の運用指針」**（以下、「企業結合ガイドライン」）を参照。需要の代替性を基本に、供給の代替性を加味して画定される。その他、必要に応じて、**深町編著・企業結合ガイドライン、白石・講義、白石・独禁法**等を参照する。

　過去の先例の確認方法としては、**公取委ウェブサイト**上で、毎年、「**主要な企業結合事例**」（以下、「企業結合事例集」）が公表されている。また、**企業結合事例集**に取り上げられた商品役務の市場画定は、公取委ウェブサイト上で別途「**一定の取引分野の例**」としてまとめられている。はじめに「一定の取引分野の例」を確認したうえで、詳細な認定を企業結合事例集で確認する。

　また、公取委ウェブサイト上の「一定の取引分野の例」に記載のない商品役務については、**欧州委員会ウェブサイト**上に掲載されている **merger cases** の **decisions** を調査して参考にすることがある（欧州委員会ウェブサイト中の Competition Policy ページ[20]）より Competition case search を選択することで欧州委員会に届出がなされた過去の企業結合事例を検索できるウェブページにアクセスできる）。

　以上のリサーチを踏まえて、当事会社に実態を確認したうえで、主張立証方針を検討し、必要に応じて公取委向けに、届出書とは別途、説明資料を用意する。

(ⅱ)　競争分析

　画定された市場において競争が実質的に制限されることとならないことに係る主張立証方針を検討し、市場画定と同様、必要に応じて、公取委向けに、届

---

20)　https://competition-policy.ec.europa.eu/index_en

出書とは別途、説明資料を用意する（1つの説明資料に市場画定と競争分析を両方記載することもある）。

　競争の実質的制限の有無に関する考え方、判断基準については、**企業結合ガイドライン**を参照する。また、過去の先例の確認として、**企業結合事例集**も参照する。その他に、**深町編著・企業結合ガイドライン**、**村上編・条解**、**白石・講義**、**白石・独禁法**等を参照することもある。

　問題となる商品役務に係る商流・物流・市場シェア・市場環境について、売手からの Information Memorandum の他に、**市場調査会社レポート**（Gartner、IHS、矢野経済研究所、富士経済、スピーダ等）を入手可能な場合には、参照する。また、当該商品役務を販売している主要な会社のウェブサイトを参照する等、いわゆるデスクトップリサーチを行う。そのうえで、当事会社に実態を確認する。

　⑤　届出書作成

　届出が必要となる場合、公取委ウェブサイト上の**届出書フォーマット**および**記載要領**を参照し、必要に応じ当事会社に照会したうえで、届出書本体および添付書類を作成する。

　例えば〔事例1〕のような、株式取得を計画している場合、公取委ウェブサイト上の「各種記載要領のダウンロード」のウェブサイトから、「株式取得に関する計画届出書記載要領」をダウンロードする。当該 PDF ファイルにおいては、届出書のそれぞれの項目をどのように記載すべきか説明されている。また、添付書類としてどのような書類を準備する必要があるかについても説明がされている。

(2)　海外当局対応

　①　届出要否検討

〔事例1〕のような場合、最終的な届出要否の判断は必要に応じ海外の法律事務所に確認することになるものの、初期的に、日本の法律事務所の弁護士にて、海外当局への届出要否の確認を行うケースが相応に存在する。

　各法域の届出要否を判断する場合は、届出要件・届出手続等の制度を概説したメディアリソース（Lexology、ICLG、Mergerfilers[21]、Global Competition Review 等）や海外主要法律事務所のニュースレター等が参考になる。また、これらを

用いて、届出要件を満たすにもかかわらず届出を行わなかった場合のエンフォースメントにつき併せて調査することもある。

　より具体的な調査が必要な場合は、さらに各国海外当局のウェブサイトや、法令の原文を確認する場合もある。

　いずれの法域においても、基本的には、届出対象取引に当たり、かつ、当事者の売上高等が基準を満たす場合に届出が必要となるとしている。届出対象取引については、企業結合の形式（株式取得、合併等）ごとに定めている日本とは異なり、EU、中国等多くの法域においては、"control"が生じる場合、変動がある場合に届出対象取引となるとしていることに注意が必要である。

　〔事例1〕の場合、日本では株式取得の形式を取ることを前提に、X社の所属する企業結合集団が株式取得後に所有するY社の議決権割合が新たに20％または50％を超える場合、さらに一定の要件（売上高等）を満たせば公取委への届出が必要となる（独禁10条2項、独禁令16条3項参照）。

　一方で、control概念に基づき届出対象取引を画する法域では、当該株式取得によってY社に対するcontrolに何らかの変化が生じるかが論点となる。具体的な事情（取締役会の構成、拒否権の有無および内容等）によって、Y社の完全親会社であるA社のみが有していたY社に対するcontrolが本取引によってX社に移転すると捉えられる場合もあれば、当該株式取得によってA社とX社が共同でY社に対しcontrolを有するようになると捉えられる場合（このような場合をjoint controlと呼ぶ）や、A社の有するcontrolがX社に移転せずA社のみがcontrolを有し続ける、と捉えられる場合もある。当該論点につき分析をしたうえで、さらに一定の要件（売上高等）を満たすかを検討することになる。

②　スケジュール検討

　基本的には、届出要否検討と同様のメディアリソースを利用して調査するとともに、必要に応じ海外の法律事務所に照会して検討する。

③　クリーンチーム組成・ガン・ジャンピング関係

　(1)に記載した日本の独占禁止法を踏まえた対応をしていれば、海外当局との関係でも基本的に対応できていることになるケースが多い。しかしながら、本

---

21)　https://mergerfilers.com/default.aspx

来的には当該企業結合が影響を及ぼし得る全法域の競争法それぞれの要求を満たす形で、クリーンチーム組成等のガン・ジャンピング対応を行う必要があるところ、特に日本以外の法域において競争を実質的に制限し得るようなケースにおいては、対応が当該法域の法令に沿ったものとなっているかを確認する必要性があり、留意が必要である。

④　競争分析（市場画定・競争の実質的制限の有無〔競争分析〕等）・届出書作成

基本的な競争分析に関する考え方は各法域で共通していることが多い。そのため、初期的な競争分析は日本の独占禁止法と同様の発想で行う。最終的には海外の法律事務所において当事会社より提供した情報を踏まえて競争分析を行い、届出書等の必要書類を作成することとなる。

2　被疑事件調査対応

〔事例2〕
　日本の素材メーカーA社の法務部から、同社が日本、中国、米国、EUなど多数の法域においてカルテルの疑いのある行為に関与していることが社内で発覚したため、今後の対応についてアドバイスをもらいたいとの依頼を受けた。なお、A社の商品αは完品メーカーに販売され、完品メーカーはαを用いて完品を製造して販売している。A社はαを日本で製造しているが、日本のみならず海外においても販売している。

被疑事件は、カルテル・談合（日本の独占禁止法では不当な取引制限）のみならず、単独行為規制違反（日本の独占禁止法では私的独占、不公正な取引方法、下請法違反など）もあり得るが、事件調査対応としては多くの部分が重複することから、ここでは〔事例2〕にあるように主にカルテル・談合の事件調査対応について述べることとし、単独行為規制違反に関する調査対応に特有の点については、**3**において述べる。

社内でカルテル・談合の疑いが発覚した場合の一般的な流れとしては、①詳細な社内調査、②リニエンシー申請（日本の独占禁止法では課徴金減免申請）、③その後の当局調査への対応（事件化後の対応を含む）、④当局の決定後の訴訟対応（取消訴訟、損害賠償請求訴訟、株主代表訴訟など）となる。以下では①〜③を調査対

応段階として、④を訴訟段階として、それぞれに必要となるリサーチについて見ていく。なお、説明の便宜のために、各段階に分けて必要なリサーチを記載するが、実際には調査対応段階からその後の訴訟段階を見越したアドバイスや、リニエンシー申請を見越した社内調査も必要になるなど、段階ごとにリサーチの必要性が切り分けられるものではないことに留意されたい。

(1) 調査対応段階

① 詳細な社内調査

社内調査においてまず重要になるのは、嫌疑のある行為が独占禁止法上違法行為に該当するか（すなわち、構成要件該当性）である。これには社内調査における事実収集とそれに基づく事実認定およびあてはめが必要になるが、カルテル・談合について必ずしも構成要件が明確であるとは限らない。例えば、日本の独占禁止法における不当な取引制限の構成要件として「意思の連絡」があるが、どのような事象をもって「意思の連絡」が認定されるのかを理解していなければ、社内調査において確認すべき事実を特定することはできない。そのため、社内調査の段階では違法行為の構成要件と各構成要件に関する解釈や過去の事件においてどのような事実が各構成要件の認定に用いられたのかをリサーチすることが必要になる。また、社内調査は将来的な当局調査への対応も見越したものになるが、当局調査においては事業者の社内資料やメールなどについて提出が求められることも多い。そのため、秘匿特権またはこれに類似する制度を用いて弁護士と事業者との間のコミュニケーションを当局調査から保護する必要があり、法域ごとに秘匿特権等の対象などが異なることから、これを理解する必要がある。これらをリサーチするためのツールとしては以下のようなものが挙げられる。

(ⅰ) 構成要件とその解釈

日本の独占禁止法であれば、公取委職員が執筆している著書が最初に確認する資料としては有益であり、例えば、**菅久編著・独禁法**は体系的な理解や類似事例の有無の把握に有益である。また、「**公正取引**」、「**旬刊商事法務**」（商事法務研究会）、「**NBL**」（商事法務）などの主要法律雑誌に過去の事件の公取委担当官解説などが掲載されていることもあるため、類似事例がある場合にはこのような担

当官解説に当たることも必要になる。ただし、このような公取委資料は数が少なく、また、過去事例をベースにした説明に留まるため、公取委資料だけに依拠することなく、学者や実務家が執筆した体系書や事例解説にまでリサーチの幅を広げることも必要である。例えば、**村上編・条解、白石＝多田編著・論点体系、根岸編・注釈、金井ほか編著・独禁法**などが体系的な理解にはおすすめであり、また、より論点を深掘りしたい場合には**白石・独禁法**がおすすめである。

(ii) 事実認定

具体的にどのような事実が各構成要件の認定にどの程度用いられるのかについては、事実認定は個別事案ごとに行われることに鑑み、過去の公取委命令書（排除措置命令、課徴金納付命令）、審決例および裁判例に当たるのが参考になる。裁判例の検索については、「第2章 訴訟実務のリサーチ」などで説明するリサーチ方法と同様であるが、公取委の命令書や審決については**審決等データベース**を用いて検索する。ただし、いきなり審決例や裁判例を検索しても的確な先例に当たることは難しいことも多い。このため、上記のような体系書や事例解説を参照し、重要な審決例や裁判例などを予め把握しておくことも必要である。

(iii) 秘匿特権等

日本の独占禁止法においては、弁護士と事業者との間のやり取りにかかる文書は判別手続という手続を経て公取委による調査の対象となるか否かが判断されることになる。このことから、判別手続について理解する必要がある。同手続は施行されて間もない制度であり、公取委ウェブサイト上で公表されている**「事業者と弁護士との間で秘密に行われた通信の内容が記録されている物件の取扱指針」**（以下、「判別手続に関するガイドライン」）[22]や**資料・情報**[23]を参考にするのがよい。秘匿特権等の制度は法域ごとに固有の制度が存在することから、国際的な案件においては、それぞれの法域の弁護士から助言を受けたうえで対応することになる。

② リニエンシー申請

リニエンシー申請については、単にリニエンシー申請に必要な手続の把握のみならず、そもそも社内調査を受けてリニエンシー申請をするか否かを判断す

---

22) https://www.jftc.go.jp/dk/guideline/unyoukijun/hanbetsu.html
23) https://www.jftc.go.jp/dk/seido/hanbetsu/

第6章　独占禁止法分野のリサーチ

るために必要な情報の収集も重要になる。

（i）　リニエンシー申請の手続

日本の独占禁止法であれば、まずは公取委ウェブサイトで公表されている**「課徴金減免制度」や調査協力減算制度に関する資料・情報**[24]（注 24 のサイトに関連規則・ガイドラインも掲載されている）を確認するのが有益である。また、公取委職員が執筆した著書として**山本慎 = 松本博明『独占禁止法における新しい課徴金減免制度』**（公正取引協会、2021 年）も制度全体の理解に有益であるほか、弁護士・事業者側の観点から実務的な理解が得られる著書として**内田清人 = 大槻雅博編『実務解説 独占禁止法・景品表示法・下請法(1)独占禁止法編』**（勁草書房、2023 年。以下、「内田 = 大槻編・実務解説」）が挙げられる。

（ii）　その他リニエンシー申請の判断に必要な情報

リニエンシー申請を行うことは課徴金などの制裁金や刑事罰の減免（米国においては損害賠償金の低下も含む）につながるというメリットはあるものの、競争当局による調査や被害を受けたと主張する者による損害賠償請求訴訟に発展する可能性を高めるなどのデメリットも伴う。このことから、リサーチと事案に即した検討を行うことで、リニエンシー申請のメリットとデメリットを整理する必要がある。例えば、過去の課徴金額、減免率、刑事訴追の有無や刑罰の内容、損害賠償請求額などを確認することに加えて、談合事案においては、指名停止処分や業法上の営業停止処分についても確認が必要になる。過去の課徴金、制裁金等の上位事例について逐次アップデートが公表されているものはないものの、**独占禁止法研究会「独占禁止法研究会報告書」**（2017 年)[25]の参考資料集 98 頁に同報告書公表当時の事例がまとめられていることから、当該情報からのアップデートを行うことで効率的にリサーチを行うことが可能である。指名停止処分などは問題となる自治体が公表している指名停止処分一覧や入札関係要綱等を確認することになる。

③　**当局調査への対応**

当局調査については、主に調査手続を把握し、どの時点でどのような調査が行われるのか、どの時点で違反被疑事業者からどのような反論が行えるのかと

---

24)　https://www.jftc.go.jp/dk/seido/genmen/

25)　https://www.jftc.go.jp/houdou/pressrelease/h29/apr/170425_1_files/170425_1houkokusyo.pdf

いった、各手続の流れやタイムラインを理解することが重要になる。

日本の独占禁止法であれば、まずは公取委がウェブサイト上で公表している**「独占禁止法審査手続に関する指針」**（以下、「審査手続に関するガイドライン」）26)や「審査手続・意見聴取手続」ページの**資料・情報** 27)を確認するところから開始し、より実務的な観点からは、上記に挙げた**内田＝大槻編・実務解説**に加え、**榊原ほか・審査手続**、**山﨑恒＝幕田英雄監修『論点解説 実務独占禁止法』**（商事法務、2017 年）、**白石忠志監修、西村ときわ法律事務所・長島・大野・常松法律事務所編『独占禁止法の争訟実務』**（商事法務、2006 年）などを確認するのがよい。

④　海外競争法

①～③において主に日本の独占禁止法に関するリサーチを説明してきたが、カルテル・談合は海外においても行われる（または日本で行われたカルテル・談合が海外市場に影響する場合もある）ことから、海外の独占禁止法について類似のリサーチが必要になる。

海外の独占禁止法については、可能であれば信頼のおける現地法弁護士に確認することが望ましいが、その前段階として、検討の対象としている違反行為がどの法域において問題となり得るかといった点を日本法弁護士において確認しなければならない場合もある。こうした確認に際しては、ある程度法制度が網羅的に説明されている**「Panoramic」**、**「Practical Law」**、**「Chambers」**28)などの海外メディアや各法域の**競争当局がウェブサイト上で公表している資料**などが有益である。また、法改正の動向や新しい論点などは海外法律事務所が出しているニュースレターも参考になる。著書としては**越知保見『日米欧競争法大全』**（中央経済社、2020 年）、**笠原宏『EU 競争法』**（信山社、2016 年）、**松下満雄＝渡邉泰秀編『アメリカ独占禁止法〔第 2 版〕』**（東京大学出版会、2012 年）などが挙げられる。

(2)　訴訟段階

独占禁止法違反があった場合、その後に様々な訴訟が提起される。違反事業

---

26)　https://www.jftc.go.jp/dk/guideline/unyoukijun/shinsashishin.html

27)　https://www.jftc.go.jp/dk/seido/sinsa.html

28)　https://chambers.com/

者が当局の決定に不服がある場合には取消訴訟を提起することもあり、また、カルテル・談合で被害を受けた顧客等から損害賠償請求訴訟を受け、さらに、違反事業者自体も課徴金や損害賠償金などによって損失を被ることになるため、当該違反事業者の取締役に対して株主代表訴訟などの形で役員責任追及訴訟が提起されることがある。特に、損害賠償請求訴訟については、直接の顧客のみならず、カルテルの対象となった製品を搭載した最終製品の需要者（一般の消費者であることが想定される）からの損害賠償請求訴訟もあり得、米国においては3倍賠償の原則もあり、集団訴訟（クラスアクション）が度々提起されている。こうした局面においては、違反事業者から、訴訟全体のリスク、見立て、タイムラインなどについてアドバイスを求められることも多く、これらの訴訟の手続や類似訴訟のリサーチが必要になる。

　日本の独占禁止法であれば、審決例や裁判例を確認することはもちろんであるが、書籍としては、上記で挙げた内田＝大槻編・実務解説に加えて、長澤哲也＝多田敏明編著『類型別独禁民事訴訟の実務』（有斐閣、2021年）などを参照することが有用である。また、係争中の独占禁止法関連訴訟の状況（特に、判決に至ることが少ない株主代表訴訟の状況）については「商事法務」のメールマガジンから情報が得られる場合もある。

　海外の法域における訴訟に関しても同様であり、問題となる法域の裁判例を確認することに加えて、(1)④で挙げた海外メディアの雑誌、海外競争当局のウェブサイト、海外法律事務所のニュースレター、各種書籍などを参照することで情報が得られることがある。

3　単独行為規制に関する相談対応

〔事例3〕
　製品αの製造事業者であるX社から、同製品について、これから3年間の卸売価格を、A社に対しては10万円、他の販売会社（B社やC社）に対しては20万円としたいと考えているが問題ないか、との相談を受けた。

(1)　適用条文の検討

本項では、独占禁止法上の単独行為規制（特に不公正な取引方法）に関する相

談を受けた場合に、どのようにリサーチを行うかを説明する[29]。不公正な取引方法は、独占禁止法に 5 類型、一般指定に 15 類型の違反行為が規定されており、同時に複数の規定の適用可能性を検討しなければならないことも多い。実務上は、まず、嫌疑のある行為の態様や、競争に悪影響を及ぼすおそれ（後述の公正競争阻害性）の内容に応じて、適用条文のあたりをつけるのがよい。

① 行為態様からの分類

不公正な取引方法は、行為態様の観点から、取引拒絶型、不当対価型、取引強制型、拘束条件型、搾取濫用型、取引妨害型に一応分けることが可能である。

② 公正競争阻害性の内容からの分類

競争への悪影響の内容は、大別して、㋐事業者間における自由な競争が減殺されている場合（自由競争減殺）、㋑不公正な競争手段が用いられている場合（競争手段の不公正）、㋒取引条件等について自由かつ自主的に判断することが侵害されている場合（自由競争基盤の侵害）の 3 つに分類される。そして、㋐の自由競争減殺はさらに、㋐-1 競争事業者の取引を排除する類型、㋐-2 競争そのものを回避する類型の 2 つに細分化される[30]。

各分類の行為がどの条文に対応しているかについては、**菅久編著・独禁法**が分かりやすい。参考までに大まかな対応関係を整理すると図表 6-1 のとおりである[31]。

〔事例 3〕の行為は、X 社が卸売価格に差異を設けることによって A 社以外の事業者が排除される可能性があると考えられるため、競争事業者排除型（㋐-1）の行為といえる。そのうえで、卸売価格に差異を設けている点で不当対価型のうち「差別対価」（独禁 2 条 9 項 2 号、一般指定 3 項）の観点から検討が必要になる。また、A 社への卸売価格が、他の事業者に対する卸売価格と比べて 50% も低いことから、不当廉売（独禁 2 条 9 項 3 号、一般指定 6 項）の可能性も検討する必要があるかもしれない[32]。

---

29) 以下では不公正な取引方法について検討を行うが、嫌疑のある行為を行う事業者の市場シェアが高いような場合には、私的独占（独禁 2 条 5 項）についても検討が必要である。

30) 独占禁止法研究会「**不公正な取引方法に関する基本的な考え方**」（1982 年）3 頁。同資料はこうした分類を端的に説明した文献として著名であり、不公正な取引方法に関して込み入った検討を行ううえでは同資料の記載も参照することが推奨される。

31) 一部について、**菅久編著・独禁法** 120 頁より引用。

第6章　独占禁止法分野のリサーチ

図表6-1　行為態様・違反行為・公正競争阻害性の関係

行為態様	違反行為	独占禁止法	一般指定	⑦ ⑦-1	⑦ ⑦-2	④	⑦
取引拒絶型	共同の取引拒絶	2条9項1号	1項	○			
	その他の取引拒絶		2項	○			
	取引条件等の差別取扱い		4項	○			
	事業者団体における差別的取扱い等		5項	○			
不当対価型	差別対価	2条9項2号	3項	○			
	不当廉売	2条9項3号	6項	○			
	不当高価購入		7項	○			
取引強制型	欺瞞的顧客誘引		8項	○		○	
	不当な利益による顧客誘引		9項	○		○	
	抱き合わせ販売等		10項	○		○	○
拘束条件型	排他条件付取引		11項	○			
	再販売価格の拘束	2条9項4号			○		
	拘束条件付取引		12項	○	○		
搾取濫用型	優越的地位の濫用	2条9項5号					○
	取引の相手方の役員選任への不当干渉		13項				○
取引妨害型	競争者に対する取引妨害		14項	○		○	
	競争会社に対する内部干渉		15項	○		○	

⑵　行為の違法性に関するリサーチの実施

　行為の違法性に関するリサーチ・検討においては、例えば、**菅久編著・独禁法、白石・独禁法、泉水・独禁法**といった独占禁止法の体系書を確認する必要があるほか、**白石 = 多田編著・論点体系、村上編・条解、長澤・実践知**なども有用である。また、**公取委「流通・取引慣行に関する独占禁止法上の指針」、公取委「不当廉売に関する独占禁止法上の考え方」**など、関連するガイドラインがある場合には、参照する必要がある。加えて、関連する**相談事例集**等にお

---

32)　これらは一例に過ぎず、他の条文が適用される可能性も事案に応じて慎重に検討する必要がある。例えば、B社がX社に依存しているような場合には、優越的地位の濫用も問題になる可能性がある。

153

いて公取委が公表する事例や、審決例、裁判例等の中に関連するものがないかを確認する必要もある[33]。

なお、公取委から調査を受けた際には、確約制度を利用するか否かを検討する必要がある。確約制度を利用する際には、上述の体系書のほか、**公取委「確約手続に関する対応方針」**、公取委がウェブサイト上に掲載している手続フロー[34]、**小室尚彦＝中里浩編著『逐条解説　平成28年改正独占禁止法──確約手続の導入』**（商事法務、2019年）なども参照する必要がある。

〔事例4〕

　部品βの製造事業者であるX社から、同社がA社に製造委託している同部品の必要数が減少したため、製造委託先のA社に対して納入ロット数の減少を伝える予定であるが、その場合でも量産時の購入価格を据え置くよう求めることに独占禁止法上の問題はあるか、との相談を受けた。

---

(3) 適用条文の検討

X社がA社に対して量産終了後も量産時の価格を据え置くよう求めることは、A社による自由かつ自主的な取引条件の判断が侵害される可能性があるため（前述(1)②の⑦）、搾取濫用型の「優越的地位の濫用」（独禁2条9項5号ハ）に抵触しないかが問題となる。また、優越的地位の濫用規制を補完するための特別法である下請法[35]に抵触しないかが問題となる場合もある。

実務上、通常は下請法の適用がない場合に優越的地位の濫用規制が適用される関係に立つため[36]、まずは下請法の適用の有無から検討を行う必要がある。下請法の適用があるかどうかは、取引の類型と資本金額によってある程度機械的に結論を出すことが可能である[37]ことから、〔事例4〕の検討にあたっては、

33）　これらに加えて、場合によっては公取委に匿名または顕名で照会をかけることも検討に値する。ただし、照会をかけることが適切かどうかは個別かつ慎重に判断する必要がある。公取委への相談の仕方については公取委ウェブサイト（https://www.jftc.go.jp/soudan/jizen/index.html）が参考になる。

34）　公取委ウェブサイト（https://www.jftc.go.jp/dk/seido/kakuyaku.html）。

35）　「買いたたきの禁止」（下請4条1項7号）。

36）　**村上編・条解**1142頁。

37）　公正取引委員会・中小企業庁「下請取引適正化推進講習会テキスト〔令和6年11月版〕」2頁掲載の図が分かりやすい。

第 6 章　独占禁止法分野のリサーチ

取り急ぎ X 社・A 社の資本金額や取引類型を確認することになる[38]）。

⑷　行為の違法性に関するリサーチの実施

　下請法の検討に際しては、**公取委・中小企業庁「下請取引適正化推進講習会テキスト」**（以下、「講習会テキスト）[39]）のほか、鎌田明編著『**下請法の実務〔第 4 版〕**』（公正取引協会、2017 年）、長澤哲也『**優越的地位濫用規制と下請法の解説と分析〔第 4 版〕**』（商事法務、2021 年。以下、「長澤・優越的地位」）、内田清人ほか編『**下請法の法律相談**』（青林書院、2022 年）などの代表的な文献を確認する。また、公取委が公表している勧告事例や中小企業庁が発出している各種情報[40]）を確認することも有用である。

　〔事例 4〕に関しては、「**講習会テキスト**」を見ると、「量産期間が終了し、発注数量が大幅に減少しているにもかかわらず、単価を見直すことなく、一方的に量産時の大量発注を前提とした単価で下請代金の額を定めること」は買いたたきに該当するおそれがあるとされている[41]）。

　仮に下請法の適用がない場合でも、優越的地位の濫用の観点からの検討が必要である。X 社が A 社に対して優越的地位にあるかどうかや、購入単価の据置きが濫用行為にあたるかどうかは、**公取委「優越的地位の濫用に関する独占禁止法上の考え方」**（2017 年 6 月 16 日最終改正）（以下、「優越ガイドライン」）第 2 を参照する必要がある。また、〔事例 3〕で言及した基本文献等のほかに、**長澤・優越的地位**や実際の審決例、裁判例なども参考にするとよい。

　〔事例 4〕に関しては、**優越ガイドライン第 4 の 3 ⑸ア**〈想定例〉①に「多

---

38)　〔事例 4〕では取引の相手方が A 社のみであるが、取引の相手方が複数の場合には、ある相手方との関係では下請法の適用があり、ある相手方との関係では下請法の適用がない（優越的地位の濫用の観点からの検討は必要）といったこともしばしばあることに留意が必要である。

39)　下請法実務に携わる者の間では「講習会テキスト」という呼称が用いられることもある。なお、同テキストは頻繁に更新されている（概ね毎年 11 月頃に更新される傾向にある）。このことから、より新しい版が発出されていないかを公取委または中小企業庁のウェブサイトで確認することが望ましい。

40)　たとえば、中小企業庁が公表している、「**下請適正取引等推進のためのガイドライン**」（https://www.chusho.meti.go.jp/keiei/torihiki/guideline.html）には、望ましい取引事例（ベストプラクティス）や、下請法等で問題となり得る取引事例等が記載されたガイドラインが集約されており、参考になる。

41)　**講習会テキスト〔令和 6 年 11 月版〕** 67 頁。

155

量の発注を前提として取引の相手方から提示された単価を、少量しか発注しない場合の単価として一方的に定めること」は「取引対価の一方的決定」として優越的地位の濫用につながり得る行為とされている。

　上記では、日本の独占禁止法・下請法に関するリサーチを説明してきたが、単独行為規制の内容や運用は各国で大きく異なるため、海外市場に影響のある相談を受けた場合には、現地法弁護士に照会を行いつつ対処をすることが重要である。海外市場に影響のある事例を取り扱う際に有用な資料および文献としては、米国に関しては **Antitrust Law Developments**（ABA）、欧州に関しては欧州委の公表する各種ガイドラインや **Competition Law**（Whish＝Bailey）などがある。また、プラットフォーマーに対する規制など、日々刻々と状況が変わっている分野もあり、最新の情報を収集する観点からは**海外法律事務所のニュースレター**が有益である。

［髙宮雄介・上田優介＝Ⅰ・Ⅱ、

小林和真呂・真貝淳一＝Ⅲ 1、

鈴木剛志＝Ⅲ 2、

伊藤伸明・水野幸大＝Ⅲ 3］

第7章

ファイナンス分野のリサーチ

I　ファイナンス取引の特徴

1　ファイナンス取引におけるリサーチの必要性

　本章では、ファイナンス分野のリサーチについて解説を行うが、一口に「ファイナンス」といっても、その分野は多岐にわたっており、例えば、バンキング、キャピタルマーケット、不動産ファイナンス、プロジェクトファイナンス、ストラクチャードファイナンス、証券化、信託、アセットマネジメント、ファンド、買収ファイナンス、デリバティブ、保険、フィンテックといった分野が存在する。リサーチすべき論点や勘所も各分野により様々であり、「ファイナンス」全体としてリサーチを理解することは難しい。そこで、まずは個別のファイナンス分野として、不動産やプロジェクトに対するファイナンス取引を例に挙げ、どのような場面でどのようなリサーチが必要となるのかについてのイメージを持っていただきたい。

2　対象資産のデュー・ディリジェンスに際してのリサーチ

　不動産やプロジェクトに対して投資（出資・ファイナンス）を行うにあたっては、投資対象となる企業や不動産、プロジェクトの価値およびリスク等を調査することが必要となる。かかる調査のことを「デュー・ディリジェンス」というが、デュー・ディリジェンスは、投資対象となる企業や不動産、プロジェクトの価値を正しく評価する際に不可欠であるとともに、投資そのものを行うかを決定するに際しての重要な判断材料ともなるものである。また、かかるデュー・ディリジェンスにおいて把握・特定されたリスクや法的な問題点については、その後の契約交渉の中で、相手方に対して一定の対応を取るよう要求して

157

いくこともあり、かかる契約交渉において合意された内容が、最終的には契約条件として反映されることとなる。デュー・ディリジェンスについては、主として以下の事項を対象に行われる。

(1) 会社組織

不動産ファイナンスやプロジェクトファイナンスなどにおいては、借入人は、合同会社や特定目的会社などの SPC（Special Purpose Company）であることが通常であるため、借入人の会社組織や内部規則はシンプルな内容であることが多く、従業員も通常雇用されていない。そのため、会社組織に関するデュー・ディリジェンスにあたってリサーチが必要となる場面は必ずしも多くはないものの、例えば、借入人が特定目的会社である場合は、資産流動化計画の変更・届出等の手続が履践されているかを検討するにあたり、資産の流動化に関する法律においてどのような場合にどのような手続が必要となるかについてリサーチする必要がある。また、借入人が外国投資家から出資を受けている場合、外国投資家から出資を受けるにあたって外為法上の届出や報告の手続が必要となるか、かかる手続が必要な場合のタイミングといった事項についてリサーチする必要がある（なお、詳細については、「第 15 章 外為法分野のリサーチ」を参照されたい）。

(2) 資　産

デュー・ディリジェンスにあたっては、借入人が、投資対象となる不動産やプロジェクトに関して必要な権限を確保しているか、どのような法的制限が存在するか、遵法性が満たされているか（違法状態にないか）などといった事項を調査する必要があり、その前提として、投資対象となる不動産やプロジェクトにどのような法令・規制が適用されるか、リサーチする必要がある。

(3) 契約関係

デュー・ディリジェンスにあたっては、借入人が締結している契約を確認し、投資対象となる不動産やプロジェクトの開発・運営等に必要な契約が締結されているか、借入人がどのような義務や責任、負債を負っているかを調査する必要がある。かかる調査は、契約内容の分析が作業の中心となるものの、例えば、

借地借家法に基づく定期建物賃貸借契約における事前交付書面・事前説明などのように、契約の締結にあたって一定の手続の履践が必要となる場合もあり、このような手続や強行法規の有無についてのリサーチが必要となる場合がある。

(4) 許 認 可

　デュー・ディリジェンスにあたっては、投資対象となる不動産やプロジェクトの開発・運営等に必要な許認可が関係者により取得されているかを調査する必要があるが、当該案件においてどのような許認可が必要となるかは、実施しようとしている行為やプロジェクトの内容、当該不動産やプロジェクトの所在地などの個別具体的な事情を踏まえて案件ごとにリサーチする必要がある。特に、日本においては、不動産やプロジェクトが所在する地方自治体が制定している条例の内容によって、当該案件において必要となる許認可や手続が異なり得ることから、リサーチに際しては、関連する地方自治体へ照会を行うことも頻繁に行われる。

3　対象資産の取得に際してのリサーチ

(1)　金融商品取引法の適用に関するリサーチ

　不動産ファイナンス（不動産流動化）の対象となる不動産取引においては、流通税の節約等の観点から[1]、現物不動産（不動産の所有権）ではなく、不動産に信託を設定したうえで不動産を信託財産とする信託受益権を売買の対象とする方法が多く採用されている。

　信託受益権は、いわゆるみなし有価証券に該当するため（金商2条2項1号）、取引の場面に応じて必要となるライセンスを確認することが必要となる。また、ライセンスの取得が実務上困難である場合には、代替となる方法についてリサーチする必要がある。

---

[1]　対象資産を現物不動産ではなく信託受益権の形とすることにより、対象資産の管理において信託受託者の関与・ノウハウの活用が期待でき、また不動産流通税の軽減を図ることができる。詳しくは、**西村あさひ法律事務所編**『**資産・債権の流動化・証券化〔第4版〕**』（金融財政事情研究会、2022年。以下、「西村あさひ編・流動化・証券化」）313頁や**植松貴史**『**不動産ファイナンスの法務と契約実務**』（中央経済社、2022年。以下、「植松・不動産ファイナンス」）16頁などを参照。

(2) 宅建業法の適用に関するリサーチ

　取引の対象が現物不動産の場合、売買やその媒介を業として行う者について
は宅建業法の規制に留意する必要がある。なお、現物不動産を資産流動化法上
の特定目的会社（TMK）において取得する場合には、宅建業法は適用されない
（資産流動化 204 条）。このように、現物不動産が対象資産となる場合には、宅建
業法の規制の有無およびその内容についてもリサーチする必要がある。

(3) 不動産登記法

　現物不動産を取得する場合や、不動産を信託譲渡する場合、さらには、貸付
人のために不動産に抵当権を設定する等不動産を担保提供する場合においては、
対抗要件を具備するために登記手続が不可欠となる。もっとも、不動産登記に
係る登録免許税は一般的に高額となるため仮登記による方法を採用する場合も
あり、仮登記から本登記への変更に必要となる手続等を予めリサーチする必要
がある場合もある。取引を担当する司法書士に必要な手続の確認を求めること
が多い。

4　取得ストラクチャーに関するリサーチ

　合同会社が匿名組合の営業者となって匿名組合員から受けた出資金を元手に
不動産信託受益権や現物不動産を取得し運用する場合（GK-TK スキーム）、その
対象資産が主として不動産信託受益権か、現物不動産かによって、異なる規制
が適用される。

(1) 対象資産が不動産信託受益権の場合

　匿名組合の出資金を有価証券とみなされる不動産信託受益権へ投資して運用
することは、投資運用業（自己運用）に該当し、これを行うためには投資運用
業の登録が必要となる。しかし、合同会社は投資運用業の登録を受けることが
できないので、この規制を回避する手段をリサーチする必要がある。

　また、匿名組合出資持分は、有価証券とみなされるため（金商 2 条 2 項 5 号）、
匿名組合出資の取得勧誘行為は「有価証券の私募」[2]（同条 3 項柱書後段）に該当
し、匿名組合出資の私募を行うためには原則として第二種金融商品取引業の登

録が必要となるが（同条8項7号ヘ）、投資ビークルとしての機能しか持たない
SPCが必要な人的要件や財務的要件（同法29条の4第1項1号ホ・4号イ）を備え
ることは困難であるため代替手段をリサーチする必要がある。

⑵　対象資産が現物不動産の場合

匿名組合の出資金を現物不動産に投資して運用することは、不動産特定共同
事業法上のいわゆる1号不動産特定共同事業（同法2条4項1号）に該当し、原
則として不動産特定共同事業を行うために同法7条の許可条件を充足して同
法3条に基づく許可を得る必要がある。しかし、投資ビークルとしての機能
しか持たないSPCが必要な許可条件を充足する体制を整えることは事実上困
難であるため、代替手段をリサーチする必要がある。

5　取引エンティティであるSPC固有の論点に関するリサーチ

⑴　TMKによる現物不動産の追加取得

TMKが既存の特定資産との密接関連性を有しない現物不動産を特定資産と
して追加取得しようとする場合、資産流動化法204条によりTMKには宅建
業法の規制が免除されている趣旨に照らして、一定の制約に服し得ることに留
意する必要がある。TMKによる既存の特定資産との密接関連性を有しない特
定資産の追加取得については、平成23年の資産流動化法改正において一定の
範囲で認められることを前提とする規定が新設されており、追加取得が認めら
れる条件等についてリサーチを行う必要がある[3]。

⑵　投資家に対する資金の還流

SPCとしてTMKを用いる場合には、投資家は主としてTMKに対する優先
出資を通じて投資を行うこととなる。優先出資社員に対する資金の還流は、利

---

[2]　匿名組合持分を500名以上の者が所有することとなる取得勧誘は私募ではなく「募集」に該
当するが（金商2条3項3号、金商令1条の7の2）、通常、匿名組合持分を500名以上の者が
所有することとなる取得勧誘を行うことはないので、ここでは単に「私募」と記載している。

[3]　詳細については、例えば、**本村彩『一問一答 改正資産流動化法』**（金融財政事情研究会、
2012年。以下、「本村・一問一答」）117頁以下に詳しい。

161

益配当に加えて、優先出資の減資・消却という手続が考えられる。前者の手続を行う場合には、配当金を損金算入できるようにするため、TMKにおいていわゆる導管性要件が充足されていることを確認しておく必要がある（租特67条の14第1項）。また、後者の手続を行う場合には、事前の公告や優先出資社員への通知手続が必要となるため、スケジュール面での制約がある点に留意しつつ、資産流動化法等を確認しておく必要がある。

GK-TKスキームが用いられる場合には、投資家は匿名組合出資を通じて投資を行うことになる。匿名組合員に対する資金の還流は、利益配当や（匿名組合契約終了時の）出資金返還によってなされる。これらについては、商法等の規定を踏まえつつ、当該匿名組合契約の規定についても確認する必要がある。

⑶　投資家による追加出資

資金の還流とは逆に、投資家から追加の出資を受け入れる必要がある場合には、例えばTMKの優先出資であれば優先出資の発行手続が、GK-TKスキームにおける匿名組合員においては匿名組合契約に基づく追加出資の手続がそれぞれ必要となるところ、当初の私募取扱業務で追加出資に係る勧誘行為までカバーされているか等、主に金商法との関係で、リサーチを行う必要がある。

6　ローン契約のドラフトに関するリサーチ

ローン契約については、基本的に「契約自由の原則」が適用されるため、公序良俗や強行法規、強行規定に違反しない限りは、当事者同士の自由な意思によってその内容を決定することができるのが原則である。そのため、ローン契約のドラフトにおいては、対象とする取引や案件の個別具体的な事情を考慮したうえで、当事者の要望を踏まえて比較的自由に作り込むことが可能である。

ローンの契約書については、銀行取引約定書に依拠するコーポレートローンから、不動産ファイナンスやプロジェクトファイナンスにおけるローンの契約書のような膨大かつ複雑なものまで多岐にわたる。もっとも、銀行取引約定書に依拠しないシンジケートローンの契約内容については、不動産ファイナンスやプロジェクトファイナンスなどの分野を問わず、各条項の見出しのレベルで見た場合、多くの点で共通性・類似性が見られることから、かかるローン契約

の標準的な「型」を把握し、各条項がそれぞれローン契約の中でどのような機能を果たし、どのように関連付けられているかを理解しておくことは、ローン契約の効率的なドラフトを行ううえで、重要である。

上記のようなローン契約の参考例としては、**日本ローン債権市場協会**（Japan Syndication and Loan-trading Association：JSLA〔ジャスラ〕）がシンジケートローンの契約書（タームローン契約書・コミットメントライン契約書）についてモデル契約書を公表しているほか、海外においても、米国の **Loan Syndications and Trading Association**（LSTA）、英国の **Loan Market Association**（LMA）およびシンガポールの **Asia Pacific Loan Market Association**（APLMA）などの団体がモデル契約書を公表している。これらのモデル契約書は、実務上広く利用および参照されているだけでなく、一定のマーケット・プラクティスを示すものでもあり、また、モデル契約書がベースとなっていない場合でも、モデル契約書の条項が交渉における落とし所として利用されることも多く、その内容を把握しておくことは実務上有用である。

7　担保契約のドラフトに関するリサーチ

「物権法定主義」により、民法その他の法律で定めるもののほか、当事者が合意によって担保物権を創設することはできないという制約はあるものの（民175条）[4]、担保契約についても、ローン契約と同様に、基本的には「契約自由の原則」が適用される。一方で、ローン契約との違いとしては、ローン契約は、あくまでも契約当事者間の権利義務関係を規律するものであるのに対し、担保契約については、担保物権の効力を第三者に対して主張するためには、各担保物権に応じた対抗要件を具備する必要があるという点が挙げられる。

したがって、担保契約のドラフトにあたっては、当該案件で当事者が想定している順位やタイミングで担保物権を設定し、対抗要件を具備することができるかを意識する必要があり、民法や不動産登記法、動産及び債権の譲渡の対抗要件に関する民法の特例等に関する法律、工場抵当法などの法令をリサーチする必要があるほか、例えば、登記については、当該案件で企図している内容で

4）　ただし、かかる物権法定主義の例外としては、譲渡担保権などが慣習法上認められている。

の登記が可能であるか、登記実務における解釈や運用についてのリサーチが必要となる場合がある。

II　ファイナンスにかかるリサーチツール

1　ファイナンス総論
(1)　ファイナンス全般を扱う法律書
　前述のとおり、「ファイナンス」の中には多岐にわたる分野が存在するため、ファイナンス全体をリサーチする場面はそれほど多くないと思われるが、企業の視点からは、ある特定のファイナンス手法だけでなく、複数のファイナンス手法から最適なものを選択することが行われており、例えば、ある資金需要に対して、銀行からのシンジケートローンによる借入（バンキング分野）と株式の公募増資（キャピタルマーケット分野）を比較するといった分野横断的な検討が必要になる場面もある。

　そのような観点から、ファイナンス分野全体を俯瞰できる法律書として、**神田秀樹ほか編著『金融法講義〔新版〕』**（岩波書店、2017 年）のほか、**西村あさひ法律事務所編『ファイナンス法大全(上)・(下)〔全訂版〕』**（商事法務、2017 年。以下、「西村あさひ編・ファイナンス法大全(上)・(下)」）や**武井一浩ほか編著『資金調達ハンドブック〔第 2 版〕』**（商事法務、2017 年）がある。また、銀行取引全般を中心的に把握したい場合の書籍として、**神田秀樹ほか編『金融法概説』**（有斐閣、2016年）や金子修ほか監修**『金融機関の法務対策 6000 講 I〜VI』**（金融財政事情研究会、2022 年）も挙げられる。

(2)　会計・ファイナンス理論
　ファイナンス分野を法務の立場から取り扱う際には、法令だけでなく、隣接する会計・ファイナンス理論を理解することが有用である。例えば、前述のシンジケートローンによる借入と株式の公募増資についていえば、負債と資本の会計上の取扱いや、金利や株価のファイナンス理論としての考え方などを理解することで、「ファイナンス」というものを立体的・多面的に捉えることができるであろう。

会計に関する書籍は数多く存在するが、会計のバックグラウンドのない初学者向けの書籍として**國貞克則『新版 財務3表一体理解法』**（朝日出版新聞、2021年）が挙げられる。また、ファイナンス理論についても同様に書籍は数多く存在するが例えば**森生明『MBAバリュエーション』**（日経BP、2001年）や**リチャード・ブリーリーほか**（藤井眞理子＝國枝繁樹監訳）**『コーポレート・ファイナンス(上)・(下)〔第10版〕』**（日経BP、2014年）が挙げられる。また、会計とファイナンス理論の両方をまとめて解説している初学者向けの書籍として**保田隆明＝田中慎一『あわせて学ぶ 会計＆ファイナンス入門講座』**（ダイヤモンド社、2013年）等もある。

さらに、会社法の論点について、会計、経済および統計等の観点から分析を行う**田中亘編著『数字でわかる会社法〔第2版〕』**（有斐閣、2021年。以下、「田中編著・数字でわかる」）は、会社法の理解を深めるうえで有用であろう。

2 個別の分野

以下は、「ファイナンス」の個別の分野の例として、不動産ファイナンス、プロジェクトファイナンスおよびキャピタルマーケットの3つの分野のリサーチツールを紹介する。

(1) 不動産ファイナンス
① 不動産ファイナンスに関する書籍

不動産ファイナンスに関する書籍は数多く執筆されており、書籍によるリサーチを行うことが比較的多くの機会で必要となる。

書籍の多くは、さらに細分化された分野ごとに執筆されているが、不動産ファイナンス分野全般を扱う書籍としては、**植松・不動産ファイナンス、西村あさひ編・流動化・証券化**が挙げられる。TMKについては、**高木秀文＝木村勇人編著『TMKの理論と実務——特定目的会社による資産の流動化〔改訂版〕』**（金融財政事情研究会、2021年）や**土屋年彦編著『TMK（特定目的会社）の法律実務Q&A』**（中央経済社、2009年）、立案担当者による解説書である**長崎幸太郎編著・額田雄一郎改訂『逐条解説資産流動化法〔改訂版〕』**（金融財政事情研究会、2008年）がよく参照され、平成23年の資産流動化法改正については当該改正

の立案担当者による本村・一問一答が詳しい。GK-TK スキームについての解説書は近年においても複数出版されているが、**さくら綜合事務所グループ編著『SPC ＆匿名組合の法律・会計税務と評価〔第 8 版〕』**（清文社、2024 年）や**ホワイト＆ケース法律事務所編著『GK-TK ストラクチャーによる不動産 SPC の法務・税務 Q&A』**（税理経理協会、2014 年）がストラクチャーから匿名組合の点まで幅広くカバーしているものとして挙げられる。REIT（不動産投資信託）について調べる際には、**森・濱田松本法律事務所編『投資信託・投資法人の法務』**（商事法務、2016 年）や**新家寛ほか編『REIT のすべて〔第 2 版〕』**（民事法研究会、2017 年）、**渥美坂井法律事務所・外国法共同事業ほか編『不動産投資法人（REIT）の理論と実務〔第 2 版〕』**（弘文堂、2019 年）が解説書として用いられ、立案担当者による**額田雄一郎編著『逐条解説 投資法人法』**（金融財政事情研究会、2012 年）と金融庁の実務経験者等による**澤飯敦ほか編著『投資信託・投資法人法コンメンタール』**（商事法務、2019 年）が逐条解説書として参照される。不動産特定共同事業法については、**松本岳人ほか『逐条解説 不動産特定共同事業法〔第 2 版〕』**（金融財政事情研究会、2022 年）が唯一の逐条解説書であり、平成 25 年の同法改正については**不動産特定共同事業法研究会編『一問一答 改正不動産特定共同事業法』**（金融財政事情研究会、2014 年）が詳しい。また、不動産ファイナンスにおける金商法の規制に特化した書籍としては、やや古いため出版後の法改正に留意を要するが**田辺信之『基礎から学ぶ不動産実務と金融商品取引法』**（日経 BP、2008 年。以下、「田辺・基礎から学ぶ」）や**田村幸太郎編著『不動産ビジネスのための金融商品取引法入門〔改訂版〕』**（ビーエムジェー、2007 年。以下、「田村編著・不動産ビジネス」）が当該規制に関して初めてリサーチする場合でも読みやすい。

② 官 公 庁

不動産ファイナンスにおいても規制法令等との関係で当局に照会をすることがあり、例えば、TMK の資産流動化計画（ALP）に係る届出において、実務上の対応について関東財務局への事前の当局照会を行うこともある。また、登記に関連する局面も多く、法務局への照会を行うことが望ましい場合もあり得る。

その他に、例えば、国土交通省は、**「不動産の証券化に関する基礎知識」**（2015 年 3 月）[5]や**「不動産証券化の標準的実務手順等に関する調査（調査報告**

書)」(2008 年 3 月)6) といった、実務上の理解を助ける資料を公開している。

⑵　プロジェクトファイナンス
①　プロジェクトファイナンスに関するウェブサイト

プロジェクトファイナンス分野では、石油・ガス等の資源エネルギー開発や電力・鉄道等の公共インフラ整備等、特定の事業・プロジェクトのキャッシュフローを返済原資とした融資取引等を扱っている。融資の対象となる事業・プロジェクトによって、検討すべき法令は多岐にわたるものの、プロジェクトファイナンスの大きな分野としては、再生可能エネルギーと PFI (Private Finance Initiative) を挙げることができる。

再生可能エネルギー分野に最も関係する法律は、再生可能エネルギー電気の利用の促進に関する特別措置法 (以下、「再エネ特措法」) であり、それを所管する**資源エネルギー庁のウェブサイト** 7) には、最新の法令改正情報 (パブリックコメント回答を含む) や告示、ガイドライン、審議会等の報告書や議事録などが公表されているほか、各種制度の概要についても分かりやすく解説されている。また、**電力広域的運営推進機関 (OCCTO)**8) や**日本卸電力取引所 (JEPX)**9)、**電力需給調整力取引所 (EPRX)**10) などの電力取引に関連する機関や電力会社のウェブサイトについても、想定される取引において必要となる手続や書類、適用されるルール等を把握するために参照することがある。

PFI 分野に最も関係する法律は、民間資金等の活用による公共施設等の整備等の促進に関する法律であり、それを所管する内閣府の**民間資金等活用事業推進室 (PPP/PFI 推進室) のウェブサイト** 11) には、関係法令やガイドライン、手引、審議会等の報告書や議事録、事例集などが公表されており、頻繁に参照される。

---

5)　https://www.mlit.go.jp/common/001204998.pdf
6)　https://www.mlit.go.jp/common/000016672.pdf
7)　https://www.enecho.meti.go.jp
8)　https://www.occto.or.jp
9)　https://www.jepx.jp
10)　https://www.eprx.or.jp
11)　https://www8.cao.go.jp/pfi/

②　プロジェクトファイナンスに関する書籍

プロジェクトファイナンス分野を取り扱う書籍としては、**エドワード・イェスコム**（佐々木仁監訳）『**プロジェクトファイナンスの理論と実務〔第2版〕**』（金融財政事情研究会、2014年）や**加賀隆一編著『プロジェクト・ファイナンスの実務——プロジェクトの資金調達とリスク・コントロール〔新版〕』**（金融財政事情研究会、2020年）が参考書のような位置づけとして挙げられるほか、初学者にとってより取り組みやすい書籍としては、**樋口孝夫『資源・インフラPPP／プロジェクトファイナンスの基礎理論』**（金融財政事情研究会、2014年）や**森・濱田松本法律事務所エネルギー・インフラストラクチャープラクティスグループ編著『発電プロジェクトの契約実務〔第2版〕』**（商事法務、2023年。以下、「森・濱田松本編著・発電プロジェクト」）が挙げられる。また、**西村あさひ編・ファイナンス法大全**(上)・(下)のプロジェクトファイナンスの章もよく参照される。

PFI分野を取り扱う書籍としては、まずは、**内藤滋＝株式会社長大PPP推進部編著『PFI・コンセッションの法務と実務』**（金融財政事情研究会、2022年）が挙げられるほか、やや古い書籍ではあるものの、**柏木昇監修『PFI実務のエッセンス』**（有斐閣、2004年）が挙げられる。また、**エドワード・イェスコム＝エドワード・ファーカーソン**（佐々木仁監訳）**『インフラPPPの理論と実務』**（金融財政事情研究会、2020年）や**丹生谷美穂＝福田健一郎編著『コンセッション・従来型・新手法を網羅したPPP/PFI実践の手引き』**（中央経済社、2018年）を参照することも考えられる。

③　その他

再生可能エネルギー分野については、近年法律や制度の改正が頻繁に行われており、最新の規制動向や論点については、**各種定期刊行物や法律事務所が発行するニュースレター**から情報収集することも有用である。また、各案件で要否については慎重に検討が必要なものの、資源エネルギー庁、電力会社、法務局等への当局照会が有効な場合もあるほか、デュー・ディリジェンスにおいて必要な許認可についてリサーチする場合は、**関連する地方自治体のウェブサイト**を参照したり、関連する地方自治体へ照会を行ったりすることも頻繁に行われる。

（3）　キャピタルマーケット

①　キャピタルマーケットに関するウェブサイト

　キャピタルマーケット分野では、株式や社債等の有価証券を発行または売却等することにより資本市場から資金を調達する取引等を扱っている。この分野に最も関係する法律の1つが金商法であり、それを所管する**金融庁のウェブサイト** [12] には、最新の法令改正情報（パブリックコメント回答を含む）やガイドライン、審議会等の報告書や議事録、行政処分事例などが公表されている。また、東京証券取引所等に上場している場合や新規上場する場合などには、**証券取引所のウェブサイト** [13] を確認してその諸規則や上場銘柄の情報等を調べることも多い。また、**日本証券業協会**等の業界団体のウェブサイト [14] も参照することがある。

　さらに、キャピタルマーケット分野では、開示書類（有価証券報告書等）の前例の収集が重要になるところ、そのツールとしては **TDnet**（Timely Disclosure network：適時開示情報閲覧サービス）[15] や **EDINET**（Electronic Disclosure for Investors' NETwork：金融商品取引法に基づく有価証券報告書等の開示書類に関する電子開示システム）[16] 等のデータベースや IR 資料等が掲載されている**各上場企業のウェブサイト**を活用することが有益である。

②　キャピタルマーケットに関する書籍

　キャピタルマーケット分野で取り扱う金商法の逐条解説としては、**神田秀樹ほか編著『金融商品取引法コンメンタール(1)～(4)』**（商事法務、2011 年～2018 年。以下、「神田ほか編著・金商法コンメ」）、**岸田雅雄監修『注釈金融商品取引法(1)～(4)』**（金融財政事情研究会、2010 年～2022 年）、**黒沼悦郎＝太田洋編著『論点体系金融商品取引法(1)～(3)〔第 2 版〕』**（第一法規、2022 年）が挙げられるほか、旧法である証券取引法の逐条解説を調べる場合もある。

　また、研究者の書籍としては**神崎克郎ほか『金融商品取引法』**（青林書院、

---

12)　https://www.fsa.go.jp/

13)　例として、https://www.jpx.co.jp/。

14)　例として、https://www.jsda.or.jp/。

15)　https://www.release.tdnet.info/inbs/I_main_00.html

16)　https://disclosure2.edinet-fsa.go.jp/WEEK0010.aspx

2012 年）や黒沼悦郎『金融商品取引法〔第 2 版〕』（有斐閣、2020 年）等が挙げられるほか、実務家の書籍の例としては、**長島・大野・常松法律事務所編『アドバンス金融商品取引法〔第 3 版〕』**（商事法務、2019 年。以下、「長島・大野・常松編・アドバンス」）が金商法全体を取り扱っているほか、**中村聡ほか『金融商品取引法──資本市場と開示編〔第 3 版〕』**（商事法務、2015 年）が開示規制を中心に取り扱っている。

そして、取引手法や有価証券の種類に着目した書籍も存在するため、関与する案件に応じてこれらも参照することが考えられる。例えば、**森・濱田松本法律事務所キャピタル・マーケッツ・プラクティスグループ編著『エクイティ・ファイナンスの理論と実務〔第 3 版〕』**（商事法務、2022 年。以下、「森・濱田松本編著・エクイティ・ファイナンス」）および**同編『上場株式取引の法務〔第 2 版〕』**（中央経済社、2019 年）、**森・濱田松本法律事務所編『株式・種類株式〔第 2 版〕』**（中央経済社、2015 年）、**同編『新株予約権・社債〔第 3 版〕』**（中央経済社、2021 年）、**橋本円『社債法〔第 2 版〕』**（商事法務、2021 年）、**太田洋ほか編著『社債ハンドブック』**（商事法務、2018 年）、**同ほか編著『新株発行・自己株処分ハンドブック』**（商事法務、2024 年）、**太田洋＝松尾拓也編著『種類株式ハンドブック』**（商事法務、2017 年）、**太田洋ほか編集代表『新株予約権ハンドブック〔第 5 版〕』**（商事法務、2022 年。以下、「太田ほか編・新株予約権ハンドブック」）が挙げられる。

③ その他

以上のほか、最新の規制動向や論点については、**各種定期刊行物や法律事務所が発行するニュースレター**から情報収集することができる。また、各案件で要否については慎重に検討が必要なものの、財務局、金融庁、法務局、業界団体等への当局照会が有効な場合もある。

III　個別事例でのリサーチ

1　不動産ファイナンスにおける個別リサーチ事例

〔事例 1〕
　GK-TK スキームにおいて、営業者たる合同会社が登録投資運用業者（アセット

マネージャー）との間で投資一任契約を締結したうえで、不動産信託受益権を保有
し、その運用業務の全部を当該アセットマネージャーに委託している。しかし、3
か月後に当該アセットマネージャーの投資運用業の登録が失効することが判明し、
投資運用業の登録を取得していない営業者たる合同会社が不動産信託受益権を保有
し続けるにはどのような対処法が考えられるかについて質問を受けた。

　不動産ファイナンス案件では、資産保有ビークルが、対象となる不動産を信
託受益権の形で保有する場合と現物不動産（所有権）の形で保有する場合があ
り、前者の場合には金商法による業規制が、後者の場合には不動産特定共同事
業法による業規制が適用され得る。また、対象資産の取得・保有・処分の段階
でそれぞれ業規制を検討する必要がある。〔事例 1〕では、GK-TK スキームに
おいて不動産を信託受益権の形で保有する場合を前提としているが、適切かつ
有益な助言を行うためには、業規制全体の内容を理解している必要がある。

(1)　前　提

　信託受益権は有価証券とみなされるため（金商 2 条 2 項 1 号。みなし有価証券）、
匿名組合の営業者が業として匿名組合員から受けた出資金をその投資判断に基
づき主として不動産信託受益権へ投資して運用することは、投資運用業（業と
して集団投資スキーム持分[17] の保有者から拠出を受けた金銭等を主として有価証券または
デリバティブ取引に対する投資として運用する行為。自己運用行為〔＝自ら資金を集めて運
用する行為〕）に該当し、これを行うためには原則として投資運用業の登録が必
要となる（金商 29 条・28 条 4 項 3 号）。

　しかし、投資運用業の登録には株式会社であることを要するので（金商 29 条
の 4 第 1 項 5 号イ）、匿名組合の営業者が合同会社である場合（GK-TK スキーム）
には、営業者は投資運用業の登録を受けることができない。また、信託受益権
の保有エンティティに合同会社ではなく株式会社を用いた場合であっても、投

---

17)　集団投資スキーム持分とは、大要、①他者から金銭等の財産の出資・拠出を受け、②その財
　　産を用いて事業・投資を行い、③当該事業・投資から生じる収益等を出資者に分配する、といっ
　　た仕組みに関する権利（ただし、第 1 項有価証券、第 2 項有価証券のうち集団投資スキーム持
　　分以外に該当するものおよび金融法 2 条 2 項 5 号各号に掲げるものを除く）をいい、平成 18 年
　　証券取引法改正によりみなし有価証券に該当する権利として、包括的な定義が置かれた（現在の
　　金商 2 条 2 項 5 号・6 号）。

資運用業の登録には、金商法が求める人的要件や財務的要件（最低資本金5000万円）が要求されるので（金商29条の4第1項4号イ〜ニ）、資産保有ビークルとしての機能しか持たないSPCがかかる人的要件や財務的要件を備えることは困難である。そのため、投資運用業の登録を行わずに運用を可能とする法的手段をとる必要がある。以上の前提や投資運用業の登録を行わずに運用を可能とする手段については、**植松・不動産ファイナンス、藤瀬裕司『総解説 証券化ヴィークルの法務と実務』**（日本経済新聞出版社、2009年）、**田村・不動産ビジネス、田辺・基礎から学ぶ**などの不動産または証券化分野に特化した金商法の解説がされている文献を参照することが有益である。

〔事例1〕においては、営業者たる合同会社が登録運用業者（アセットマネージャー）との間で投資一任契約を締結したうえで、不動産信託受益権の運用業務の全部を当該登録運用業者に委託している。これは、いわゆる外出し一任特例（全部委任の特例）と呼ばれるものであり、集団投資スキームに係る自己運用のうち、投資一任契約により運用権限の全部を投資運用業者に委託して所要の届出等をしている場合における自己運用行為は、「金融商品取引業」の定義から除外される（金商定義16条1項10号）ことから、営業者たる合同会社においては投資運用業の登録を取得することは不要となる。

〔事例1〕のように、投資一任契約を締結しているアセットマネージャーが投資運用業の登録を失うに至った場合には、別の登録運用業者と投資一任契約を締結しない限り、外出し一任特例により手当てすることはできない。

(2) 代替手段

そこで、外出し一任特例以外の法的手段を検討する必要があり、考えられる手段としては、営業者たる合同会社において適格機関投資家等特例業務（QII〔Qualified Institutional Investor〕特例業務）に係る届出（金商63条2項）をしたうえでQII特例業務を行うこととすることで、投資運用業の登録の取得を不要とすることが考えられる。

自己運用行為がQII特例業務として認められるためには、(i)「適格機関投資家等のみ」を営業者たる合同会社の匿名組合員とすること、および(ii)当該匿名組合員が不適格投資家（金商63条1項1号イ〜ハ）に該当しない者であること

を要する。「適格機関投資家等のみ」とは、1名以上の適格機関投資家と49名以下の「適格機関投資家以外の者で政令に定めるもの」（金商令17条の12第1項）をいうので、匿名組合員としてこれらの要件に合致する者である必要がある（例えば、適格機関投資家に該当するものが匿名組合員に存在しない場合には、適格機関投資家を匿名組合員として新たに招聘する必要がある。また、仮に適格機関投資家に該当し得る場合であっても、財務局への届出が必要になる場合もある）。これらの要件の詳細については、金商法やその関連法令の条文を丁寧に検討することが大前提となるが、**松尾直彦『金融商品取引法〔第7版〕』**（商事法務、2023年）や**長島・大野・常松編・アドバンス、神田ほか編著・金商法コンメ**などの金商法について解説している書籍を参照すると理解の助けになる。

　また、QII特例業務以外の手段としては、いわゆる二層構造ファンド特例（金商2条8項柱書、金商定義16条1項11号）や特例投資運用業務（証券取引法等の一部を改正する法律〔平成18年法律65号〕附則48条）等も考えられるため、当該各手段の要件を満たすことが可能かについても検討することが望ましい。

(3) 具体的に留意すべき事項

　では、QII特例業務に関する届出を行う方法で対処するとした場合に、留意すべき事項はないか。

　まず、前提として、適格機関投資家を確保する必要がある場合において、その候補者が適格機関投資家（QII）に関する届出（金商定義10条3項）を行うことで新たに適格機関投資家となる必要があるときは、届出者は、届出日の翌々月の初日から適格機関投資家に該当することとなるため（同条6項）、スケジュールに留意する必要がある。

　また、QII特例業務に関する届出は「あらかじめ」行わなければならないとされているところ（金商63条2項柱書）、ここでいう「あらかじめ」とはどの時点を基準とすればよいかについて検討する必要がある。かかる点については、〔事例1〕では、自己運用行為を行う前にQII特例業務に関する届出を行うのではなく、自己運用行為を行っている期間中にかかる届出を行う場面であることに留意を要する。

　これらのQIIの届出や上記のQII特例業務に関する届出については、**金融**

庁のウェブサイト [18) 19)] に届出書様式や記入例が掲載されているので、参照したうえで届出の準備を行うべきである。

また、〔事例 1〕ではアセットマネージャーが投資運用業の登録を失うこととなるが、当該アセットマネージャーがかかる登録を再取得しないまま営業者たる合同会社のアセットマネジメント業務を引き続き行おうとする場合において、当該アセットマネージャーは投資助言・代理業の登録を取得する必要がないか検討することも必要となろう。

また、当該アセットマネージャーが投資助言・代理業の登録を取得した場合、営業者たる合同会社は当該アセットマネージャーに対して投資一任をしているわけではなく助言を受けているだけであるという整理となるところ、その前提としては営業者たる合同会社自身が（助言を踏まえて）実質的な投資判断をしているといえることが必要ではないかという懸念も生じ得る。営業者たる合同会社自身が実質的な投資判断をしているといえるためには、合同会社において、投資判断に係る意思決定ができる人員体制が整っていることを要するか否かや、当該意思決定の過程を記録する対応が必要であるか否か等についても検討を要する。

上記のような実務上の留意事項について検討するにあたっては、**金融庁のパブリックコメントへの回答**を参照することも実務の仕組みや考え方を理解するうえで大変に有益であり、例えば、上記の QII 特例業務に関する届出における「あらかじめ」（金商 63 条 2 項柱書）についても関連する記載がある [20)]。

2　プロジェクトファイナンスにおける個別リサーチ事例

〔事例 2〕
　A 社は、SPC である B 社から、FIT 認定を受けている太陽光発電事業（本件事業）を吸収分割の方法により取得することを検討している。依頼者である X 銀行は、A 社に対して、かかる吸収分割の対価について、プロジェクトファイナンスの方法に

---

18)　QII 届出書のサンプルについて、https://www.fsa.go.jp/common/law/tekikaku/index.html 参照。

19)　QII 特例業務に係る届出書のサンプルについて、https://lfb.mof.go.jp/kantou/kinyuu/kinsho torihou/tokurei.htm 参照。

20)　2007 年 7 月 31 日付金融庁パブリックコメント No.70。

より資金提供することを検討しているところ、以下の点について質問を受けた。

(1) 上記スキームについて再エネ特措法上必要な手続の有無および本件事業への影響はあるか。

(2) B社は、本件事業に関して別の金融機関（既存貸付人）からローンを受けており、B社が保有する、①土地の利用権原（地上権）、および②電力受給契約に基づく債権に対して担保権が設定されている。かかる既存貸付人からのローンは、吸収分割の対価をもって完済されると聞いているが、X銀行が資金提供するに際し、①・②の資産に対して担保を設定するにあたって留意すべき事項はあるか。

(1) 質問(1)について

① 総論

再生可能エネルギー発電事業を対象とするプロジェクトファイナンス案件では、借入人であるSPCが、FITやFIP認定を受けたうえで、電力会社や個別の取引相手に対して電力を供給している案件が多い。FITやFIP認定を受けている発電事業においては、認定を受けた事業計画を変更する場合、変更する事業計画の項目に応じて、(i)変更認定申請、(ii)事前変更届出、(iii)事後変更届出、(iv)卒FIT事前変更届出を行う必要があるが、どのような手続が必要となるかによって、案件のスケジューリングや融資実行の前提条件、誓約事項（コベナンツ）などを検討する必要がある。また、変更する事業計画の項目に応じて、調達価格・基準価格が変わる可能性もあるため、そもそもの融資の前提として、調達価格・基準価格に影響が生じるかについても検討する必要がある[21]。

② 必要な手続・本件事業への影響の検討

〔事例2〕では、借入人（A社）は、FIT認定を受けているB社から本件事業を吸収分割の方法により取得することを検討しているため、まずは、吸収分割による事業者の変更に際して、再エネ特措法上どのような手続が必要となるかをリサーチする必要がある。事業計画について変更が生じた場合において、どのような手続が必要となるか、また、調達価格・基準価格への影響があるかについては、再エネ特措法や再生可能エネルギー電気の利用の促進に関する特別

---

21) これらの事項は、プロジェクトの実施主体である借入人（事業者）側において第一義的には検討・分析されるが、融資を実行する側においても、借入人（事業者）側の検討・分析内容に誤りがないかについて検証する必要がある。

措置法施行規則（以下、「再エネ特措法施行規則」）、再生可能エネルギー電気の利用の促進に関する特別措置法の規定に基づき基準価格等、調達価格等及び解体等積立基準額を定める件（平成29年経済産業省告示35号。以下、「調達価格等告示」）に規定されているが、**資源エネルギー庁のウェブサイト**では、**「変更内容ごとの変更手続の整理表」**[22]という資料が公表されており、変更内容ごとに必要となる手続が整理されているため、検討の出発点として、かかる資料を参照することも有益である。もっとも、同資料は必ずしも最新の法令を反映したものであるとは限らず、また、法令や施行規則、告示そのものではないため、同資料はあくまでも参考資料と位置付けたうえで、検討にあたっては常に最新の法令や施行規則、告示を参照する必要があることには留意すべきである。

　再エネ特措法や再エネ特措法施行規則、調達価格等告示を分析すると、吸収分割による事業者の変更については、「重要な事項」の変更にあたり（再エネ特措法10条1項、再エネ特措法施行規則8条の2第1号）、変更認定申請が必要であり、かかる変更認定の申請にあたっては、説明会等を実施する必要があること、調達価格への影響はないことが分かる。そこで、次に、説明会等を実施する際に、どのような手続が必要となるかをリサーチする必要があるが、その際は、再エネ特措法や再エネ特措法施行規則に加え、ガイドライン（**「説明会及び事前周知措置実施ガイドライン」**）やパブリックコメント回答も確認する必要がある。加えて、融資実行の前提条件を検討するという観点から、実務上は、かかる説明会等をどのタイミングで実施する必要があるかを把握することが重要である。この点、上記ガイドラインでは、「認定事業者……の変更に係る契約の契約書締結後……、変更認定申請の3ヶ月前までのタイミングにおいて説明会等を実施すること」と記載されているのみで、吸収分割の効力発生前に実施することができるのか、吸収分割の効力発生後に実施しなければならないかは明らかではないため、必要に応じて、資源エネルギー庁へ照会することも考えられる。

22）https://www.enecho.meti.go.jp/category/saving_and_new/saiene/kaitori/dl/fit_2017/henkou_seirihyou.pdf

(2)　質問(2)について

①　総　論

リファイナンス案件など、プロジェクトファイナンス案件において、ファイナンスの対象となるプロジェクトについて既に担保が設定されていることがある。プロジェクトファイナンスにおいては、借入人が保有する全ての資産、権利および契約上の地位等を担保対象とする「全資産担保」を原則とすることから、ファイナンスの対象となるプロジェクトについて既に担保が設定されている場合、既に設定されている担保を解除したうえで、新たに担保を設定する必要がある。特に、担保については、実体法上の効力に加え、担保権の効力を第三者に対して主張するためには、当該担保権に応じた対抗要件を具備する必要があるため、対抗要件の具備のためにどのような手続や書類等が必要であるか、また、どのタイミングで対抗要件を具備することができるかについても検討する必要がある。

②　必要な手続・留意事項の検討

まず、プロジェクトファイナンス案件でどのような担保が設定されるのか、また、どのように対抗要件が具備されるかの前提の理解にあたっては、例えば、**森・濱田松本編著・発電プロジェクト**や**西村あさひ編・ファイナンス法大全(下)**などの実務家の観点から書かれた文献を参照することが考えられる。

〔事例２〕では、(i)土地の利用権原（地上権）、および、(ii)電力受給契約に基づく債権に対して担保権が設定されているが、吸収分割の対価をもって被担保債権であるローンが完済されることから、かかる担保権を解除するため、解除合意書をＢ社と既存貸付人との間で締結することが必要となる[23]。また、地上権に対する担保権（抵当権・譲渡担保権）の対抗要件は登記であることから、Ｘ銀行に対して設定される担保権について対抗要件を具備するためには、既存の担保権に係る抹消登記およびＸ銀行に対して設定される担保権に係る設定登記を行う必要がある。その際、かかる抹消登記および担保権設定登記を同時に

---

[23]　担保権が普通担保の場合、被担保債権の完済により、担保権は付従性によって消滅することから、担保権を消滅させるために解除合意書を締結することが必須ではないが、担保権が根担保の場合は付従性がなく、また、担保権が消滅したことを書面上明らかにするため、解除合意書などの書面を締結することが実務上は一般的である。

177

（連件で）申請することができるかが実務上は重要となるため、連件申請の可否について不動産登記法や不動産登記に関する文献をリサーチする必要がある。そのうえで、これらの登記の申請に必要な書類が何かをリサーチし、事前にかかる書類を揃え、融資の実行日にスムーズに登記申請できるよう手配を整えることができるかといった視点を持てるとなおよい。

　次に、電力受給契約に基づく債権に対する担保権の対抗要件は、第三債務者（電力会社）からの確定日付のある承諾または第三債務者（電力会社）に対する確定日付のある通知であるが、不動産登記における抹消登記に対応するような、対抗要件の抹消という概念は法令上存在しない。そのため、X銀行に対して設定される担保権について対抗要件を具備するためには、法的には、第三債務者（電力会社）からの確定日付のある承諾の取得または第三債務者（電力会社）に対する確定日付のある通知を行うことで足りる。ただし、第三者から承諾等を取得する場合には、そもそも第三者から承諾等を取得できるか、承諾等を取得するにあたって必要な手続や書類はないか（例えば、既存の担保権の抹消に関する通知その他の書類の提示を第三者から求められる可能性がある）、どのタイミングで承諾等を取得できるかなどの事項について、事前に当該第三者に確認しておくことが必要となり[24]、当該第三者の対応によっては、融資の実行日にX銀行に対して設定される担保権について対抗要件を具備できない可能性がある点に留意すべきである。

3　キャピタルマーケットにおける個別リサーチ事例

〔事例3〕
　依頼者である上場会社X（東京証券取引所グロース市場に上場）は、転換社債型新株予約権付社債（CB：Convertible Bonds）を、国内投資家Yに対して第三者割当の方法により発行して、10億円を資金調達することを検討している。これを実施するために必要となる手続やスケジュールの検討、また、開示書類の作成を行うことになった。

　キャピタルマーケット案件は、何らかの有価証券に関連するものであること

24）〔事例2〕のように第三者が電力会社である場合には、必要に応じて、電力会社へ照会することも考えられる。

がほとんどであり、〔事例3〕では「転換社債型新株予約権付社債（CB：Convertible Bonds）」を取り上げている。また、有価証券を特定の者に割り当てる方法により発行する第三者割当の案件では、有価証券を発行する企業（以下、「発行体」）と有価証券の割当てを受ける投資家が基本的な当事者となり、案件によってはそれぞれにフィナンシャルアドバイザーや弁護士等のアドバイザーが付くことになる。この第三者割当案件では、当事者およびアドバイザー間で役割分担をしながら必要な手続・スケジュールの検討や開示書類の作成を行うことがあり、弁護士としてこれらに関与することがある。

(1) 必要な手続・スケジュールの検討
① 全　般
　転換社債型新株予約権付社債の発行手続やスケジュールを検討する前提として、そもそも「転換社債型新株予約権付社債」とは何かを理解する必要がある。日本の株式会社が国内で発行する転換社債型新株予約権付社債は、会社法に基づく新株予約権付社債であり（会社2条22号）、その前提の理解にあたっては、**長島・大野・常松編・アドバンス、森・濱田松本編著・エクイティ・ファイナンス、太田ほか編・新株予約権ハンドブック**などの新株予約権付社債について実務家の観点から書かれた文献を参照することが有益である。

　そして、この発行手続やスケジュールを検討するにあたっては会社法上の新株予約権付社債の発行手続を確認しなければならない。また、発行体であるXはその株式を東京証券取引所グロース市場に上場している上場会社であるため、東京証券取引所のルールや、金商法上の開示規制等の手続も確認する必要がある。例えば、会社法上の公開会社であるXが取締役会決議により募集事項を定めた場合は、割当日の2週間前までに株主に対して当該募集事項を通知する必要があるところ（会社240条2項）、金商法に基づく有価証券届出書に当該募集事項の内容が含まれる場合は、割当日の2週間前までに当該有価証券届出書の届出を行うことで足りる（同条4項、会社則53条1号）。また、別の例としては、東京証券取引所の企業行動規範では、上場会社が転換社債型新株予約権付社債を第三者割当により発行する場合で、その希薄化率が25%以上となるときまたは支配株主が異動することとなるときは、(i)経営者から一定程度独立

した者による当該割当の必要性および相当性に関する意見の入手、または(ii)当該割当に係る株主総会の決議などによる株主の意思確認が原則として必要とされている（東証有価証券上場規程432条、東証有価証券上場規程施行規則435条の2）。

このような発行手続やスケジュールの検討は、各規制の条文を厳密に確認することが基本的な対応となる。もっとも、必要な手続に漏れがないか、また、日数の計算に誤りがないか等を確認するうえで、**橋本副孝ほか共編『会社法実務スケジュール〔第3版〕』**（新日本法規出版、2023年）を参照することも考えられる。

② 有利発行

転換社債型新株予約権付社債の第三者割当案件の発行手続やスケジュールに大きく影響する論点として有利発行性がある。すなわち、転換社債型新株予約権付社債の新株予約権部分については、金銭の払込みを要しないこととすることが多い。そして、新株予約権と引換えに金銭の払込みを要しないこととする場合に、それが引受人に特に有利な条件である場合には、株主総会の特別決議が必要となる（会社240条1項・238条3項1号・2項・309条2項6号）。Xのような上場会社が株主総会を開催することは実務的には大きな負担になりうるため、慎重な検討が必要となる。

この有利発行性については裁判例が複数存在しており、その確認が必要であるほか、転換社債型新株予約権付社債およびその新株予約権部分の「経済的価値」の理解が必要となる。オプションの評価理論の理解を深めるにあたっては、**田中編著・数字でわかる**のほか各種のコーポレートファイナンス理論に関する書籍が有用であろう。

③ 登　記

新株予約権の内容等は商業登記の登記事項である（会社911条3項12号）。転換社債型新株予約権付社債の発行要項には様々な複雑な条項が規定されることが多いところ、その条項が登記事項でもある場合には、「登記が通るか」という視点での検討も必要である。登記官による登記申請の審査は形式的な観点から行われることが通常であり、会社法等の実体的な解釈・適用とは異なる次元で行われる[25]。登記申請は転換社債型新株予約権付社債の発行後に行われるが、仮に登記申請が却下されてしまうと案件に甚大な悪影響が生じかねないた

め、発行前から慎重な検討が必要となる。その際には**松井信憲『商業登記ハンドブック〔第 5 版〕』**（商事法務、2025 年）の確認も必要である。

(2) 開示書類の作成

〔事例 3〕では、転換社債型新株予約権付社債の発行に係る東京証券取引所の適時開示および金商法上の有価証券届出書等の提出が必要となり、この適時開示や有価証券届出書等を弁護士がドラフトすることがある。適時開示のドラフトにあたっては、**東京証券取引所上場部編「会社情報適時開示ガイドブック」**[26]や**日本取引所グループの上場会社向けナビゲーションシステム**[27]に掲載されている記載要領や開示様式等を確認する必要がある。また有価証券届出書等のドラフトにあたっては、**企業内容等の開示に関する内閣府令**（様式や様式内の「記載上の注意」を含む）や金融庁の「**企業内容等の開示に関する留意事項について（企業内容等開示ガイドライン）**」等を確認する必要がある。

また、このような開示書類は TDnet や EDINET 等を通じて公表される。そのため、同様の前例が公表されている場合には、その前例の収集および分析も必要である。前例の収集ツールとしては **TDnet** や **EDINET** のほか各種データベースを活用することが有益である。キャピタルマーケット案件の開示書類の作成においてこのような前例を参考にすることは、投資家の投資判断において重要な事項が適切に記載されているかを検証するうえでの重要な作業であるため、これをおろそかにしてはならない。また、自身のドラフトする開示資料が同様に公表され、投資判断に利用されるほか、前例として他者に参照されうるという意識を持つ必要がある。他方で、開示の前例はそれぞれ個別の状況や経緯を踏まえて作成されており、深い検討を加えずに闇雲に前例の文言を踏襲することは避けなければならない。そのような踏襲の仕方は「ひな型・紋切り型」の開示に繋がることになり、投資家の投資判断に資さないものになるおそ

---

25) 反対に、登記が通っていることが実体法上も適法であるということを意味するものでもないため、両方の観点での検討が必要であり、ある条項について商業登記簿の前例が存在することにより実体法上の有効性が保証されるものでもない。

26) https://www.jpx.co.jp/equities/listing/disclosure/guidebook/index.html

27) https://faq.jpx.co.jp/disclo/tse/web/index.html

れがある。そのため、前例を参考にする際には、なるべく多くの事例を収集したうえで、前例の各文言の背景・趣旨を経験に照らして実体的に考察するとともに、今回の事案の具体的な状況を踏まえて、自身がドラフトする開示書類にその考察を反映していくというイメージを持つことが重要である。

［宮下優一＝Ⅰ1・Ⅱ1・2⑶・Ⅲ3、
吉澤　優＝Ⅰ2・6・7・Ⅱ2⑵・Ⅲ2、
諸井領児・増田亮太＝Ⅰ3〜5・Ⅱ2⑴・Ⅲ1］

第8章

金融規制分野のリサーチ

I　金融規制法実務の特徴

1　金融規制法とは

　日本において金融規制法という名称の法令が存在するわけではないが、銀行法、保険業法、金融商品取引法のように、金融規制に関連するルールを規定している法令の総称として金融規制法という言葉が用いられることが一般的である。また、金融規制に関連する法令においては、実務において当てはめを行ううえで重要なルールが政令や内閣府令等の下位法令、所管官庁の告示、ガイドライン、これらの策定時のパブリックコメント回答、Q&A等において示されている場合も少なくない。所管官庁の告示、ガイドライン、パブリックコメント回答、Q&A等は、厳密には「法令」ではないものの、本章では、議論をわかりやすくするために、金融規制に関連する多種多様なルールを包括する言葉として金融規制法という言葉を用いることとする。

2　金融規制法の所管官庁

　金融規制法は、その所管官庁が多岐にわたる。

　例えば、金融庁が所管する金融規制法の代表的なものとして、「銀行法」、「保険業法」、「金融商品取引法」（以下、「金商法」）、「金融サービスの提供及び利用環境の整備等に関する法律」（以下、「金サ法」）、「社債、株式等の振替に関する法律」、「資産の流動化に関する法律」、「投資信託及び投資法人に関する法律」、「金融機関の信託業務の兼営等に関する法律」（以下、「兼営法」）、「信託業法」、「資金決済に関する法律」（以下、資金決済法」）、「貸金業法」、「出資の受入れ、預り金及び金利等の取締りに関する法律」（以下、「出資法」）、「利息制限法」

183

等がある。

また、国土交通省が所管する金融規制法の代表的なものとして、「不動産特定共同事業法」、「宅地建物取引業法」等がある。

また、経済産業省が所管する金融規制法の代表的なものとして、「投資事業有限責任組合契約に関する法律」、「有限責任事業組合契約に関する法律」、「商品先物取引法」[1]、「割賦販売法」等がある。

また、法務省が所管する金融規制法の代表的なものとして、「信託法」、「債権管理回収業に関する特別措置法」（以下、「サービサー法」）等がある。

また、金融機関が遵守することが要請されるという観点から、金融規制法に密接に関連する法令として、財務省の所管する「外国為替及び外国貿易法」、警察庁の所管する「犯罪による収益の移転防止に関する法律」（以下、「犯収法」）、個人情報保護委員会の所管する「個人情報の保護に関する法律」（以下、「個人情報保護法」）等がある。

3　金融規制法に関する案件の特徴

以下において詳述するとおり、金融規制法の分野においては、案件の個別具体的な事実関係、実現しようとしている事項等に応じてリサーチのために見るべき法令が異なる。例えば、銀行に関する案件であれば銀行法、保険会社に関する案件であれば保険業法、証券会社に関する案件であれば金商法のリサーチが必要になることが多いことは想像に難くないであろう。その一方で、例えば、銀行に関する案件であったとしても銀行の登録金融機関としての業務に関する案件であれば金商法のリサーチが必要となる。このように、金融規制法に関する案件に携わる場合には、個別具体的な事実関係を把握し、どの法令が問題になるのかを適切に見極めることがリサーチの最序盤において行うべき作業となることが多い。

また、各法令の内容は、非常に複雑なものが多く、正確な知識がないと具体的な適用場面と適用のあり方の検討が困難なものが多いということも金融規制法の分野の案件に取り組むうえでハードルとなり得るところである。このよう

---

1)　正確には、商品先物取引法は、農林水産省と経済産業省の共管である。

なハードルを乗り越えるためには、各法令の条項についての正確な理解だけでなく、当該条項の適用が論点となる企業活動（業務、サービス、取引、商品等）に対する正確な理解も必要となる。

これらに加え、金融規制法の分野においては、所管官庁の解釈や考え方を正確に把握しておくことも重要となる。文献等で紹介されている学説や実務家の見解等が参考になるケースがあることを否定するわけではないものの、何よりもまずリサーチを行い、依拠することを検討すべきは所管官庁の解釈や考え方である。そのため、Ⅱで詳述するとおり、法令だけではなく、所管官庁が公表しているガイドライン、パブリックコメント回答、Q&A等をリサーチする必要が生じる。

特に、抽象的な要件について規定する規制の個別の当てはめに関しては、所管官庁が公表しているガイドライン、パブリックコメント回答、Q&A等を参照しないと解決しないことが多く、これらを参照したとしても一義的に解決しないことがあり得るという悩ましい問題に直面することがある。そのような場合には、所管官庁に照会を実施するということも選択肢としてあり得る。

他方で、所管官庁の解釈も法令を前提とした1つの解釈であって、これが争われた場合に裁判所において全く同様の解釈がなされることが担保されているわけではない。リサーチの局面においては所管官庁の解釈を正確に把握することが重要であるものの、照会を実施する局面においては、各事業者が考えるあり得べき解釈を所管官庁に提示し、所管官庁と交渉するという姿勢も重要である。

また、金融規制法に関する案件に取り組むに際しては、各金融機関が加盟・所属している自主規制団体等の自主規制ルールやガイドライン等についても検討が必要となる場合があるため、この点についても十分な注意を払う必要がある。

4　各種ガイドラインやプリンシプル等の位置づけ

この点に関しては、具体的なイメージを持つことが有益であろうと考えられるため、金融規制に関する多くの法令の所管官庁である金融庁のケースを例に挙げる。金融庁は、銀行、保険会社、金融商品取引業者等のように業態別に

「監督指針」と呼ばれるガイドラインを策定・公表している。これらは、各金融機関の検査・監督を担う金融監督当局の職員向けの手引書として、検査・監督に関する基本的考え方、事務処理上の留意点、監督上の評価項目等を体系的に整理したものであると説明されているが、実務においては、金融規制に係る法令の具体的な解釈、運用の指針を示したものの1つとして取り扱われているのが実態である。

　また、金融規制法の分野においては、「プリンシプル」と位置づけられているものがあり、代表的なものとして、会社の持続的な成長と中長期的な企業価値の向上のために策定された「コーポレートガバナンス・コード」（2021年6月11日）[2]や「『責任ある機関投資家』の諸原則——日本版スチュワードシップ・コード」（2020年3月24日）[3]、顧客である国民の安定的な資産形成に資するよう金融事業者の取組を後押しするために策定された「**顧客本位の業務運営に関する原則**」（2024年9月26日改訂）[4]がある。これらは、法令そのものではないため、遵守することが直ちに義務づけられているわけではなく、いわゆる「コンプライ・オア・エクスプレイン」（原則を実施するか、実施しない場合には、その理由を説明するか）の手法が採用されている。もっとも、原則を実施するという選択をした場合には、各原則と矛盾するような企業活動はなされるべきではなく、実務においては法令と同様に機能する面があることも否定できない。

　上記に加え、金融庁が公表する資料に「ディスカッション・ペーパー」と呼ばれるものがある。これは監督者である金融当局と被監督者である金融機関との間の、より良い実務に向けた対話の材料のためのものであると位置づけられており、法令そのものではないものの、「ディスカッション・ペーパー」が策定されている分野については、金融当局の考え方を知るうえで有益な資料であると言えよう。

---

2)　https://www.jpx.co.jp/equities/listing/cg/tvdivq0000008jdy-att/nlsgeu000005lnul.pdf
3)　https://www.fsa.go.jp/news/r1/singi/20200324/01.pdf
4)　https://www.fsa.go.jp/news/r6/20240926/02.pdf
　　なお、リサーチに際しては最新版を参照していただきたい。

II　金融規制法全般にかかるリサーチツール

1　法律、施行令、施行規則、告示等

　金融規制法においては、法律から下位法令に委任されている場合が非常に多い点が大きな特徴の1つである。法律からある下位法令に委任され、当該下位法令からさらに別の下位法令に委任されていたり、逆に当該下位法令において、法律で定義されている用語が用いられていたりすることにより、法律と複数の下位法令を行ったり来たりしなければならないことも少なくない。このような複雑な委任関係を理解して根気よく条文を読み込む姿勢も必要だが、委任関係を把握するために書籍等のリサーチツールを参照することも有用である。

　また、I 1にも記載のとおり、金融規制に関連する法令は多岐にわたっており、検討対象となる事項がいずれの法令に関連するかの見極めが必要である（代表的な法令については、I 2に列挙されているので、そちらを参照されたい）。その見極めに際しての重要な視点として、III 1でも記載するとおり、規制対象業務ごとに適用される法令・ルールが大きく異なることを意識する必要があり、そのため、どのような規制対象業務があるのかという切り口から金融規制法を分類・把握しておくことも有益である。代表的な規制対象業務としては、次頁の図表8-1のものが挙げられる。

2　各種ガイドライン

　I 4に記載のとおり、検討対象となる事項に対応するガイドラインを確認することも必須である。各分野の代表的なガイドラインについては、下記III 2を参照されたい。

　ガイドラインの重要性を示す一例として、銀行の子会社業務範囲規制に関する論点がある。具体的には、銀行の子会社業務範囲規制（銀行16条の2）は、法令上は子会社（同法2条8項）のみがその対象となっている。もっとも、「**主要行等向けの総合的な監督指針**」（2025年1月）[5] V-3-3 および「**中小・地域金**

---

　5)　https://www.fsa.go.jp/common/law/guide/city/index.html

図表 8-1

規制対象業務	規制法
銀行業、銀行代理業、電子決済等代行業、および電子決済等取扱業	銀行法
生命保険業、損害保険業、保険募集人および保険仲立人	保険業法
信託業および信託契約代理業	信託業法
第一種金融商品取引業、第二種金融商品取引業、投資助言・代理業、投資運用業、登録金融機関業務および金融商品仲介業	金商法
自家型前払式支払手段または第三者型前払式支払手段の発行の業務、資金移動業、電子決済手段等取引業および暗号資産交換業	資金決済法
貸金業	貸金業法
金融サービス仲介業	金サ法
不動産特定共同事業	不動産特定共同事業法
宅地建物取引業	宅地建物取引業法
商品先物取引業および商品先物取引仲介業	商品先物取引法
包括信用購入あっせん、個別信用購入あっせん、およびクレジットカード番号等取扱契約締結にかかる事業	割賦販売法
債権管理回収業	サービサー法

融機関向けの総合的な監督指針」（2025 年 1 月）[6] Ⅲ-4-7 の規定に基づき、銀行の子会社業務範囲規制は、銀行の子法人等（銀行法施行令 4 条の 2 第 2 項）および関連法人等（同令同条 3 項）にも及ぶものと解釈されており、かかる解釈が実務において定着している。このような論点は多岐にわたり、金融規制法の実務において、監督指針は法令とほぼ同様の位置づけでリサーチの対象となっているのが実態である。

なお、各種ガイドラインにおいては定義語が定められていないために、適用範囲が不明確な場合がある。このような場合は、Ⅱ3 記載のパブリックコメント回答も併せて確認する必要がある。

3 パブリックコメント回答等

法令や各種ガイドラインの解釈や当てはめを確認したい場合には、パブリッ

---

6) https://www.fsa.go.jp/common/law/guide/chusho/index.html

第 8 章　金融規制分野のリサーチ

クコメント回答や、ノーアクションレター制度における回答、一般的な法令解釈に係る書面照会手続における回答、広く共有することが有効な相談事例における回答、グレーゾーン解消制度に基づく回答、所管官庁による Q&A 等[7]が実務上非常に重要になる。

　ただし、各種回答等が前提とする事実関係と異なる事実関係であれば、各種回答等と異なる結論になる可能性は十分にある。そのため、各種回答等を過度に一般化して理解することは避け、各種回答等が前提とする事例や回答の射程をしっかりと分析することが重要である。

4　審議会での議論等

　法令改正が行われる場合には、所管官庁を事務局とした審議会が開催され、有識者による議論を経る場合が多く、法令の解釈について当該審議会での議論が参考になる場合もある。金融庁であれば**金融審議会での議論に関する資料**[8]が重要であるほか、**各種自主規制機関**[9]**での議論に関する資料等**も参考になる。

　ただし、審議会の事務局説明資料は、審議会における議論のたたき台として提示されているものであり、審議会における議論の進捗に応じて流動的なものであることから、審議会における議論の経過を全体として把握したうえで参考にする必要があると考えられる。また、審議会においては、それまでの議論を取りまとめた報告書が公表される場合が多いが、そうした報告書についても、その後の国会における審議[10]等を経て法令改正の方向性が修正されることがある点に留意が必要である。

5　（上記 1～4 以外の）所管官庁のウェブサイト

　所管官庁のウェブサイトでは、登録・届出の要否や提出書類の書式、公表す

---

7)　Q&A については、例えば、金融庁であれば、「**法令・指針等**」のページ（https://www.fsa.go.jp/common/law/index.html）にまとめられている。

8)　https://www.fsa.go.jp/singi/singi_kinyu/base.html

9)　例えば、金融庁所管の規制に関する自主規制機関であれば、**金融庁ウェブサイトの「自主規制機関等一覧表」**のページ（https://www.fsa.go.jp/koueki/koueki10.html）に、各機関のウェブサイトのリンクがまとめられている。

10)　国会における政府参考人の答弁や法案説明資料を確認することも有益である。

189

べき事項に関する説明等が確認できる。法令によっては逐条解説が掲載されている場合もある。

登録等が必要な規制対象業務について、**登録業者等の一覧**[11] や、**無登録業者の一覧**[12] 等が公表されている場合も多く、登録等の要否の検討にあたって一定程度参考になる。また、行政処分事例について公表されている場合も多く[13]、法令違反の有無や具体的な事実関係を前提とした行政処分の内容の確認および検討にあたって参考になる。

6 裁 判 例

金融規制法のリサーチにおいて所管官庁の解釈が重要であることはⅠ3に記載のとおりであるが、裁判所が判断を示した論点もあるため、他の法分野と同様に裁判例の検索も重要である。

7 書 籍

上記に加え、コンメンタールや逐条解説をはじめとした書籍の確認が不可欠である。Ⅲ2記載の個別の分野に関する書籍のほか、金融規制法全般については、**金子修ほか監修『金融機関の法務対策6000講Ⅰ～Ⅵ』**（金融財政事情研究会、2022年）は、金融規制法の各種論点が記載されており参考になる。

なお、各書籍で紹介されている学説や実務家の見解等が参考になるケースがあることを否定するわけではないものの、各書籍で紹介されている見解等が、所管官庁の解釈を引用したものであるのか、それ以外のものであるか（特に、学説や実務家の独自の見解であるか）については意識して確認する必要がある。

また、書籍の旧版をみると現在でも有益な記載が発見できたり、所管官庁の解釈の変化等を読み取ることができたりする場合もあるため、最新版の書籍に

---

11) 例えば、金融庁が所管する規制対象業務に関しては、**金融庁ウェブサイトに「免許・許可・登録等を受けている業者一覧」**のページ（https://www.fsa.go.jp/menkyo/menkyo.html）がある。

12) 例えば、金融庁が所管する規制対象業務に関しては、**金融庁ウェブサイトに「無登録業者との取引は要注意！！――無登録業者との取引は高リスク」**のページ（https://www.fsa.go.jp/ordinary/chuui/highrisk.html）がある。

13) 例えば、金融庁が所管する規制対象業務に関しては、**金融庁ウェブサイトに「行政処分事例集」**のページ（https://www.fsa.go.jp/status/s_jirei/kouhyou.html）がある。

加えて、必要に応じて旧版の書籍も併せて確認するとよい。

8　その他

　直近の法改正等に関しては、「**旬刊商事法務**」（商事法務）、「**金融法務事情**」（金融財政事情研究会）、「**金融財政事情**」（金融財政事情研究会）等の雑誌における立法担当者解説記事のほか、**法律事務所のニュースレター**も速報性の高い資料として有益である。

Ⅲ　個別の分野でのリサーチ

1　総　論

〔事例〕
　依頼者であるX社は、ウェブサイトを通じた消費者ローンの紹介ビジネスを行うことを計画している。X社は、同社ウェブサイト上で顧客に年齢や年収、希望借入金額等を入力してもらうことで、当該顧客のために、最適な消費者ローンを提供する貸金業者名やローンの商品名を紹介するサービスを想定しているとのことであり、同サービスに適用される規制について教えてほしいとの依頼を受けた。

(1)　参入規制

　金融規制法は、銀行業、保険業、信託業、金融商品取引業、金融サービス仲介業、資金移動業、暗号資産交換業等のように、顧客保護等の観点から規制する必要のある対象業務を類型化し、その規制対象業務を営もうとする場合について、「入口」の規制として参入規制を設け、免許や登録等を受けなければならないこととしている。

　上記〔事例〕では、X社は、顧客に対して具体的な消費者ローンを紹介するビジネス（以下、「本ビジネス」）を計画しているため、本ビジネスが金融規制法上どのような規制対象業務に該当するかを整理したうえで、免許や登録等の要否を検討する必要がある。

　消費者ローンは金銭ないし資金の「貸付け」（貸金業2条1項柱書、金融サービス11条5項）に該当するため、本ビジネスにおける紹介行為が「媒介」（貸金業2条1項柱書、金融サービス11条5項）に該当するか否かを検討することとなる。この

点について、「媒介」とは、一般には、他人の間に立って両者を当事者とする法律行為の成立に尽力する事実行為をいうと解されているが [14]、その該当性は、各金融規制法の趣旨を踏まえて個別事例ごとに実質的に判断する必要がある。貸金業法や金サ法上の「媒介」に関しては、法令上は具体的な定義規定が存在しないものの、金融庁が**監督指針** [15]、**パブリックコメント回答** [16]、**ノーアクションレター制度等における回答** [17] において解釈を示している。また、他の金融規制法における「媒介」に関しても、所管官庁から監督指針等において解釈が示されていることが多い。そこで、これらの監督指針や回答が前提とする事例や回答の射程（Ⅱ3参照）に留意して当該解釈を参考にしつつ、本ビジネスにおける紹介行為が「媒介」に該当するかを個別具体的に検討することとなる。

以上の検討を踏まえて、本ビジネスにおける紹介行為が、金銭ないし資金の「貸付け」の「媒介」を「業として行う」[18] ものに該当する場合には、原則として貸金業の登録（貸金業3条1項・2条1項柱書）または金融サービス仲介業のうち貸金業貸付媒介業務の登録（金融サービス12条・11条1項・同条5項）を受ける必要がある [19]。登録等の申請手続については、**所管官庁のウェブサイト**にまとめられている場合も多いが [20]、そのようなウェブサイトが用意されてい

---

14) 髙橋康文編『詳解 証券取引法の証券仲介業者、主要株主制度等』（大蔵財務協会、2004年）103頁等。

15) 金融庁「金融サービス仲介業者向けの総合的な監督指針」（2025年1月）Ⅷ-3-1-1（https://www.fsa.go.jp/common/law/guide/kinsa/index.html）。

16) 金融庁「『令和2年金融商品販売法等改正に係る政令・内閣府令案等』に関するパブリックコメントの結果等について」（2021年6月2日）別紙1（以下、「金サ法パブコメ回答」）107-112頁No.152～164（https://www.fsa.go.jp/news/r2/sonota/20210602/01.pdf）。

17) 「金融庁における法令適用事前確認手続（回答書）」（2007年7月9日）（https://www.fsa.go.jp/common/noact/kaitou/024/024_03b.pdf）、「金融庁における一般的な法令解釈に係る書面照会手続（回答書）」（2015年12月1日）（https://www.fsa.go.jp/common/noact/ippankaitou/kashikin/01b.pdf）等。

18) 免許や登録等の要否を検討するにあたっては、「営業」「業として行う」との要件に該当するかが問題になることも少なくない。

19) 「当該契約について顧客に対し高度に専門的な説明を必要とするものとして政令で定めるもの」の締結の媒介は貸金業貸付媒介業務が除かれており（金融サービス11条5項・同法施行令20条）、典型的には消費者向けカードローンが想定されているが（金サ法パブコメ回答4頁No.13）、上記事例における消費者ローンはこれに該当しないことを前提とする。

20) 貸金業の登録申請手続については、たとえば**東京都産業労働局のウェブサイト**が参考になる（https://www.sangyo-rodo.metro.tokyo.lg.jp/sinsei/kinyu/kashikin/）。

ない場合も少なくない。そうした場合には、コンメンタール等の書籍を参照しながら、根拠条文にあたって要件や必要書類を個別に確認していく必要がある。

なお、貸金業の登録と貸金業貸付媒介業務の登録はいずれか一方しか受けることができない（貸金業10条1項6号・同条2項、金融サービス16条6項・同条3項8号ニ、同法同条4項・同条3項8号ニ参照）ため、いずれの登録を受けるかは、下記(2)行為規制の内容等も踏まえて検討する必要がある。

(2) 行為規制

金融規制法は、参入後も適正な業務の運営を行わせるために、各種金融業者に対して一定の行為を禁止もしくは制限し、または一定の行為もしくは体制の整備を義務付けている。

上記〔事例〕では、貸金業または貸金業貸付媒介業務の登録を受けることを検討しているため、以下では、両者に対する主要な行為規制を比較する。

まず、貸金業者は、貸金業務取扱主任者という資格者を設置しなければならず（貸金業12条の3）、また、貸付けの契約を締結しようとする場合、顧客等の返済能力を調査しなければならない（同法13条1項）。顧客等が個人である場合には、当該調査には指定信用情報機関が保有する信用情報を使用しなければならない（同条2項）。また、顧客等の返済能力を超える貸付けが禁止されている（同法13条の2）。もっとも、貸金業者を債権者とする金銭の貸借の媒介を行う貸金業者には、指定信用情報機関が保有する信用情報を使用した返済能力調査義務は課されず（貸金業法施行規則10条の16第2号・同規則1条の2の3第5号）、いわゆる総量規制も課されない（同規則10条の21第1項8号・同規則1条の2の3第5号）。

他方で、貸金業貸付媒介業務を行う金融サービス仲介業者は、上記のような返済能力調査義務等が課されていないだけでなく、貸金業務取扱主任者を設置する必要もない（金融サービス32条参照）。

上記〔事例〕においては、上記の差異を踏まえると、X社が媒介サービスのみを提供するのであれば、貸金業の登録よりも貸金業貸付媒介業務の登録を受ける方が有力な選択肢になるとも思われるが、登録取得後の事業やサービス内容の拡大の可能性、実際の登録申請手続の負担[21]その他の点も踏まえて総合

的に検討する必要がある[22]。

(3) その他

これらの規制のほか、例えば金商法においては、投資者保護や資本市場の健全性確保等のために、企業内容等の開示の制度や不公正取引規制が定められている。これらは、前記(1)・(2)の参入規制や行為規制と異なり、規制対象が一定の金融業を営もうとする者または営む者に限定されないため、前記の規制対象業務への該当性とは別に検討する必要がある。

2 各 論
(1) 銀行分野

銀行分野のリサーチの出発点となるのは、銀行法に係る正確な理解と所管官庁である金融庁の解釈、運用の方針の確認である。そのため、多くの場合において、金融庁が公表している「**主要行等向けの総合的な監督指針**」および「**中小・地域金融機関向けの総合的な監督指針**」に関連する記載がないかという観点からのリサーチは必須の作業となると言えよう。これらの監督指針に関しては、「**様式・参考資料編**」[23]も金融庁のウェブサイトにおいて公表されている。法令等に基づく申請、届出を実施する場合には、個々の申請、届出の根拠となる法令等に定められた事項が申請書、届出書に記載されているかどうかが所管官庁によって審査、確認されることになるが、当該「**様式・参考資料編**」は、申請、届出の頻度が高いものを中心に書式例を定めて公表するものであると説明されており、各種申請、届出の実務において参照されることの多い有益な資料である。また、所管官庁である金融庁の解釈、運用の方針の確認という観点からは、下

---

21) 例えば、貸金業の登録に関しては、**日本貸金業協会による支援制度**がある（https://www.j-fsa.or.jp/association/join/support.php）。

22) 例えば、財産的要件の有無、役職員に要求される経験の水準、犯収法上の取引時確認義務の有無等についても、**監督指針やパブリックコメント回答まで含めて確認のうえ検討する必要がある**。

23) 「**主要行等向けの総合的な監督指針**」に関しては、https://www.fsa.go.jp/common/law/guide/city_b.html。「**中小・地域金融機関向けの総合的な監督指針**」に関しては、https://www.fsa.go.jp/common/law/guide/chusho_b.html。

位法令の策定時や監督指針の改正時に実施されるパブリックコメント回答におい
て、金融庁の考え方が示されていないかを確認することも必須の作業となる。

　また、銀行法について解説した文献等は決して多くないのが実情であるとこ
ろ、金融庁の担当官が監修した**池田唯一＝中島淳一監修『銀行法』**（金融財政事
情研究会、2017 年）は、所管官庁の担当官の説明がまとまっているという観点か
ら貴重な文献であり、リサーチに際して参照されることが多い。また、法令改
正のあった制度や論点については、銀行法に関して大きな改正が行われる際に
概ね発刊される**『逐条解説』シリーズ**（商事法務）を参照することが有益であ
る。立法担当者による条文解説がなされており、条文の文言に必ずしも顕われ
ていない内容が記載されていることがあるため、実務上よく参照される。これ
らに加え、執筆・掲載時からやや時間が経ってはいるものの、**家根田正美＝小
田大輔「実務相談　銀行法」**（「金融法務事情」での連載〔全 55 回〕、2011 年～2017 年）
も実務において問題となる論点が多く取り上げられており、参照されることの
多い文献である。また、銀行法に係る多くの制度や論点がカバーされている基
本書的な位置づけの文献として**小山嘉昭『銀行法精義』**（金融財政事情研究会、
2018 年）があり、銀行法の体系的な理解に資するものと言えよう。

　また、個別の論点に関しては、例えば、銀行代理業に関するリサーチを行う
場合、まず上記監督指針や文献等を参照することになるが、これらに加えて、
赤上博人＝渡邉雅之『Q&A わかりやすい銀行代理業・電子決済等代行業』（金
融財政事情研究会、2019 年。以下、「赤上＝渡邉・Q&A」）を参照することも有益であ
る。また、外国銀行代理業務に関するリサーチを行う場合には、金融庁に寄せ
られた照会を体系づけて整理した「**外国銀行代理業務に関する Q&A（改訂
版）**」（2019 年 6 月改訂）[24] が公表されているため参照すべきである。

(2)　保険分野

　保険分野においても、銀行分野のリサーチと同様に、リサーチの出発点は、
法令に係る正確な理解と所管官庁である金融庁の解釈、運用の方針の確認であ
る。保険分野の根拠法令には、主として業規制を定めた保険業法[25] の他に、

---

24)　https://www.fsa.go.jp/common/law/gaigindairi.pdf

保険に関する取引法に当たる保険法があり、必要に応じてそれぞれの観点からの調査、検討が必要となる。**金融庁のウェブサイト**には、「**保険会社向けの総合的な監督指針**」(2024年12月)[26]、「**少額短期保険業者向けの監督指針**」(2025年1月)[27]、「**認可特定保険業者向けの総合的な監督指針**」(2024年11月)[28]といった監督指針やこれらの「**様式・参考資料編**」や「**様式集**」[29]、**パブリックコメント回答**が公表されており、これらに関連する記載がないかを確認することは、リサーチにおいて必須の作業となる。また保険業該当性に関しては、「**保険業該当性に関するQ&A**」(2023年11月)[30]に金融庁の基本的な考え方や解釈がまとめられており、保険業該当性が問題となるケースにおいては必ず参照すべきである。

また、一般社団法人生命保険協会のウェブサイトの「行動規範・指針・自主ガイドライン等」のページ[31]や、一般社団法人日本損害保険協会のウェブサイトの「規範、方針、指針・基準、ガイドライン等」のページ[32]等にまとめられている自主規制規則等を参照することも有用である場合が多い。

保険業法に関する書籍としては、**安居孝啓編著『最新 保険業法の解説〔改訂4版〕』**(大成出版社、2024年)が網羅的な解説がなされていることもあり実務上参照されることが多い。また、金融庁監督局保険課での勤務経験のある弁護士が執筆した、**吉田和央『詳解 保険業法〔第2版〕』**(金融財政事情研究会、2023年)や**錦野裕宗＝稲田行祐『保険業法の読み方——実務上の主要論点 一問一答〔3訂版〕』**(保険毎日新聞社、2017年)も実務において問題となる論点が多く取り上げられており、参照されることの多い文献である。また、**日本生命保険生命保**

---

25)　なお、保険業法の条文は銀行法の条文と類似点が多く、銀行法における解釈も一定程度参考になる。

26)　https://www.fsa.go.jp/common/law/guide/ins/index.html

27)　https://www.fsa.go.jp/common/law/guide/syougaku/index.html

28)　https://www.fsa.go.jp/common/law/guide/ninka/index.html

29)　「保険会社向けの総合的な監督指針」に関しては、https://www.fsa.go.jp/common/law/guide/ins_b.pdf、「少額短期保険業者向けの監督指針」に関しては、https://www.fsa.go.jp/common/law/guide/syougaku_b.pdf、「認可特定保険業者向けの総合的な監督指針」に関しては、https://www.fsa.go.jp/common/law/guide/ninka_b.pdf。

30)　https://www.fsa.go.jp/common/law/hokenngaitouseiqanda.pdf

31)　https://www.seiho.or.jp/activity/guideline/

32)　https://www.sonpo.or.jp/about/guideline/index.html

険研究会編著『生命保険の法務と実務〔第4版〕』（金融財政事情研究会、2023年）や東京海上日動火災保険株式会社編著『損害保険の法務と実務〔第2版〕』（金融財政事情研究会、2016年）は、各分野の実務の理解の促進の観点から有用である。

　また、保険法のリサーチを行う場合には、宮島司編著『逐条解説 保険法』（弘文堂、2019年）が逐条解説の形式ということもあり、リサーチの端緒として有用である。その他にも、山下友信『保険法(上)・(下)』（有斐閣、2018年・2022年）、山下友信＝永沢徹編著『論点体系 保険法(1)・(2)〔第2版〕』（第一法規、2022年）、萩本修編著『一問一答 保険法』（商事法務、2009年）は、幅広い論点に触れており、参照されることの多い文献である。

(3) キャピタルマーケット分野

　キャピタルマーケット分野は、金融規制法の一分野として位置づけられるものではあるものの、記載の重複を避ける観点からここでの記載は省略する。詳細は、「第7章 ファイナンス分野のリサーチ」を参照されたい。

(4) 証券化・流動化分野

　証券化・流動化分野は、金融規制法の一分野として位置づけられるものではあるものの、記載の重複を避ける観点からここでの記載は省略する。詳細は「第7章 ファイナンス分野のリサーチ」を参照されたい。

(5) 金商法上の業規制分野（ファンド分野以外）

　金商法上の業規制分野についても、所管官庁である金融庁の解釈、運用の方針の確認がリサーチの出発点となる。リサーチの端緒として、「金融商品取引業者等向けの総合的な監督指針」（2025年1月）[33]やその「別紙様式集」[34]、パブリックコメント回答を確認することは必須である。また、法令の解釈を検討するに際して、日本証券業協会のウェブサイトの「制度・ガイドライン・諸規則等」のページ[35]や、一般社団法人第二種金融商品取引業協会のウェブサイトの「自主規制規則等の制定」のページ[36]等を参照することも多い。

---

33)　https://www.fsa.go.jp/common/law/guide/kinyushohin/index.html

34)　https://www.fsa.go.jp/common/law/guide/kinyushohin_b.pdf

金商法上の業規制分野の文献は多数存在するため、その全てを羅列すること
は困難であるものの、リサーチの端緒として実務上多く参照される文献は、**神
田秀樹ほか編著『金融商品取引法コンメンタール(2)業規制』**（商事法務、2014 年）
であろう。逐条解説の形式であるだけでなく、パブリックコメント回答や日本
証券業協会等の定めるルールにも数多く言及した内容となっており、業規制分
野のリサーチの端緒として非常に有用である。また、**岸田雅雄監修『注釈金融
商品取引法(2)業者規制〔改訂版〕』**（金融財政事情研究会、2022 年）も逐条解説の
形式であり有用である。また、逐条解説の形式ではないものの、**神崎克郎ほか
『金融商品取引法』**（青林書院、2012 年）も業規制分野の論点に幅広く触れており、
解説の詳しさも相俟ってリサーチで活用する場面は多い。この他にも、条文ご
とに論点を抽出し解説を加えた**黒沼悦郎 = 太田洋編著『論点体系 金融商品取
引法(2)業者規制・不公正取引・課徴金〔第 2 版〕』**（第一法規、2014 年）や、実務
上の論点に多く触れている**長島・大野・常松法律事務所編『アドバンス金融商
品取引法〔第 3 版〕』**（商事法務、2019 年）、事例の紹介が充実しており比較的新
しい文献である**近藤光男 = 石田眞得編著『事例体系 金融商品取引法』**（弘文堂、
2024 年）も、リサーチにおいて有用である。また、**『逐条解説』**シリーズ（商事
法務）は、立案担当者による法改正に関する解説書であり、該当条文に関する
リサーチを行う際には、参照することは必須である。なお、平成 19 年の金商
法施行時の議論については、現時点においてもリサーチの重要性は高く [37]、
三井秀範 = 池田唯一監修『一問一答 金融商品取引法〔改訂版〕』（商事法務、
2008 年）や**松尾直彦編著『金融商品取引法・関係政府令の解説』**別冊商事法務
318 号（2008 年）は当時の議論の状況を知るために是非参照したい文献である。
これらに加え、**飯田秀総監修『実務問答金商法』**（商事法務、2022 年）[38] は、実

---

35)　https://www.jsda.or.jp/shijyo/seido/?_ga=2.8796535.359218267.1724039141-963461620.168
　　6054276

36)　https://www.t2fifa.or.jp/self-regulation/enact/

37)　金商法施行前の旧法（証券取引法や有価証券に係る投資顧問業の規制等に関する法律）にお
　　ける議論をリサーチする必要がある場面も少なくない。紙幅の都合上、網羅的に紹介すること
　　は難しいが、旧法に関する代表的な文献としては、例えば、**河本一郎 = 関要監修『逐条解説証券取
　　引法〔3 訂版〕』**（商事法務、2008 年）や投資顧問業関係法令研究会編『投資顧問業法逐条解説』
　　（大蔵財務協会、1994 年）が挙げられる。

務上問題となることの多い論点を設問形式で解説する連載をまとめた文献であり、参照されることが多い。また、**大越有人＝岩井宏樹「論点解説 金融商品取引法における業規制」**（「金融法務事情」での連載〔全 30 回〕、2021 年～2024 年）も、近時まで続いていた連載であり、近時参照されることの多い文献である。

(6) ファンド分野

　ファンド分野（主としていわゆる集団投資スキーム〔金商 2 条 2 項 5 号〕にかかわる案件）に携わる場合にまず参照すべきリサーチツールとしては、**金融庁および財務局のウェブサイト**が挙げられる。具体的には、各種登録・届出の要否や規制内容等といったファンド関連ビジネス全般に関する情報がまとめられた**金融庁ウェブサイトの「ファンド関連ビジネスを行う方へ（登録・届出業務について）」のページ** [39] のほか、各業務を行うにあたっての具体的な届出書類や公表すべき事項が記載された**関東財務局ウェブサイトの「適格機関投資家等特例業務関係（届出等）」のページ** [40] や**金融庁ウェブサイトの「海外投資家等特例業務・移行期間特例業務を行うみなさまへ」のページ** [41]、新規に日本に参入する海外資産運用会社等の登録に関する情報がまとめられた**金融庁ウェブサイトの「『拠点開設サポートオフィス』について」のページ** [42] 等が有用である。なお、集団投資スキームによるファンドを組成する際に根拠法となることが多い、投資事業有限責任組合契約に関する法律（一般に「LPS 法」と呼ばれる）については、**経済産業省ウェブサイトの「投資事業有限責任組合（LPS）制度について」のページ** [43] に逐条解説や FAQ 集があるほか、**ファンド法務税務研究会『Q&A 投資事業有限責任組合の法務・税務〔改訂版〕』**（税務経理協会、2020 年）が有用である。

　また、ファンドに関する規制を調査する場合は、(5)に記載した書籍に加え、ファンドに関する規制を概説した**伊東啓ほか『ファンドビジネスの法務〔第 4**

---

38)　2024 年 12 月末日現在、「旬刊商事法務」において、当該連載が継続中である。

39)　https://www.fsa.go.jp/common/shinsei/fund.html

40)　https://lfb.mof.go.jp/kantou/kinyuu/kinshotorihou/tokurei.htm

41)　https://www.fsa.go.jp/common/shinsei/spbfitp/index.html

42)　https://www.fsa.go.jp/policy/marketentry/index.html

43)　https://www.meti.go.jp/policy/economy/keiei_innovation/keizaihousei/kumiaihou.html

版〕』（金融財政事情研究会、2022 年）や、実務上よく利用されている適格機関投資家等特例業務の解説に特化した**後藤慎吾『適格機関投資家等特例業務の実務』**（中央経済社、2017 年）が有用である。

　さらに、ファンドの契約実務に関しては、実務上多くの案件でベースとされている**経済産業省ウェブサイト**に掲載されているモデル契約およびその解説のほか、**本柳祐介『ファンド契約の実務 Q&A〔第 3 版〕』**（商事法務、2021 年）、**福田匠『プライベート・エクイティ・ファンドの法務〔第 2 版〕』**（中央経済社、2019 年）、**一般社団法人日本ベンチャーキャピタル協会ほか編著『ベンチャーキャピタルファンド契約の実務』**（金融財政事情研究会、2019 年）を参照するとよい。

(7) デリバティブ取引分野

　日本においてデリバティブ取引を規制する主要な法律は、金商法および商品先物取引法である。これらの法令の規制対象となるか否かは、対象となる資産や指標等によって決まることとなるため、各法令に規定されている定義等に照らし、いずれの法令の適用のある取引であるかを適切に見定める必要がある。そのうえで、金商法の適用のあるデリバティブ取引に関しては、上記(5)に記載したとおり、金商法の所管官庁である金融庁の解釈、運用の方針や、金商法に係る文献を確認することが必要かつ有用である。他方で、商品先物取引法の適用のあるデリバティブ取引に関しては、所管官庁である経済産業省および農林水産省の解釈、運用の方針を確認することが必要となる。この点、**経済産業省ウェブサイトの「商品先物取引における関係者及び制度」**のページ [44] および**農林水産省ウェブサイトの「商品先物取引」**のページ [45] にそれぞれ有用な情報がまとまっているため参照すべきである。

　デリバティブ取引分野に関する文献としては、デリバティブ取引に関するどのような論点をリサーチしたいかによって見るべき文献が大きく異なり得るものの、例えば、**福島良治『デリバティブ取引の法務〔第 5 版〕』**（金融財政事情研究会、2017 年）や**土屋剛俊ほか『新クレジット・デリバティブのすべて』**（財経

---

44)　https://www.meti.go.jp/policy/commerce/b00/b0100002.html

45)　https://www.maff.go.jp/j/shokusan/syoutori/index.html

詳報社、2019 年）は、デリバティブ取引一般とデリバティブ取引に係る法的問題の所在の理解に有益であり、参照されることの多い文献といえよう。

また、商品先物取引法に関しては、**河内隆史＝尾崎安央『新版 商品先物取引法』**（商事法務、2019 年）や**高島竜祐＝野津山喜晴編『逐条解説 商品先物取引法——業者規制について』**（商事法務、2011 年）は参照されることの多い文献といえよう。

なお、店頭デリバティブ取引に関しては、ISDA（国際スワップ・デリバティブ協会）が公表している ISDA マスター契約という基本契約書が世界的に広く用いられている。ISDA マスター契約を用いたデリバティブ取引に関するリサーチを行う際には、**『2002 年版 ISDA マスター契約概説書』**や**『ISDA Credit Support Annex 概説書』**等の ISDA の出版物を参照することが特に有用である。これに加えて、**植木雅広『必携デリバティブ・ドキュメンテーション』シリーズ**（近代セールス社）もデリバティブ取引に係る契約の構造等を検討する際に参照されることの多い文献である。

⑻ 不公正取引分野

不公正取引分野のコンメンタールとしては、**神田秀樹ほか編著『金融商品取引法コンメンタール⑷』**（商事法務、2011 年）や**岸田雅雄監修『注釈金融商品取引法⑷不公正取引規制〔改訂新版〕』**（金融財政事情研究会、2022 年）、**黒沼悦郎＝太田洋編著『論点体系 金融商品取引法⑶不公正取引・課徴金〔第 2 版〕』**（第一法規、2022 年）がある。

不公正取引分野のうちインサイダー取引規制については、金融庁ウェブサイトの「インサイダー取引規制に関する Q&A」（2024 年 4 月 19 日最終改訂）[46]や「情報伝達・取引推奨規制に関する Q&A」（2013 年 9 月 12 日）[47]、**日本取引所グループウェブサイトの「インサイダー取引」**のページ[48]を確認する必要がある。また、最近の改正が反映されていない点は留意が必要であるが、**西村あさひ法律事務所・危機管理グループ編『インサイダー取引規制の実務〔第 2**

---

46) https://www.fsa.go.jp/news/r5/shouken/20240419/240419insider_qa_.pdf

47) https://www.fsa.go.jp/news/25/syouken/20130912-1/01.pdf

48) https://www.jpx.co.jp/regulation/preventing/insider/index.html

版〕』（商事法務、2014 年）が有用である。なお、同書籍で引用されている書籍（横畠裕介『逐条解説 インサイダー取引規制と罰則』〔商事法務研究会、1989 年〕や三國谷勝範編著『インサイダー取引規制詳解』〔資本市場研究会、1990 年〕等）についても確認できるとよいが、入手困難となっているものも少なくない。

　相場操縦規制については、**日本取引所グループウェブサイトの「相場操縦取引」のページ**[49] のほか、証券取引等監視委員会における不公正取引に関する調査業務の経験者らが執筆した**清水真一郎 = 志村聡『実例解説 相場操縦事件』**（商事法務、2022 年）を確認するとよい。

　また、証券取引等監視委員会ウェブサイトの「**課徴金事例集・開示検査事例集**」のページ[50] で毎年公表されている「**金融商品取引法における課徴金事例集──不公正取引編**」が具体的な事例の当てはめの参考になる。

⑼　信託分野

　信託分野において確認すべき主要な法令として、信託法、信託業法および兼営法がある。信託法は、信託の定義や信託財産、受託者の義務、委託者や受益者の権利、一部の信託に関する特例等、信託に関する基本的なルールを定めた法律である。また、信託業を営む信託会社等には、信託業法の適用がある。さらに、銀行等の金融機関が信託業務を行う際には、兼営法が適用される[51]。

　信託業法および兼営法に関するリサーチの出発点としては、これらの法令の所管官庁である金融庁の解釈、運用の方針の確認をする必要がある。具体的には、**金融庁のウェブサイト**にて公表されている「**信託会社等に関する総合的な監督指針**」（2025 年 1 月）[52] やその**別紙様式集**[53]、平成 16 年の信託業法の立案やその後の改正に係るパブリックコメント回答等を参照すべきである。また、やや古い日付の資料となるが、金融庁の公表資料としては、2007 年 9 月に公表された「**信託業法 Q&A**」[54] があり、必要に応じて参照すべきである。

---

49)　https://www.jpx.co.jp/regulation/preventing/manipulation/index.html
50)　https://www.fsa.go.jp/sesc/jirei/index.html
51)　なお、兼営法には信託業法の準用規定が定められており、信託銀行等の信託兼営金融機関には信託業法の一部が準用して適用される。
52)　https://www.fsa.go.jp/common/law/guide/shintaku/index.html
53)　https://www.fsa.go.jp/common/law/guide/shintaku_b.pdf

信託業法および兼営法に係る文献としては、**高橋康文『詳解 新しい信託業法』**（第一法規、2004 年）があり、信託業法の立案担当者による解説がなされていることから、実務上参照されることが多い。また、**小出卓哉『逐条解説 信託業法』**（清文社、2008 年）は、信託業法の改正に携わった立案担当者による逐条解説であり、同文献も実務上参照されることが多い。

他方、信託法のリサーチにおいては、現行の信託法の立案担当者による**村松秀樹編著『概説 信託法』**（金融財政事情研究会、2023 年）が比較的近時の文献ということもありリサーチにおいて有用な場面が多いと言えよう。その他にも、逐条解説形式の文献として、**寺本昌広『逐条解説 新しい信託法〔補訂版〕』**（商事法務、2008 年）や、**道垣内弘人編著『条解信託法』**（弘文堂、2017 年）も、リサーチにおいて有用である。

また、**三菱 UFJ 信託銀行編著『信託の法務と実務〔7 訂版〕』**（金融財政事情研究会、2022 年）は信託実務の理解の促進の観点から有用である。

⑩ 決済分野

決済分野は、根拠法令が銀行法、資金決済法および割賦販売法にまたがっており、関連する業態も多岐にわたっているため、まずは業態ごとに制度概要や登録申請手続、自主規制規則等についてまとめられている各所管官庁および自主規制機関等のウェブサイトを参照することが有用である。具体的には、**金融庁ウェブサイトの「FinTech サポートデスクについて」のページ**[55]、**関東財務局ウェブサイトの「前払式支払手段（商品券・プリペイドカード等）・資金移動業」のページ**[56]、**日本資金決済業協会ウェブサイトの「事業者のみなさまへ」のページ**[57]、**金融庁ウェブサイトの「電子決済等代行業を営むみなさまへ」のページ**[58]、**全国銀行協会ウェブサイトの「オープン API のあり方に関する検討会」のページ**[59]、**金融庁ウェブサイトの「暗号資産関係」のペー**

---

54) https://www.fsa.go.jp/policy/shintaku/10.pdf
55) https://www.fsa.go.jp/news/27/sonota/20151214-2.html
56) https://lfb.mof.go.jp/kantou/kinyuu/pagekthp00400036.html
57) https://www.s-kessai.jp/businesses/
58) https://www.fsa.go.jp/common/shinsei/dendai/index.html
59) https://www.zenginkyo.or.jp/abstract/council/openapi/

ジ 60) および「電子決済手段等取引業・電子決済等取扱業を営もうとするみなさまへ」のページ 61)、日本暗号資産等取引業協会のウェブサイト 62)、経済産業省ウェブサイトの「クレジット取引」のページ 63)、日本クレジット協会のウェブサイト 64) 等が挙げられる。また、監督指針やガイドラインの確認も必須であり、資金決済法に基づく各種事業については、金融庁の事務ガイドライン（第三分冊：金融会社関係）「5 前払式支払手段発行者関係」、「14 資金移動業者関係」、「16 暗号資産交換業者関係」および「17 電子決済手段等取引業者関係」65) が公表されており、銀行法に規定される電子決済等取扱業および電子決済等代行業については「主要行等向けの総合的な監督指針」が公表されている。割賦販売法については、経済産業省による「割賦販売法（後払分野）に基づく監督の基本方針」（2021 年 2 月）66) が公表されている。

　資金決済法全般に関する書籍としては、高橋康文編著『新・逐条解説 資金決済法〔第 2 版〕』（金融財政事情研究会、2023 年）がある。その旧版である同編著『逐条解説 資金決済法〔増補版〕』（金融財政事情研究会、2010 年）や同編著『詳説 資金決済に関する法制』（商事法務、2010 年）も、（入手は難しくなっているが）当時の立法担当者らが執筆したものとして併せて確認したい書籍である。さらに、堀天子『実務解説 資金決済法〔第 5 版〕』（商事法務、2022 年）には、実務的な論点についての豊富な解説に加え、社内規程や利用約款のサンプル等の記載もあり、実務上参照する機会が多い。

　資金決済法のうち、暗号資産交換業については、河合健ほか編著『暗号資産・デジタル証券法』（商事法務、2020 年）や河合健＝関口智和編著『デジタル通貨・証券の仕組みと実務〔第 2 版〕』（中央経済社、2024 年）、増島雅和＝堀天子編著『暗号資産の法律〔第 2 版〕』（中央経済社、2023 年）を確認するとよい。

---

60)　https://www.fsa.go.jp/policy/virtual_currency02/index.html#sintyaku01-list5

61)　https://www.fsa.go.jp/common/shinsei/dendai/dentori.html

62)　https://jvcea.or.jp/

63)　https://www.meti.go.jp/policy/economy/consumer/credit/index.html

64)　https://www.j-credit.or.jp/

65)　https://www.fsa.go.jp/common/law/guide/kaisya/index.html

66)　https://www.meti.go.jp/policy/economy/consumer/credit/2102atobaraikantokunokihonhousin.pdf

第 8 章　金融規制分野のリサーチ

また、ステーブルコインについては、所管官庁の元立案担当者が執筆した**古市裕太『デジタルマネービジネスの法務』**（商事法務、2024 年）が参考になる。

また、銀行法に規定される電子決済等代行業については、当時の改正立案担当者らが執筆した**井上俊剛監修『逐条解説 2017 年銀行法改正』**（商事法務、2018 年）の確認が必須であるほか、**赤上 = 渡邉・Q&A** もパブコメに詳細に言及しており有益である。

割賦販売法については、**経済産業省商務情報政策局商務・サービスグループ商取引監督課編『令和 2 年版 割賦販売法の解説』**（日本クレジット協会、2021 年）は所管官庁による逐条解説として確認が必須である。このほか、**後藤巻則ほか『条解 消費者三法〔第 2 版〕』**（弘文堂、2021 年）や**阿部高明『逐条解説 割賦販売法 I・II〔第 2 版〕』**（青林書院、2023 年）も逐条解説書として有用である。さらに、実務的な論点を確認したい場合は、所管官庁の元立案担当者が執筆した**中崎隆『詳説 特定商取引法・割賦販売法』**（金融財政事情研究会、2021 年）が有用である。

また、決済分野全般における実務上の論点をまとめた書籍として、所管官庁の元担当者が執筆した**佐野史明『詳解 デジタル金融法務〔第 2 版〕』**（金融財政事情研究会、2024 年）が有用である。

⑾　信用分野

信用分野も根拠法令が多岐にわたっているが、貸金業法については、**金融庁の「貸金業者向けの総合的な監督指針」**（2025 年 1 月）[67]の確認が必要である。このほか、**上柳敏郎 = 大森泰人編著『逐条解説 貸金業法』**（商事法務、2008 年）と**大森泰人 = 遠藤俊英編『Q&A 新貸金業法の解説〔改訂版〕』**（金融財政事情研究会、2008 年）は、いずれも所管官庁の担当者が執筆に参加した書籍であるため、（特に前者は入手が難しくなっているが）最初に参照したいところである。

出資法については、**金融庁の事務ガイドライン（第三分冊：金融会社関係）「2 預り金関係」**[68]の確認が必要であるほか、入手が難しくなっているものの、**齋藤正和編著『新出資法』**（青林書院、2012 年）が有用である。

---

67)　https://www.fsa.go.jp/common/law/guide/kashikin.pdf
68)　https://www.fsa.go.jp/common/law/guide/kaisya/02.pdf

205

サービサー法については、**法務省ウェブサイトの「債権回収会社（サービサー）制度」**のページ[69]で法制度の概要やガイドライン等が確認できる。**黒川弘務『逐条解説 サービサー法〔4 訂版〕』**（金融財政事情研究会、2012 年）と**黒川弘務＝石山宏樹『実務サービサー法 225 問〔改訂 3 版〕』**（商事法務、2011 年）は、いずれも入手が難しくなっているが、所管官庁の担当者らが執筆した書籍であるため有用である。また、サービサー法は、弁護士法 72 条および 73 条の特例であるため、債権管理回収業の許可を受けるべきであるかの検討にあたり、弁護士法 72 条および 73 条に関する解釈を参照すべき場面もあるところ、そうした場合には、**法務省ウェブサイトの「弁護士法（その他）」**のページ[70]等が参考になる。

なお、割賦販売法については、(10)に記載した割賦販売法関連のリサーチツールを参照されたい。

⑿　マネロン分野

マネロン対策については、確認が必須のリサーチツールとして、**金融庁ウェブサイトの「金融機関におけるマネロン・テロ資金供与・拡散金融対策について」**のページ[71]が挙げられる。同ページからは、マネロン対策に関するガイドラインのほか、当該ガイドラインに関する FAQ 集や疑わしい取引の参考事例等の確認が可能である。また、上記ガイドラインの立案担当者らが執筆した**高橋良輔編著『マネロン・テロ資金供与対策の理論と実務』**（金融財政事情研究会、2022 年）も有益である。

犯収法については、**警察庁ウェブサイトの「犯罪収益移転防止法の解説、パブリックコメント」**のページ[72]に加えて、近時の犯収法改正の立案担当者らが執筆した逐条解説書である**犯罪収益移転防止制度研究会編著『全訂版 逐条解説 犯罪収益移転防止法』**（東京法令出版、2023 年。以下、「制度研究会編著・全訂版犯収法」）の確認も必須である。なお、制度研究会編著・全訂版犯収法の旧版と

---

69)　https://www.moj.go.jp/housei/servicer/kanbou_housei_chousa01.html

70)　https://www.moj.go.jp/housei/shihouseido/housei10_00134.html

71)　https://www.fsa.go.jp/policy/amlcftcpt/index.html

72)　https://www.npa.go.jp/sosikihanzai/jafic/hourei/law_com.htm

して、同編著『逐条解説 犯罪収益移転防止法』（東京法令出版、2009年）がある
が、制度研究会編著・全訂版犯収法と比較しながら確認すると、所管官庁の解
釈の変化等を汲み取ることができる場合もあるため、こちらも参照したいとこ
ろである。また、**中崎隆『詳説 犯罪収益移転防止法〔第3版〕』**（九段金融・IT
研究所、2023年）では、犯収法が体系的に整理されているため、実務的にはま
ずこの書籍で当たりをつけたうえで、**制度研究会編著・全訂版犯収法**等を確認
することも少なくない。

外国為替および外国貿易法については、「第15章 外為法分野のリサーチ」
において詳述するため、そちらを確認されたい。

⒀ 決済分野以外のフィンテックその他

フィンテック全般については、**金融庁ウェブサイトの「FinTech サポートデ
スクについて」**のページのFAQ集に、フィンテックの主要な各種ビジネスに
かかる規制の概要や登録申請等の手続、各種ガイドライン・監督指針等がま
とめられているため、検討の出発点として有用である。また、直近数年の制
度改正が反映されていない点は留意が必要であるが、**片岡義広＝森下国彦編
『Fintech法務ガイド〔第2版〕』**（商事法務、2018年）や**増島雅和＝堀天子編著
『FinTechの法律 2017-2018』**（日経BP、2017年）なども、フィンテックに関す
る各分野の法令や実務について網羅的に解説がされており、参考になる。

ブロックチェーンやNFT、DeFi、メタバース等といったWeb3に関連する
各分野で生じる法的論点について概説した書籍として、**殿村桂司＝松尾博憲編
集代表『詳解 web3・メタバースビジネスの法律と実務』**（商事法務、2024年）
や**野口香織編著『Web3への法務Q&A』**（金融財政事情研究会、2022年）が挙げら
れる。また、さらに各分野に焦点を当てた実務的な論点を確認したい場合には、
⑽に記載した暗号資産交換業関連のリサーチツールに加えて、NFTに関して
は**天羽健介＝増田雅史編著『新NFTの教科書』**（朝日新聞出版、2024年）、DeFi
に関しては**株式会社HashHubほか編『DeFiビジネス入門』**（中央経済社、2023
年）、DAOに関しては**福岡真之介＝本柳祐介『DAOの仕組みと法律』**（商事法
務、2023年）、メタバースに関しては**アンダーソン・毛利・友常法律事務所メ
タバース法務研究会編著『メタバースと法』**（金融財政事情研究会、2024年）など

が有益である。

また、金融サービス仲介業については、**金融庁が公表している「金融サービ
ス仲介業者向けの総合的な監督指針」や日本金融サービス仲介業協会のウェブ
サイト**[73]の確認は必須であり、これに加えて、**有吉尚哉監修『Q&A 金融サ
ービス仲介業』**（金融財政事情研究会、2021 年）や**小田大輔編著『実務解説 金融
サービス仲介業 100 問』**（商事法務、2022 年）などを確認することが多い。

なお、フィンテックに関しては特に実務の進展や規制動向の変化が激しいた
め、常に最新の情報を収集すべきであることに留意が必要である。

⑭ 金融分野における個人情報保護

金融分野における個人情報保護に関するリサーチにおいては、まず、個人情
報保護法やこれに関連する法令を正確に理解したうえで、**個人情報保護委員会
のウェブサイトの「法令・ガイドライン等」**のページ[74]を確認する必要があ
る。これに加えて、金融分野においては、金融庁と個人情報保護委員会が共同
で金融分野に特化したガイドライン等を作成・公表している。具体的には、
「金融分野における個人情報保護に関するガイドライン」（2024 年 3 月）[75]、**「金
融分野における個人情報保護に関するガイドラインの安全管理措置等について
の実務指針」**（2024 年 3 月）[76] および **「金融機関における個人情報保護に関する
Q&A」**（2024 年 3 月）[77]は、金融分野における個人情報保護に関するリサーチ
を行う際には必ず参照する必要がある。また、各金融分野の根拠法令や業態別
の監督指針においても、顧客保護等の文脈において、個人情報保護に関連する
条文や記載があることから、留意が必要である[78]。

金融分野における個人情報保護に関する文献としては、**板倉陽一郎 = 斉藤邦**

---

73) https://jfim.or.jp/

74) https://www.ppc.go.jp/personalinfo/legal/

75) https://www.fsa.go.jp/common/law/kj-hogo-2/01-4.pdf

76) https://www.fsa.go.jp/common/law/kj-hogo-2/03-3.pdf

77) https://www.fsa.go.jp/common/law/kj-hogo-2/00.pdf

78) 例えば、銀行分野においては、銀行法 12 条の 2 第 2 項、銀行法施行規則 13 条の 6 の 5〜13
条の 6 の 7 に、個人顧客情報の取扱いや安全管理措置の整備に関する規定が置かれており、ま
た、「主要行等向けの総合的な監督指針」III-3-3-3 および「中小・地域金融機関向けの総合的な
監督指針」II-3-2-3 には、「顧客等に関する情報管理態勢」という項目が置かれている。

208

史『金融機関の個人情報保護の実務』（経済法令研究会、2023 年）、**浅井弘章『個人情報保護法と金融実務〔第 4 版〕』**（金融財政事情研究会、2016 年）および**寺田達史ほか編著『金融分野における個人情報の保護』**（金融財政事情研究会、2006 年）があり、上記ガイドライン等と合わせて参照することが有益であろう。

［高山　徹・高田隆平・＝Ⅰ・Ⅲ 2 ⑴〜⑸⑺⑼⑭、
青木俊介・村井惠悟・中島庸元＝Ⅱ・Ⅲ 1・2 ⑹⑻⑽〜⒀］

第**9**章

税務分野のリサーチ

I　税務の特徴

1　租税法とは

「租税法」とは、租税に関する法令全てを総称する呼び方であり、「租税法」という名称の法律があるわけではない。租税に関する法令は多数存在するが、企業法務との関係では、所得税法、法人税法および消費税法が重要である。また、租税手続に関する法令として国税通則法も重要である。

　加えて、租税特別措置法（「租特法」「措置法」などと略されることも多い）も重要である。租税特別措置法は、所得税法および法人税法をはじめとした各租税法規の特例を定める法律であるため（租特1条）、これらの租税法規が租税特別措置法によって修正されることも少なくないことから、リサーチの際には注意が必要である（大学や法科大学院の授業では、租税特別措置法を考慮せず、所得税法や法人税法における課税関係のみを検討することが多いが、実務においては租税特別措置法の適用が問題になる場面は極めて多い）。わかりやすい一例としては、個人の株式の譲渡による所得は、本来は譲渡所得として最大55.945%の累進税率[1]（所得税、復興特別所得税および住民税）により課税されるところ（所税33条・89条等）、租税特別措置法により、一律20.315%の税率により課税される（租特37条の10・37条の11・37条の12等）ことが挙げられる。

　以上に加え、国際的な取引に関しては、日本が各国と締結している租税条約も重要である。租税条約は通常二国間で締結されるが[2]、多国間条約である

---

1)　本書籍の執筆時（2024年11月15日）における税率を指す。以下同じ。

2)　2024年11月1日において、日本は、80か国・地域との間で73本の租税条約を締結しており、その他情報交換協定や税務行政執行共助条約を締結している（**財務省ウェブサイト「租税条約**

210

BEPS（税源浸食および利益移転）防止措置実施条約[3]が適用される場合にはその内容および適用範囲も確認する必要がある（租税条約ごとに適用範囲が異なるため、どの条文が適用されるかを確認する必要がある）。**財務省のウェブサイト**に、租税条約および BEPS 防止措置実施条約のほか、BEPS 防止措置実施条約が適用される租税条約については両者を統合した条文も掲載されているため[4]、参考になる。

その他、租税法の特色として、毎年の税制改正によって多くの改正がなされるため、常に最新の情報をアップデートし続けることが重要であるという点がある。この点に関連して、文献を調査する際には、その文献がいつ公表されたものかという点にも注意する必要がある。

2　所管官庁

税制の立案は財務省の所管であり、執行を国税庁が所管する。国税庁や国税局の指導監督の下、国税の賦課徴収を行う執行機関が税務署である（ただし、大規模納税者に対しては、国税局が自ら賦課徴収を行う）。また、税務訴訟は基本的に国税に関する処分に対する取消訴訟という形をとるところ、納税者は、取消訴訟を提起する前に原則として審査請求手続を行う必要がある（不服申立前置主義。税通 115 条 1 項）。この審査請求を所管するのが国税不服審判所である。

に関する資料」〔https://www.mof.go.jp/tax_policy/summary/international/tax_convention/index.htm〕）。

3)　OECD が主導した BEPS 行動計画において策定された BEPS 防止措置のうち租税条約に関連する措置を、BEPS 防止措置実施条約の締約国間の既存の租税条約に導入するものである（**財務省ウェブサイト「BEPS 防止措置実施条約に関する資料」** https://www.mof.go.jp/tax_policy/summary/international/tax_convention/mli.htm より引用）。正式名称は、「税源浸食及び利益移転を防止するための租税条約関連措置を実施するための多数国間条約（Multilateral Convention to Implement Tax Treaty Related Measures to Prevent Base Erosion and Profit Shifting)」である。なお、現時点では、米国は同条約を批准していないため、日米租税条約には BEPS 防止措置実施条約は適用されない。

4)　https://www.mof.go.jp/tax_policy/summary/international/tax_convention/tax_convetion_list_jp.html

3 税務に関する案件の特徴

⑴ 法令の解釈にあたっての条文の重要性

どの法分野においても法令の解釈にあたって条文が重要であることは言うまでもないが、租税法においては、我が国が租税法律主義（憲84条）を採用していることから、法令の解釈は原則として文理解釈によるべきであり、みだりに拡張解釈や類推解釈を行うことは許されないという特徴があるなど[5]、条文の文理に基づく解釈が特に重要となる。

⑵ 税務当局による解釈の実務に対する影響

法令の解釈・適用は裁判所の専権であり、裁判所は税務当局による解釈に拘束されるわけではないが、実務上は、以下の理由により、税務当局による解釈は重要なものとなっている。すなわち、①国税の賦課徴収を行う執行機関である国税局および税務署は、上級の官庁である国税庁の示す解釈（通達等）に拘束されることから、納税者がそれとは異なる解釈が正しいと考えて行動した場合、税務当局による課税処分等がなされる可能性がある。また、②納税者が課税処分に対して取消訴訟を提起し国税庁による解釈を争うことは可能であるが、それが裁判所によって認められるとは限らないし、認められたとしてもそれまでに相当の時間およびコストを要する。他方で、③税務当局が公表している解釈（例えば、通達、タックスアンサー、質疑応答事例、文書回答事例等）に従った場合、実務上、当該税務処理が後日税務当局によって否認されるリスクは小さいと考えられる。以上より、これから何らかの取引を行う、または、既になされた行為についてこれから税務申告を行うというケースでは、税務当局の示す解釈を参照する必要性は高い。

また、税務当局の解釈が示されていない場合においても、事前照会に対する**文書回答手続**[6] やその他の**照会手続**によって、税務当局に照会を行い、回答を得る方法もある[7]。

---

5)　金子宏『**租税法**〔第24版〕』（弘文堂、2021年。以下、「金子・租税法」）123頁。
6)　https://www.nta.go.jp/taxes/shiraberu/sodan/kobetsu/bunsho/01.htm
7)　東京国税局では、2024年7月期から、より早期に税務当局の回答を受領できる**J-CAP制度**の運用を開始した（https://www.nta.go.jp/about/organization/tokyo/j-cap/leaflet.pdf）。

一方で、税務当局が示す解釈が必ずしも法令の解釈として正しいとは限らない点や、税務当局が後日見解を変更する可能性がある点にも留意する必要がある。そのため、税務当局が示す解釈が正しいか、当該解釈に従うべきかについて、常に法令に基づき検討する姿勢を有することも同様に重要である。

(3)　分野内の多様性・他分野との交錯

税務に関する案件は、大まかに分類すると、事前の税務アドバイス・プランニング案件と、事後の税務争訟案件（税務調査対応、課税処分がなされた後の不服申立ておよび取消訴訟）という区分が可能である。また、税務はあらゆる経済活動について問題になることから、M&A、ファイナンス、海外取引、知的財産取引、労務、倒産など、幅広い分野について問題になることが多い。

したがって、税務案件を取り扱う場合には、問題となる分野に関する私法上の取扱いについても理解する必要があり、場合によっては関連する分野を専門にする弁護士等の他の専門家と協働する必要がある。また、税務申告を伴う場合や税務調査対応等では、税理士や公認会計士と協働する必要があることも多い。

(4)　国際的な取引に関する課税問題への対応の必要性

様々な国境を越える取引が広く行われるようになった現代では、国際課税が問題になることが多い。国際課税には、外国子会社合算税制（租特40条の4・66条の6）や移転価格税制（同法66条の4）など極めて複雑な制度が多く存在するため注意が必要である。また、租税条約が適用される場合には、国内法に基づく課税関係が修正されることになるため、国内法に加えて、租税条約を調査・検討する必要がある（また、租税条約を実施するための国内法として、「租税条約等の実施に伴う所得税法、法人税法及び地方税法の特例等に関する法律」ならびに同法の施行令および施行規則が存在するため、これらも確認する必要がある）。さらには、国際課税制度については、現在もOECDを中心として改正に関する議論が進められており、そのような国際的な議論も注視する必要がある（例えば、国際的な議論の結果行われた最近の税制改正として、2021年10月にOECD/G20の「BEPS包摂的枠組み」において合意されたグローバル・ミニマム課税に対応するための、令和5年度税制改正および

令和 6 年度税制改正による国際最低課税額に対する法人税の創設・改正などが挙げられる）。

II　税務全般にかかるリサーチツール

　租税法がカバーすべき分野・領域が広いことを考えると、紙幅の関係上それらを包括的に説明することは難しいため、租税法全体に関連するようなリサーチツールを中心に解説する。個別分野におけるリサーチについては、III も適宜参照されたい。

1　国税庁によるウェブサイトおよび出版物
　国税庁のウェブサイト[8] には、各租税法に関する法令解釈通達（所得税基本通達、法人税基本通達、消費税法基本通達など）、タックスアンサー、事務運営指針、文書回答事例、質疑応答事例など、法令の解釈にあたって有益な情報が多数提供されており、極めて有用である。

　また、各税目の法令解釈通達について、国税庁職員等が執筆した逐条解説として『**基本通達逐条解説**』シリーズ（大蔵財務協会）が存在する。また、国税通則法については、同法の逐条解説である**志場喜徳郎ほか編**『**国税通則法精解〔令和 4 年改訂〕**』（大蔵財務協会、2022 年）が存在する。法令および通達の解釈に際しては、これらの文献を確認する必要がある。

　また、国税不服審判所による裁決をリサーチするには、一般的な判例検索システムのほか、国税不服審判所が提供する**裁決要旨検索システム**[9] が便利である。

2　租税法の基本書
　基本書の中で最も権威のある文献として金子・租税法がある。また、研究者と実務家の協働により執筆された書籍として、**中里実ほか編**『**租税法概説〔第 4 版〕**』（有斐閣、2021 年）があり、これは制度の概要を把握するのに有用である。**谷口勢津夫**『**税法基本講義〔第 7 版〕**』（弘文堂、2021 年）も権威のある基本書

---
8)　https://www.nta.go.jp/
9)　https://www.kfs.go.jp/service/RS/index.html

である。初学者向けの書籍として、**増井良啓『租税法入門〔第3版〕』**（有斐閣、2023年）に加えて、**佐藤英明『スタンダード所得税法〔第4版〕』**（弘文堂、2024年）、**渡辺徹也『スタンダード法人税法〔第3版〕』**（弘文堂、2023年。以下、「渡辺・スタンダード法人税法」）および**佐藤英明＝西山由美『スタンダード消費税法』**（弘文堂、2022年）があり、これらは所得税法、法人税法および消費税法の全体像を理解するために最適である。さらに、税務職員や税務職員 OB が執筆した文献として、**『図解』シリーズ**（大蔵財務協会）が存在する[10]。これは、各租税法令の全体が簡潔に説明されているため、全体の把握によい。

3　租税法のコンメンタール・逐条解説

コンメンタールとして、**『DHC コンメンタール』シリーズ**（第一法規）[11]、**『DHC 釈義』シリーズ**（第一法規）[12] が存在する。租税法のコンメンタールは極めて少ないため、重要である。

4　毎年の税制改正に関する解説

立案担当者である財務省職員による、各年の税制改正に関する内容・趣旨等に関する解説を記載した文献として、**『改正税法のすべて』**（大蔵財務協会）が存在する（同一の内容が、**財務省ウェブサイト**[13] にも「税制改正の解説」として掲載されている）。これは、税制改正に関する立案担当者の見解が記載された文献であり、参照価値が高い。なお、税制改正直後に根拠条文を確認する際には、六法などでは最新の条文が確認できない可能性があるため、官報、財務省の税制改正の

---

10) 税務に関するものとして、国税通則法、国税徴収法、所得税、源泉所得税、法人税、グループ法人課税、組織再編税制、グループ通算税制、中小企業税制、譲渡所得、相続税・贈与税、事業承継税制、財産評価、消費税、酒税、国際税務、地方税が存在する。

11) 武田昌輔監修『DHC コンメンタール 所得税法』（第一法規、1983年。以下、「コンメ所得税法」）、同編著『DHC コンメンタール 法人税法』（第一法規、1979年。以下、「コンメ法人税法」）、同監修『DHC コンメンタール 消費税法』（第一法規、1989年。以下、「コンメ消費税法」）、同監修『DHC コンメンタール 相続税法』（第一法規、1981年）、同監修『DHC コンメンタール 国税通則法』（第一法規、1982年）。

12) 武田昌輔ほか監修『DHC 所得税務釈義』（第一法規、1994年）、武田昌輔編著『DHC 会社税務釈義』（第一法規、1964年）、不動産税実務研究会編『DHC 不動産税務釈義』（第一法規、1985年）、塩崎潤＝安井誠監修『DHC 源泉徴収所得税釈義』（第一法規、1969年）。

13) https://www.mof.go.jp/tax_policy/tax_reform/outline/index.html

ページ（新旧対照表も掲載されている）、**e-Gov 法令検索** 14) などで確認する必要がある。

5　税務に関する定期刊行物

　租税法の研究者・実務家が執筆した論文集として、「**日税研論集**」（日本税務研究センター）、「**租税法研究**」（有斐閣）、「**税務事例研究**」（日本税務研究センター）などが存在する。

　また、国税庁職員および OB 等が執筆した論文集として、「**税務大学校論叢**」、「**税大ジャーナル**」が存在する。なお、国税庁職員および OB が執筆した文献は、税務当局の公式見解を示すものではないとされているものの、税務当局の考え方を推測するものとして非常に有用である。

　「**租税研究**」（日本租税研究協会）にも実務上有用な講演録が多数掲載されているが、特に、法人税および国際課税に関する毎年の税制改正の立案担当者による講演録は、当該税制改正に関連する法令の解釈に関するリサーチで参照することが多い。その他、税務に関する定期刊行物としては、「**国税速報**」（大蔵財務協会）、「**税経通信**」（税務経理協会）、「**税研**」（日本税務研究センター）、「**月刊税務事例**」（財経詳報社）、「**税務弘報**」（中央経済社）、「**税務 QA**」（税務研究会）、「**週刊税務通信**」（税務研究会）、「**旬刊速報税理**」（ぎょうせい）、「**T&A master**」（新日本法規出版）などが存在する。また、国際関係に関する実務専門誌として「**国際税務**」（税務研究会）が存在する。

6　国際課税・国外の税務に関する文献

　国際課税に関する文献として、仲谷栄一郎ほか『**国際取引と海外進出の税務**』（税務研究会出版局、2019 年。以下、「仲谷ほか・海外進出」）および増井良啓＝宮崎裕子『**国際租税法〔第 4 版〕**』（東京大学出版会、2019 年。以下、「増井＝宮崎・国際租税法」）などが存在する。また、租税条約や移転価格税制は、基本的にOECD が公表している OECD モデル租税条約や OECD 移転価格ガイドラインをベースに条約交渉ないし法制化がされているため、これらの解釈において

---

14)　https://elaws.e-gov.go.jp/

は OECD 租税委員会が公表している「**OECD モデル租税条約**」（およびそのコメンタリー）、「**OECD 移転価格ガイドライン**」などが参考になる。加えて、定期刊行物としては前述の「**国際税務**」が存在する。

　海外の租税法に関する事項については、日本の弁護士が調査することには限界があることから、基本的には現地の弁護士等に照会する必要がある。ただし、可能な範囲内で公開情報を自ら調査する際には、各国政府や**日本貿易振興機構 (JETRO) のウェブサイト** [15] や、国際的な法律事務所・会計事務所が公表しているニュースレター等が参考になる。

III　個別の分野でのリサーチ

1　M&A における税務

〔事例 1〕
　クライアントの A 社は X 事業と Y 事業を行っている完全子会社の T 社を有しているところ、A 社から、M&A により T 社の X 事業を B 社に譲渡することを計画しており、考えられる各スキームについて税務上の助言をしてほしいと依頼された。

(1)　取り得るスキームの検討

　完全子会社である T 社の X 事業を B 社に売却するため、どのようなスキームを採ることができるかを検討する必要があるが、税務に関する分析を行う前に、会社法上どのような手法が取り得るかについて、条文や M&A に関する文献等に照らして検討する必要がある。

　会社法に関する詳細な検討は割愛するが、本件であれば、① T 社を分割会社、B 社を分割承継会社とする X 事業を対象にした会社分割、② T 社から B 社に対する X 事業の事業譲渡、③ T 社が会社分割によって他のグループ会社や新設法人に Y 事業を会社分割で移転したうえで B 社に T 社株式を譲渡することなどが考えられる。以下では、これらのスキームに関する税務上の問題点のリサーチを解説する。

---

15)　https://www.jetro.go.jp/

(2) M&A における課税関係の概要の確認

M&A においては、対象会社（T 社）、買収会社（B 社）[16] および対象会社の株主（A 社）の課税関係が問題になる。また、一般に M&A において検討すべき税目としては法人税および所得税（株主が個人の場合）があり、それに加えて、消費税、登録免許税、不動産取得税、印紙税などの検討も必要になる。M&A における法人税以外の税目の課税関係について説明した文献として、**佐藤信祐『組織再編税制大全』**（清文社、2023 年。以下、「佐藤・組織再編税制大全」）などがある。

M&A に関する課税関係（特に法人税法における組織再編税制）は複雑であり、何が問題になるのかについて当たりをつけたり、条文を一見しただけで理解したりすることは難しいことも多い。そのため、M&A における課税関係を理解するために、とっかかりとして、**渡辺・スタンダード法人税法、大石篤史ほか編著『税務・法務を統合した M&A 戦略〔第 3 版〕』**（中央経済社、2022 年。以下、「大石ほか編著・M&A 戦略」）、**佐藤信祐『税務からみた M&A・組織再編成のストラクチャー選択』**（中央経済社、2022 年）、**中村慈美『図解 組織再編税制〔令和 6 年版〕』**（大蔵財務協会、2024 年）など、基本的な文献を参照して、M&A における課税関係の概要を確認することは有用である。

なお、以下では、主に法人税および消費税を取り扱うが、事業や資産の内容によっては、不動産取得税や登録免許税などが重要な検討項目になることも考えられる点には留意する必要がある。

(3) 会社分割の課税関係の検討（スキーム①）

T 社を分割会社、B 社を分割承継会社とする X 事業を対象にした会社分割を行う場合、法人税に関して、いわゆる組織再編税制が適用される。検討すべき点は多岐にわたるが、通常問題になるのは、(i)税制適格要件を満たして適格分割に該当するか否かという点と、(ii)適格分割に該当する場合および該当しない場合それぞれの課税関係の 2 点である。なお、会社分割の場合、消費税は課されないものとされている。

---

16) B 社はクライアントではないが、B 社にどのような課税が発生するかによって M&A の経済条件が変わり得るから、B 社の課税関係についても正確に理解する必要がある。

まずは、組織再編税制等の関連する条文を確認する必要がある。関連する条文の解釈にあたり、まずは、法人税基本通達、**松尾公二編著『法人税基本通達逐条解説〔11訂版〕』**（税務研究会出版局、2023年）の該当箇所を確認すべきである。特に、組織再編税制の税制適格要件に関する規定の細かい解釈については、法人税基本通達1-4以下に詳細な規定がある。加えて、**国税庁ウェブサイト**に公表されている法人税の**質疑応答事例** [17] および**文書回答事例** [18] には組織再編税制に関する多数の事例が掲載されている。特に、質疑応答事例においては、組織再編税制に関して50以上の事例が公表されており、完全支配関係の判定、対価要件、その他の税制適格要件の解釈および当てはめなどに関して詳細な解説を加えているため、確認する必要がある。また、**コンメ法人税法**の該当箇所も確認すべきである。

会社分割を含む組織再編税制に関する文献として、**佐藤信祐『組織再編における税制適格要件の実務Q&A〔第5版〕』**（中央経済社、2019年）、**佐藤・組織再編税制大全** [19]、**朝長英樹編著『会社分割実務必携〔第2版〕』**（法令出版、2021年）、**酒井竜児編著『会社分割ハンドブック〔第3版〕』**（商事法務、2021年）などが存在するため、具体的な条文や要件の解釈が問題になる場合には、まずはこれらの文献を確認することが考えられる。また、M&Aにおいては、関連当事者の繰越欠損金の利用が制限されないかが問題になることが多いところ、この点に関しては、**佐藤信祐『組織再編における繰越欠損金の税務詳解〔第5版〕』**（中央経済社、2017年）などを確認することが考えられる。

さらに、組織再編税制は、平成13年度税制改正以降改正が度々行われているため、ある条文の解釈を調査するにあたり、その条文が追加された改正年度における、**『改正税法のすべて』**や、「**租税研究**」に収録されている立案担当者の講演録などを確認する必要がある。例えば、組織再編税制に関する重要な改正として、平成13年度税制改正における組織再編税制の創設、平成18年度税制改正における会社法の制定に伴う整備や資産調整勘定・負債調整勘定の計

---

17) https://www.nta.go.jp/law/shitsugi/hojin/01.htm#a-29a

18) https://www.nta.go.jp/law/bunshokaito/hojin/08_1.htm#a-30

19) なお、佐藤信祐氏は組織再編税制に関する多数の文献を公表しているため、本文に記載した文献以外も適宜参照するとよい。

上に関する規定の導入、平成29年度税制改正におけるスピンオフ税制の導入およびスクイーズアウトに関する税制の整備などが挙げられる。

(4) 事業譲渡の課税関係の検討（スキーム②）

事業譲渡の場合、法人税に加えて、消費税も問題になるため、両者を検討する必要がある。

① 法人税の検討

T社からB社に対するX事業の事業譲渡を行う場合、事業譲渡には組織再編税制が適用されないため、基本的には事業譲渡の対象となる資産を個別に譲渡した場合と同様の課税関係となる。

法人税については、通常の資産の譲渡と同様の検討を行うことになる。ただし、B社において、その事業に係る主要な資産または負債のおおむね全部が移転する事業の譲受けを行う場合で、B社がT社に交付する対価が移転資産・負債の時価純資産価額と異なるときには、資産調整勘定または負債調整勘定を計上し、その資産調整勘定または負債調整勘定の金額を60か月にわたって損金算入または益金算入することになる（法税62条の8）ことから、資産調整勘定および負債調整勘定の計上の可否を検討する必要がある。資産調整勘定および負債調整勘定は、非適格会社分割においても同様に計上が問題となるため、会社分割をはじめとする組織再編税制に関する文献に詳細な解説があり、それらを参照する必要がある（組織再編税制に関する文献としては、(3)に記載した各文献がある）。

② 消費税の検討

事業譲渡の場合は、組織再編行為である会社分割と異なり、消費税の課税対象となり得るため、消費税の検討も必要となる。特に、事業譲渡の対価が譲渡の対象となる個々の資産に振り分けられていない場合には、どのように対価を振り分けるかが問題になるし、個々の資産の移転について、消費税法上の課税資産・非課税資産のいずれに該当するかという点を個別に検討する必要がある。なお、事業譲渡に関する消費税の課税関係を解説した国税庁の質疑応答事例として「**営業の譲渡をした場合の対価の額**」[20] がある。

事業譲渡の対価の振り分けについては、**佐藤・組織再編税制大全、森・濱**

田松本法律事務所税務プラクティスグループ編『取引スキーム別 契約書作成に役立つ税務知識 Q&A〔第 2 版〕』（中央経済社、2018 年。以下、「森・濱田松本編・税務知識 Q&A」）（ただし、仕入税額控除について論じた部分については、いわゆるインボイス制度導入前の記述であることに注意）などに関連する記載があり参考になる。

　また個々の資産の移転が非課税資産の譲渡に該当するかについては、非課税資産の根拠条文を確認したうえで（消税 6 条 1 項・別表第二。一般的には、土地、有価証券、債権の譲渡などが問題になることが多いと考えられる）、必要に応じて、消費税法基本通達（6-1-1～6-13-11）、末安直貴編『消費税法基本通達逐条解説〔令和 6 年版〕』（大蔵財務協会、2024 年。以下、「末安編・消費税法基本通達逐条解説」）の該当箇所や、コンメ消費税法の該当箇所、濱田正義編『図解 消費税〔令和 6 年版〕』（大蔵財務協会、2024 年）、末安直貴編『回答実例 消費税質疑応答集〔令和 3 年版〕』（大蔵財務協会、2021 年。以下、「末安編・消費税質疑応答集」）、木村剛志 ＝ 中村茂幸編『実務家のための消費税実例回答集〔11 訂版〕』（税務研究会出版局、2022 年。以下、「木村 ＝ 中村編・消費税実例回答集」）などを確認することになる。

(5)　会社分割および株式の譲渡に関する課税関係（スキーム③）

①　会社分割部分の検討

　T 社が他のグループ会社や新設法人に Y 事業を移転させる会社分割については、(3)のとおり。

②　株式の譲渡部分の検討

　株式の譲渡の場合、通常の資産の譲渡に関する条文（法税 22 条）の特則である法人税法 61 条の 2 以下が適用されることに注意する必要がある。また、一定の場合には、T 社の有する繰越欠損金の利用が制限されるため（法税 57 条の 2）、この点も検討する必要がある。なお、株式譲渡は消費税の非課税取引である（消税 6 条 1 項・別表第二 2 号。ただし、課税売上割合の計算に関する特則〔消税令 48 条 5 項〕に注意）。

　会社分割および株式譲渡を組み合わせるスキームについて言及のある文献と

---

20)　https://www.nta.go.jp/law/shitsugi/shohi/14/01.htm

して、大石ほか編著・M&A戦略、太田洋編著『M&A・企業組織再編のスキームと税務〔第4版〕』（大蔵財務協会、2019年）などが存在するため、まずはこれらの文献を確認する必要がある。

(6) 行為計算否認規定の適用可能性の検討

事業上の目的を有する通常の組織再編を行う場合に問題になることは少ないが、税務上のメリットを享受することを目的の1つとして一定のスキームを採用する場合には、法人税法に定める行為計算否認規定の適用がないかを検討する必要がある。

法人税法には、組織再編行為に関する規定として132条の2に定める組織再編成に係る行為計算否認が存在する。また、同条の適用対象にならない場合でも、法人税法132条に定める同族会社等の行為計算否認が適用される可能性もある。

これらの行為計算否認規定の適用の有無は、個別具体的な事実関係によって決まるため、事案の事実関係を分析したうえで、過去の裁判例からして当該事案においても適用があり得るかを検討する必要がある。法人税法132条の2の適用が争われた事案として、最判平成28・2・29民集70巻2号470頁（ヤフー・IDCF事件）、東京高判令和元・12・11金判1595号8頁（TPR事件）、東京地判令和6・9・27（PGM事件）が存在する。また、法人税法132条が組織再編の関連で適用され争われた事案として、最判令和4・4・21民集76巻4号480頁（ユニバーサルミュージック事件）、東京高判平成27・3・25判時2267号24頁（IBM事件）などが存在する。これらの裁判例を確認するともに、公表されている判例評釈も確認する必要がある。その他、行為計算否認規定に焦点を当てた文献として、太田洋=伊藤剛志編著『企業取引と税務否認の実務〔第2版〕』（大蔵財務協会、2022年）がある。

2 ファイナンス（ストックオプション税制）における税務

〔事例2〕
あるクライアントが役員および従業員向けの税制適格ストックオプションを導入

第 9 章　税務分野のリサーチ

することになり、課税上の取扱いや、新株予約権の割当契約を作成するにあたっての注意点などについて教えてほしいとの相談を受けた。

(1)　他の法分野の検討の必要性

税制適格ストックオプションの発行にあたっては、税務だけではなく、会社法における新株予約権の発行および役員報酬に関する規定や、金融商品取引法における有価証券の開示規制なども問題になる。また、従業員に税制適格ストックオプションを発行する場合、労働法（特に通貨払いの原則。労基 24 条）との関係も問題になる。したがって、税務以外にも、これらの法分野について検討する必要がある（詳しい説明は割愛する）。

(2)　課税上の取扱いの検討

まずは、税制適格ストックオプションに関する条文を確認する必要がある。具体的には、租税特別措置法 29 条の 2、同法施行令 19 条の 3、および同法施行規則 11 条の 3 である。なお、税制適格ストックオプションは令和 6 年度税制改正により、年間権利行使価額の限度額が引き上げられ、また、保管委託要件として発行会社自身による株式管理スキームの導入がされているため、これらの改正の内容（『改正税法のすべて』および経済産業省が公表した「ストックオプション税制 発行会社自身による株式管理スキーム」[21]において詳細が解説されている）も確認する必要がある。また、法令改正ではないが、税制適格ストックオプションについては、令和 5 年 7 月 7 日に措置法通達[22] が改定され、税制適格ストックオプションの権利行使価額（付与契約時の株価の算定方法）および保管委託要件について実務上の取扱いが大きく変更されたところであるから、その内容も確認する必要がある（国税庁は、「ストックオプションに対する課税（Q&A）」[23]を公表し、詳細を解説している。税制適格ストックオプションについては、問 6 から問 12 までに解説がある）。

---

21)　https://www.meti.go.jp/policy/newbusiness/stockoption_tebiki2410.pdf

22)　昭和 55 年 12 月 26 日付直所 3-20 ほか 1 課共同「租税特別措置法に係る所得税の取扱いについて」（法令解釈通達）。

23)　https://www.nta.go.jp/law/joho-zeikaishaku/shotoku/shinkoku/241130/pdf/0024011-017.pdf

税制適格ストックオプションの基本的な課税関係については、例えば、**松尾拓也ほか編著『インセンティブ報酬の法務・税務・会計』**（中央経済社、2017 年。以下、「松尾ほか編著・インセンティブ報酬」）、**太田洋ほか編集代表『新株予約権ハンドブック〔第 5 版〕』**（商事法務、2022 年。以下、「太田ほか編・新株予約権ハンドブック」）、**大石ほか編著・M&A 戦略**などが比較的簡潔に説明しておりわかりやすい。ただし、税制適格ストックオプションの根拠条文である租税特別措置法 29 条の 2、同法施行令 19 条の 3 および同法施行規則 11 条の 3 は頻繁に改正が行われているため、これらの文献を参照するにあたっては、これらの改正時期との関係も意識する必要がある。

　根拠条文が課税実務上どのように解釈されているかなどについては、例えば、法令解釈通達「**租税特別措置法に係る所得税の取扱いについて**」の該当箇所（29 の 2-1〜5）および通達の逐条解説に加え、**コンメ所得税法**の該当箇所などを確認することになる。

　以上のほか、**国税庁ウェブサイト**も参照する必要がある。前述の国税庁「**ストックオプションに対する課税（Q&A）**」は、税制適格ストックオプション（およびその他のストックオプション）に関する課税関係を解説したものであり、税制適格ストックオプションの権利行使価額（付与契約時の株価の算定方法）および保管委託要件について、法令の文言からは必ずしも明らかではない点についても記載されているため、確認する必要がある。また、**国税庁のタックスアンサー、質疑応答事例**および**文書回答事例**においても、税制適格ストックオプションの税制適格要件の解釈や、具体的な事例での適用関係についての解説があるため、参照すべきである。質疑応答事例については、基本的に「所得税」の項目に解説があるが、一部「源泉所得税」の項目に解説が掲載されているものもある点に注意が必要である。文書回答事例についても、権利行使期間の定め方に関するもの [24] や、保管委託要件に関するもの [25] などが掲載されている。

24）「税制適格ストックオプションについて、一定の事由が生じた場合には権利行使期間内の一定の期間に限り権利行使ができる旨の条件を付した場合の税務上の取扱いについて」（https://www.nta.go.jp/about/organization/tokyo/bunshokaito/shotoku/181018-2/index.htm）。

25）「国外上場株式の税制適格ストックオプションの保管委託要件の適用について」（https://www.nta.go.jp/about/organization/tokyo/bunshokaito/shotoku/111121/01.htm）。

さらには、日本証券業協会が公表している「**ストック・オプション制度に係る非課税措置の概要と実務上の取扱い（本編および Q&A 編）について**」は、税制適格ストックオプションに関して実務上生じる論点について解説しているものであり、こちらも参照すべきである（**コンメ所得税法**などに掲載されている）。

その他、近時の改正について論じた文献として、例えば、『**改正税法のすべて**』の該当年度版や、租税改正を解説した論文などを確認する必要がある。また、ストックオプション税制などの株式報酬制度については、経済産業省も税制改正に関与しているため、前述のとおり、経済産業省が「**ストックオプション税制 発行会社自身による株式管理スキーム**」を公表しているほか、経済産業省の職員による解説記事などが公表されることもある（例えば、令和 6 年度税制改正については三藤慧介ほか「**ストックオプション税制に関する近時の改正**」商事法務 2357 号〔2024 年〕36 頁などがある）[26]。

(3)　契約書の作成にあたっての検討

税制適格ストックオプションに該当するためには、ストックオプションに係る契約において租税特別措置法 29 条の 2 第 1 項各号に規定する要件が定められている必要があるとされているため、ストックオプションの割当契約をドラフトするにあたっては、税制適格要件を満たすよう注意する必要がある。

特に、税制適格要件該当性の判断は、ストックオプションの当初の割当契約の内容に基づきなされるものであり、当初の割当契約の内容が税制適格要件を満たさない場合には、事後的に契約を変更したとしても、それによって税制適格要件を満たすことになるわけではないため（国税庁質疑応答事例「ストックオプション契約の内容を税制非適格から税制適格に変更した場合」[27]）、当初の割当契約のドラフトが非常に重要になる。実際の契約書のドラフトにあたっては、上記の税制適格要件に関する解釈が適切に反映されているかを確認する必要がある。

---

26)　また、ストックオプションについては記載されていないが、株式報酬制度については、**経済産業省『攻めの経営』を促す役員報酬——企業の持続的成長のためのインセンティブプラン導入の手引（2023 年 3 月時点版）**」（https://www.meti.go.jp/press/2022/03/20230331008/20230331008.pdf）が、近年上場企業において広く利用されている特定譲渡制限付株式・事後交付型リストリクテッドストックや業績連動給与について詳細な解説を加えている。

27)　https://www.nta.go.jp/law/shitsugi/shotoku/02/28.htm

⑷　補足（税制非適格ストックオプションおよび有償ストックオプションについて）

　株式報酬としてのストックオプションとしては、税制適格ストックオプションのほか、税制非適格ストックオプションや有償ストックオプションなどがあるが、それらについても、リサーチの基本的な方針は税制適格ストックオプションと同様である。

　税制非適格ストックオプションの場合、課税上の取扱いにおいて、被付与者である役員または従業員の所得税の問題に加えて、発行法人側の損金算入（役員の場合、法人税法34条の役員給与の損金算入制限に照らして検討する必要がある）および源泉徴収義務が問題になるが、これらの問題についても、**国税庁「ストックオプションに対する課税（Q&A）」**が基本的な課税関係をまとめているほか、**松尾ほか編著・インセンティブ報酬や太田ほか編・新株予約権ハンドブック**などを参照することが考えられる。

3　国際取引における税務

〔事例3〕
　あるクライアント（日本企業）から、海外企業（本店が海外にある外国法人）からソフトウェアのライセンスを取得するか、または、ソフトウェアを利用する取引を行うにあたり、課税上の取扱いについて助言してほしいという相談を受けた。

⑴　取引の具体的な内容の確認

　ソフトウェアに関する取引といっても、ソフトウェアを第三者に販売する目的等のために、著作権の支分権である複製権（著作21条）や公衆送信権（同法23条）の利用を許諾するものから、SaaS（Software as a Service）と呼ばれる、サーバーへのアクセスを通じたソフトウェアの利用のみを許諾したり、ソフトウェアを特定の電子機器にダウンロードして使用することだけを許諾したりするものまで、様々な取引が考えられる。取引の具体的な内容によって課税関係は変わり得るため、まずは、どのような取引が予定されているのかをクライアントに具体的に確認したり、関連する契約書をクライアントに共有してもらったりする必要がある。

226

第 9 章　税務分野のリサーチ

(2)　適用される税目の整理

　海外企業とのソフトウェアに関する取引において税務上特に問題になるのは、所得税（源泉所得税）および消費税である。基本的な課税上の問題を把握するために、**森・濱田松本編・税務知識 Q&A、手塚崇史『ケース別 Q&A 契約書作成のための国際税務のポイント』**（中央経済社、2018 年）などを参照することが考えられる。以下、各税目について詳述する。

(3)　所得税法（源泉所得税）の検討

　まずは、源泉所得税に関する条文を確認する必要がある。源泉所得税に関する規定は基本的に所得税法に存在するため、法人間の取引であるにもかかわらず、法人税法ではなく所得税法が問題になることに注意する必要がある。

　ソフトウェアに関する取引の場合、取引の内容によって、その所得が著作権の使用料（所税 161 条 1 項 11 号ロ）に該当するのか、人的役務の提供（同項 6 号）に該当するのか、その他の事業活動から生じる所得（同項 1 号）に該当するのかなど、その所得の性質が主に問題となることが多い。そのため、どの条文が適用されるかを検討するにあたっては、根拠条文の解釈を確認する必要がある。例えば、**所得税基本通達**の該当箇所（161-19〜25・161-33〜39）、**今井慶一郎ほか編『所得税基本通達逐条解説〔令和 6 年版〕』**（大蔵財務協会、2024 年）の該当箇所、国税庁が毎年公表している「**源泉徴収のあらまし**」の第 10「非居住者又は外国法人に支払う所得の源泉徴収事務」、および、**コンメ所得税法**の該当箇所などを確認する必要がある。加えて、**国税庁ウェブサイトのタックスアンサー、質疑応答事例、文書回答事例**にも実務上の取扱いに関する解説が多くあるため、適宜参照する必要がある。また、文献としては、**増井＝宮崎・国際租税法、仲谷ほか・海外進出**などが参考になるし、税務当局の職員が非居住者および外国法人に支払う所得に係る源泉徴収義務の有無を解説したものとして、**大蔵財務協会編『図解 源泉所得税〔令和 6 年版〕』**（大蔵財務協会、2024 年）、**柳沢守人編『問答式 源泉所得税の実務〔令和 6 年版〕』**（納税協会連合会、2024 年）がある。

　ソフトウェアに関する取引に係る所得への課税は、租税条約により軽減または免除され得るため（例えば、日米租税条約の場合、12 条で使用料に対する源泉地国で

227

の課税は免除とされている）、日本と当該海外企業の属する国との間に締結されている租税条約や BEPS 防止措置実施条約を確認する必要がある。

　租税条約・BEPS 防止措置実施条約の内容は、『**租税条約関係法規集〔令和6年版〕**』（納税協会連合会、2024 年）や**財務省ウェブサイト**「**我が国の租税条約等の一覧**」にて確認することができる。前述のとおり、日本が締結している租税条約は、OECD モデル租税条約がベースになっているため、その解釈においては、「**OECD モデル租税条約**」、川田剛＝徳永匡子『**2017 OECD モデル租税条約コメンタリー逐条解説〔第 4 版〕**』（税務研究会出版局、2018 年）などが参考になる（例えば、ソフトウェアの対価が使用料に該当するのかそれともその他の所得に該当するのかについては、12 条のコメンタリーのパラグラフ 12〜17.4 に詳細な解説がある）。加えて、租税条約が締結・改正された場合、その内容・解釈が原則として直近の年度の『改正税法のすべて』に記載され、また、当該租税条約を解説する論文などが公表される場合があるため、これらも必要に応じて確認する。さらに、日米租税条約に関するものであるが、平成 16 年の全面改正の際の財務省主税局国際租税課長が編著者となっている**浅川雅嗣編著『コンメンタール改訂日米租税条約**』（大蔵財務協会、2005 年）は、同条約の各条について詳細な解説があり、日米租税条約にとどまらず他の租税条約の解釈においても参考になる。

　また、租税条約を適用するためには、所轄の税務署に対して租税条約に関する届出を提出するなど一定の手続を経なければならないとされているところ、租税条約に関する手続については、**国税庁ウェブサイト**「**タックスアンサー No.2888 租税条約に関する届出書の提出（源泉徴収関係）**」[28] および「**税務手続の案内 A3 源泉所得税（租税条約等）関係**」[29] を参照する必要がある。また租税条約に関する届出書の記載方法については**牧野好孝＝藤野豊子『租税条約適用届出書の書き方パーフェクトガイド〔第 5 版〕**』（税務研究会出版局、2023年）などが参考になる。

　なお、外国法人との取引における源泉徴収の根拠規定は所得税法 212 条であり、同条 1 項により、161 条 1 項各号に定める国内源泉所得の一部につき、

28）　https://www.nta.go.jp/taxes/shiraberu/taxanswer/gensen/2888.htm
29）　https://www.nta.go.jp/taxes/tetsuzuki/shinsei/annai/joyaku/mokuji2.htm

源泉徴収が必要となる。ただし、海外企業が日本に事業所などを設置して活動している場合、当該事業所が「恒久的施設」（所税2条1項8号の4。Permanent Establishment＝PE ともいう）に該当すると、一定の国内源泉所得については例外的に源泉徴収が不要となる場合がある（所税180条1項）ため、「恒久的施設」該当性の検討が必要な場合もある。

(4) 消費税の検討

まずは、関連する条文を確認する必要がある。本件取引に消費税が課されるか否かを検討することになるが、本件のようなライセンス取引の場合、当該取引が国内取引（消税4条1項・3項）に該当するか（いわゆる内外判定）が主に問題となることが多い。具体的には、「電気通信利用役務の提供」（同法2条1項8号の3）に該当するか否かによって内外判定の方法が異なるため、まずはこの点を検討する必要がある。

「電気通信利用役務の提供」（消税2条1項8号の3）に該当する場合、さらに「事業者向け電気通信利用役務の提供」（同項8号の4）または「消費者向け電気通信利用役務の提供」のいずれに該当するかで課税方式が異なるため、この点も検討する必要がある。

他の分野と同様、法令の解釈については、**消費税法基本通達**（5-7-15の2・5-8-3・5-8-4）および**末安編・消費税法基本通達逐条解説**の該当箇所、**コンメ消費税法**の該当箇所、関連する税制改正に関する『**改正税法のすべて**』などを確認する必要がある。この点、国境を越えた役務の提供に係る消費税の課税関係に関する規定が導入された平成27年度税制改正に関する解説が特に重要であると解される。また、電気通信利用役務の提供については、**国税庁がパンフレット・手引「国境を越えた役務の提供に係る消費税の課税関係について」**[30] や**「国境を越えた役務の提供に係る消費税の課税に関するQ&A」**[31] など、様々な情報を提供しているため、検討にあたって参照する必要がある。

また、消費税法上の内外判定や「電気通信利用役務の提供」の具体例や法令

---

30) https://www.nta.go.jp/publication/pamph/shohi/cross/01.htm。国内事業者向けと国外事業者向けの2つが公表されている。

31) https://www.nta.go.jp/publication/pamph/pdf/cross-QA.pdf

の適用関係に言及した文献として、**上杉秀文『国際取引の消費税 QA〔8 訂版〕』**（税務研究会出版局、2023 年）が網羅的に取り扱っているため、参照する必要がある。加えて、国税庁職員が執筆した**末安編・消費税質疑応答集**や、国税庁 OB が執筆した**木村＝中村・消費税実例回答集**などにも内外判定に関する多数の事例が掲載されているため、これらも確認する必要がある。

　なお、「電気通信利用役務」の提供については、令和 5 年 10 月 1 日施行のインボイス制度や、令和 6 年度税制改正におけるプラットフォーム課税など、近年多くの改正が行われているため、これらにも注意する必要がある。

［遠藤　努・長谷川雄一］

第10章

労働法分野のリサーチ

I　労働法実務の特徴

1　労働法とは

「労働法」とは、個別の法令の名称ではなく、1つの専門的法分野を指すものとして用いられる用語であり、確立した定義はないものの、一例としては、「労働市場、個別的労働関係および団体的労使関係に関する法規整の総体」と定義することができるものと解されている（ここでは、「労働市場」とは、企業外における不特定多数の事業主と労働者間の求人・求職の媒介・結合の仕組みを、「個別的労働関係」とは、個々の労働者と使用者との間の労働契約の締結、展開、終了をめぐる関係を、「団体的労使関係」とは、労働者の利益を代表する団体〔労働組合〕の組織・運営およびこの団体と使用者またはその団体との間の労働条件に関する交渉を中心とした関係をいうものとされている）[1]。

このような「労働法」の定義からも明らかなとおり、労働法分野に分類される法令は、非常に数多く存在する。かかる法令の中では、労働基準法、労働契約法、労働組合法が最も基本的な法令として挙げられ、労働法に関する案件においては、これらの法律に関する文献等によって調査を行う機会が多いが、具体的事案の内容に応じて、その他の個別法令に関するリサーチ等を行う必要が生じうる。

---

1)　菅野和夫＝山川隆一『労働法〔第13版〕』（弘文堂、2023年。以下、「菅野＝山川・労働法」）1頁。

2 労働法に関する案件の特徴

⑴ 事案に応じた法令調査の必要性

上述のとおり、労働法分野には非常に数多くの法令が分類されるため、個別の具体的事案の内容に応じてリサーチすべき法令が異なる。基本的な3つの法令の他には、労働安全衛生法、労働者災害補償保険法、最低賃金法、育児休業、介護休業等育児又は家族介護を行う労働者の福祉に関する法律（育児介護休業法）、障害者の雇用の促進等に関する法律、高年齢者等の雇用の安定等に関する法律、短時間労働者及び有期雇用労働者の雇用管理の改善等に関する法律（パート・有期労働法）、職業安定法、労働者派遣事業の適正な運営の確保及び派遣労働者の保護等に関する法律（労働者派遣法）、労働施策の総合的な推進並びに労働者の雇用の安定及び職業生活の充実等に関する法律、男女雇用機会均等法、労働関係調整法、会社分割に伴う労働契約の承継等に関する法律（労働契約承継法）、雇用保険法、健康保険法、厚生年金保険法、国民健康保険法、国民年金法等が労働法分野にかかる法令の例として挙げられる。これらの中で、事案に応じて関係する法令を見つけて調査をする必要がある。

また、労働法分野に分類される法令は、社会情勢の変化や政策的観点から、比較的頻繁に個別の法令の制定・改正が行われるという点も特徴の1つとして挙げられる。

したがって、各種法令の制定・改正等に関する最新の情報を常にキャッチアップする必要性が高い。なお、労働法分野は厚生労働省が所管する法令が大半であるため、**厚生労働省のウェブサイト**において法改正の情報を確認することができる。

⑵ 厚生労働省の公開資料の重要性

労働法分野に分類される法令のうち、主要な法令、実務上頻繁に参照される法令、手続が難解な法令等に関しては、厚生労働省が、そのウェブサイト等において、各種法令に基づき必要となる手続の概要や、法令上の規定内容の概要に関する**説明資料**を公開している場合がある（例えば、労働契約承継法等）[2]。当

---

2) https://www.mhlw.go.jp/file/06-Seisakujouhou-12600000-Seisakutoukatsukan/0000135994.pdf

該資料は、リサーチの初期段階において、各法令の規定内容や手続の概要を把握するために有用であることに加え、実務上よく問題になる点や疑問が生じることの多い点に焦点を当てた説明がなされていたり、Q&A が作成されている場合も多いため、依頼者へのアドバイス内容を検討するうえでも参考になることが多い。

また、厚生労働省は、就業規則や雇用契約書等、使用者において一般的に準備する必要がある規程・書類について、モデル規程やひな形を公開しており、当該規程・書類の作成やレビューを行う場合等において、記載が必要な内容を把握するという観点から参考になる場合が少なくない。特に、制定直後の法令に基づき必要となる書類や、改正により新たに設けられた条項に基づき必要となる書類等については、未だ他の文献等の例が存在しない当該制定・改正前あるいは直後の段階から、厚生労働省がモデル規程・モデル条項を公開することもあるため、参考となるケースがある。

(3) 依頼者の状況に適したリサーチツール選定の必要性

労働法に関する弁護士への依頼案件の多くは、労働者と使用者の利害が対立する状況において、そのうちのいずれかに対してアドバイスを行うものである。労働法に関する案件におけるリサーチを行う際には、アドバイスを行う相手がいずれの立場であるかという点を常に意識する必要がある。

特に、労働法分野に関する書籍の中には、後述のとおり、実務対応に関する書籍を中心として、弁護士が著者となっている文献が数多く存在するところ、このような文献においては、著者である弁護士が労働者側・使用者側のいずれの案件を多く経験しているのか、いずれの視点から書かれているものか、当該文献が想定している読者がいずれかによって、案件対応における当該文献の記載内容の意義や理解の方向性が変わりうる。したがって、リサーチを行う弁護士においては、このような点も意識しながら文献の選定を適切に行う必要がある。

(4) 事実上の対応に関するアドバイスの必要性

上記のとおり、労働法分野の性質上、労働者側と使用者側の利害が対立する

場面におけるアドバイスを行う必要が生じることが多いが、中でも特に、紛争が既に顕在化している場面や、その可能性が具体的に生じている場面においては、使用者と労働者・労働組合との間の折衝・交渉が必要になることがある。他方で、労使関係については、紛争後も雇用関係が継続する場合があり、経済合理性だけでなく当事者の感情面も考える必要がある。

このような場合には、各種法令の解釈等の法律的な事項だけではなく、紛争解決のための事実上の対応に関してもアドバイスを行う必要がある。

また、例えば、**Ⅲ2** で紹介するハラスメントに係る社内調査等、事実関係の調査を行うべき場面でも、法令解釈の前に、どのように調査を進めるかという事実上の対応についてアドバイスすることがある。

Ⅱ　労働法全般にかかるリサーチツール

1　労働法の基本書

労働法分野全体に関する基本書として、最も代表的なものは、**菅野＝山川・労働法**である。この他には、**水町勇一郎『労働法〔第 10 版〕』**(有斐閣、2024年)、**同『詳解労働法〔第 3 版〕』**(東京大学出版会、2023 年)、**荒木尚志『労働法〔第 5 版〕』**(有斐閣、2022 年) もよく参照されている。当該各文献はいずれも、労働法分野に含まれる各事項について幅広く網羅しており、リサーチの第一歩として各事項の基本的な内容、法的な論点について把握する際に非常に有用である。当該文献では、後述の各項目で記載している文献も含め、各論点における主要な文献や裁判例の引用も豊富であるため、特に労働法案件の経験が多くない弁護士においては、まずは上記の各文献の該当箇所を参照し、基礎的な内容を確認したうえで、当該箇所で引用されている文献や裁判例等の調査を行い、そこから派生的にリサーチを進めることが考えられる。

また、労働法分野に含まれる各個別法令についてもそれぞれ様々な基本書が刊行されている。例えば、上述の最も基本的な法令のうち、労働基準法については**下井隆史『労働基準法〔第 5 版〕』**(有斐閣、2019 年)、労働契約法については**土田道夫『労働契約法〔第 3 版〕』**(有斐閣、2024 年) や**荒木尚志ほか『詳説労働契約法〔第 2 版〕』**(弘文堂、2014 年)、労働組合法については**西谷敏『労働**

組合法〔第 3 版〕』（有斐閣、2012 年）等が定評のある文献として挙げられる。当然ながら、個別の各法令に絞った内容となっているため、各事項についてより詳細に（場合によってはほぼ逐条的に）解説されており、上記の労働法分野全体に関する基本書よりもさらに一歩踏み込んだ検討が必要という場面で特に有用となる。

　また、上記法令の他に個別の案件から確認が必要な法令が明確な場合、当該個別法令についての基本書の確認からリサーチを始めるケースも考えられる。例えば、労働者派遣法については鎌田耕一＝諏訪康雄編著『労働者派遣法〔第 2 版〕』（三省堂、2022 年）、労働安全衛生法については井上浩『最新労働安全衛生法〔第 10 版〕』（中央経済社、2010 年）など、法令によっては各法令プロパーの基本書が刊行されており、個別論点だけでなく、当該個別法令全体における位置づけや、当該個別法令の他の規定との関係性等も併せて調査すべき場面において有用と考えられる。

　その他、個別の案件のリサーチからは少々外れるが、主として初学者向けを念頭に置いた学習書として、森戸英幸『プレップ労働法〔第 7 版〕』（弘文堂、2023 年）や、浅倉むつ子ほか『労働法〔第 6 版〕』（有斐閣、2020 年）等が挙げられる。特に労働法分野の対応経験が浅い弁護士においては、リサーチの前提として、調査対象事項のイメージを持ったり、全体感をつかむために有用であると考えられる。

2　労働法の条文解説・コンメンタール等

　労働法の案件においても、他の法分野と同様に、その条文解釈が重要となる場面が多いため、条文解説・コンメンタール等の文献において、該当条文の解釈を集中的に調査する必要が生じることも相応にある。そのような場合には、該当法令の条文解説・コンメンタールを確認することが最も直截的な方法となる。

　特に、上述の労働法分野の中で最も基本的な位置づけとなる労働基準法・労働契約法・労働組合法については、特定の条文の解釈に関するリサーチを行う機会が多い。その中でも、労働基準法に係る案件については、同法は労働条件に関する最低基準を定めた法であり、基本的に同法の特定の条項の違反か否か

が問題となるが、刑罰法規であるため規定の内容が具体的であり、条文の解釈・適用が個別案件のアドバイス内容に直結することも多いことから、条文解説・コンメンタールを参照するケースが特に多い。労働基準法の条文解説・コンメンタールは豊富に存在するが、主に参照すべき文献としては、**厚生労働省労働基準局編『労働基準法(上)・(下)』**(労務行政、2022年)、**東京大学労働法研究会編『注釈労働基準法(上)・(下)』**(有斐閣、2003年)が挙げられるが、特に前者は厚生労働省労働基準局の執筆という点で最重要の文献とも言える。また、労働基準法に関しては、その具体的な運用にあたって実務上頻繁に問題になる点に関し、該当条文に関する行政解釈が出されることがあるところ、かかる行政解釈を労働基準法の該当条文ごとに整理編集した文献として、**厚生労働省労働基準局編『労働基準法解釈総覧〔改訂17版〕』**(労働調査会、2024年)がある。労働基準法の条文の解釈・適用に関するリサーチを行ううえでは、上記の条文解説・コンメンタールと並んで、ほぼ必ず確認することになる文献といえる。

次に、労働組合法の条文解説としては、(いずれも若干刊行から時間の経過している文献ではあるが、)**東京大学労働法研究会編『注釈労働組合法(上)・(下)』**(有斐閣、1980年・1982年)や、**中山和久ほか『注釈労働組合法・労働関係調整法』**(有斐閣、1989年)を参照することが多い。特に、条文解釈の理論的な問題にかかる案件では、これらの文献を確認することがある。

これらに対し、労働契約法に関しては、同法が紛争の未然防止や労働者の保護を図るための労働契約についての基本的なルールとして定められたものであり、従前の判例理論を条文化したものが多いため、条文の規定内容の解釈・理解においては関連する裁判例が重要となる。労働契約法の条文解説・コンメンタールに該当する文献は数は少ないが、労働基準法の各条文と併せて労働契約法の各条文の解説を行う文献として、例えば、**荒木尚志ほか編『注釈労働基準法・労働契約法(1)〜(3)』**(有斐閣、2023年〜2024年)、**労務行政研究所編『実務コンメンタール労働基準法・労働契約法〔第2版〕』**(労務行政、2020年)、**西谷敏ほか編『新基本法コンメンタール労働基準法・労働契約法〔第2版〕』**(日本評論社、2020年)等が挙げられる。

その他、各種個別法令にも、条文解説・コンメンタールが存在する場合がある。例えば、**厚生労働省労働基準局労災補償部労災管理課編『労働者災害補償**

保険法〔8訂新版〕』（労務行政、2022 年）、**労務行政研究所編『労働安全衛生法〔改訂 2 版〕』**（労務行政、2017 年）、**同編『労働者派遣法〔改訂 2 版〕』**（労務行政、2021 年）等については、当該各法令の解釈が問題になった際には実務上参照することがある。

3　裁判例・定期刊行物

労働法分野では、日々様々な論点における裁判例が出ており、裁判例における事実認定と法的評価の両面が実務対応における参考となり得る（例えば、残業代請求事件においては、始業時刻・終業時刻や労働時間数の認定等に関しては事実認定に係る判断が、固定残業代を採用している場合はその有効性等に関して法的評価に係る判断がなされることとなるが、これらの双方が、類似の案件におけるアドバイスを行ううえでの参考となり得る）。また、労働法分野の特徴として、「合理性」や「権利の濫用」の有無等、評価的概念が主な争点となる事案が多いことが挙げられ、これらの争点に係る案件については、類似する過去の裁判例がどのような点を考慮してどのようなロジックでこれらの評価的概念に関する判断を示しているのかといった点について分析を行い、依頼者へのアドバイスに活かす必要がある。以上のことから、労働法分野の案件対応に際しては、裁判例の傾向・状況を適切に把握することが極めて重要となる。

最新の裁判例およびその解説に関する定期刊行物としては、主に「**労働判例**」（産労総合研究所）や「**労働経済判例速報**」（日本経済団体連合会）を参照することが多い。また、個々の論点ごとに主要な裁判例が整理されるとともに、従来の裁判例の傾向が端的にまとめられた文献として、**荒木尚志ほか編『論点体系　判例労働法(1)〜(5)〔第 2 版〕』**（第一法規、2024 年）があり、特に調査すべき論点が絞られている場合等において、非常に有用である。さらに、古い文献ではあるが、より詳細に個別の論点ごとに数多くの裁判例をまとめたうえで解説されているものとして、**青木宗也ほか編『労働判例大系(1)〜(20)』**（労働旬報社 1991 年〜1993 年）や、**経営法曹会議編『最高裁労働判例——問題点とその解説』**（日本経営者団体連盟広報部、1972 年〜）等も挙げられる。労働法分野の各論点の中には、数十年前の最高裁判例の内容が今もなお判断基準として妥当しているものもあるため、特に裁判例の調査においては、刊行時期が古いものであった

としても、必要に応じて調査を行う必要が生じることもあるが、特に評価的概念が問題になる論点に関しては、一般論としては新しい裁判例を参照したほうがよいであろう。また、裁判例集の中でも、特に事実認定において重要な判断を行ったものを中心に記載した文献もあり、例えば、**須藤典明＝清水響編『労働事件事実認定重要判決 50 選』**（立花書房、2017 年）等が挙げられる。上述のとおり、労働法分野においては、裁判例における事実認定の内容も対応検討にあたり重要となるところ、当該文献は、下級審と上級審とで判断が分かれた事案の裁判例を中心として収集したうえで、判断が分かれた理由を検討対象としており、裁判例の判断の分水嶺を検討するうえで非常に参考になる。以上のほか、**労務行政研究所編『年間労働判例命令要旨集』**（労務行政）等、一定期間ごとの実務的に重要と考えられる裁判例を集約した文献も刊行されており、近時の裁判例のポイントをまとめて把握する際に有用である。

　なお、以上は裁判所の裁判例（司法判断）に係る文献であるが、労働法分野の場合、裁判所とは別に、特に労働組合に関する紛争について、全国に地方労働委員会および中央労働委員会があり、労働者・労働組合の申立てを受け、不当労働行為が行われた場合に、使用者に対して不当労働行為に係る救済命令を発出するという準司法機関的役割を担っている。したがって、かかる救済命令の発令例を参照のうえ、どのような行為が不当労働行為に該当すると判断されたのか、また、これに対してどのような内容の救済命令が発令されたのか等といった点をリサーチする必要が生じることがある。そのような場合には、特に中央労働委員会の救済命令については、**中央労働委員会事務局編「不当労働行為事件命令集」**（労委協会）を参照することがあるが、近年では情報のアップデートが早く検索性も高いことから、**各労働委員会のウェブサイトにおける命令一覧データベース**[3]を参照することが多い。

　そのほかにも、最新の注目裁判例の内容および解説や、労働法分野における各論点の解説、実務上頻繁に問題になる点の Q&A や弁護士・社会保険労務士等の専門家による実務上の対応におけるポイントの解説等に関する記事を定期的に発信している**「WEB 労政時報」**（労務行政）[4]も、理論面・実務面の双方か

---

[3]　例えば、中央労働委員会の場合は、https://www.mhlw.go.jp/churoi/meirei_db/m_index.html。

[4]　https://www.rosei.jp/readers

ら参考になる。また、厚生労働省所管の**労働政策研究・研修機構**は、ウェブサイト 5) や刊行物にて人事労務に関する各種統計情報や調査研究結果を公表しており、各種対応の検討を行う前提としての情報を得る必要がある際に参考となる。

4 実務・手続関係の書籍

これまでに述べたとおり、労働法分野においては、法理論のみならず実務上の知見が肝要になる場面も多く、各法令の解釈等の法的側面と実務上の対応をつなぎ合わせるものとして、各種実務上の対応に関して述べる文献を参照すべきケースも多い。

まず、リサーチの初期段階において、各種労働事件の実務上の対応の概要や留意点等を把握する際には、**第二東京弁護士会労働問題検討委員会『労働事件ハンドブック〔改定版〕』**（労働開発研究会、2023 年）や、**日本労働弁護団編著『新 労働相談実践マニュアル』**（日本労働弁護団、2021 年）が参考になる。また、各種労働事件における実際の要対応事項について時系列に沿った記載がなされていたり、各種手続において必要となる書類の書式等も記載されている文献として、**東京弁護士会労働法制特別委員会編著『新労働事件実務マニュアル〔第6 版〕』**（ぎょうせい、2024 年）や、**坂本正幸編著『労働事件処理マニュアル』**（新日本法規出版、2011 年）が挙げられ、紛争関係の案件を中心として、特定の案件で継続対応を行う際等に、各プロセスにおける基礎的な事項を確認するときに有用である。そのほか、実務上紛争事例の多い解雇案件、残業代請求案件、労働組合との団体交渉案件、労災対応案件に絞って、基本的な事項を中心として記載した文献として、**東京弁護士会労働法制特別委員会編『入門 労働事件──解雇・残業代・団交・労災〔改訂版〕』**（法律情報出版、2021 年）があり、特に労働法案件の対応経験が浅い弁護士にとって、初期的に要確認事項を整理するために有用と考えられる。

上記に関連して、労働法関連の裁判実務における法的理論面の整理や、実務上のポイント等が整理された文献も数多く存在するが、主要な文献としては、

---

5)　https://www.jil.go.jp/

山口幸雄ほか編『労働事件審理ノート〔第3版〕』（判例タイムズ社、2016年。以下、「山口ほか編・審理ノート」）、佐々木宗啓ほか編著『類型別労働関係訴訟の実務Ⅰ・Ⅱ〔改訂版〕』（青林書院、2023年。以下、「佐々木ほか編著・類型別Ⅰ・Ⅱ」）、白石哲編著『労働関係訴訟の実務〔第2版〕』（商事法務、2018年。以下、「白石編著・訴訟の実務」）、労働紛争実務研究会編『書式 労働事件の実務〔第2版〕』（民事法研究会、2023年）、東京弁護士会労働法制特別委員会編著『労働事件における慰謝料——労働判例からみる慰謝料の相場』（経営書院、2015年）等が挙げられる。これらのうち、山口ほか編・審理ノートは、労働法分野における訴訟案件のうち、特に頻繁にみられる事件類型（地位確認等請求事件、残業代請求事件等）のそれぞれについて、要件事実や典型的な争点、重要となる事実関係や書証について簡潔に整理されており、裁判で各案件を担当する際にまず初期的に確認すべき文献の代表例として挙げられる。また、佐々木ほか編著・類型別Ⅰ・Ⅱも、同様に頻繁にみられる事件類型ごとに、要点がQ&A形式で整理されており、案件遂行に際して検討の必要が生じることが多い論点や、訴訟上争点化することの多い論点について、幅広く網羅されている。そのほか、白石編著・訴訟の実務では、東京地方裁判所労働部が、実務上よく問題になる30個の論点について、最近の実務上の運用、判例の考え方を解説するとともに、労働者側・使用者側双方の主張立証上の留意点を整理しており、特に訴訟案件（または訴訟化の可能性がある案件）において、主張立証の方向性を検討したり、依頼者からの聴取や資料収集を行う際にも非常に参考になる。

　また、実務上比較的よく問題となる分野に特化して各種法令の規定内容等について実務的な側面も踏まえながら整理した文献として、第二東京弁護士会労働問題検討委員会『働き方改革関連法その他重要改正のポイント』（労働開発研究会、2020年）や安西愈『トップ・ミドルのための採用から退職までの法律知識〔14訂〕』（中央経済社、2013年）等が挙げられる。他にも、例えば、使用者側においては、人件費カット・人員削減を行うための方策（リストラ）に関する相談がなされた場合には、雇用調整のための方策として一般的に考えられる休業、内定取消し、雇止め、配転・出向・転籍、賃金の引下げ、希望退職、整理解雇、組織再編のそれぞれのフェーズについて、各法令の規定・裁判例の傾向や実務的な留意点について整理した文献として、森・濱田松本法律事務所

『雇用調整の基本』（労務行政、2021 年）を確認することも有用である。また、上述のとおり、労働法分野においては、依頼者が労働者・使用者のいずれであるかを踏まえ、適切なリサーチツールを選定のうえ、それぞれの立場に即したアドバイスを検討する必要があるところ、**君和田伸仁『労働法実務 労働者側の実践知』**（有斐閣、2019 年）および**岡芹健夫『労働法実務 使用者側の実践知〔第 2 版〕』**（有斐閣、2022 年）は、各場面における労働者・使用者それぞれの立場からみた実務上の知見について網羅的に整理されており、より実践的なアドバイスの検討に際して参考になる。

　なお、労働法分野においては、その取り扱う内容が比較的な身近なものであることから、各個別法令の解釈だけではなく、個別法令の規定内容が実際の具体的な状況においてどのように適用されるのかという点についても検討しなければならないこととなる。また、労働者の働き方自体が時代によって変化していくものであるため、かかる変化に伴い、新たな実務上の留意点等が生じることもある（例えば、直近ではコロナ禍により急激にテレワークの導入が広がり、労働条件の明示や労働時間の管理方法等に関して新たに留意すべき点が生じた）。このような事情もあり、労働法分野においては、実務上労働者・使用者から問い合わせを受けることの多い事項について、Q&A の形等でまとめた文献も数多く刊行されている。例えば、**労務行政研究所編『新・労働法実務相談』**（労務行政、2020 年）は、労働法分野の各論点について幅広くカバーしつつも、個々の論点においてより具体的な場面を想定したうえで解説がなされており（例えば、「会社が推奨した予防接種を受けずにインフルエンザに罹患した社員を、懲戒処分できるか」や「社員の写真を会社ホームページに掲載している場合、退職と同時に削除しなければならないか」等）、特に法律相談の場面などで、具体的な場面でどのように対応すべきかという依頼者のニーズに応える際に非常に有用となる。他にも、同様の観点から各論点で頻繁に問題になる内容を網羅的にまとめた文献として、**労務行政研究所編『労働法実務 Q&A 全 800 問──基本から応用までを整理(上)・(下)』**（労務行政、2011 年）、**『労働法実務相談』**シリーズ（労務行政）、**『労働法実務解説』**シリーズ（旬報社）等が挙げられる。

Ⅲ　個別の分野でのリサーチ

1　就業規則等の社内規程の整備

〔事例 1〕
　依頼者である A 社は、従業員から後になって残業代請求や同一労働同一賃金に関する請求を受ける事態に陥らないよう、あらかじめ、就業規則等の社内規程を整備しておくことを計画している。A 社より、従業員の賃金体系等や同一労働同一賃金に関する各事項の確認も含めて、現在の就業規則等の社内規程の見直しを依頼された。

(1)　就業規則等の社内規程全般について

　使用者側からの相談として、将来の紛争予防等の観点から、あるいは社内規程について具体的な不備が見つかった場合などに、社内規程等の見直しに関する依頼を受けることがある。その際には、人事労務に関する社内規程として最も基本的な規程である、就業規則の見直しを行うケースが多いと考えられる。

　就業規則のひな形は、弁護士のほかに社会保険労務士が執筆したもの等数多くあるが、基本的な就業規則の各規定内容の見直しに際しては、モデル条項および各規定内容の解説が記載された文献として、**荒井太一ほか『実践 就業規則見直しマニュアル』**（労務行政、2014 年）、**中山慈夫『就業規則モデル条文〔第4 版〕』**（経団連出版、2019 年）等が参考になる。また、特に新たに就業規則を制定する会社から依頼を受けた際などには、労働基準法等の法令に抵触しない内容を定める観点から、厚生労働省が公表している「**モデル就業規則**」[6] も参照するとよい。ただ、いずれにせよ、ひな形をそのまま採用すればよいわけではなく、各文献等におけるモデル条項をベースとしつつ、依頼者である使用者の実情やニーズに応じてカスタマイズしていく必要がある。

　さらに、依頼者からは、就業規則の全体的な見直しだけでなく、特定のポイントについて重点的、戦略的に見直しを求められる場合もある。そのような場合など、一般的に就業規則上規定されることの多い各事項について、裁判例の

---

6)　https://www.mhlw.go.jp/stf/seisakunitsuite/bunya/koyou_roudou/roudoukijun/zigyonushi/model/index.html

状況や実務上の傾向等をより深掘りして条項の内容を検討する場合には、**石嵜信憲編著『就業規則の法律実務〔第5版〕』**（中央経済社、2020年）等の文献を確認することが有用である。

そのほか、就業規則以外の社内規程や誓約書等の各種書類等の書式・ひな形について作成・見直しを依頼された場合には、モデル規程・書式やその簡潔な解説を併せて記載している**森・濱田松本法律事務所編著『働き方改革時代の規程集』**（労務行政、2019年）等の文献が参考になる。

なお、昨今、従業員や元従業員による機密情報の漏えいや、競業行為、引き抜き行為によるトラブルが急増しており、使用者としては、そのようなトラブルを未然に防ぐため、従業員に対し、入社時や退職時等において一定の内容の誓約書の提出を求めたり、上記の各行為の禁止に係る規程等を整備する場合がある。その際の誓約書・規程の内容に関する留意点や書式等についてわかりやすく整理した文献として、**髙谷知佐子＝上村哲史『秘密保持・競業避止・引抜きの法律相談〔改訂版〕』**（青林書院、2019年）が挙げられる。

(2) 賃金体系等について

〔事例1〕のケースのように、従業員とのトラブルを未然に防ぐ観点から、就業規則等の社内規程における賃金についての規定内容に関する相談を受ける場合も多いが、そのような場合には、賃金関係の法律実務により焦点を当てた文献を用いてリサーチを行ったうえで、規定内容を検討する必要が生じる。

賃金関係の法律実務に関する文献としては、各事項を網羅的かつ詳細に記載している**亀田康次ほか『詳解 賃金関係法務』**（商事法務、2024年）等が代表的な文献として挙げられる。

なお、紛争になった事例の分析結果は、実際に紛争になった案件のみならず規程をどう定めておくか決めるうえでも参考になる。Ⅱ4の裁判実務に係る各文献等のほか、残業代請求により焦点を当てて詳細に法的整理や実務対応に関して記載した文献として、**石嵜信憲編著『割増賃金の基本と実務〔第2版〕』**（中央経済社、2020年）や**森・濱田松本法律事務所編『労働訴訟──解雇・残業代請求』**（中央経済社、2017年）を参照することが考えられる。平時の社内規程の見直しの際にも、従業員との間で紛争化するリスク等をあらかじめ考慮した

うえで適切なアドバイスを行うことも肝要となる。

(3) 同一労働同一賃金に関する検討について

近年、いわゆる同一労働同一賃金に関する問題として、正社員（無期雇用フルタイム労働者）と非正規雇用労働者（有期雇用労働者、パートタイム労働者、派遣労働者）との待遇差が不合理であるとして、労働者側から、旧労働契約法 20 条またはパートタイム・有期労働法 8 条に基づく請求がなされるケースが増加している。使用者側としては、そのようなトラブルが発生しないよう未然に防ぐという観点や、そのようなトラブルが発生するリスクの程度を事前に把握しておくという観点から、現在の社内規程等における規定内容のレビューや見直しに関するアドバイスを依頼されることがある。

このような場合には、まず、同一労働同一賃金に関する基本的な考え方を把握するため、**厚生労働省ウェブサイトの「同一労働同一賃金ガイドライン」**[7]を確認することは必須となる。そのうえで、実務上の対応に関しては、従前の裁判例の傾向等を踏まえた分析等も記載された文献として、**TMI 総合法律事務所労働法プラクティスグループ編著『同一労働同一賃金対応の手引き』**（労務行政、2021 年）や、**石嵜信憲編著『同一労働同一賃金の基本と実務〔第 2版〕』**（中央経済社、2021 年）、**倉重公太朗編集代表『日本版 同一労働同一賃金の理論と企業対応のすべて』**（労働開発研究会、2021 年）等を確認することが有用と考えられる。

また、この論点に関しては、他の論点以上に、裁判例の具体的な判断内容の重要度が高く、近年も続々と注目すべき裁判例が出ているため、Ⅱ3 の裁判例集や定期刊行物等により、最新の裁判例の状況を確認することも重要となる。

さらに、同一労働同一賃金に関する論点については、実務的な観点だけでなく、学術的・理論的な側面から検討を行う必要が生じることもあり、そのような場合には、**水町勇一郎『「同一労働同一賃金」のすべて〔新版〕』**（有斐閣、2019 年）等の文献を確認することも考えられる。

---

7) https://www.mhlw.go.jp/stf/seisakunitsuite/bunya/0000190591.html

2　不祥事社員への対応

〔事例 2〕
　B 社において、従業員 X がその部下 Y に対するハラスメント行為に及んだ疑い
が生じた。B 社においては、今後、当該事実の有無等に関する社内調査を行ったう
えで、これにより X のハラスメント行為が認定された場合、X に対する懲戒処分
を行うことを検討している。B 社より、社内調査の留意点や X に対する懲戒処分
の是非に関するアドバイスを求められた。

(1)　ハラスメント発生時の対応について

　内部通報等により、従業員によるハラスメント行為の疑惑が生じた場合、使
用者としては、まずはその事実の有無に係る社内調査を行うこととなるが、そ
の際にどのように客観的資料の調査や関係者からの聞き取りを行うかなどとい
った点について、実際の進め方も含めた対応に関するアドバイスを求められる
ことが多い。

　このような場合、社内調査等の実務対応の全体について網羅的に記載した文
献として、**ロア・ユナイテッド法律事務所編『ハラスメント対応の実務必携
Q&A』**（民事法研究会、2023 年）や、**東京弁護士会法曹大同会『ハラスメント事
件の弁護士実務』**（第一法規、2020 年）等が参考になる。また、ハラスメントに
限らず従業員による不祥事が発生した場合の使用者側の対応全体について網羅
的に記載した文献として、**安倍嘉一『従業員の不祥事対応実務マニュアル』**
（民事法研究会、2018 年）等が挙げられる。これらの文献においては、個別法令
の規定からは直ちに明らかにならない、使用者側の事実上の対応について、事
実確認・情報収集の方法や適切な順序、関係者へのヒアリングの際の留意点等
といった詳細な部分までカバーされており、非常に参考になる。

　また、ハラスメント発生時の実務対応だけでなく、その後当該ハラスメント
を原因とする法的紛争に発展した際の対応についても言及する文献として、
森・濱田松本法律事務所編『過重労働・ハラスメント訴訟』（中央経済社、2018
年）等が挙げられる。使用者としては、ハラスメントを受けたと主張する従業
員から、事後的に、使用者による適切な対応がなされなかったとして、安全配
慮義務違反等を理由とする損害賠償請求を受けるケースがあるが、このような
場合に備えて、将来仮に紛争化した際にどのような点が裁判所の判断のポイン

トとなるかという点をあらかじめ考慮したうえで対応を検討することも肝要となる。

(2) 懲戒の検討について

社内調査によりハラスメント行為の事実および内容が確認された後、使用者側としては、当該行為に及んだ従業員に対する懲戒処分を検討することになるが、その際には、懲戒処分としてどのような内容の処分が適当かという点や、懲戒処分までの手続についてアドバイスを求められることがある。

懲戒処分としてどのような内容の処分が適当かという点については、当該使用者の就業規則上の規定ぶりや従前の他の懲戒処分の内容（およびその理由となった言動とのバランス）等も重要となるが、懲戒の要件について定める労働契約法 15 条によれば、客観的に合理的な理由と社会通念上の相当性が問題になるところ、一般論としてのバランスを把握するという観点からは、**高井・岡芹法律事務所編著『判例解説 解雇・懲戒の勝敗分析』**（日本加除出版、2020 年）等において、紛争になった場合の判断のポイントを把握することも有用となる。

また、懲戒処分の有効性判断に係る裁判例上の傾向を知るためには、Ⅱ3 の裁判例集や定期刊行物等により、近時のものも含めた裁判例の傾向等を把握することが重要となるが、懲戒処分の有効性に関する判断を示した裁判例を懲戒事由ごとに整理してその傾向を分析した文献として、**河本毅『判例から考える懲戒処分の有効性』**（経営書院、2013 年）等の文献を確認することも有用である。

懲戒処分は、その手続の相当性も考慮してその有効性が判断されるため、懲戒処分までの手続に係る留意点等に関しては、懲戒処分に関する各文献においても記載されていることが多いが、懲戒処分の実施までの対応を含めた全体的な実務の流れや要点を把握するためには、**石井妙子ほか『懲戒処分──適正な対応と実務〔第 2 版〕』**（労務行政、2018 年）等の文献を調査することも考えられる。

3　労働組合対応

〔事例 3〕
　C 社では、管理監督者以外の全従業員が加入する社内労働組合として X 労働組合が組成されており、C 社は、これまでも必要に応じて、X 労働組合との間で、団体交渉等の対応を行ってきた。この度、従前休職中であった C 社従業員 Y が復職することとなったところ、X 労働組合から、その復職先等に関する協議が申し込まれ、X 労働組合との間で団体交渉を行う必要が生じ、対応方法に関するアドバイスを求められた。また、X 労働組合への対応内容が不当労働行為と認定されるリスクについても確認を求められている。

(1)　労働組合対応全般

　使用者による労働組合への対応に際しては、大前提として、労働組合法の各規定に反することにならないよう留意しつつ、特に労働組合と意見が対立した際に、法的な観点および交渉上どの程度まで対応する必要があるのかといった点のバランスを見極めてアドバイスを行う必要がある。

　この点、特に使用者側の立場から実務上特に問題になり得る点について整理されたものとして、五三智仁＝**町田悠生子『企業法務のための労働組合法 25 講』**（商事法務、2015 年）、**宮崎昇ほか『Q&A ユニオン・合同労組への法的対応の実務』**（中央経済社、2017 年）等の文献が挙げられる。当該各文献においては、団体交渉に関係する事項（団交応諾義務、誠実交渉義務等）に限らず、使用者と労働組合との関係性等に関係する事項（労働協約、組合活動、ユニオンショップ制等）も併せて、実務上よく問題になる各論点の法的整理、実務上の対応のポイント、裁判例・命令等の紹介が行われている。各記載内容も、使用者として法的にどの程度まで対応を行う必要があるかという観点も踏まえたものとなっており、特に使用者の立場から非常に参考になる。

　また、これに対し、労働者側からの観点も踏まえつつ、労働組合の形成・運営等に関する事項についても網羅的にカバーした文献として、**東京南部法律事務所編『新・労働組合 Q&A——会社でみんなをまもる 11 章』**（日本評論社、2016 年）が挙げられる。労働組合に関する文献は、労働基準法や労働契約法に関する文献に比べると数が少なく、その中でも労働者側からの観点で整理されたものは多くないため、労働組合側の考えを知るうえで、非常に有用となる。

247

⑵ 不当労働行為関連

使用者が労働組合への対応を行う際、不当労働行為に該当しないようにあらかじめ留意する必要がある。他方で、労働組合法の条文だけでは具体的にいかなる行為が不当労働行為に該当するかを理解することは困難であり、過去にどのような行為が不当労働行為に該当すると判断されたかという点や、これを踏まえた一般的な判断基準について調査する必要がある。

前者に関しては、Ⅱ3で述べたとおり、**不当労働行為事件命令集や労働委員会のデータベース**を参照することが考えられる。また、後者に関する文献としては、**塚本重頼『不当労働行為の認定基準』**（総合労働研究所、1989 年）や、**高井・岡芹法律事務所『裁判例・労働委員会命令にみる不当労働行為性の判断基準』**（経営書院、2023 年）等が挙げられる（特に前者については、刊行後 30 年以上が経過してはいるものの、現時点でもその認定基準に関する分析について参照の必要性が高い文献である）。

4 M&A におけるデュー・ディリジェンス

〔事例 4〕
D 社は、X 社から、その子会社である Y 社の売却の打診を受け、同社の株式の取得を検討している。D 社から、Y 社の人事労務面を含むデュー・ディリジェンスの依頼を受けた。

⑴ 人事労務に関するデュー・ディリジェンス

いわゆる M&A 案件においては、買い手企業において、ディールの実施に係る決定や契約交渉の前提として、ビジネス・財務・税務・法務の各事項についてデュー・ディリジェンスを行うこととなり、法務デュー・ディリジェンスの中では、対象会社の株式・資産・債務・契約関係・知的財産権・許認可・紛争等の様々な事項について法的な観点から事実調査を行うこととなる。

そして、対象会社に従業員が存在しないケースを除き、ほとんどの場合、対象会社の人事労務面に関するデュー・ディリジェンスを行うこととなる。一定以上の規模の企業においては、就業規則等により、複数の従業員に関してその労働条件が一律に規定されており、労働条件において法的リスクが存する場合、

相応の広がりがある可能性が想定される。そのため、人事労務面において法的リスクが存在する場合、将来的に、当該事項を原因として紛争が発生した際にリスクが発現して大きな影響が発生することがあり、買い手企業としては、事前に人事労務面に関するデュー・ディリジェンスを十分に行うことが重要となる。また、人事労務面のデュー・ディリジェンスにおいては、後述のとおり、調査の対象となる事項が多岐にわたるため、幅広い事項に関し迅速かつ効率的に調査を進める必要がある（依頼者の意向や当該案件の具体的な状況によっては、特にリスクの存在が強く懸念される事項や影響の大きい事項に絞って調査を行うこともある）。

(2) 人事労務に関するデュー・ディリジェンスにおけるリサーチ

人事労務のデュー・ディリジェンスにおける調査事項は多岐にわたるが、一般的には、以下の事項の調査が中心になると考えられる。

---

①従業員に関する事項（有期契約社員の契約更新等の状況、派遣社員・出向または転籍社員の状況、偽装請負該当性等）

②労働時間に関する事項（特殊な労働時間制、労働時間管理の方法、始業前または終業後の準備時間等の労働時間該当性、休憩時間、長時間労働の有無等）

③未払賃金の有無（管理監督者該当性、固定残業代制度の有効性、代休・振替休日等）

④その他の人事労務に関する法令遵守に関する事項（就業規則の有効性、労使協定、年次有給休暇、安全衛生管理体制等）

⑤労働基準監督署からの指摘等

⑥福利厚生（社会保険・労働保険、退職金制度、企業年金等）

⑦労働組合関連（労働組合とのトラブルの有無、労働協約等）

⑧労働紛争（懲戒・不祥事、解雇、労働災害、メンタルヘルスの不調、ハラスメント等）

そして、これらの各事項についても、基本的には、必要に応じて上記の各項目において述べた基本書・実務書・裁判例集等を用いて対象会社の規程内容・運用等に法的リスクがないかリサーチを行うこととなるが、以下では、実務上特にリサーチの必要が生じやすい項目に関して、主要な文献等を紹介する。

まず、上記①のうち、偽装請負該当性については、この点に焦点を当てた文

献（例えば**木村大樹『労働者派遣・業務請負の就業管理——偽装請負問題への対応と適正な受入れのための法律知識』**〔労働法令、2007年〕等）のほかにも、労働者派遣関係の文献の中で、この点に関する解説がなされている場合がある。そのような文献の例として、**安西愈『労働者派遣と請負・業務委託・出向の実務』**（労働調査会、2005年）や、**中町誠＝中山慈夫編『派遣・パート・臨時雇用・契約社員〔第3版〕』**（中央経済社、2008年）等が挙げられる。

　また、上記③はデュー・ディリジェンスにおいて重要な項目であるが、このうち、固定残業代については、その有効性に関する裁判例の判断傾向を適切に把握することが肝要であるところ、近時の裁判例の検討を行うとともに実務上の対応にも言及している**峰隆之編集代表『定額残業制と労働時間法制の実務——裁判例の分析と運用上の留意点』**（労働調査会、2016年）を参照することが有用である（なお、当該文献は、事業場外みなし労働時間制や裁量労働制に関しても、裁判例の分析や実務上の留意点の解説を行っており、上記②との関係でも参考になる）。

　そのほか、上記④のうち、労使協定については、実務上は三六協定等の有効性が主に問題になると考えられるところ、その内容や締結手続等について詳細に記載された文献として、**労働調査会編『36協定締結の手引〔改訂8版〕』**（労働調査会、2023年）が挙げられる。なお、労使協定に関する調査の際、過半数代表者の選出手続の適正性に関するリサーチを行うこともあるが、その際には、Ⅱ2の労働基準法に関する条文解説やコンメンタール等の文献における記載を中心的に確認することが多い。

〔秋月良子・渡邉悠介〕

第11章

知的財産法分野のリサーチ

I　知的財産法実務の特徴

1　知的財産法とは

「知的財産法」という制定法は存在しないが、「知的財産基本法」が、「知的財産」について、「発明、考案、植物の新品種、意匠、著作物その他の人間の創造的活動により生み出されるもの（発見又は解明がされた自然の法則又は現象であって、産業上の利用可能性があるものを含む。）、商標、商号その他事業活動に用いられる商品又は役務を表示するもの及び営業秘密その他の事業活動に有用な技術上又は営業上の情報」（同法2条1項）と定義している。同法に「知的財産法」の定義は存在しないが、「知的財産」を所管する法律および関連法令の総称が「知的財産法」であると説明することができるだろう。上記の「知的財産」の定義に従って、関連する知的財産権および代表的な法律をまとめると、次頁の図表11-1のとおりとなる[1]。

本書では、紙幅の関係上、それらの法律のうち、実務上触れる機会が多いであろう、特許法、著作権法、商標法および不正競争防止法を中心に説明する。

2　知的財産法の所管官庁等

(1)　所管官庁

上記1で、いわゆる知的財産法には多くの法令が含まれることを確認したが、これらの法令の所管官庁をまとめると、図表11-2のとおりとなっている。

---

1)　これらに加えて、半導体集積回路の回路配置を保護するための回路配置利用権を設定し、これを規律する半導体集積回路の回路配置に関する法律も、知的財産法の一部として紹介されることが多い。

図表 11-1

知的財産の種類	知的財産権の種類	所管する法律
発明	特許権	特許法
考案	実用新案権	実用新案法
植物の新品種	育成者権	種苗法
意匠	意匠権	意匠法
著作物	著作権	著作権法
商標、商号その他事業活動に用いられる商品または役務を表示するもの	商標権	商標法
	—	不正競争防止法（商品等表示の保護）
営業秘密その他の事業活動に有用な技術上または営業上の情報	—	不正競争防止法（営業秘密の保護、および、限定提供データの保護）

図表 11-2

所管官庁	所管法令
特許庁	特許法、実用新案法、意匠法、商標法
文化庁	著作権法
経済産業省	不正競争防止法
農林水産省	種苗法

① 特 許 庁

いわゆる産業財産権に分類される権利（特許権、実用新案権、意匠権および商標権）に関する特許法、実用新案法、意匠法および商標法を所管するのが特許庁である。これらの法令に関するガイドラインの策定等を担うほかに、特許庁の果たす重要な役割として、各種権利の出願、審査、登録および審判が存在する。産業財産権は、いずれも、発明やデザイン等の発生により当然に与えられる権利ではなく、権利の取得を希望する者が、特許庁に出願し、審査を経て、登録を受けることで初めて与えられる。これらの権利の登録に関する手続のほか、特許庁は、登録された権利の訂正や無効等について争う審判も行っている。

② 文 化 庁

著作権法を所管するのは文化庁である。産業財産権法と異なり、著作権は、著作物を創作することにより、出願や登録といった手続を要せずに発生する（無方式主義）。その点で、文化庁は特許庁と異なり、権利の付与のための出願

登録等の手続を行うことはない。しかし、移転等の対抗要件としての登録など、著作権についても（産業財産権と比較すると利用の頻度は低いものの）登録制度は存在しており（著作77条等）、文化庁は当該登録の手続を担っている。また、著作権法には、権利者が不明な場合等に、文化庁長官の裁定を受けて著作物を利用できるという制度が存在し（同法67条以下）、同制度の運用も文化庁が担っている。

③ 経済産業省

不正競争防止法は、経済産業省が所管し、ガイドラインの策定等を行っている。経済産業省のウェブサイトには、不正競争防止法の逐条解説など、リサーチでも有益な資料が多数公開されている。

(2) 管轄裁判所

知的財産法分野の特徴として、東京地方裁判所および大阪地方裁判所の知的財産権部（以下、「地裁知財部」）、ならびに、**知的財産高等裁判所**という知的財産法に関する事件を専門に取り扱う裁判所の存在もあげられる。東京地方裁判所および大阪地方裁判所は、東日本・西日本の別に応じて、特許権等に関する事件の専属管轄（民訴6条）および商標権、意匠権、著作権（プログラムの著作物についての著作者の権利を除く）、不正競争行為に関する事件の競合管轄（同法6条の2）をそれぞれ有している。また、東京高等裁判所の特別支部である知的財産高等裁判所は、特許庁が行った審決に関する審決取消訴訟（特許178条1項等）および特許権等に関する事件の控訴審（民訴6条3項）としての専属管轄を有しているほか、東京高等裁判所管内の商標権、意匠権、著作権（プログラムの著作物についての著作者の権利を除く）、不正競争行為に関する事件の控訴審を取り扱うこととされている（知的財産高等裁判所設置法2条参照）。

知的財産法関連の事件を専門的に取り扱い、知的財産に関する専門的な知見を有する地裁知財部や知的財産高等裁判所の判決は知的財産法分野のリサーチにおいて重要度が高い。その中でも、知的財産高等裁判所の**大合議判決**（特許権等に関する訴えに係る控訴事件等のうち5人の裁判官の合議体により判断が行われる特別部の判決〔民訴310条の2等〕）は極めて重要である[2]。また、地裁知財部や知的財産高等裁判所の裁判官を歴任した裁判官は知的財産法に関する論考を執筆す

ることも多く、その論考はリサーチにおいては重要な資料となる。

(3) その他

官庁および裁判所以外で知的財産法分野のリサーチに関係する団体としては、特許等の産業財産権のデータベースを提供している**独立行政法人工業所有権情報・研修館（INPIT）**、海外の知財制度についての情報を提供している**独立行政法人日本貿易振興機構（JETRO）**[3]、音楽の著作物に係る著作権の利活用に際して原則として手続が必要となる**一般社団法人日本音楽著作権協会（JASRAC）**等の著作権等管理事業者等が存在する。

3　知的財産法に関する案件の特徴

(1)　横断的な検討の必要性

1で知的財産法は様々な法律を包含していることを述べたが、この観点は、案件の検討でも重要となり、事案の検討に際しては様々な法律を検討する必要がある。例えば、X社が販売する製品の類似品が無許諾で販売されたという事案では、(i)X社が当該製品に関する技術について特許権を取得しており、当該技術が模倣されている場合には特許権侵害を検討することになり、また、(ii)当該製品のデザインが模倣されている場合には、(a)当該デザインについて意匠登録や立体商標の登録がなされているときには意匠権侵害、商標権侵害が問題となり、(b)そのような登録がなされていないときであっても、不正競争防止法上の商品形態模倣（同法2条1項3号）や、当該デザインがX社の商品としての出所識別機能を有するときには商品等表示の使用（同項1号・2号）が問題となり、(c)さらには、当該製品のデザインに、いわゆる応用美術として著作権法による保護が与えられないかについても検討が必要になる。このように、知的財産法に関する案件に取り組む際には、個別の法律だけではなく、いわゆる知的財産法に含まれる法律を横断的に検討する必要がある。

さらにいえば、案件の検討にあたっては、知的財産法の範疇にとどまらず、

---

2)　これまでの大合議事件は知的財産高等裁判所のウェブサイトにまとめられている（https://www.ip.courts.go.jp/hanrei/g_panel/index.html）。

3)　https://www.jetro.go.jp/themetop/ip/

第 11 章　知的財産法分野のリサーチ

他の分野の法律についての検討が必要な場面も存在する。例えば、独占禁止法上、知的財産法による「権利の行使」には独占禁止法の規制は及ばないとされている（独禁 21 条）が、公正取引委員会の「**知的財産の利用に関する独占禁止法上の指針**」[4] では、技術の利用に係る制限行為について、実質的に権利の行使と評価できない場合として独占禁止法が適用される場面が定められているなど、知的財産権の行使にあたって独占禁止法にも配慮が必要になる。また、倒産法（ライセンサーが破産した場合のライセンス契約の取扱い〔破 53 条・56 条 1 項等〕に関する論点等）、労働法（職務発明規程の改定にあたっての労働関連法規の適用への配慮に関する論点等）、国際私法（知的財産権侵害、知的財産権の成立や帰属、知的財産権関連取引の準拠法に関する論点等）が問題になることもあり、法分野の壁を越えた横断的な検討が必要になるという視点も重要である。

(2)　判例の重要性

他の法分野と同様、知的財産法の分野でも、判例や裁判例、特に、最高裁判所や知的財産高等裁判所（とりわけ大合議）の判決は重要である。裁判所の判断によって実質的なルールが形成されるケースも少なくないことから、裁判所の**判例データベース**等を使って最新の判例・裁判例に関する情報収集を行う必要がある。

例えば、特許法において重要な均等論（特許権について、被疑侵害物件に特許請求の範囲の記載の構成と異なる部分が存在する場合であっても、一定の要件を満たす場合には、当該被疑侵害物件が特許請求の範囲に記載された構成と均等なものであるとして、特許発明の技術的範囲に属するとする法理論）は、ボールスプライン軸受事件最高裁判決（最判平成 10・2・24 民集 52 巻 1 号 113 頁）によって確立された後、その後の判例の蓄積（近時の重要判例として、例えば、マキサカルシトール事件大合議判決〔知財高判平成 28・3・25 民集 71 巻 3 号 544 頁〕および同最高裁判決〔最判平成 29・3・24 民集 71 巻 3 号 359 頁〕等）によって要件の解釈や立証責任等の議論が発展してきた理論である。

また、著作権法の分野では、判例および裁判例の蓄積によって、いわゆる規

---

4)　https://www.jftc.go.jp/dk/guideline/unyoukijun/chitekizaisan.html

範的行為主体論（直接物理的に著作物を利用していない当事者に対しても、規範的に利用行為を認め、行為主体を拡張する理論）の議論が発展してきた（ホステスや客に楽曲の歌唱〔演奏〕を行わせていたカラオケスナックが規範的に演奏権侵害の主体と判断されたクラブキャッツアイ事件最高裁判決〔最判昭和 63・3・15 民集 42 巻 3 号 199 頁〕、インターネットを使った著作物の共有・配信サービス等において、利用者個人ではなく、サービスの提供者を規範的な侵害主体と認定できるかという論点に関するまねき TV 事件最高裁判決〔最判平成 23・1・18 民集 65 巻 1 号 121 頁〕およびロクラク II 事件最高裁判決〔最判平成 23・1・20 民集 65 巻 1 号 399 頁〕等）。

　以上はあくまで一例であるが、このように判例・裁判例の蓄積による法理論の発展は実務にも大きな影響があり、特に近年めざましく技術が進展し、（(3)のとおり法改正による対応は行われているものの）法改正だけでは新技術に対応しきれないデジタル IT 領域等における知的財産法の解釈においては、裁判所の判断により形成されるルールを注視する必要がある。

(3)　頻繁な法改正

　知的財産法の分野では、特に近時の急激な技術変革や社会変化に伴い、高頻度で実務への影響の大きい法改正が行われていることから、所管官庁のウェブサイト等を通じて法改正に関する審議会の議論状況を把握することや、法改正時に所管官庁が公表する改正資料や各種解説記事等を確認して改正法について十分な情報収集を行うことが重要である。

　例えば、近時では、デジタル上の商品の経済取引の活発化等を踏まえ、不正競争防止法の商品形態模倣行為の規制（同法 2 条 1 項 3 号）対象を、デジタル空間上での模倣行為に拡張する法改正等が行われている。

　他の法律も同様であるが、法改正があった事項については、事案の検討に際して、新法の施行の時期を確認するのはもちろんのこと、経過措置や旧法・現行法の適用関係等にも配慮する必要がある。例えば、職務発明の対価請求権に関する特許法の規定については、会社への職務発明の権利移転の時期により平成 16 年改正前の特許法、平成 27 年改正前の特許法、現行特許法のいずれが適用されるかが決まるため、職務発明の対価請求について検討する際には、いつの時点で従業員から会社に対して権利が移転しており、いずれの特許法の規

定が適用されるかに注意を払う必要がある。

⑷　属地主義

　知的財産法の国際的な適用関係については、属地主義の原則が妥当するとされており、最高裁は特許権について属地主義とは「各国の特許権が、その成立、移転、効力等につき当該国の法律によって定められ、特許権の効力が当該国の領域内においてのみ認められる」（最判平成9・7・1民集51巻6号2299頁）ことであると判示している。これは知的財産権一般に妥当する考え方であるとされていることから、知的財産権は基本的に、各国ごとに権利が存在し、その効力は当該国内に限られることとなる。

　国際取引が一般化した現代社会においては、国際的な観点からの知的財産権の保護および利活用を考える必要があり、現地の法律事務所の起用等を通じて、事業展開を企図する国の知的財産法や制度について検討する必要がある。

　また、各国の知的財産権の効力は、当該国の領域内においてのみ認められることから、知的財産権侵害が発生した場合の紛争も、当該侵害が発生した国の裁判所で判断されることが多く、現地法律事務所を起用した海外紛争案件に発展することが多い。

⑸　実務慣行の重要性

　知的財産法分野でビジネスの実態に即した実務的なアドバイスを提供するにあたっては、知的財産法の理論のみではなく、依頼者の業界における実務慣行を知り、関係当事者、当該業界における知的財産権の帰属、関係当事者間で締結されている契約の法的位置づけ等について理解することが重要である。例えば、エンターテインメント分野における映画やアニメーションの製作に関して製作委員会方式がとられる場合、出資者、製作委員会、制作会社等の関係当事者間の契約関係、商流および権利の帰属先等を法的に分析することが、事案の検討において役立つことが多い。また、音楽の著作物については、その多くが著作者からJASRAC等の著作権等管理事業者に管理信託されていることから、その利用にあたっては著作者と直接交渉するのではなく、JASRACが定めた手続と利用料に従った利用をする必要があるといった実務的な運用を理解する必

要がある。

　また、知的財産法の各論点における解釈や当てはめにおいても、各知的財産法に定められた損害賠償額の推定の規定においては、各知的財産権の利用に対して「受けるべき金銭の額」（特許102条3項、商標38条3項、不正競争5条3項、著作114条3項）を損害賠償額と推定するとされているが、その算定にあたっては、同種の知的財産権をライセンスする場合のライセンス料相当額といった実務慣行における金額が参考とされることもある。

Ⅱ　知的財産法にかかるリサーチツール

1　裁判例について
(1)　裁判所ウェブサイト

　知的財産関係の本案判決は、基本的に全件が、**裁判所ウェブサイト**[5]において公開されている。「**知的財産裁判例集**」の検索条件指定画面[6]において、キーワードによる全文検索、裁判年月日の指定（範囲指定も可）による検索および事件番号による検索ならびにこれらを組み合わせた検索が可能である。その際、裁判所や権利種別、訴訟類型による絞り込みもできる。

　判決は、閲覧制限申立ての対象となっていなければ、通常、判決日から数営業日以内に裁判所ウェブサイトにアップロードされる。

(2)　知的財産高等裁判所ウェブサイト

　知的財産高等裁判所のウェブサイト[7]においても、同裁判所による判決の情報が公開されている。まず、大合議事件に関するページ[8]において、継続中の大合議事件および終結したすべての大合議事件について、判決の要旨および全文が掲載され、さらに侵害訴訟については原判決の全文が掲載されている。また、大合議事件以外の事件についても、「**知財高裁判例集**」の検索条件指定

---

　5)　https://www.courts.go.jp/index.html

　6)　https://www.courts.go.jp/app/hanrei_jp/search7

　7)　https://www.ip.courts.go.jp/index.html

　8)　https://www.ip.courts.go.jp/hanrei/g_panel/index.html

第 11 章　知的財産法分野のリサーチ

画面 9) において、前述の裁判所ウェブサイトと同様の検索を行うことができる。加えて、知的財産高等裁判所のウェブサイトでは、上告提起および上告受理申立ての有無による絞り込みや、上告審の結果についても確認することができる。加えて、「**最近の審決取消訴訟**」や「**最近の侵害訴訟等控訴事件**」をリストアップするページへのリンクも、前述の検索条件指定画面のページ上に存在している。

2　裁判手続について

　東京地方裁判所では、民事第 29 部、第 40 部、第 46 部および第 47 部が知的財産権部として、知的財産関係事件の事件処理を専門に担当している。**東京地方裁判所の知的財産権部のウェブサイト** 10) では、知的財産権関係事件の手続に関する情報が提供されている。その中に、「**特許侵害訴訟の審理モデル（損害論）**」と「**特許権侵害訴訟の審理モデル（損害論）**」が掲載されており 11)、これを参照することで、特許権侵害訴訟における審理手続の概要を把握することができる。

　大阪地方裁判所では、民事第 21 部および第 26 部が知的財産権部として、知的財産権関係事件を専門に担当している。**大阪地方裁判所の知的財産権部のウェブサイト** 12) においても、知的財産権関係事件の手続に関する情報が提供されている。その中には計画審理モデルとして、「**特許・実用新案権侵害事件の審理モデル**」および「**意匠・商標権侵害事件、不正競争（1 号、2 号、3 号）事件の審理モデル**」が掲載されており、大阪地方裁判所における知的財産権関係訴訟の審理手続のイメージを持つ際に参考になる。

　知的財産高等裁判所のウェブサイト 13) においては、審理要領および書式に関する情報が提供されている。審決取消訴訟の進行および手続ならびに提出書類等については、当該ウェブサイトの情報を参照することが有益である。

---

9)　https://www.ip.courts.go.jp/app/hanrei_jp/search

10)　https://www.courts.go.jp/tokyo/saiban/minzi_section29_40_46_47/index.html

11)　https://www.courts.go.jp/tokyo/saiban/minzi_section29_40_46_47/tokkyokenn_sinngai/index.html

12)　https://www.courts.go.jp/osaka/saiban/tetuzuki_ip/index.html

13)　https://www.ip.courts.go.jp/tetuduki/form/index.html

3　特許庁ウェブサイト

特許庁ウェブサイト[14] においては、特許、実用新案、意匠および商標の出願手続ならびに審判手続に関する情報や、これら出願および審判に関する統計情報が提供されている。特に重要な情報として、「**特許・実用新案審査基準**」[15] があり、特許および実用新案に係る出願審査における特許庁の考え方を理解する際の必須の資料である。同様に意匠については「**意匠審査基準**」[16] が、商標については、「**商標審査基準**」[17] が、それぞれ公開されている。

また、審判手続については、「**審判便覧**」[18] が公開されている。これは、拒絶査定不服審判、無効審判等の様々な審判や異議申立て、再審など、産業財産権の有効性や審査における処分に関する争訟を扱う制度およびその手続等について、特許庁において事件の審理を担う審判長・審判官、調書の作成や送達等を担う審判書記官が、法令に定められた手続に従って事件を処理するにあたって審判部内で統一的な理解をするとともに、的確な審決・決定が行われることを目的として作成されたものであり、かかる事件に関与する際に、審判部の運用を理解する際には参照が必須の資料といえる。

4　J-PlatPat

特許情報プラットフォーム J-PlatPat[19] は、独立行政法人工業所有権情報・研修館が 2015 年 3 月より運用を開始し、日本のみならず欧米等も含む世界の特許・実用新案、意匠、商標、審決に関する公報情報、手続や審査経過等の法的状態に関する情報等を収録し、特許情報の検索・閲覧サービスを提供している。特許・実用新案、意匠および商標に関して、出願情報や登録情報、出願審査過程の情報、審判手続の状況、審決に関する情報を取得する際には、活用が必要となる。

ただし、**J-PlatPat** への情報反映にはタイムラグがあり得るため、特許の登

---

14)　https://www.jpo.go.jp/

15)　https://www.jpo.go.jp/system/laws/rule/guideline/patent/tukujitu_kijun/

16)　https://www.jpo.go.jp/system/laws/rule/guideline/design/shinsa_kijun/

17)　https://www.jpo.go.jp/system/laws/rule/guideline/trademark/kijun/index.html

18)　https://www.jpo.go.jp/system/trial_appeal/sinpan-binran.html

19)　https://www.j-platpat.inpit.go.jp/

第 11 章　知的財産法分野のリサーチ

録状況について最新かつ正確な情報を取得するためには、**特許登録簿の謄本を**取得すべきである。

5　文化庁ウェブサイト

文化庁ウェブサイトの著作権に関するページ [20] では、著作権法改正に関する情報や、著作権の登録制度、著作権者不明等の場合の裁定制度等、著作権等管理事業に関する情報が提供されている。

6　経済産業省

経済産業省ウェブサイトの不正競争防止法に関するページ [21] では、「不正競争防止法逐条解説」が提供されるとともに、データ利活用の事例集やてびき、「秘密情報の保護ハンドブック」も掲載されている。さらに、実務上重要なものとして、「営業秘密管理指針」[22] および「限定提供データに関する指針」[23] が公開されている。

「営業秘密管理指針」は、不正競争防止法 2 条 6 項に定義される「営業秘密」に該当するか否かを判断する際に参考すべき資料である。同様に、「**限定提供データに関する指針**」は、同条 7 項に提起される「限定提供データ」に該当するか否かを判断する際に参考にすべき資料である。

7　知的財産法の基本書等

以下では、知的財産法に関する基本書等としてリサーチの端緒となるものを紹介する。

(1)　特許法に関する基本書等

中山信弘『特許法〔第 5 版〕』(弘文堂、2023 年。以下、「中山・特許法」)は、2022 年までの特許法改正ならびに判例および学説等をフォローして特許法の

---

20)　https://www.bunka.go.jp/seisaku/chosakuken/index.html

21)　https://www.meti.go.jp/policy/economy/chizai/chiteki/

22)　https://www.meti.go.jp/policy/economy/chizai/chiteki/guideline/h31ts.pdf

23)　https://www.meti.go.jp/policy/economy/chizai/chiteki/guideline/h31pd.pdf

261

解釈について解説する教科書的文献である。同様に、**田村善之＝清水紀子『特許法講義』**（弘文堂、2024年）は、大学での講義をベースとしたテキストであり、特許法の理解を深める知識を得ることができる教科書的文献である。

髙部眞規子編『特許訴訟の実務〔第2版〕』（商事法務、2017年）は現役裁判官の視点から実務上の重要な論点を解説するものであり、実体法的な問題点のみならず、訴訟代理人の活動や裁判所の訴訟運営を検討している。同様に、**同『実務詳説 特許関係訴訟〔第4版〕』**（金融財政事情研究会、2022年）も、法改正や最高裁および知財高裁の判例をフォローしつつ、特許関係訴訟の手続的論点や実体法的論点等に検討を加えるものである。

コンメンタールとしては、**中山信弘＝小泉直樹編『新・注解 特許法(上)・(中)・(下)〔第2版〕』**（青林書院、2017年。以下、「中山＝小泉編・新注解特許法」）がある。

また、特許法に限らず、工業所有権に関する法令集および逐条解説として、**発明推進協会編『工業所有権（産業財産権）法令集〔第61版〕』**（発明推進協会、2023年）および**特許庁編『工業所有権法（産業財産権法）逐条解説〔第22版〕』**（発明推進協会、2022年）は手元に置くべきといえる。

(2) 商標法に関する基本書等

小野昌延＝三山峻司『新・商標法概説〔第3版〕』（青林書院、2021年）は、令和3年の商標法改正とそれまでの最新の裁判例をフォローし、審査基準の改訂を取り込みつつ、商標法全般について解説を加えるものである。**金井重彦ほか編著『商標法コンメンタール〔新版〕』**（勁草書房、2022年）も、令和3年の改正まで対応し、商標審査基準の改訂、最新の裁判例および実務運用を盛り込んでいる。**平尾正樹『商標法〔第3次改訂版〕』**（学陽書房、2022年）は、民法・民訴法など基本法の理論から商標法を説き起こす、商標法の体系書である。**髙部眞規子『実務詳説 商標関係訴訟〔第2版〕』**（金融財政事情研究会、2023年）は、法改正や最高裁および知財高裁の重要判例をフォローしつつ、商標関係訴訟の理論と実務を解説するものである。

コンメンタールとしては、**小野昌延＝三山峻司編『新・注解 商標法(上)・(下)』**（青林書院、2016年）がある。

第 11 章　知的財産法分野のリサーチ

⑶　意匠法に関する基本書等

　茶園成樹編『意匠法〔第 2 版〕』（有斐閣、2020 年）は、意匠法の基本的な考え方を学ぶ際に参考となる教科書的文献である。また、末吉亙『新版 意匠法〔第 3 版〕』（中央経済社、2017 年）は、最新の意匠法改正や意匠判断基準の改訂、および主要判例を反映し、訴訟で実際に争われた意匠の図面や写真を紹介しつつ意匠法を解説している。

　コンメンタールとしては、寒河江孝允ほか編著『意匠法コンメンタール〔新版〕』（勁草書房、2022 年）がある。

⑷　不正競争防止法に関する基本書等

　経済産業省知的財産政策室編『逐条解説 不正競争防止法〔第 3 版〕』（商事法務、2024 年）は、令和 5 年改正を盛り込みつつ、立案担当者が法改正の趣旨・内容を含めた法律全体を平易に解説する逐条解説である。髙部眞規子『実務詳説 不正競争訴訟』（金融財政事情研究会、2020 年）は、法改正や最高裁および知財高裁の重要判例をフォローしつつ、意匠関係訴訟の理論と実務を解説するものである。

　コンメンタールとしては、小野昌延編著『新・注解 不正競争防止法(上)・(下)〔第 3 版〕』（青林書院、2012 年）がある。

⑸　著作権法に関する基本書等

　中山信弘『著作権法〔第 4 版〕』（有斐閣、2023 年）は、令和 2 年、令和 3 年の法改正を織り込み、判例・学説動向も反映した教科書的文献である。髙部眞規子『実務詳説 著作権訴訟〔第 2 版〕』（金融財政事情研究会、2019 年）は、法改正や最高裁および知財高裁の重要判例をフォローしつつ、著作権関係訴訟の理論と実務を解説するものである。

　エンターテインメント法務に焦点を当てたものとしては、エンターテインメント・ロイヤーズ・ネットワーク編『エンターテインメント法務 Q&A〔第 4 版〕』（民事法研究会、2024 年）や骨董通り法律事務所編『エンタテインメント法実務〔第 2 版〕』（弘文堂、2025 年）がある。

　コンメンタールや条解としては、加戸守行『著作権法逐条講義〔7 訂新版〕』

263

（著作権情報センター、2021年）、**小倉秀夫＝金井重彦編著『著作権法コンメンタールⅠ～Ⅲ〔改訂版〕』**（第一法規、2020年）、**半田正夫＝松田政行編『著作権法コンメンタール(1)～(3)〔第2版〕』**（勁草書房、2015年）、**松田政行編『著作権法コンメンタール別冊 平成30年・令和2年改正解説』**（勁草書房、2022年）や、**小泉直樹ほか『条解著作権法』**（弘文堂、2023年）が挙げられる。

(6)　AIやデータ取引に関する基本書等

この分野の書籍は近年多数出版されているが、例えば、**福岡真之介＝松村英寿『データの法律と契約〔第2版〕』**（商事法務、2021年）、**福岡真之介編著『IoT・AIの法律と戦略〔第2版〕』**（商事法務、2019年）、**中崎隆ほか編著『データ戦略と法律——攻めのビジネスQ&A〔改訂版〕』**（日経BP、2021年）、**武井一浩ほか編著『デジタルトランスフォーメーションハンドブック』**（商事法務、2022年）が挙げられる。

(7)　ライセンス契約に関する基本書等

ライセンス契約については、**大阪弁護士会知的財産法実務研究会編『知的財産契約の実務 理論と書式』**シリーズ（商事法務、2022年。以下、「大阪弁護士会編・理論と書式シリーズ」）、**小坂準記編著『ライセンス契約書作成のポイント』**（中央経済社、2020年。以下、「小坂編著・ポイント」）、**長谷川俊明編著『ライセンス契約の基本と書式』**（中央経済社、2017年）、**伊藤晴國『知的財産ライセンス契約——産業技術（特許・ノウハウ）』**（日本加除出版、2019年。以下、「伊藤・ライセンス契約」）、**松田俊治『ライセンス契約法——取引実務と法的理論の橋渡し』**（有斐閣、2020年。以下、「松田・ライセンス契約法」）が参考文献として挙げられる。

(8)　知的財産権関係の判例集

知的財産法の各分野における主要な裁判例を網羅的に紹介する判例集として、**愛知靖之ほか『知財判例コレクション』**（有斐閣、2021年）が挙げられる。

(9)　M&Aと知的財産権に関するデュー・ディリジェンスに関する参考書等

M&Aと知的財産権に関するデュー・ディリジェンスについての参考資料と

しては、**特許庁が公表している「知的財産デュー・デリジェンス標準手順書及び解説」**(2018年3月)[24] や、**長島・大野・常松法律事務所編『M&A を成功に導く法務デューデリジェンスの実務〔第4版〕』** 268 頁以下（中央経済社、2023年。以下、「長島・大野・常松編・法務 DD」）が挙げられる。

III 個別の分野でのリサーチ

1 M&A における知財デュー・ディリジェンス

〔事例1〕

　X 社から、知的財産権が競争力の源泉となっている Z 社の株式を Y 社から取得するか、または、会社分割もしくは事業譲渡の方法で Z 社の主力事業を取得したい旨の相談があった。

(1) 対象会社の保有する知財の確認

① 対象会社からの情報取得

M&A 案件において、対象会社の知的財産についてのデュー・ディリジェンス（以下、「知財 DD」[25]）を実施する場合、まずは、対象会社が保有している知的財産権のリスト（共有関係や担保権等の負担の設定状況等の概要も記載したもの）や利用している知的財産権のリストの提出を求め、権利の保有状況およびライセンス契約等に基づく知的財産権の利用状況の把握を行うことが一般的である。

② 公表資料による調査

対象会社から保有・利用している知的財産権のリストの提出を受けた場合には、当該リストに依拠して検討を進めることが一般的だが、そのようなリストの提出を受けられなかった場合や、リストの正確性に疑義があるような場合には、対象会社とは別途、独自に対象会社の保有知的財産権の状況を確認する必要がある。日本で出願・登録されている産業財産権については、**J-PlatPat** を

---

24) https://www.jpo.go.jp/support/startup/document/index/2017_06_kaisetsu.pdf
25) 知財 DD を実施する際には、「知的財産デュー・デリジェンス標準手順書及び解説」や、長島・大野・常松編・法務 DD268 頁以下〔藤原総一郎・松田俊治・殿村桂司・高見柊〕等も参考になる。

用いて、対象会社を出願人や権利者とする権利を検索することで、概要把握を行う方法が一般的であろう[26]。ただし、J-PlatPat を利用しても、検索可能な知的財産権はあくまで出願または登録が行われた産業財産権に限られる点には留意が必要である。著作権、営業秘密、ノウハウ等については、J-PlatPat での確認はできないため、別途対象会社に確認する必要がある。これらの知的財産の確認方法は、対象会社への質問やインタビューが一般的な方法であるが、例えば、対象会社の事業概要からその存在が窺われる知的財産が存在する場合（キャラクタービジネスを行っている企業の主力となるキャラクターの著作権等）には、抽象的に全体像を確認する質問を行うだけではなく、当該知的財産に着目した質問も行うことで、より多くの情報を引き出すことができることもある。

③　論点の把握

対象会社が保有している知的財産権について、全体像を把握したら、その後は個別の知的財産権について、依頼者の企図している取引との関係で、その利用や承継に問題がないかを確認することとなる。確認のポイントは、想定される M&A 取引の方法によって異なり、例えば、株式譲渡であれば（対象会社の株主は変動しても、知的財産自体の譲渡・承継は生じないことから）原則として権利に負担、制限、瑕疵等が存在しないかを中心に確認することとなるが、合併、事業譲渡、会社分割の場合には、特に産業財産権の移転は登録を要件とすることもあり（特許権について特許 98 条 1 項 1 号）、負担の有無等に加えて、移転・承継にあたっての手続や支障の有無も確認する必要がある。これらの問題の端緒を事実関係から発見し、まずは知的財産法の諸規定のほか、基本書、コンメンタール、特許庁のウェブサイトや実務書籍等を参照しながら論点の有無および当該論点への対応を検討することになる。

権利の負担や移転・承継等に関する問題の確認のポイントとしては、例えば、

---

26)　なお、対象会社が海外で保有している知的財産権についても調査対象となるかは依頼の範囲にもよるが、海外の知的財産権の検索に活用できるサービスとして**欧州特許庁（EPO）**が提供している **Espacenet**（https://worldwide.espacenet.com/）、**米国特許商標庁（USPTO）**がウェブサイト上で提供している検索サービス（https://www.uspto.gov/）、**世界知的所有権機関（WIPO）**の提供しているデータベース（特許について **PATENTSCOPE**〔https://patentscope2.wipo.int/search/ja/search.jsf〕）等が存在しており、これらのデータベースを使って海外で出願登録されている産業財産権について調査することもできる。

第 11 章　知的財産法分野のリサーチ

権利の維持のための特許料等の金銭の納付の状況、存続期間、拒絶査定・無効審判等の権利の登録や有効性を争う手続の有無、質権その他の担保権設定の状況、専用実施権（特許 77 条）・専用使用権（商標 30 条）等の設定の状況、共有の状況 27) 等が考えられる。これらの項目の多くは、産業財産権については J-PlatPat の検索結果から把握できるものも多いが、例えば、J-PlatPat では実施権や使用権の内容までは確認できないことから、Ⅱ4 記載のとおり、特に重要性の高いものについては**登録簿の確認**が必要となる 28)。また、著作権等の産業財産権以外の知的財産については、前述のとおり J-PlatPat による確認はできないため、特に著作権の共有等の問題について、対象会社への確認や開示資料の精査を通じて端緒を探ることになる。

④　**論点の検討の具体例**

保有知的財産権の承継に関して、調査が必要となる論点の例として、例えば、会社分割の方法をとる場合の特許権の移転の手続に関する論点があげられる。上記のとおり特許権の移転は登録が効力発生要件とされているが（特許 98 条 1 項 1 号）、一般承継による移転については例外とされており、登録は効力発生要件ではなく、遅滞なく特許庁長官に事後届出を行えば足りるとされている（同号括弧書および同条 2 項）。この「一般承継」に会社分割が含まれるかについては、例えば**中山・特許法** 547 頁では「相続や会社の合併」がこれに含まれることは明記されているが、会社分割がこれに含まれるかは明らかではない。この点、**特許庁のウェブサイト**の権利の移転等に関する手続を確認すると、会社分割による移転は一般承継として整理され、効力発生要件としての登録は不要と整理されている 29)。また、このような場合には、特許法の関連書籍だけではなく、

---

27)　知的財産権を共有している場合に共有者間で受ける制約は知的財産の種類により異なり、例えば、特許法では実施権や質権の設定、譲渡等については共有者の同意が必要とされているものの（特許 73 条）、特許発明の実施は共有者が単独で行うことができるのに対し、著作権については譲渡や質権の設定のみならず、利用行為についても共有者全員の合意による必要があるとされている（著作 65 条）。

28)　登録簿の取得にもコストがかかるため、対象会社の保有する産業財産権全てについて登録簿を確認することは稀であり、依頼者の認識や対象会社へのインタビュー等を通じて、特に重要な産業財産権が存在する場合に、当該産業財産権に限定して登録簿を確認することが多い印象である。

29)　https://www.jpo.go.jp/system/process/toroku/iten/index.html の 1.（2）.g. 参照。

会社分割に関する実務書籍等も参照することが有益な場合が多く、例えば、**柴田堅太郎編著『ストーリーで理解するカーブアウト M&A の法務』**（中央経済社、2023 年。以下、「柴田編著・カーブアウト」）124 頁でも、同様の整理が記載されている[30]。

　また、特許権が共有されている場合には、さらに、共有特許の持分の譲渡に際して他の共有者の同意が必要である旨定めている特許法 73 条 1 項との関係で、会社分割により特許権の共有持分を移転する際に他の共有者の同意が必要となるかが問題となる。**中山・特許法**339 頁には、一般承継に際して、「他の共有者の同意なく共有持分は当然に承継される」との記載があり、一般承継に会社分割を含むのであれば、他の共有者の同意なく持分の承継を行うことができるように思える。実際に、特許庁の手続実務においても、共有持分の移転に関する手続には他の共有者による同意は不要とされている[31]。しかしながら、**柴田編著・カーブアウト**127 頁では「会社分割によって知的財産権の共有持分のみを移転させること……、実質的に個別承継と変わらないことから、他の共有者の同意が必要と解する立場も実務上の有力な見解であると理解している」との記載があることから、このような考え方にも留意して対応を検討する必要がある[32]。

　このように知財 DD の過程では、法令の条文はもちろん、知的財産法の基本書、特許庁等における手続実務および M&A や組織再編に関する実務書籍等を横断的に検討して、想定される取引において、必要な権利が確実に維持・譲渡・承継されるためにはどうすべきかを検討する必要がある。

---

[30] 　TMI 総合法律事務所＝デロイトトーマツファイナンシャルアドバイザリー合同会社編『M&A を成功に導く知的財産デューデリジェンスの実務〔第 3 版〕』（中央経済社、2016 年）209 頁も同旨。ただし、**長島・大野・常松編・法務 DD** 305 頁および**﨑地康文『M&A、ベンチャー投資における知的財産デュー・デリジェンス』**（商事法務、2019 年）208 頁では、本文では同旨を述べながら脚注（**長島・大野・常松編・法務 DD** では脚注 18、﨑地・前掲書の脚注 24）では、異なる解釈を示した裁判例（神戸地判平成 26・3・27）が紹介されているため留意が必要である。

[31] 　https://www.jpo.go.jp/system/process/toroku/iten/tetsuzuki_09.html

[32] 　なお、以上はあくまで特許法に従った手続であり、共有者間の契約で異なる合意がなされている場合にはそれらの合意についても確認する必要がある（特許権の共有に関する規定が任意規定であることについて**中山・特許法**339 頁ほか）。

(2) 対象会社が締結している知財関連契約の確認

① 資料開示請求

　契約についても、公表資料から入手できる情報には限りがあるため、一般的には、対象会社に対して、締結している知財関連契約（ライセンス契約〔ライセンスアウト・ライセンスインの両方〕、共同出願契約、共同研究契約等）の開示を求めることが多い。対象会社が締結している知財関連契約の数が多数に上る場合には、ライセンス料の上位の契約、事業上重要な知的財産に関して締結されている契約、主力製品に関して締結されている契約等、知財 DD の目的を踏まえて、確認対象を合理的な範囲に限定することもある。

　また、例えば、(1)①の調査の結果共有関係にある知的財産が存在するにもかかわらず、共有関係について取り決める契約（共同出願契約や共同研究契約等）が開示されていない場合や、対象会社の利用する知的財産の帰属の状況を踏まえて開示されるべき契約が開示されていないと窺われる場合（例えば、対象事業において重要な知的財産を第三者が保有しているのに、ライセンス契約が開示されていない場合）等には、不足している可能性がある契約を個別に開示請求することも必要である。

② 契約のレビュー

　契約レビューのポイントは、予定している M&A 取引の実行を制約する契約（M&A 取引の実行に際して制約を受ける契約）はないか（いわゆるチェンジ・オブ・コントロール条項や承継禁止条項の有無等）、対象会社が締結している契約が事業に対する想定外の制約を負担していないか（例えば、買主が将来幅広くライセンスして活用しようとしている知的財産権について、一社に独占的ライセンスを付与している、共同開発の成果の知的財産権をパートナー企業が独占取得することになっている等の問題はないか）等であり、**長島・大野・常松編・法務 DD** 281 頁以下に確認のポイントが整理されているので参考になる。

　また、一般的な契約条項と比較して検討を行いたい場合には、雛形や条項例が掲載されているライセンス契約に関する実務書籍（**大阪弁護士会編・理論と書式シリーズ、小坂編著・ポイント、伊藤・ライセンス契約**等）を確認し、掲載されている条項例と開示された契約との対比から一般的な実務より過度な負担を対象会社が負担しているといった問題がないかを確認することとなる。また、ライセン

サーの倒産時の処理等の知財関連契約に関する個別の論点に関する理論的な分析については、**松田・ライセンス契約法**が詳しく、リサーチの際に有益である。これらの文献は、知財関連契約のドラフティングを行う際にもサンプルとして参考になる。なお、知財関連契約のドラフティングや契約のレビューの際には、依頼者や自身（所属事務所）が過去に取り扱った類似案件の契約サンプルを確認することも重要であるが、サンプル収集に際しては、対象としている知的財産の内容や業種が類似したサンプルを入手することが重要である。

③　個別論点の具体的検討

ライセンスに基づく利用権の承継に関しても、対応が必要な個別の論点が存在する場合がある。例えば、対象会社が第三者から特許権のライセンス（通常実施権の設定〔特許78条〕）を受けている場合において、対象会社が会社分割の方法で、M&A取引に際して依頼者にライセンス契約（ライセンスイン）を承継するときに、通常実施権の移転に関して、「実施の事業とともにする場合」には特許権者の承諾を得ずに通常実施権を移転することができる旨の特許法の規定（同法94条1項）に依拠できるか、などの論点が問題になり得る。すなわち、M&A取引により承継する予定の契約に、会社分割による承継を禁止する規定が定められていた場合、**中山＝小泉編・新注解特許法(中)** 1566頁［林いづみ］では、上記の特許法94条1項の規定は強行規定であることから、これに反する契約の定めは無効であるとする見解が紹介されているが[33]、**柴田編著・カーブアウト** 84頁脚注44では、仮に強行規定説を採用し、特許権者の承諾を得ずに通常実施権を移転できるとしても、ライセンス契約には「通常実施権以外の付随条項（例えば、競業避止義務など）が入っていることもあり、特許ライセンスイン契約全体を特許権者の承諾なくて移転できるかはなお検討を要する。そのため、実務上は、前記の特許法上の条項に依拠せず、通常の契約と同様に取り扱うのが安全であろう」との記載もあるため、実務上は、通常実施権以外の付随条項の中に依頼者にとって重要な内容が含まれている場合などは特に、特許権者から承諾を取得して、ライセンス契約の承継を受けるのが保守的な対応となろう。この論点については、CiNii[34]で「ライセンス＆M&A」や「ラ

---

33)　長島・大野・常松編・法務DD 307頁も参照。

34)　https://cir.nii.ac.jp/

イセンス＆再編」といったキーワードで検索を行うと関連論点について書かれた雑誌掲載の記事を発見することもでき、実務上の対応を検討する際の参考になる（例えば、**山内真之「特許ライセンス契約のチェックポイント——メーカー企業のM&Aを想定して」**Business Law Journal 137 号〔2019 年〕22 頁、**早稲田祐美子ほか「事業再編がライセンス契約に与える影響と検討の視点(上)」**NBL 861 号〔2007 年〕20 頁）。

(3) その他の知財関連問題の検討

(1)および(2)のほかにも、知的財産権の侵害・被侵害等に関する状況および紛争の有無についての検討は知財 DD の主要な確認事項である。紛争の有無については対象会社の認識を確認するほか、プレスリリースやニュース等を通じて公になっている紛争がないか等を確認することが有益である。また、対象会社のサービスにおいて、第三者の知的財産権を利用していることが窺われるにもかかわらず、その許諾契約が存在しない場合には、具体的なサービスの実態を踏まえて、第三者の知的財産権を侵害していないかを検討する必要がある（例えば、生成 AI を活用するビジネスにおいて、第三者の著作物を無許諾で利用していた場合に、著作権法の権利制限規定の適用等により利用を正当化できないか等）。

また、職務発明については、I 3 (3)記載のとおり、法改正と適用法の問題について留意しながら検討を行う必要がある。職務発明に関する論点の検討にあたっては**深津拓寛ほか『実務解説 職務発明——平成 27 年特許法改正対応』**（商事法務、2016 年）といった職務発明に関する実務書籍を参照することが有益な場面が多い。

その他、対象会社が主要な技術等について、特許権を取得するなどの権利化をせずに、ノウハウとして保護している場合には、不正競争防止法上の営業秘密（不正競争 2 条 6 項）や同法上の限定提供データ（同条 7 項）として保護を受けられるかについて、**経済産業省ウェブサイトの「営業秘密管理指針」や「限定提供データに関する指針」**等をそれぞれ参照しながら、対象会社に管理状況を確認するなどして検討することとなる。

2 訴訟案件

〔事例 2-1〕
　依頼者が、保有する特許権を裁判において行使することを希望している。訴状を作成し提出するまでに行うべき調査・リサーチはいかなるものか。

〔事例 2-2〕
　上記の訴状を受けた相手方（被告）の代理人となった場合には、いかなる調査・リサーチを行うべきか。

⑴　〔事例 2-1〕について

①　情報収集

　出発点として、まず特許番号を依頼者から取得のうえで、**J-PlatPat** で特許の現在の登録状況を確認する。加えて、特許庁から特許登録簿の謄本（認証付き）を取得し、最新の権利者の情報や専用実施権登録の有無も確認することは必須である。さらに、特許庁から、出願経過に係る資料（包袋資料）を取得し、拒絶理由通知やそれに対する意見書の内容、補正の経緯も確認しておく。

②　充足論の検討

　続いて、被疑侵害物品やサービスについて情報収集を行い、特許発明の技術的範囲に属しているか否かを検討する。その際、必要に応じて、被疑侵害物品について科学的分析や解析を行い、当該分析の結果を実験報告書等の形で証拠化する。

　ここでは、技術的範囲の属否に関する裁判例のリサーチが必要になることがある。その際には、問題となる特許発明の技術分野に応じて、関連性の高い裁判例および論点を優先的にサーチすることが重要となる。

　続いて、被疑侵害者の行為のうち、差止請求の対象とすべき範囲を検討する。併せて、被疑侵害者の適切な特定も検討する。

　さらに、事実関係によっては、複数主体によって発明が実施されている場合の責任論についての裁判例および学説の調査、間接侵害の成否に関する裁判例および学説の調査、均等侵害に関する裁判例のサーチおよび整理なども必要になるため、Ⅱ7 において紹介した基本書等を適宜参照することとなる。

③　手続関係の検討

手続面では、訴状を提出すべき裁判所を決めるに際し、民事訴訟法上の管轄に関する規定およびその解釈を検討することとなる。また、仮処分命令申立てを併せて行うべきか、それとも、本案訴訟の提起または仮処分命令申立てのみを行うべきかを検討する。

そのうえで、各手続において想定されるタイムラインを確認する。本案訴訟については、Ⅱ2で前述した東京地裁および大阪地裁の審理モデルに関する情報が参考になる。

④　被告から主張され得る無効論の検討

前述のとおり取得した包袋資料によって対象特許の審査過程を確認し、予想される無効論の主張についても予備的に検討する。その際には、特許の有効性に関する要件（新規性、進歩性、実施可能要件、サポート要件、明確性要件等）について、特許庁の審査基準と関連する裁判例の双方を検討することが有益である。

(2)　〔事例2-2〕について

①　情報収集

特許庁から、出願経過に係る資料（包袋資料）を取得し、特許の審査過程を確認する。また、特許の出願日・優先日を確認のうえで先行文献調査を行い、新規性欠如および進歩性欠如の無効論の主張の基礎となる先行文献を探す。

②　非充足論の検討

被疑侵害物品やサービスと特許発明とを比較検討し、非充足論の主張可能性を検討する。その際、技術的範囲の属否に関する裁判例をサーチする。特に、関連する技術分野や行使されている特許の請求項の記載に関わる裁判例の調査検討は有益である。例えば、数値限定によって特定される特許発明であれば、その技術的範囲の解釈について判示した裁判例のサーチを行うべきこととなる。

また、発明が解決しようとする課題と、当該課題の解決手段として特許発明が採用した構成の関係を理解することは、非充足論の構築の際にも重要となるため、特許明細書の記載および出願過程における出願人の意見書の内容も精査すべきである。

③ 無効論の検討

特許明細書と特許請求の範囲（請求項）の記載を照らし合わせ、実施可能要件違反、サポート要件違反、明確性要件違反の無効論の主張可能性を検討する。かかる無効論主張の検討の際にも、「**特許・実用新案審査基準**」は参考になる。

さらに、依頼者の研究開発担当者と打合せを行い、特許発明がなされた当時における技術の状況や当該技術分野において認識されていた課題との関係において、特許発明がどのように位置づけられるか理解する。このことは、新規性欠如・進歩性欠如の無効論の構築だけでなく、実施可能要件違反、サポート要件違反、明確性要件違反の主張を検討する際にも参考になる。

④ その他抗弁の主張可能性の検討

特許無効の抗弁以外にも各種抗弁の主張可能性を検討する。かかる抗弁の例としては、先使用権、試験研究の例外、消尽、権利濫用など、多様なものがあり、関連する裁判例も最高裁判例や知財高裁大合議裁判例をはじめとして、多数存在する。可能な抗弁の見落としを防ぐためにも、**II 7**で紹介した基本書等を用いて法解釈および裁判例の理解を深めておくことは重要であり、また、最新の裁判例のフォローを行うことも欠かせないといえる。

［条内将人・小槻英之＝I・III 2・3、
山内真之＝II・III 1］

第12章

危機管理実務のリサーチ

I 危機管理実務の特徴

1 企業の危機管理とは

　企業法務における「危機管理」とは何かについては、確たる定義付けが存在するわけではなく、論者によってもイメージするところが異なるものと考えられる。危機管理案件においては、扱う法律や対象とする事業分野も多種多様であり、様々な案件が危機管理的な側面を有しているともいえる。しかしながら、あえて一般化して表現するならば、企業の危機管理とは、「企業不祥事その他の法的リスクが顕在化した局面において、企業が被るダメージを最小化し、早期に企業活動を正常化させることを目的として、法的・戦略的観点から総合的・統一的な助言を行うこと」[1] であるといえるであろう。

　あるいは、企業法務領域全体を総合病院における様々な診療科に例えると、危機管理は「企業法務における救急救命（ER）」と表現することもできる。

　ER と企業危機管理の最も顕著な共通点は、その緊急性と重大性にある。危機管理案件においては、企業や事業の存続に重大な影響を与え得る事象を扱うことから、対応の誤りや遅れが取り返しのつかない結果を招く可能性がある。例えば、製品の安全性に影響するような品質上の問題が発覚した場合、迅速なリコール判断と適切な情報開示が企業の信頼維持に直結する。

　また、ER が様々な症状や疾患に対応するように、企業危機管理も多種多様な法規制や問題を取り扱う。粉飾決算、相場操縦、インサイダー取引等の金商法関連の事案、カルテル、入札談合、下請法違反など独禁法関連の事案、品

---

1)　木目田裕監修『危機管理法大全』（商事法務、2016 年。以下、「木目田監修・危機管理法大全」）ⅰ頁。

質・検査不正、薬害事案などの業法が関わる事案、営業秘密侵害、外国公務員に対する贈賄といった不正競争防止法関連の事案など、関連する法分野は多岐にわたる。例えば、企業の不正会計事案では、金融商品取引法、会社法、税法など複数の法規制が関係し、刑事責任や関与者への責任追及、代表訴訟や投資家からの証券訴訟の問題も生じ得る。

　情報の不足と不確実性も、ERと企業危機管理の共通点である。ERが初診の患者を扱うことが多いのと同様に、危機管理案件では前提となる事実関係が不明確であることが多い。限られた情報の中で迅速な判断を迫られ、状況の変化に応じて柔軟に対応を変更する必要がある。企業不祥事の初期段階では、問題の全容が把握できていないことが多く、事実調査と並行して対応戦略を立てる必要がある。

　さらに、多面的対応の必要性も重要な特徴である。ERが様々な専門医や部門と連携するように、企業危機管理も法務部門だけでなく、広報、人事、財務など多くの部門と協働する必要がある。外部のステークホルダー（規制当局、顧客・消費者、従業員、株主、取引先など）への対応も重要であり、法的側面だけでなく、企業の社会的責任やレピュテーション管理の観点も考慮しなければならない。例えば、個人情報漏洩事案では、法的な対応に加えて、顧客への説明、メディア対応、再発防止策の策定など、多面的なアプローチが求められる。

　高度な専門性と経験の重要性も共通している。ERの医師が幅広い知識と経験を要するように、危機管理を担当する法律家にも高度な専門性と豊富な経験が求められる。過去の類似案件の知見を活かしつつ、各案件の特殊性を踏まえた対応が必要となる。法的リスクの評価だけでなく、企業経営や業界特性についての理解も重要となり、法的専門知識に加えて、経営戦略や危機コミュニケーションなどの幅広い知見が必要とされることも特徴といえる。

2　危機管理案件とリサーチの特徴

　上記のような特徴を反映して、危機管理案件とそのリサーチには以下のような特徴があるといえる。

第12章　危機管理実務のリサーチ

⑴　多様な法令・ルール

　上記のとおり、危機管理案件においては、多様な法令やソフトローを含むルールが関わることが特徴的である。通常の企業法務案件と比べてより専門的であったり、通常法律実務家が接しないようなマイナーな法令が問題となることも多く、実務的な書籍や基本書が存在しない領域に踏み込むこともある。このような法令・ルールの解釈にあたっては、所管する当局のガイドラインや立法時の資料を丹念にチェックすることが不可欠となる。さらに、類似の体系や構成を持つ法律の解釈・運用状況を参考にするなど、創造的なアプローチが求められることもある。

⑵　事実調査と法的分析の相互連関

　危機管理案件の初期段階では事実関係が十分に判明していないことが多く、法的分析と並行して綿密な事実調査を行う必要がある。この過程では、単なる法的知識だけでなく、関連する業界知識や技術的な理解が前提となることも少なくない。そのため、法律家は法律以外の分野についてもリサーチを行い、専門家の意見を求めるといったことが必要になるケースもある。

　また、事実調査のために調査委員会を設置するケースにおいては、委員会の構成や運用のあり方等についてリサーチが必要になることもある。事実調査の結果、当初想定したものと異なるリスクが新たに発覚し、その点についてさらにリサーチが必要になってくるような場面も想定される。

⑶　刑事・行政手続・民事責任追及に関する検討

　危機管理案件では刑事手続、行政当局対応、民事等の責任追及に関する検討が同時並行的に必要となることが多い。例えば、案件が刑事事件化する可能性や、逆に会社が被害者として刑事告訴を検討するケースもある。また、監督官庁への報告・説明や公正取引委員会、証券取引等監視委員会などの取締当局への対応が必要になることも多い。民事面では、不正行為者に対する懲戒処分や損害賠償請求を検討する一方で、株主から証券訴訟や取締役に対する責任追及訴訟・株主代表訴訟を提起されるリスクも考慮しなければならない。このように、刑事・行政・民事の各側面を総合的に検討し、それぞれの手続や対応策に

ついてリサーチを行う必要がある。

⑷　リーガルを越えた知見・対応の必要性

　危機管理案件における案件対応やリサーチには、しばしば法律の枠を越えた知見を必要とする。例えば、事実調査における統計学的手法の活用や、再発防止策の立案における組織心理学の知見の参照など、法律以外の専門分野の知識が要求されることがある。このような学際的アプローチは、危機の根本原因を特定し、効果的な解決策を提示するために不可欠である。法律実務家は、これらの分野についても基本的な理解を持ち、必要に応じて専門家と協働できる能力が求められる。

Ⅱ　危機管理実務全般にかかるリサーチツール

1　危機管理対応一般

　危機管理・不祥事対応一般にかかる書籍の多くは、法律事務所や実務家の手によるものである。**長島・大野・常松法律事務所編『不祥事対応ベストプラクティス』**（商事法務、2015 年。以下、「長島・大野・常松編・不祥事対応ベストプラクティス」）は、企業不祥事の実例を通じて、企業がどのように法的リスクに対応するかを解説している。**木目田監修・危機管理大全**は、企業不祥事の類型ごとに法的論点や解釈論にも紙幅を割いている点に特徴がある。**森・濱田松本法律事務所編『企業危機・不祥事対応の法務〔第 2 版〕』**（商事法務、2018 年。以下、「森・濱田松本編・企業危機・不祥事対応」）は、企業不祥事に関する近時の判例等にも言及している。いずれも、多くの危機管理案件を手がける大手事務所が、危機管理の全体像を示すとともに、様々な類型の不祥事事案をカバーしており、危機管理案件に慣れていない実務家がリファレンス的に参照するのに適した文献といえる。

　危機管理対応の特定の側面にフォーカスして解説した書籍も有用である。例えば、**山内洋嗣 = 山田徹編著『類型別　不正・不祥事への初動対応』**（中央経済社、2023 年）は、不祥事対応の中でも特に重要である初動対応と、その後の再発防止策についてコンパクトに説明している。**尾崎恒康監修『役員・従業員の**

不祥事対応の実務——調査・責任追及編〔改訂版〕』（第一法規、2024 年。以下、「尾崎監修・調査・責任追及編」）、同監修『役員・従業員の不祥事対応の実務——社外対応・再発防止編〔改訂版〕』（第一法規、2024 年）は、役員・従業員による不正を念頭に、事実調査や当局・マスコミ・消費者などのステークホルダーへの対応などを局面ごとに解説している。

　不祥事対応の基本的な考え方を示したものとして、日本取引所自主規制法人による「上場会社における不祥事対応のプリンシプル」（2016 年)[2] がある。同プリンシプルは、不祥事に直面した上場会社に期待される対応や行動に関する原則的な考え方を示したものであり、危機管理案件に携わる実務家にとって重要な指針となっている。同プリンシプルは、①不祥事の根本的な原因の解明、②第三者委員会を設置する場合における独立性・中立性・専門性の確保、③実効性の高い再発防止策の策定と迅速な実行、④迅速かつ的確な情報開示という4 つの原則から構成されている。なお、同法人からは「上場会社における不祥事予防のプリンシプル」（2018 年)[3] および同プリンシプルに関する取組事例集[4] も公表されており、不祥事の未然防止の観点からも参考になる。

2　第三者委員会対応、内部通報等にかかる文献

　危機管理対応においては、過去の実例から学ぶことも多い。多くの企業不祥事案件において、企業や調査委員会による報告書が公表されており、これらの報告書を検討することは類似事案への対応を検討するうえで非常に有益である。第三者委員会等による調査報告書等の情報をまとめたサイトとして、第三者委員会ドットコム[5] がある。調査報告書と併せて、当該事案がどのように推移したか（行政処分や刑事処分の内容、企業のレピュテーションへの影響等）を過去の報道記事等によって確認することで、より包括的な事案の理解と対応策の検討が可能となる。このような過去の不正事例を多数紹介し、体系的に整理した書籍

---

2)　https://www.jpx.co.jp/regulation/listing/principle/index.html
3)　https://www.jpx.co.jp/regulation/listing/preventive-principles/index.html
4)　不祥事予防のプリンシプルに関する意見交換会（経営法友会有志）「不祥事予防に向けた取組事例集」（2019 年）。https://www.jpx.co.jp/regulation/listing/preventive-principles/nlsgeu0000031b00-att/20191107.pdf
5)　http://www.daisanshaiinkai.com/

として、**竹内朗ほか編著『企業不祥事インデックス〔第3版〕』**（商事法務、2023年）がある。同書は、様々な類型の企業不祥事について、事案の概要、問題点、再発防止策等を簡潔にまとめており、危機管理案件に携わる実務家にとって有用なリファレンスとなる。

　不祥事対応に際して、法律実務家は第三者委員会の委員や調査担当者となったり、企業側で対応に当たる弁護士として第三者委員会の組成に関与するケースも多い。第三者委員会の組成・運用に関しては、**日本弁護士連合会が「企業等不祥事における第三者委員会ガイドライン」**[6] を公表しており、多くの事案においてこれに準拠して委員会が組成・運用されている。

　同ガイドラインの公的な解説として、**日本弁護士連合会弁護士業務改革委員会編『「企業等不祥事における第三者委員会ガイドライン」の解説』**（商事法務、2011年。以下、「日弁連編・第三者委員会ガイドラインの解説」）がある。ガイドラインの趣旨や各条項の解説を提供しており、第三者委の基本的な枠組みを理解するうえで有用である。また、**本村健編集代表『第三者委員会——設置と運用〔改訂版〕』**（金融財政事情研究会、2020年）は、第三者委員会の組成から調査の実施、報告書の作成に至るまでの各段階における実務上の留意点を詳細に解説しており、実際に第三者委員会に関与する実務家にとって参考となる。

3　行政当局対応に関する基本的ツール

⑴　行政当局のウェブサイト

　行政当局への対応を検討する際は、一定の事実に対してどのような行政処分が課されうるのかという行政処分のレベル感・程度を把握しておくことが重要となる。**各行政当局のウェブサイト**[7] に、行政処分を発出する際の考え方について明示的に見解が公表されている場合や、過去の行政処分事例が参考として公表されている場合があるので、そのような場合には、これらの見解・過去

---

6)　https://www.nichibenren.or.jp/document/opinion/year/2010/100715_2.html
7)　金融庁：https://www.fsa.go.jp/index.html
　　国土交通省：https://www.mlit.go.jp/
　　厚生労働省：https://www.mhlw.go.jp/index.html
　　証券取引等監視委員会：https://www.fsa.go.jp/sesc/

事例をもとに行政処分のレベル感を把握し、これらと比較して、問題となっている事案において行政処分が行われる可能性を検討のうえで対応に当たることが必要となってくる。このような行政処分の公表例としては、以下が存在する。

図表 12-1

金融庁	金融上の行政処分について [8] 行政処分事例集 [9]
証券取引等監視委員会	課徴金事例集・開示検査事例集 [10]
国土交通省	国土交通省ネガティブ情報等検索サイト [11]
厚生労働省	労働基準関係法令違反に係る公表事案 [12]

　また、行政当局が、所管する法律の解釈指針、監督指針等を公表している場合もある。これら指針の内容が訴訟になった場合の裁判所の判断を保証するものではないが、少なくとも行政当局との折衝においては、その内容を把握したうえで対応に当たる必要がある。このような指針の公表例としては、以下が存在する。

図表 12-2

金融庁	法令・指針等 [13]
証券取引等監視委員会	基本指針等 [14]
国土交通省	ガイドライン・マニュアル [15] 旅行業法及び省令等 [16]
厚生労働省	職場におけるハラスメントに関する関係改正指針等 [17] 労働時間の適正な把握のために使用者が講ずべき措置に関するガイドライン [18]

---

8)　https://www.fsa.go.jp/common/law/guide/syobun.html

9)　https://www.fsa.go.jp/status/s_jirei/kouhyou.html

10)　https://www.fsa.go.jp/sesc/jirei/index.html

11)　https://www.mlit.go.jp/nega-inf/

12)　https://www.mhlw.go.jp/content/001150620.pdf

13)　https://www.fsa.go.jp/common/law/index.html

14)　https://www.fsa.go.jp/sesc/houshin/index.html

15)　https://www.mlit.go.jp/totikensangyo/const/sosei_const_tk1_000002.html

16)　https://www.mlit.go.jp/kankocho/seisaku_seido/ryokogyoho/ho_shorei.html

さらに、行政当局との折衝にあたっては、担当者、担当部署、担当部署からの決裁フロー等を適切に把握し、決裁に至るまでのタイムラインを念頭に置いて適時の対応を行うことが求められる。その意味で当局の組織構造を記載した以下のようなウェブサイトも参考になる。

図表 12-3

金融庁	金融庁の概要 [19]、金融庁に関するパンフレット [20]
証券取引等監視委員会	証券監視委について [21]、証券監視委パンフレット [22]
国土交通省	国土交通省について [23]
厚生労働省	厚生労働省について [24]

(2)　基本書・コンメンタール等

　行政当局対応実務においては、問題となっている事案ごとに対応が必要となる当局や関連する法令が異なることから、その都度、当該案件で問題となりうる法令に関するコンメンタールを参照する必要がある。具体的には、「第8章　金融規制分野のリサーチ」や「第10章　労働法分野のリサーチ」に記載の金融商品取引法、銀行法、保険業法、労働基準法等の基本書・コンメンタール等を参照されたい。

　また、問題となっている事例の対応方針を検討するに際して、過去の行政処分事例との比較検討が有用であることは上記のとおりであるが、**小谷融編著『金融商品取引法における課徴金事例の分析Ⅰインサイダー取引編』**（商事法務、2012年）、**同編著『金融商品取引法における課徴金事例の分析Ⅱ虚偽記載編』**（商事法務、2012年）、**宇佐美豊ほか『実務必携　金融検査事例集の解説』**（金融財

---

17)　https://www.mhlw.go.jp/stf/seisakunitsuite/bunya/koyou_roudou/koyoukintou/seisaku06/in
　　dex.html

18)　https://www.mhlw.go.jp/stf/seisakunitsuite/bunya/koyou_roudou/roudoukijun/roudouzikan/
　　070614-2.html

19)　https://www.fsa.go.jp/common/about/fsainfo.html

20)　https://www.fsa.go.jp/common/about/fsapamphlet.pdf

21)　https://www.fsa.go.jp/sesc/aboutsesc/aboutsesc.html

22)　https://www.fsa.go.jp/sesc/aboutsesc/pamphlet.pdf

23)　https://www.mlit.go.jp/about/index.html

24)　https://www.mhlw.go.jp/kouseiroudoushou/index.html

政事情研究会、2012 年）等は、刊行からやや時間が経っているものの、過去の行政処分事例を分析するうえで参考になる。

　加えて、当然のことながら、行政当局対応においては、いわゆる行政法の原則的な考え方を踏まえて対応する必要性もあるから、行政法の基本書（宇賀克也『行政法概説 I 〔第 8 版〕』、同『行政法概説 II 〔第 7 版〕』、同『行政法概説 III 〔第 6 版〕』〔有斐閣、2021 年～2024 年〕、櫻井敬子＝橋本博之『行政法〔第 6 版〕』〔弘文堂、2019 年〕等）を参照することも考えられる。

4　刑事手続にかかる文献

　危機管理対応においては、役職員による行為についての犯罪の成否等を検討する必要もあるが、その際には、刑法の基本書を参照することも多い。具体的には、本書の読者においても馴染みのあるものと思われる山口厚『刑法総論〔第 3 版〕』（有斐閣、2016 年）、同『刑法各論〔第 3 版〕』（有斐閣、2024 年）、西田典之（橋爪隆補訂）『刑法総論〔第 3 版〕』（弘文堂、2019 年）、同『刑法各論〔第 7 版〕』（弘文堂、2018 年）等を参照することがある。これらの基本書に加え、大塚仁ほか編『大コンメンタール刑法(1)～(13)〔第 3 版〕』（青林書院、2013 年～2021 年）といったコンメンタールについては、参照する機会は非常に多く、刑法犯が論点となった場合には、必ず目を通す必要がある。

　また、場合によっては、警察・検察による捜査対応や、刑事裁判対応等が必要になる案件もあると想定されるが、その場合には、刑事訴訟法の検討が必要となることがあり、酒巻匡『刑事訴訟法〔第 3 版〕』（有斐閣、2024 年）等の基本書に加え、伊丹俊彦＝合田悦三編集代表『逐条実務刑事訴訟法』（立花書房、2018 年）等のコンメンタールを参照することが必要といえる。同書は、裁判官や検察官らが執筆しており、裁判官・検察官と交渉等する際にも有用なものになると考えられる。

　さらに、刑事弁護という観点からは、庭山英雄＝山口治夫編『刑事弁護の手続と技法〔改訂版〕』（青林書院、2006 年）、三木祥史ほか『ベーシック刑事弁護実務』（三協法規、2016 年）等の書籍が参照されることが多い。同書は、受任、起訴前の弁護活動、公判前の弁護活動、公判での弁護活動という形で時系列に沿って記載されており、刑事弁護の経験が多くない弁護士にとっても参照しや

すい内容となっている。

　従業員の不正行為等に関して、告訴・告発を行うことを検討する場合には、**尾崎監修・調査・責任追及編**が参考になる。同書は、告訴の手続だけでなく、告訴の可否・要否を検討する際の留意点、告訴を行うと決めた場合の留意点等にも触れられており、依頼者に対する助言を行う際に有用である。また、告訴状・告発状の起案にあたっては、検察実務における犯罪の記載方法を踏まえた告訴事実の記載が必要となるが、**三木祥史編著『最新　告訴状・告発状モデル文例集〔改訂版〕』**（新日本法規、2019 年。以下、「三木編著・告訴状・告発状モデル」）が参考になる。また、**末永秀夫ほか共著『犯罪事実記載の実務　刑法犯〔8 訂版〕』**（実務法規、2024 年。以下、「末永ほか・犯罪事実記載」）は、起訴状等の犯罪事実の記載のために検察官向けに作成された書籍であるが、告訴・告発を検討する弁護士にとっても有用なものである。

5　国外の危機管理対応にかかる基本的ツール

　国外の危機管理対応が必要となる場合、海外の法律事務所に依頼し、現地の弁護士の協力を仰ぐことが通常である。もっとも、現地の弁護士からのアドバイスの趣旨を理解し、その内容を踏まえて、適切な対応を依頼者に助言するため、日本法を専門とする弁護士においても現地の法制度・訴訟制度について理解しておく必要がある。特にアメリカ合衆国での危機管理対応では、日本の依頼者にとって相応な負担となる米国司法省（Department of Justice。以下、「DOJ」）との交渉が必要となるため、日本の弁護士において、DOJ の訴追等に関する考え方を理解しておくことは重要である。

　DOJ の刑事局（Criminal Division）は、量刑の定め方とその目安を記載した**センテンス・ガイドライン**[25]を制定し、公表している。アメリカ合衆国において依頼者の刑事責任が問題となることが予想される場合には、同ガイドラインを参照し、刑事罰としてどのような刑罰が科される可能性があるかを予め把握し、その内容を踏まえて、司法取引に応じるのか、裁判で争うのかなどの今後の訴訟方針を検討することが必要となる。

---

25)　https://www.ussc.gov/sites/default/files/pdf/guidelines-manual/2023/CHAPTER_8.pdf

第 12 章　危機管理実務のリサーチ

　また、同ガイドラインにおいては、企業が実効性のあるコンプライアンス・プログラムを制定しているかどうかが量刑の判断における考慮要素の 1 つとなるとされており、その具体的な内容として、**コンプライアンス・プログラムの評価指針** 26) が公表されている。依頼者の刑事責任を軽減するべく DOJ と交渉する際には、依頼者たる企業において、コンプライアンス・プログラムが適切に設計され、実効的に運用されるためにリソースが割かれており、実際に実効的に機能していたことを主張するなど、同評価指針に沿った形で主張を展開することが必要であり、コンプライアンス・プログラムの評価指針を理解しておくことが重要となる。

　また、有事のみならず、平時の対応をアドバイスするに際しても、このようなコンプライアンス・プログラムの評価指針が置かれていることを踏まえて、量刑の判断の際に適切に評価されるようなコンプライアンス・プログラムを構築できるよう助言を行うことが望ましい。

　このように DOJ は、企業犯罪の刑事訴追方針について明確な考え方を公表しており、依頼者の不利益を最小限に留めるために利用できる制度がないか、事案ごとに個別に確認する必要がある。例えば、企業のコンプライアンス・プログラムの評価以外にも、企業が違法行為を自主的に報告し、刑事局による捜査に全面的に協力し、適時に適切な是正を行った場合 27) や、個人が違法行為に関する情報を刑事局に対して自主的に報告し、当局による捜査への協力や被害弁償等を行った場合（**個人版自主報告パイロットプログラム**）28)、企業が不正行為を行った従業員等から報酬の取り戻しをした場合（**クローバック・パイロットプログラム**）29) に、不起訴処分や罰金の減額措置を受けうるとする仕組み等が敷かれており、これらの制度の利用可否を検討したうえで、現地の弁護士の意見を確認し、依頼者への助言を行うことが必要である。

　このようなアメリカ合衆国独自の制度やそれを踏まえた企業側の対応策につ

---

26)　https://www.justice.gov/criminal/criminal-fraud/page/file/937501/dl

27)　https://www.justice.gov/opa/speech/assistant-attorney-general-kenneth-polite-jr-delivers-remarks-georgetown-university-law

28)　https://www.justice.gov/opa/blog/criminal-divisions-voluntary-self-disclosures-pilot-program-individuals

29)　https://www.justice.gov/opa/speech/file/1571906/dl

いては、基本的には、DOJ が現に公表している資料を参照することが必要となるが、日本での書籍としては、**西村高等法務研究所責任編集『米国司法省による取締り』**（商事法務、2016 年）が参考になる。

また、DOJ からの資料請求や、アメリカ合衆国をはじめとする欧米の訴訟におけるディスカバリ制度の文脈において、依頼者たる企業は広い証拠開示義務を負うところ、その例外として、弁護士と依頼者の間のやりとりについて、一定の要件を満たす場合に証拠開示の対象から外すことができる制度（弁護士依頼者間秘匿特権〔プリビレッジ制度とも呼ばれる〕）が存在する。

欧米での訴訟や当局対応が見込まれる案件については、秘匿特権を確保することが、実務上極めて重要な要請となっており、日本の弁護士でも、その内容を把握することは不可欠といえるから、弁護士依頼者間秘匿特権に関する定評のある書籍として**土井悦生 = 田邊政裕『米国ディスカバリの法と実務』**（発明推進協会、2013 年。以下、「土井 = 田邊・ディスカバリ」）等を参照し理解することが望ましい。

例えば、民事訴訟等において弁護士依頼者間秘匿特権の対象であるとして開示しなかった文書等の中に、本来は、弁護士依頼者間秘匿特権の要件[30]を満たさず、証拠開示すべきであった文書等が含まれていた場合、ディスカバリに関するルールを遵守しなかったとして、制裁[31]が科される可能性があり（連邦民事訴訟規則 37 条(b)(2)）、日本の弁護士も留意する必要がある。

また、不正調査の文脈においては、従業員に対するヒアリングや、報告書の開示等の局面で注意が必要である。ヒアリングに関しては、生の録音データや逐語で記載されたメモは、弁護士の意見・評価を含まず、秘匿特権の要件のうち、弁護士としての法的助言に関するものという要件を満たさないと評価されるリスクがある。また、日本の実務として定着している報告書の開示に関して

---

30) 各国により異なるが、米国においては、依頼者と弁護士間のコミュニケーションであること、弁護士としての法的助言に関するものであること、依頼者と弁護士間の秘密のコミュニケーションであり、第三者に対して開示されていないこと、犯罪または不正行為を目的としたものではないこと、秘匿特権が適切に主張され、放棄されていないことが秘匿特権の保護を受けるための要件とされている。

31) 制裁として、相手方が主張する内容が事実と擬制されたり、証拠提出が制限されたり、欠席判決で敗訴となったりすることもある。

は、弁護士からの助言を広く開示するものとして、秘匿特権の放棄と評価されるリスクがある。そのため、国外の危機管理対応が求められる事案においては、日本の弁護士が、これらのリスクを一定程度認識したうえで、現地の弁護士の助言を適切にもらうことが望ましいといえる。

Ⅲ　個別の分野でのリサーチ

1　品質不正事案

〔事例 1〕
　依頼者である X 社は、自動車・航空機・産業機械等向けの部品を製造するメーカーである。X 社において、顧客に対して提示された仕様を満たさない製品が出荷されているとの内部通報があった。X 社からの依頼で、事実調査および関係するステークホルダーへの対応について助言を求められている。

(1)　事実調査

　内部通報等を端緒として不正の疑いを認識した会社は、事実の真偽等を確認する目的で事実調査を行うことが求められる。調査を開始するにあたっては、当該事案により発生する法的論点やレピュテーションリスクを含むリスクの概要等を想定したうえで、調査の詳細（範囲、期間、方法等）について方針決定することが求められる。

　これら大きな方針決定や初動での検討ポイント等、事実調査のマネジメントの仕方については、Ⅱ1 で検討した危機管理対応一般の書籍として、**長島・大野・常松編・不祥事対応ベストプラクティス**、**木目田監修・危機管理法大全**、**森・濱田松本編・企業危機・不祥事対応**等にまとまっているから、各書籍の当該不正類型の記載を参照することが望ましい。

　また、実際の調査を開始するにあたっては、客観証拠の検討が必要不可欠となるが、社内の紙媒体の資料の収集や、メール等の電子データの保全に関しては、それらが隠滅・破棄される可能性にも留意しながら、適切に対応する必要がある。実際の対応にあたっては、電子データのフォレンジック業者とともに対応することになると思われるが、弁護士側でも、処理の基本的な内容等は把

握しておくことが望ましいところ、上記書籍には、これらの留意点も記載されているし、また、**安冨潔＝上原哲太郎編著『基礎から学ぶデジタル・フォレンジック』**（日科技連出版社、2019 年）等、デジタル・フォレンジックをテーマとして解説した書籍も参照することが有用である。

　加えて、調査においては、事案への関与が疑われる関係者に対するヒアリングが必要になるが、その際も、設定の手順（時刻・場所等）、ヒアリングの具体的方法（同席者、録音の適否等）等について、検討すべきポイントは少なくない。これらの項目についても、上記書籍にまとまっているほか、少し古い書籍となるが**小林総合法律事務所編『詳説　不正調査の法律問題』**（弘文堂、2011 年。以下、「小林総合編・詳説不正調査」）等にも、基礎的な内容がまとまっており、現在でも十分参考になる内容を含んでいるといえる。

　上記のポイントを踏まえた客観資料の検討やヒアリング等を行うことで、適切な事実調査が実施され、会社として、危機対応の基礎とすべき事実関係の正確な把握につながることになるといえる。

（2）　ステークホルダーへの対応

　品質不正事案の危機管理においては、消費者や関係当局等のステークホルダーへの対応が極めて重要となる。

　まず、消費者対応に関しては、企業としての公表やリコール等の要否が重要なポイントとなるため、**Ⅱ1**で検討した危機管理対応一般の書籍の内容等から、企業およびその役員による不正の公表義務等の考え方を押さえて助言することは必須となる。また、リコールに関しては、各法令に根拠が存在することから（例えば、自動車の場合は道路運送車両法）、それら法令の規定内容を踏まえ、リコールの要否等について適切な助言を行うことが求められるといえる。また、（自動車や航空機はその対象から除かれているものの、）**経済産業省「消費生活用製品のリコールハンドブック 2022」**[32]には、リコール要否検討のための考慮要素が記載されており、一般的な考え方は、製品に限らず参考にできるといえる。なお、公表時のプレスリリース等の内容も非常に重要となるが、同種事案にお

---

32)　https://www.meti.go.jp/product_safety/recall/recall_handbook2022.pdf

ける他社の公表例等をしっかりと確認し内容を詰めることが必要である。

　次に、関係当局等への対応に関しては、当局への報告（法令上、報告義務が定められている場合は、それに基づき行うことが必要であるし、関係当局との関係性を踏まえ、自主的な報告を行うことが多い）が重要なプロセスとなる。その際は、**Ⅱ3**で検討したとおり、**行政当局のウェブサイト**等を参照し、行政当局の法令等の考え方、行政処分の予測、組織構造等を念頭に置いて対応することが望ましい。

　また、品質不正が確認された自動車部品等の製品が海外に輸出・販売されている場合には、海外顧客および当局への対応も視野に入れる必要があり、**Ⅱ5**で検討したとおり、秘匿特権に配慮しながら調査等の対応にあたる必要がある。さらに、米国の DOJ とのコミュニケーションが必要となった場合には、やはり**Ⅱ5**で検討したとおり、その公表内容等を自ら確認したうえで、現地の弁護士と対応方針等について協議することが有用といえる。

　なお、海外争訟に関連して、その後のディスカバリに備えて、必要なタイミングで、リティゲーション・ホールド・ノーティスを発出し、関連資料を保全する必要があるが、**土井＝田邊・ディスカバリ**等の記載が参考になる。

2　粉飾決算事案

〔事例2〕
　依頼者であるX社は、上場会社であるところ、粉飾決算を行っていることが明らかになった。X社からの依頼で、第三者委員会の組成、株主総会の対応、監査法人対応について助言を求められている。

(1)　調査委員会の組成

　粉飾決算のように経営陣の関与が疑われる不正行為等については、調査の第三者性・客観性を確保するとの観点から、企業が、第三者委員会等の調査委員会を組成し、同委員会が事実調査や原因分析等を行うことが多い。

　調査委員会組成にあたっての外部弁護士の役割としては、当該調査委員会のメンバー（委員に限らず、事務局や補助者等を含む）に就任し調査等の対応に当たる場合も当然想定されるが、危機管理の立場から、調査委員会の設置要否や、調査委員会との契約関係等についての助言を求められることもある。いずれの場

合においても、弁護士としては、調査委員会の立場や求められる役割等について正確に把握することが重要となり、上記のとおり、**Ⅱ2に記載の日弁連編・第三者委員会ガイドラインの解説**や、その他関連論文を確認することが必要といえる。

(2) 株主総会や監査法人等の対応

　粉飾決算のような会計不正の場合、調査結果を踏まえて、過年度の計算書類等の訂正が必要となり、株主総会での承認等が求められることも少なくないが、進行中の調査が、定時株主総会のスケジュールに間に合わない場合には、株主総会の延会や継続会等の実施を検討する必要が生じる。また、上場会社の計算書類等に関しては、監査法人による会社法監査および金融商品取引法監査を受ける必要があり、監査法人との間で、株主総会のスケジュールを見据えながら、それに向けたコミュニケーションを行わなければならない。

　そのため、上記についての助言を求められた弁護士としては、会社法上の株主総会についてのルール等を確認し、当初の株主総会のスケジュールを後ろ倒しにできる程度や、監査法人による監査プロセス等を踏まえたうえで、適切に助言できる必要がある。これらの点については、**長島・大野・常松法律事務所ほか編『不適切会計対応の実務』**（商事法務、2018年）が対応のポイントの全体像を記載しているので参考になる。また、株主総会の対応一般に関しては、**中村直人編著『株主総会ハンドブック〔第5版〕』**（商事法務、2023年）、**宮谷隆＝奥山健志『株主総会の準備事務と議事運営〔第5版〕』**（中央経済社、2021年）等が参考になる。

3　従業員による横領

〔事例3〕
　X社のコンプライアンス部門は、同社の営業部門の従業員Aが取引先に過大請求をさせ、その差額をキックバックとして受け取っていた疑いがあることを把握した。X社から、事実関係の調査方法、従業員Aに対する処分等、再発防止策等について相談を受けている。

⑴　不正調査にかかる検討

　不正調査を行うにあたっては、まず、当該事案により発生する法的論点やレピュテーションを含むリスクの概要を想定したうえで、対応戦略について大きな方針を立てることが重要である。例えば、同じキックバックによる横領疑義事案であったとしても、上場準備中であれば上場申請や開示資料への影響が重要な論点となるし、横領された資金が別の不正行為の原資（例えば贈賄や反社会的勢力への資金提供等）となっていれば横領に加えてそちらのリスクへの対応を考える必要が出てくる。あるいは、資金が顧客から預かった金銭であれば顧客対応にも配慮する必要が出てくる。こうしたリスク検証や全体戦略の立案にあたっては、不祥事対応全般に関する文献（一例として、Ⅱ1で挙げた**長島・大野・常松編・不祥事対応ベストプラクティス、木目田監修・危機管理法大全、森・濱田松本編・企業危機・不祥事対応**）を参考にしつつ、各法的論点への対応について論じた書籍で想定されるリスクの内容・程度を把握し、大きな対応戦略を立案することになる。

　次に、大きな対応戦略に則って、具体的な対応方針の検討の前提となる事実把握を行うため、不正調査を進めることになる。不正調査の方針や、インタビュー・フォレンジックといった具体的な調査を実施するうえでの留意点については、**尾崎監修・調査・責任追及編、竹内朗＝大野徹也編『図解　不祥事の社内調査がわかる本』**（中央経済社、2020年）といった文献が参考となる。従業員の不正行為にかかる調査にあたっては、会社支給またはBYODで業務利用している携帯端末を提出させてレビューすることが可能か、従業員を自宅待機として調査に協力させることはできるか、不正調査がなされることを察知して従業員が退職を申し出てきた場合にどうするか、といった点が問題となることもある。こういった不正調査に関する労働法上の論点については、**小林総合編・詳説不正調査**等も参考となる。

　本件のような従業員による不正行為の調査では、当該従業員による他の不正行為の有無や、同種・同根の不正事案が社内で他に発生していないかの検証（いわゆる「件外調査」）も必要となる。件外調査の方法や留意点については、**弁護士法人トライデント＝アスエイト・アドバイザリー株式会社編著『不正調査の「法律」「会計」「デジタル・フォレンジック」の実務』**（中央経済社、2023年）

も参考になる。

(2) 懲戒処分等にかかる検討

従業員 A に対する懲戒処分の検討にあたっては、類似事案における処分の水準を把握することが重要である。この点については、「**労政時報**」（労務行政研究所）が定期的に公表している[33]記事が参考となる。同誌では、様々な不正行為に対する懲戒処分の実例や、各社に対するアンケートにより労務担当者が妥当と考える処分水準を紹介しており、適切な処分水準の検討に有用である。また、最新の裁判例を踏まえた分析としては、弁護士による労働問題に関する専門サイトである「**労働問題.com**」[34]も参照する価値がある。

従業員 A を退職させる場合、会社の機密情報やデータの持ち出し防止にも注意が必要である。この点については、**髙谷知佐子＝上村哲史『秘密保持・競業避止・引抜きの法律相談〔改訂版〕』**（青林書院、2019 年）を参照するとよい。同書は、退職時の情報セキュリティ対策や法的リスク管理について参考となる。

本件のような犯罪行為については、警察への告訴も検討する必要がある。告訴の要否や手続については、上記Ⅱ4 記載の**尾崎監修・調査・責任追及編**等を参照する。告訴上の犯罪事実の記載については**三木編著・告訴状・告発状モデル、末永ほか・犯罪事実記載**を参照する。

民事上の責任追及や財産保全措置についても検討が必要である。このような手続については、**武井洋一ほか編『書式 会社訴訟の実務』**（民事法研究会、2021 年）や、**園部厚『実務解説 民事執行・保全〔第 2 版〕』**（民事法研究会、2022 年）といった、手続や書式について詳細に解説した書籍が参考になるであろう。

(3) 再発防止策等にかかる検討

本件のような従業員による不正行為が発生した場合、内部統制システムの観点から経営陣の責任も問題となりうる。この点については、**新谷勝『内部統制システムと株主代表訴訟』**（民事法研究会、2016 年）、**小林秀之編『内部統制と取締役の責任』**（学陽書房、2007 年）、を参照し、経営陣への処分の要否も含めて検

---

33) 例えば、「**懲戒制度の最新実態**」労政時報 4062 号（2023 年）。

34) https://www.roudoumondai.com/hanrei/disciplinary-action.html

第 12 章　危機管理実務のリサーチ

討する必要がある。これらの書籍は、内部統制システムの法的要件や取締役の責任範囲について参考となる。

　再発防止策の策定にあたっては、内部統制システムの強化や不正防止体制の構築が必要となり、また、従業員に対する教育や企業風土の醸成も重要である。過去の様々な不正事例における再発防止策の実例を参照することで、当該事案に応じた効果的な再発防止策の立案にヒントとなることから、Ⅱ2 記載の、**第三者委員会ドットコム**等を参照し、他社事例を参考にすることが考えられる。

[沼田知之＝Ⅰ・Ⅱ1・2・Ⅲ3、
辺　誠祐・高井志穂＝Ⅱ3〜5・Ⅲ1・2]

第13章

情報・データ（個人情報保護）分野のリサーチ

I　情報・データ（個人情報保護）の実務の特徴

1　個人情報保護法とは

　個人情報保護法は、「個人情報の保護に関する法律」を正式名称とする法律を指す。実務上は、「個人情報保護法」または「個情法」と表現することが多い。

　海外においても、日本の個人情報保護法と類似の法令があり、名称も様々であるが、本章では、特に断らない限り、日本における「個人情報の保護に関する法律」および海外の類似した法令を指す用語として、「個人情報保護法」という語を統一的に用いる。

2　個人情報保護法の所管官庁

　個人情報保護法は、個人情報保護委員会（以下、「個情委」[1]）が所管する法律である。個情委は、個人情報保護法違反があった場合に違反行為者に対して行政指導や命令等を行ったり、個人情報の取扱いに関する苦情の申出に対して助言・あっせんを行ったりしている。また、個情委は、そのウェブサイトにおいて「個人情報の保護に関する法律についてのガイドライン（○○編）」と題されたガイドラインやガイドラインに関するQ&A等を数多く公表しており、これらは個人情報保護法に関する案件の遂行上よく参照される（詳細はII 1 (2)）。

　一般的に各国の個人情報保護法を所管する官庁を「データ保護機関（Data Protection Authority）」と呼ぶ。EUのデータ保護機関と言えば、各加盟国の監督

---

1)　個情委の英語名が「Personal Information Protection Commission」であるため、海外のクライアントや弁護士と英語でやり取りをしている場合には「PPC」の略称を用いることが多い。

機関および欧州データ保護監察機関（European Data Protection Supervisor）を指すことが通常である。EUには、各加盟国の監督機関および欧州データ保護機関で構成される欧州データ保護会議（European Data Protection Board。以下、「EDPB」）があり、EUの個人情報保護法であるGDPR（General Data Protection Regulation）の解釈に関するガイドラインを数多く発行するなど、重要な役割を担っている。米国には、連邦レベルでの包括的な個人情報保護法が存在しないため、連邦レベルではデータ保護機関は存在しないが、連邦取引委員会（Federal Trade Commission）が、事実上、個人情報保護のための監督機関としての役割を担っていると言われている。また、米国も州レベルでは包括的な個人情報保護法が数多く制定されており、例えばカリフォルニア州ではCCPA（Califoria Consumer Privacy Act）が制定され、データ保護機関としてカリフォルニア州プライバシー保護局（California Privacy Protection Agency）が存在する。

3　個人情報保護法に関する案件の特徴

⑴　個情委による解釈や考え方の重要性

　個人情報保護法の特徴として、まず、条文の文言が抽象的であり、その解釈が問題となる場合が多いという点が挙げられる。例えば、個人情報保護法2条1項1号によれば、個人情報保護法の規律対象である個人情報には、生存する個人に関する情報であって、「他の情報と容易に照合することができ、それにより特定の個人を識別することができることとなるもの」が含まれるが、この文言のみから個人情報に該当する情報の具体的範囲を理解することは容易ではない。また、個人情報保護法に関する裁判例は、他の法分野と比べると非常に少なく、個人情報保護法の解釈に関するほとんどの論点について裁判例が見当たらないというのが現状である。

　こうした状況のもと、個人情報保護法の実務では、個情委が公表しているガイドラインなどで示される個情委の解釈・考え方や、個情委が行った行政指導等において示された理由が重要であり、これらが、弁護士が依頼者に個人情報保護法に関するアドバイスをする際の出発点となる。そのため、個人情報保護法の実務に携わるにあたっては、法令のほか、個情委が公表しているガイドライン・Q&A等や個情委による過去の行政指導等についても十分な注意を払う

必要がある。

(2) 分野内の多様性・他分野との交錯

　個人情報保護法に関係する案件は多様であるが、主には、①個人情報の取扱いが個人情報保護法に違反しないかの検討（将来の事業活動にかかる個人情報保護法の適用関係について個情委に相談を行う案件を含む）、②漏えい等が発生した場合の対応（個情委に対する漏えい等報告を含む）、③プライバシーポリシー・内部規程の作成、④その他（炎上案件対応、開示等の請求等に対する対応など）が挙げられる。これらの案件遂行において、他の法分野を専門とする弁護士と協働することも多い。

　例えば、漏えい等が発生した場合の対応や炎上案件対応では、不正行為の調査やマスコミ対応等を得意とする危機管理分野の弁護士と協働することも多い。また、独占禁止法や知的財産法、労働法などと個人情報保護法とが交錯する領域の案件（例えば、従業員による個人情報である顧客情報の持出しが発生した場合の対応では、当該個人情報の「営業秘密」〔不正競争2条6項〕該当性や、当該従業者に対する懲戒処分の内容等も問題となる）であれば、それぞれの法分野を専門とする弁護士との協働が必要になることがある。

(3) 外国の個人情報保護法との交錯

　個人情報保護法に関する案件においては、個人情報が国境を越えて移転する結果、日本の個人情報保護法のみならず、海外の国・地域の個人情報保護法にも対応することが必要になることが多い。

　例えば、海外のグループ企業との間で個人情報を共有する案件においては、個人情報の提供元となる企業が所在する国・地域の個人情報保護法に規定されている越境移転規制に対応する必要が生じる。また、インターネットを通じて海外の消費者に対して商品・サービスを提供することに伴って当該消費者の個人情報を取り扱う場合など、海外に所在する個人の個人情報を取り扱う場合には、その国・地域の個人情報保護法が域外適用されないかを検討し、域外適用されるときには、当該国・地域の個人情報保護法を遵守するために必要な対応を行うことになる。

もちろん、海外の国・地域の個人情報保護法に関する正確なアドバイスを求められている場合は、日本の弁護士限りで対応するわけではなく、それぞれの国・地域の現地弁護士との協働が盛んに行われている。

(4) 民間規律と公的規律の交錯

個人情報保護法には、民間企業等による個人情報の取扱いに適用されるルール（以下、「民間規律」）と行政機関等による個人情報の取扱いに適用されるルール（以下、「公的規律」）の双方が規定されている。両者は、規律対象である「個人情報」の定義は同じである一方、具体的なルールの内容は大きく異なる。

官民共同でのデータ利活用等に際しては、民間規律と公的規律の双方が問題となるため注意が必要である。例えば、民間企業と地方自治体とが個人情報を相互に共有し活用する場合、民間企業から地方自治体への個人データの提供については個人情報保護法 27 条が問題となる一方で、地方自治体から民間企業への保有個人情報の提供については個人情報保護法 69 条が問題となる。

したがって、多様な個人情報保護法の案件に的確に対応する観点からは、少なくとも、民間規律および公的規律という異なるルールが存在することを認識しておく必要がある。

(5) リーガルを越えた対応の必要性

個人情報保護法に関する案件では、法の適用関係を検討する前提として、個人情報が誰から誰に移転しどのような処理がなされるのかといった個人情報の取扱いの流れ・内容を正確に把握する必要がある。また、個人情報の漏えい等に関する案件においては、サイバーセキュリティにかかる技術的な措置が問題となり、技術者との協働が必要になる場合も多い。そのため、個人情報保護法の案件に的確に対応する観点からは、法律的な知識にとどまらず、情報技術（IT）に関する知見を一定程度は有していることが望ましい。

II 個人情報保護法全般にかかるリサーチツール

1 個情委ウェブサイト

⑴ 総 論

　個人情報保護法実務に携わる弁護士が最も参照するリサーチツールは、**個情委のウェブサイト**[2] である。このウェブサイトでは、個情委からの報道発表資料[3] や委員会開催状況[4] が掲載されており個情委の最近の動向が把握できるほか、個人情報保護法関連の法令・ガイドライン等の一覧[5]、意見募集（パブコメ)[6]、令和2年改正および令和3年改正に関する情報、年次報告書など、個人情報保護法に関する様々な情報が記載・随時更新されている。また、個人情報保護法は、いわゆる3年ごと見直し規定があり、改正法の施行後3年ごとに、個人情報の保護に関する国際的動向、情報通信技術の進展、それに伴う個人情報を活用した新たな産業の創出および発展の状況等を勘案し、個人情報保護法の施行状況等について検討を加え、必要があると認めるときは、その結果に基づいて所要の措置を講じるものとされる。これにより改正法の施行後3年ごとに個人情報保護法の改正の要否について議論されており、個情委のウェブサイトでは、この3年ごと見直しに関する情報が掲載されている。

　このように、個人情報保護法に関する案件を進めるにあたっては、個情委のウェブサイトに関連する情報がないか調べることは必須であり、実際に手がかりになる情報が見つかることも多い。実務上、個人情報保護法の改正を見据えたアドバイスをすることも重要であることから、定期的に個情委のウェブサイトを確認することが有益であろう。また、個情委のウェブサイトには英語ページもあり[7]、個人情報保護法関連の法令や説明資料の英訳なども公表されているため、日本の個人情報保護法に関して英語で案件を進める必要がある場合に

---

2) https://www.ppc.go.jp/index.html
3) https://www.ppc.go.jp/news/press/
4) https://www.ppc.go.jp/enforcement/minutes/
5) https://www.ppc.go.jp/personalinfo/legal/
6) https://www.ppc.go.jp/news/public-comment/
7) https://www.ppc.go.jp/en/index.html

第13章　情報・データ（個人情報保護）分野のリサーチ

有用である。

　以下では、個情委のウェブサイトに掲載されている情報の中でも特に重要である、ガイドライン・Q&A 等について説明する [8]。

(2)　ガイドライン・Q&A・パブコメ

　個情委は、**民間規律にかかるガイドライン**として、①「**個人情報の保護に関する法律についてのガイドライン（通則編）**」（以下、「通則編ガイドライン」）、②「**個人情報の保護に関する法律についてのガイドライン（外国にある第三者への提供編）**」（以下、「外国第三者提供編ガイドライン」）、③「**個人情報の保護に関する法律についてのガイドライン（第三者提供時の確認・記録義務編）**」（以下、「確認・記録義務編ガイドライン」）、④「**個人情報の保護に関する法律についてのガイドライン（仮名加工情報・匿名加工情報編）**」（以下、「仮名加工・匿名加工編ガイドライン」）、⑤「**個人情報の保護に関する法律についてのガイドライン（認定個人情報保護団体編）**」、を公表しており、また、これらのガイドラインに関する Q&A をまとめた、⑥「**『個人情報の保護に関する法律についてのガイドライン』に関する Q&A**」（以下、「民間 Q&A」）、を公表している。

　通則編ガイドラインでは、企業等が個人情報等を取り扱うに際して適用される個人情報保護法の規定全般が解説されており、上記②〜⑤では、個人情報保護法の規定のうち一定の部分に特化した解説がなされている。そのため、個人情報保護法に関する案件を進めるにあたっては、**通則編ガイドライン**に関連する情報がないか調べることは必須であり、また、当該案件が上記②〜⑤で解説されている部分に関係する場合には、当該関係するガイドラインに関連する情報がないかを調べることも必須である。そして、**民間 Q&A** では、ある程度具体的な事例に即して個人情報保護法の規定について解説されているほか、各ガイドラインには記載のない解釈が記載されている部分もある。そのため、各ガイドラインの記載により直ちにアドバイスの内容が導かれるような例外的な場合を除き、民間 Q&A に関連する情報がないかも確認すべきである。

---

8)　以下で説明するガイドライン・Q&A 等は、基本的に「**法令・ガイドライン等**」（https://www.ppc.go.jp/personalinfo/legal/）に掲載されているが、パブコメは「**意見募集**」（https://www.ppc.go.jp/news/public-comment/）に掲載されている。

上記①〜⑥を調べてもアドバイスの手がかりが見出せないような場合には、個人情報保護法の改正等に際して実施された意見募集（パブコメ）において示されている個情委の解釈・考え方を調べることも考えられる。ただし、意見募集当時に示された解釈・考え方がその後変更され、異なる解釈・考え方が民間Q&A などで示されている場合もあるので、注意が必要である。

　以上の説明は、民間規律が問題となる場合を念頭に置いたものであり、公的規律が問題となる場合には、上記①〜⑥とは別のガイドライン等を調べる必要がある。すなわち、個情委は、**公的規律にかかるガイドライン**等として、⑦**「個人情報の保護に関する法律についてのガイドライン（行政機関等編）」**（以下、「行政機関等編ガイドライン」）、⑧**「個人情報の保護に関する法律についての事務対応ガイド（行政機関等向け）」**（以下、「事務対応ガイド」）を公表しており、また、これらに関する Q&A をまとめた、⑨**「個人情報の保護に関する法律についての Q&A（行政機関等編）」**（以下、「公的 Q&A」）を公表している。

　事務対応ガイドでは、行政機関等が個人情報等を取り扱うに際して適用される個人情報保護法の規定全般が、**行政機関等編ガイドライン**よりも詳細に解説されている。そのため、行政機関等による個人情報の取扱いに関する案件を進めるにあたっては（まずは行政機関等編ガイドラインを調べて大まかなイメージをつかむことも考えられるが）、事務対応ガイドに関連する情報がないか調べることは必須である。また、**民間 Q&A** と同様の理由により、事務対応ガイドの記載により直ちにアドバイスの内容が導かれるような例外的な場合を除き、**公的 Q&A** に関連する情報がないかも確認すべきである。

(3)　特定分野ガイドライン等

　個情委は、(2)で説明したガイドライン等に加えて、**「特定分野（金融分野、医療関連分野および情報通信関連分野）の個人情報の取扱いにのみ適用されるガイドライン等」**（以下、「特定分野ガイドライン等」）および関連する Q&A を公表している [9]。**特定分野ガイドライン等**では、個人情報保護法の規定の特定分野に即した解釈や、個人情報保護法上の義務に上乗せされた努力義務等が定めら

---

9)　https://www.ppc.go.jp/personalinfo/legal/guidelines/

れている。なお、特定分野ガイドライン等は、顧客等の個人情報の取扱いを対象とするものであり、従業員や株主の個人情報の取扱いには適用されないと考えられる。そのため、特定分野に属する企業等による顧客等の個人情報の取扱いに関する案件を進めるにあたっては、関係する特定分野ガイドライン等に関連する情報がないか調べることは必須である。

なお、**特定分野ガイドライン等**や関連する Q&A には、特定分野に限らず参考になる解釈・考え方が示されている場合もあるため、特定分野に関係しない案件であったとしても、特定分野ガイドライン等から有益な情報が得られる場合もある。例えば、「**医療・介護関係事業者における個人情報の適切な取扱いのためのガイダンス**」Ⅱ 1 には、「診療録には、患者について客観的な検査をしたデータもあれば、それに対して医師が行った判断や評価も書かれて」おり、「診療録等に記載されている情報の中には、患者と医師等双方の個人情報という二面性を持っている部分もある」旨の記載があるが、個人情報が「二面性」を持つ場合があることは、医療分野に限られないと考えられる。

2　個人情報保護法の解説書

個人情報保護法実務において、いわゆる基本書として最も参照する機会が多いのは園部逸夫＝藤原靜雄編『個人情報保護法の解説〔第 3 次改訂版〕』（ぎょうせい、2022 年。以下、「園部＝藤原編・解説」）である。同書は個情委の職員またはその経験者が執筆しており、個情委が採用している解釈や考え方を知る観点から、案件に取り組むうえでは必ず目を通すことが望ましい。ただし、同書の対象は民間規律に限られている。また、**岡田淳ほか著・宍戸常寿監修『個人情報保護法』**（商事法務、2024 年。以下、「岡田ほか・個人情報保護法」）や**岡村久道『個人情報保護法〔第 4 版〕』**（商事法務、2022 年）などが定評がある。これらは、実務上生じやすい疑問や悩みの解決に資する記載が多く、また、他の書籍よりも踏み込んだ解釈論が展開されていることも多い。

そのほか、**宇賀克也『新・個人情報保護法の逐条解説』**（有斐閣、2021 年。以下、「宇賀・逐条解説」）が法制局提出資料をベースとして網羅的な解説がなされている点で定評があり、かつ、民間規律と公的規律の双方について解説がなされている。これらのほかにも有用な書物は多数あるが、実務上比較的参照する

機会が多いのは、民間規律については石井夏生利ほか編著『個人情報保護法コンメンタール〔第 2 版〕』（勁草書房、2025 年。以下、「石井ほか編著・コンメ」）など、公的規律については高橋滋ほか編著『条解行政情報関連三法〔第 2 版〕』（弘文堂、2023 年。以下、「高橋ほか編著・条解」）や総務省行政管理局監修『行政機関等個人情報保護法の解説〔増補版〕』（ぎょうせい、2005 年）などである。

また、公的規律に特化した実務関係の本として、宇賀克也編著『法改正に対応すべき実務がわかる！自治体職員のための 2021 年改正個人情報保護法解説』（第一法規、2021 年）や宇賀克也『2021 年改正対応 自治体のための解説個人情報保護制度——個人情報保護法から各分野の特別法まで〔改訂版〕』（第一法規、2022 年）などが挙げられる。

さらに、個人情報保護法は、平成 27 年、令和 2 年および令和 3 年に大きな改正がなされているところ、各改正における立案担当者が執筆した瓜生和久編著『一問一答 平成 27 年改正個人情報保護法』（商事法務、2015 年）、佐脇紀代志編著『一問一答 令和 2 年改正個人情報保護法』（商事法務、2020 年）、冨安泰一郎＝中田響編著『一問一答 令和 3 年改正個人情報保護法』（商事法務、2021 年）は、各改正において改正された事項についてリサーチする際に有用である。

なお、初学者向けの学習書に位置付けられるものとしては、田中浩之＝蔦大輔編著『60 分でわかる！改正個人情報保護法超入門』（技術評論社、2022 年）が挙げられる。

3 個人情報保護法に関する定期刊行物・連載記事

個人情報保護法を主要な対象とする日本語の定期刊行物として、「情報ネットワーク・ローレビュー」（情報ネットワーク法学会）、「情報法制研究」（情報法制学会）があり、個人情報保護法に関する論文が掲載されているため、国内外の個人情報保護法に関する最新の議論がフォローできる。

また、法律雑誌における個人情報保護法に関する連載記事として、例えば、曽我部真裕監修「実務問答 個人情報保護法」（「NBL」〔商事法務〕で連載中、2023 年〜。以下、「曽我部監修・実務問答」）は、個情委の職員経験者が具体的な事例に即して個人情報保護法の適用関係を詳しく解説しており、参考になる。さらに、「個人データ等の漏えい等の発生時の対応と安全管理措置——個人情報保護委

員会の監視・監督活動の視点から」(「NBL」で連載中、2024 年〜。以下、「監視活動の視点」)は、個情委の監視・監督業務に携わる職員が執筆しており、個人情報の漏えい等発生時における実務的な留意点等を知ることができる。

このほか、日本の主要な法律雑誌でも、個人情報保護法に関する論文が掲載されることは少なくない。

このように、個人情報保護法実務においても、基本的な文献調査については他の法分野と同様に行うことができる。

4　サイバーセキュリティ関係の書籍

個人情報の漏えい等との関係で問題となるサイバーセキュリティ関係の本としては、**塩崎彰久ほか編著『サイバーセキュリティ法務』**(商事法務、2021 年。以下、「塩崎ほか編著・サイバーセキュリティ」)が、平時の体制整備および有事対応について包括的に解説しており、実務上の対応策の全体像を把握するのに有用である。

また、**蔦大輔ほか「クロスセクター・サイバーセキュリティ法」**(「NBL」で連載、2023 年〜2024 年)は、サイバーセキュリティと個人情報保護法、会社法などの法令等とが交錯する論点について、実務的な観点から解説しており、実務上の悩みが生じた場合の対応策を検討する際に有用である。

さらに、**内閣官房内閣サイバーセキュリティセンター「サイバーセキュリティ関係法令 Q&A ハンドブック Ver2.0」**(2023 年 9 月。以下、「関係法令 Q&A ハンドブック」)[10] は、サイバーセキュリティに関連する法令を広くカバーしており、対応が必要な法令等について手がかりを得たい場合に有用である。

5　プライバシーポリシー・社内規程関係の書籍等

プライバシーポリシー関係の本としては、**白石和泰ほか編著『プライバシーポリシー作成のポイント』**(中央経済社、2022 年。以下、「白石ほか編著・ポイント」)、**松尾博憲ほか編著『利用規約・プライバシーポリシーの作成・解釈──国内取引・国際取引を踏まえて』**(商事法務、2023 年)、**古川昌平ほか『BtoC E コマー**

---

10)　https://security-portal.nisc.go.jp/guidance/pdf/law_handbook/law_handbook_2.pdf

ス実務対応』（商事法務、2022 年）などが挙げられる。また、プライバシーポリシーを作成する前提としてデータマッピングを実施する際には、**個情委のウェブサイトに掲載されている「データマッピング・ツールキット」**[11]が参考になる。さらに、電気通信事業法上の外部送信規律（27 条の 12）に対応する等の観点から Cookie ポリシーを作成するに際しては、**白石和泰ほか編著『Cookie ポリシー作成のポイント』**（中央経済社、2024 年）などが参考になる。

社内規程関係の本については、実務上よく参照されるものは見当たらないが、個情委のウェブサイトに掲載されている**「個人データ取扱要領（例）」**[12]は、安全管理措置に関する規程の例として参考になる。

6　特定分野に特化した書籍

特定の分野における個人情報の取扱いについて詳しく解説する本としては、労務分野については**松尾剛行『AI・HR テック対応　人事労務情報管理の法律実務』**（弘文堂、2019 年）、**山本龍彦＝大島義則編著『人事データ保護法入門』**（勁草書房、2023 年）などが、金融分野については**金子修ほか監修『金融機関の法務対策 6000 講 I 』**（金融財政事情研究会、2022 年。第 6 章）、**板倉陽一郎＝斉藤邦史『金融機関の個人情報保護の実務』**（経済法令研究会、2023 年）、**浅井弘章『個人情報保護法と金融実務〔第 4 版〕』**（金融財政事情研究会、2016 年）などが挙げられる。特定の分野における個人情報の取扱いについては、個人情報保護法のみならず、**特定分野ガイドライン**等や当該分野におけるプライバシー権侵害にかかる裁判例の蓄積等にも留意する必要があるところ、これらの書物は、留意すべき事項を漏れなく検討する観点から有用である。

7　外国の個人情報保護法に関する情報

I 3(3)で述べたとおり、企業からの法律相談に際しては、米国や EU をはじめとする海外の国・地域の個人情報保護法が問題になることも多い。外国の個人情報保護法に関する助言を行うにあたっては原則として現地法の資格を有する弁護士と協働することになるが、日本法の弁護士としても一定の感覚を有し

---

11)　https://www.ppc.go.jp/personalinfo/independent_effort/

12)　https://www.ppc.go.jp/personalinfo/legal/#oyakudati

第13章　情報・データ（個人情報保護）分野のリサーチ

ていることは有益である。こうした観点から、以下では外国の個人情報保護法に関する情報源を紹介する。

　米国に関しては、**クリス・フーフナグル**（宮下紘ほか訳）**『アメリカプライバシー法』**（勁草書房、2018年）、**松前恵環『米国の個人情報・プライバシー保護法制』**（商事法務、2023年）、**西村あさひ法律事務所編『個人情報保護法制大全』**（商事法務、2020年。以下、「西村あさひ編・大全」）、**石井ほか編著・コンメ**などが参考になる。ただし、昨今、米国の個人情報保護法制は絶え間なく大きく動き続けているため、いずれの本もやや古くなってしまっており、データ保護機関のウェブサイトや後述の IAPP のニュース・解説記事等により、最新の情報をフォローする必要がある。

　EU に関しては、**EDPB の発行するガイドライン** [13] が最も参照価値が高く、一部のガイドラインについては、個情委のウェブサイトに仮訳 [14] が掲載されている。また、**Christopher Kuner and others "The EU General Data Protection Regulation（GDPR）: A Commentary"**（Oxford University Press, 2020）は、GDPR の逐条解説として一定の権威がある。さらに、国際的な法律事務所である CMS のウェブサイトである「**GDPR Enforcement Tracker**」[15] では、課徴金の額や違反行為の類型等により執行事例を検索できるため、必要に応じて活用するとよい。日本語の文献としては、**石井ほか編著・コンメ**や**森大樹ほか「GDPR の最新実務動向」**（「NBL」で連載、2023年〜2024年）などが挙げられるほか、初学者向けの本として、**石井夏生利『EU データ保護法』**（勁草書房、2020年）、**小向太郎＝石井夏生利『概説 GDPR』**（NTT 出版、2019年）などが挙げられる。

　外国の個人情報保護法全般に関しては、**田中浩之編著『グローバルデータ保護法対応 Q&A 100』**（中央経済社、2024年。以下、「田中編著・グローバルデータ」）、**西村あさひ編・大全、個情委がウェブサイトで公表している調査報告書** [16]、**国内外の法律事務所のニュースレター**などが挙げられる。ただし、個人情報保

---

13)　https://www.edpb.europa.eu/our-work-tools/our-documents/publication-type/guidelines_en

14)　https://www.ppc.go.jp/enforcement/infoprovision/EU/

15)　https://www.enforcementtracker.com/

16)　https://www.ppc.go.jp/news/surveillance/

護法は動きの速い分野であり、**西村あさひ編・大全**は既にやや古くなってしまっている点に注意が必要である。また、同じ理由から、上記調査報告、ニュースレターについても、記載の基準日に留意する必要がある。必要に応じて、データ保護機関のウェブサイトや後述の IAPP のニュース・解説記事等により、最新の情報をフォローする必要がある。

　英語で世界各国の個人情報保護法に関するニュース・解説記事を配信しているメディアとしては、「International Association of Privacy Professionals. (IAPP)」[17] や「OneTrust DataGuidance」（以下、「DataGuidance」）[18] などが挙げられる。これらのサイトは、世界各国における個人情報保護法に関するニュース・解説記事をこまめに掲載しており、実務上参考になる場合が多い。

　個人情報保護法実務においても、他の法分野について海外法令調査をする際と同様に、Lexology による「Panoramic」[19] や Thomson Reuters による「Practical Law」[20] といった商用データベースに掲載されている記事や各国法律事務所が公表するニュースレターを参照することもある。このため、個人情報保護法実務に取り組むに際しては、これらの情報ソースの使い方についても精通しておくことが望まれる。

8　隣接分野の情報源

　I 3(2)で述べたとおり、企業からの法律相談に際しては、個人情報保護法のみならず、他の法分野も問題になることも多い。そこで、以下では、個人情報保護法に関する案件で問題となることが特に多い隣接分野に関する情報源を紹介する。

　従業員による個人情報である顧客情報の持出しに関する案件などにおいては、個人情報の漏えいにかかる対応に加えて、持ち出された情報の営業秘密（不正競争 2 条 6 項）該当性が問題となることが多い。営業秘密該当性の検討に際して

---

17)　https://iapp.org/

18)　https://www.dataguidance.com/

19)　以前は「Getting The Deal Through（GTDT）」という名前であった。

20)　https://content.next.westlaw.com/practical-law?transitionType=Default&contextData=(sc. Default)&navId=18BEEA29FD1630A19ECD1116A282BD79&tabName=Practice%20Areas#

第 13 章　情報・データ（個人情報保護）分野のリサーチ

は、**経済産業省「営業秘密管理指針」**（2019 年 1 月最終改訂）[21]、**経済産業省「秘密情報の保護ハンドブック――企業価値向上に向けて」**（2024 年 2 月最終改訂）[22]などが参考になる。

　AI の開発・利用に関する案件においては、個人情報の処理が想定されていることも多く、その場合には個人情報保護法の適用関係が問題となるが、AI の開発・利用に際しては、知的財産権をはじめとする他の法分野や倫理も問題となる。AI に関して、**福岡真之介編著『AI の法律』**（商事法務、2020 年）は、AI に関する法律問題等を幅広く解説しており、検討の手がかりを得るに際して有用である。また、AI により個人情報を処理する際にはプロファイリングが問題となることも多いが、プロファイリングに関して、**同ほか編著『AI プロファイリングの法律問題』**（商事法務、2023 年）は、理論・実務の双方の観点からプロファイリングについて踏み込んだ検討を行っており、実務上の悩みが生じた際の対応策を検討する際に有用である。

　上記のほか、近時はクラウドサービスを利用して個人情報を取り扱うことが当たり前となっているところ、**松尾剛行『クラウド情報管理の法律実務〔第 2 版〕』**（弘文堂、2023 年）は、クラウドサービスに関する法律問題を幅広く解説しており有用である。また、個人情報を取り扱うに際しては、個人情報保護法を遵守するのみならず、プライバシー権侵害とならないよう気を付ける必要があるが、**同『最新判例にみるインターネット上のプライバシー・個人情報保護の理論と実務』**（勁草書房、2017 年）は、インターネット上の侵害行為に限ってではあるが、プライバシー権侵害が問題となった裁判例を幅広く紹介しており、プライバシー権侵害の成否を検討するに際して有益である。

---

21)　https://www.meti.go.jp/policy/economy/chizai/chiteki/guideline/h31ts.pdf

22)　https://www.meti.go.jp/policy/economy/chizai/chiteki/pdf/handbook/full.pdf

III 個別の分野でのリサーチ

1 個人情報保護法上の適法性に関する相談案件

(1) 個人情報の提供の可否に関する相談

〔事例1〕

　依頼者であるX社は、個人顧客の購買履歴等の情報をより精緻に分析し、新商品開発やマーケティングに活用する目的で、分析業務をY社に委託し、これに伴い購買履歴等の個人情報をY社に提供することを計画している。この分析業務の過程では、X社がY社に提供する個人顧客の購買履歴を、Y社が他の依頼者であるZ社から提供を受けた顧客情報と突合することも計画している。X社より、上記委託を実施することが個人情報保護法上可能か、および、可能であるとしてどのような措置を講じなけれならないかを教えてほしい、との依頼を受けた。

　個人情報をY社に提供することの可否については、Y社が日本国内に所在する場合は、個人情報保護法、**通則編ガイドライン**および**民間Q&A**を参照し、Y社が日本国外に所在する場合はこれらに加えて**外国第三者提供編ガイドライン**も参照し、検討する。

　提供時に講じなければならない措置の有無・内容についても基本的に同様であるが、個人情報の第三者提供を想定する事案であるため、上記に加え、**確認・記録義務編ガイドライン**も参照し、検討する。

　さらに、金融分野、医療関連分野または情報通信関連分野における個人情報の取扱いである場合には、**特定分野ガイドライン**等も参照する必要がある。

　なお、ガイドライン・Q&Aは分量が多く、慣れないうちは、ガイドライン・Q&Aのどの部分を（重点的に）確認すべきか判断できないことも少なくないと思われる。そこで、ガイドライン・Q&Aのうち重点的に確認すべき箇所の当たりをつけたり、規制の要点を把握したりする観点から、ガイドライン・Q&Aを確認する前の準備段階で、まず**岡田ほか・個人情報保護法**などを参照することも考えられる。

第 13 章　情報・データ（個人情報保護）分野のリサーチ

(2)　仮名加工情報や匿名加工情報制度の利用に関する相談

〔事例 2〕

　依頼者である X 社は、Y 社および Z 社と共同で個人情報を利活用することを計画している。X 社は、3 社の保有する個人情報を突合して分析し、より精緻な統計情報を作成したいが、必ずしも X 社が保有している個人情報をそのまま提供したいわけではなく、一定の加工を施したうえで提供することも考えている。X 社からは、このような目的を達成するために考え得るスキームを複数提案して、メリットとデメリットを説明してほしい、との依頼を受けた。

　個人情報保護法、**通則編**および**確認・記録義務編ガイドライン**ならびに**民間Q&A** を参照すること、Y 社または Z 社が日本国外に所在する場合は**外国第三者提供編ガイドライン**も参照することおよび金融分野等における個人情報の取扱いである場合は**特定分野ガイドライン**等も参照することは、〔事例 1〕と同様である。

　〔事例 2〕においては、複数のスキームを検討することが求められているため、仮名加工情報・匿名加工情報にかかる制度を利用することの可否も検討することになると考えられる。仮名加工情報・匿名加工情報については、**仮名加工・匿名加工編ガイドライン**および**民間 Q&A** に加えて、個情委のウェブサイトで公表されている「**個人情報保護委員会事務局レポート：仮名加工情報・匿名加工情報　信頼ある個人情報の利活用に向けて——制度編**」[23]（以下、「事務局レポート（制度編）」）および「**個人情報保護委員会事務局レポート：仮名加工情報・匿名加工情報　信頼ある個人情報の利活用に向けて——事例編**」[24]（以下、「事務局レポート（事例編）」）も参照し、検討する。

　ガイドライン・Q&A を確認する前の準備段階で、まず**岡田ほか・個人情報保護法**などを参照することも考えられることは、〔事例 1〕と同様である。

---

23)　https://www.ppc.go.jp/files/pdf/report_office_seido2205.pdf

24)　https://www.ppc.go.jp/files/pdf/report_office_zirei2205.pdf

⑶ 民間規律および公的規律の双方が問題となる相談

〔事例3〕
　依頼者であるX社は、民間企業および地方自治体から個人情報の分析の委託を受け、これに伴い当該個人情報を加工して匿名加工情報を作成し、当該匿名加工情報を自社でも利用することを計画している。X社より、上記計画を実施することは個人情報保護法上可能かについて教えてほしい、との依頼を受けた。

　民間企業による匿名加工情報の作成および作成した匿名加工情報の利用については、**仮名加工・匿名加工編ガイドライン、民間Q&A、事務局レポート（制度編）**および**事務局レポート（事例編）**を参照し、検討する。地方自治体による匿名加工情報の作成および作成した匿名加工情報の利用については、**事務対応ガイド**および**公的Q&A**を参照し、検討する。

　ガイドライン・Q&A等の記載のみでは判断に迷う場合は、民間規律については**園部＝藤原編・解説、岡田ほか・個人情報保護法、曽我部監修・実務問答**など、公的規律については**宇賀・逐条解説**や**高橋ほか編著・条解**などを参照する。

　ときには、依頼者から個情委に個人情報保護法上の適法性を確認するよう依頼されることもある。この点、個情委は、「**PPCビジネスサポートデスク**」[25]（以下、「ビジサポ」）において、新技術を用いた新たなビジネスモデル等における個人情報保護法上の留意事項等について相談を受け付けている。そのため、上記のような確認依頼があった場合には、ビジサポを活用することも考えられる。ただし、ビジサポにおいては、あくまでも一般論としての留意事項等について回答がなされ、相談する個別具体的な個人情報の取扱いの個人情報保護法上の適法性について、確認ないし保証がなされるわけではない。また、ガイドライン・Q&A等からは明らかではない事項が回答において明確に示される場合もあるが、当然その場合には、（依頼者にとって不利な）厳格な解釈が示される可能性がある。さらに、ビジサポの申込みをしてから回答が得られるまでには、少なくとも1〜2週間程度は必要になる。ビジサポを活用するか否かについては、上記も踏まえ慎重に判断する必要がある。

---

25)　https://www.ppc.go.jp/personalinfo/business_support/

2 漏えい等発生時の対応に関する相談案件

(1) サイバーセキュリティに関する相談

〔事例4〕

　小売業を営むX社から、同社の顧客データベースがサイバー攻撃を受け、個人情報が漏えいした可能性があるが、詳細は調査中である旨の連絡を受けた。X社より、個情委への報告や本人への通知が必要か、および、個情委への報告や本人通知の他に実施すべき事項はあるかについてアドバイスを求められている。

　個情委への漏えい等の報告や本人通知の要否については、**通則編ガイドライン**および**民間 Q&A** を参照する。漏えい等の報告や本人通知の他に実施すべき事項については、これらに加え、**塩崎ほか編著・サイバーセキュリティや関係法令 Q&A ハンドブック**などを参照し、検討する。

　上記を調べても個情委への漏えい等の報告や本人通知の要否などについて悩む場合には、**岡田ほか・個人情報保護法、曽我部監修・実務問答、園部＝藤原編・解説**などを参照する。また、個情委における報告対応の実務などについて知りたい場合は、**監視活動の視点**を参照することも考えられる。

(2) 金融分野における個人情報の漏えい等に関する相談

〔事例5〕

　金融機関であるX から、従業者が、顧客の個人情報が保存された媒体を出張中に紛失してしまった旨の連絡を受けた。X より、個情委ないし金融庁等への漏えい等の報告や本人通知が必要かについてアドバイスを求められている。

　金融機関からの顧客の個人情報の漏えいであるため、**通則編ガイドライン**および**民間 Q&A** に加えて、**個人情報保護委員会・金融庁「金融分野における個人情報保護に関するガイドライン」**（以下、「金融分野ガイドライン」）[26] および**「金融機関における個人情報保護に関する Q&A」**[27] も参照し、検討する。金融分野ガイドラインにおいては、当局への報告を要する事態が（銀行法等の各業法ま

---

26)　https://www.ppc.go.jp/files/pdf/240312_kinyubunya_GL.pdf

27)　https://www.ppc.go.jp/files/pdf/240312_kinyukikan_QA.pdf

たは金融分野ガイドラインそれ自体により）拡張されているため、注意が必要である。

　なお、個人情報保護法上の漏えい等の報告先に関し、金融庁所管業者や電気通信業など、個情委が、漏えい等の報告を受ける権限、報告等の求めおよび立入検査を行う権限、ならびに送達にかかる権限を事業所管大臣に委任している場合がある。依頼者がこのような業種に属する事業者である場合には、漏えい等の報告先は個情委ではないため、留意が必要である[28]。

　上記を調べても個情委への漏えい等の報告や本人通知の要否などについて悩む場合には、**岡田ほか・個人情報保護法、曽我部監修・実務問答、園部＝藤原編・解説**などを参照する。また、個情委における報告対応の実務などについて知りたい場合は、**監視活動の視点**を参照することも考えられる。

3　グローバルプライバシーポリシーの作成に関する相談案件

〔事例6〕
　依頼者であるＸ社は、インターネットを通じて、日本の消費者のみならず、複数の外国の消費者に対してもサービスを提供している。もっとも、現在のところ、Ｘ社は、日本の個人情報保護法のみを念頭に置いたプライバシーポリシーを作成・公表するにとどまっている。Ｘ社より、外国の個人情報保護法の要請も満たすようにプライバシーポリシーを改訂したい、との依頼を受けた。

(1)　日本の個人情報保護法を踏まえた総論的な対応

　プライバシーポリシーに記載する事項およびその意義等については**白石ほか編著・ポイント**などを参照することが考えられる。また、記載事項および記載の粒度等については、インターネット上で検索するなどして**他社事例**も参照する（近時は、「グローバルプライバシーポリシー」、「グローバル個人情報保護方針」、「（地域名）プライバシーポリシー」、「（地域名）のお客様向けのプライバシーポリシー」といった名称で、各国の個人情報保護法の要請を考慮したプライバシーポリシーを公表する企業も増えている）。

　プライバシーポリシーの改訂の前提として、個人情報の取扱状況を把握するためにデータマッピングを実施する場合には、（必要に応じて修正を加えたうえで）

---

28)　個情委のウェブサイト（https://www.ppc.go.jp/personalinfo/legal/kengenInin/）では、権限の委任を受ける事業所管大臣、委任しようとする事務の範囲、委任の期間及び報告の期間等についての情報が掲載されている。

データマッピング・ツールキットを利用することも考えられる。

その他、必要に応じて**民間規律にかかるガイドライン**および**民間 Q&A** も参照する。

(2) 海外の国・地域の個人情報保護法にかかる対応

〔事例6〕のような場合、まずは日本の法律事務所の弁護士にて、海外の国・地域の個人情報保護法の域外適用の有無を検討したり、海外の国・地域の個人情報保護法の要請も踏まえたプライバシーポリシーをドラフトしたりするケースが相応に存在する。

域外適用の有無を検討する場合には、GDPR については、EDPB が "Guidelines 3/2018 on the territorial scope of the GDPR（Article 3）- Version 2.1"（2020）[29] を発行しているため、これを参照する。その他の法域については、**田中編著・グローバルデータ、国内外の法律事務所のニュースレター、DataGuidance** などを参照する。日本語または英語では手がかりが得られない法域も存在するが、そのような法域については、グローバルにある程度共通する最大公約数的な域外適用の考え方を踏まえて、域外適用の可能性を（推測的に）検討することもあり得る。

海外の国・地域の個人情報保護法の要請も踏まえたプライバシーポリシーをドラフトする場合には、他社事例（(1)参照）や、**白石ほか編著・ポイント**などを参照する。GDPR については、必要に応じて、EDPB が発行しているガイドラインである "Guidelines on transparency"[30] も参照する。

いずれにせよ、確定的なアドバイスが求められている場合には、現地の法律事務所への確認を実施する必要がある。

〔北山　昇・城戸賢仁〕

---

29) https://www.edpb.europa.eu/sites/default/files/files/file1/edpb_guidelines_3_2018_territorial_scope_after_public_consultation_en_1.pdf（個情委が仮訳〔https://www.ppc.go.jp/files/pdf/chiritekitekiyouhanni_guideline2.1.pdf〕を公表している。）

30) https://ec.europa.eu/newsroom/article29/items/622227/en（個情委が仮訳〔https://www.ppc.go.jp/files/pdf/toumeisei_guideline.pdf〕を公表している。）

313

第14章

国際通商分野のリサーチ

Ⅰ 国際通商実務の特徴

1 国際通商法の全体像

第2次世界大戦後、世界のブロック化が戦争に結びついたとの反省の下、国境をまたぐ、物品・サービス・投資の移動の自由化が進められた。他方で、無制約の自由化は、公共の利益を害する可能性があり、一定の管理が必要との問題意識も絶えず惹起されてきた。国際通商システムは、この自由化の要請と、管理の必要性をバランスさせる形で構築されており、国際通商法は、このような制度を担保し、国境をまたぐ物品貿易・サービス貿易・投資を規律する国際ルールおよび国内ルール全般を指すと捉えることができる。

では、具体的に、どのような法的ルールが国際通商法には含まれるのだろうか。まず、国際ルールとしては、ほぼ全世界の国が加盟国となっており、物品貿易・サービス貿易・投資等についての基本的なルールを定めることから、国際通商法の憲法的存在として位置付けられる「世界貿易機関を設立するマラケシュ協定」(以下、「WTO協定」)が挙げられる(Ⅱ1参照)。また、WTO協定の存在を前提にまたはこれを補完するものとして定められる、二国間または複数国間で締結される、物品貿易・サービス貿易・投資に関する国際ルールを定める経済連携協定(Ⅱ2参照)や、外国投資家の投資を保護するために二国間で締結される投資協定(Ⅱ2・3参照)も挙げられる。これら国際ルールは、各国の主権に一定の制約を課しており、各国は、当該制約の範囲内(一般に「policy space」とも言われる)において、自国の規制権限を行使する関係にある。

では国内ルールはどうであろうか。上記のとおり、国際通商法は、物品貿易・サービス貿易・投資と幅広い分野をカバーするため、関連する国内ルール

314

第 14 章　国際通商分野のリサーチ

の分野も多岐にわたるが、物品貿易との関係では、原産地規則、関税分類、関税評価、税関申告手続、貨物の輸出入に必要な行政手続を取り扱う貿易実務（関税・通関）に関する法令分野（II 5 参照）、および急増する輸入品から国内の産業を保護するため、一時的な関税引上げ等を認める、アンチ・ダンピング制度、補助金相殺関税制度およびセーフガード制度を取り扱う貿易救済に関する法令（II 4 参照）が重要である。

　また物品貿易・サービス貿易・投資を管理するためのルールも存在する。例えば、近時の地政学的な緊張の高まりを受け、貨物・技術・投資等を管理するための国内ルールの強化が進められているが、その中でも特に重要性が増している規制として、安全保障を理由にした貨物・技術の輸出規制を取り扱う安全保障貿易管理、安全保障を理由にした外国投資家による日本への投資規制を取り扱う対内直接投資、特定の国、団体、または個人に対する取引規制を取り扱う経済制裁等の経済安全保障に関する法令（II 7 参照）が挙げられる。

　さらに、近時は、企業のグローバルな経済活動による人権・環境リスクに対処するため、上市・輸入出取引の条件として、企業に一定の対応を要求する規制の導入も進んでいる。この人権・環境と通商規制の分野（II 8 参照）は、新しい潮流であり、日本国内での動きも僅かであるが、今後重要性が増す分野と考えられる。

　最後に、市場には、民間企業を取引相手とする民間市場以外に、中央政府や地方政府等の公共セクターを取引相手とする政府調達市場が存在する。この政府調達市場の規模は、国により異なるが、GDP 全体の 10〜20% を占めるとも言われており、無視できない存在である。政府調達市場は、行政サービス等を担う公共セクターを取引相手とし、商業活動に従事する民間企業により構成される民間市場とは異なる規律に服することとなるところ、このような特別な規律を取り扱う分野として政府調達の分野（II 6 参照）が存在する。

　このとおり、国際通商法は、カバーする範囲が多岐にわたる点で、他の法分野とは異なる特徴を有することから、本章では、他の章とは構成を変え、まず各法分野の概要を解説したうえで、リサーチの方法について説明する。

2　国際通商法分野の特徴

　国際通商法分野の特徴の 1 つ目は、分野内の多様性が挙げられる。1 で述べ

315

たとおり、国際通商法は、物品貿易・サービス貿易・投資と、性格の異なる幅広い経済活動をカバーする国際ルールおよび国内ルールを対象としている。そのため、そこで求められる能力も多様であり、条文や先例等の精緻な読み込みが求められる分野もあれば、国内外の政治状況を踏まえた大局的な判断が求められたり、貨物や技術に関する専門的な知見が求められる分野もある。

　国際通商法案件の特徴の2つ目として、国内ルールと国際ルールの関係を意識する必要性が挙げられる。この点は、WTO協定、経済連携協定、投資協定等の国際ルールを取り扱う場合は当然だが（例えば、ある国の施策が、これら国際ルールに抵触するか検討する場合、国際ルールの正確な理解が必要となる）、国内法令を取り扱う場合であっても、その国内法令が、国際ルールを国内実施するルールである場合、当該国内法令を理解するには、その前提となる国際ルールを理解する必要がある場合が出てくる。例えば、日本の輸出管理制度は、国際的な輸出管理の枠組みである、ワッセナー・アレンジメント等を前提としており、国内法の文言や解釈のみでは解決しない問題については、これら国際的な輸出枠組みまで調べる必要が出てくることがある。

　国際通商法案件の特徴の3つ目は、当局が公表するガイドラインや当局照会等を通じて、当局の考えを知ることが重要となる場面が多いことである。特に、公表される過去先例や文献が限られている分野では、実務的な運用を理解することが重要となる場面がある。

　国際通商法案件の特徴の4つ目として、外国の法制度の理解の重要性が挙げられる。具体的には、WTO協定、経済連携協定、投資協定等の国際ルールを直接取り扱う場合、外国の法制度を分析するため、必然的に、外国の法制度の正確な理解が重要となるが、それ以外の分野でも、各国の規制に横断的に対処するため、外国法の法制度の基本的な理解が重要となる場面がある（もちろん、日本以外の法域における対応は日本の弁護士限りで対応するのではなく、それぞれの国・地域の現地弁護士との協働が盛んに行われているが、協働するうえでも、外国の法制度に関する基本的な理解が重要となる）。

　最後に、国際通商法案件の特徴の5つ目として、各国の産業政策や経済安全保障政策と密接に関係することが多い点が挙げられ、法律の知識だけでなく、政治や経済に関する知識が求められる場合がある。また政治経済状況の進展に

応じて、規制のアップデートや新たな規制の導入が頻繁に行われるなど、動きの速い分野であることから、絶えず、新たな情報をインプットする必要性に迫られる点も特徴として挙げられる。

II 個別の分野

1 WTO 協定

⑴ WTO 協定の概要

WTO は、モノの貿易を規律する 1947 年に成立した関税及び貿易に関する一般協定（General Agreement on Tariffs and Trade：GATT）を引き継ぎ、1995 年 1 月 1 日に成立した。同日発効した WTO 協定は、ウルグアイ・ラウンド交渉の結果締結され、WTO の設立、組織、手続に関する規定、貿易に関する各加盟国の規制を規律する実体的規則とその関連手続規則、当該規律を実効的なものにするための紛争解決手続と加盟国の貿易政策を検討する制度に関する手続から構成される。WTO 協定が規律する分野は非常に多岐にわたり、産品の貿易だけでなくサービス貿易や知的財産権の規律も有する。日本は原加盟国の 1 つだが、2024 年 8 月末現在 166 か国が加盟し[1]、世界貿易のほとんどをカバーしている。

WTO 協定は、WTO 設立協定およびその附属書で構成されている（図表 14-1 参照）。ウルグアイ・ラウンドの交渉妥結時に採用された一括受諾方式（シングル・アンダーテイキング）により、すべての加盟国を拘束する多角的貿易協定と、締約国のみを拘束する複数国間協定（政府調達協定、民間航空機協定等）がある。

GATT においては、WTO 協定の最も根本的な原則である最恵国待遇（Most Favoured Nation Treatment：MFN）[2]、関税譲許[3]、内国民待遇（National Treatment：

---

1)　https://www.wto.org/english/thewto_e/whatis_e/tif_e/org6_e.htm
2)　GATT 1 条。加盟国は、他の加盟国との輸出入に係るすべての関税・課徴金、その徴収方法、または規則・関連手続、輸入品に課される直接または間接の内国税その他の課徴金、輸入品の国内販売、提供、購入、輸送、分配または使用に関する法令および要件において、他国の産品に供与する最も有利な優遇を、他の加盟国の同種の産品に対して即時かつ無条件に供与しなければならないと定められている。
3)　GATT 2 条。同条は各国の関税譲許について定めており、加盟国は約束した関税率（譲許税

317

図表 14-1　WTO協定および附属書一覧

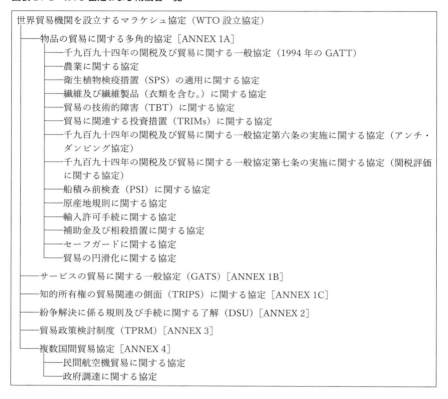

NT)[4] および数量制限禁止[5] が規定される。

　上記原則を含む WTO 協定の運用に加えて、WTO は多角的貿易交渉の場を提供し、関税削減、貿易障壁の撤廃、ルールの策定などを行う。また、WTO のもう 1 つの役割は、各国の貿易政策の監視であり、貿易政策検討制度

　　率）を超える関税を課してはならない。
  4)　GATT 3 条。加盟国は、輸入産品に対し、内国税その他の課徴金だけでなく、法令および要件として設けられる国内手続や制度上の扱いに関し、同種の国内産品より不利でない待遇を供与する義務を負う。
  5)　GATT 11 条。同条のもと、輸出入の完全な禁止措置だけでなく、輸出入の数量に上限を設ける割当制度や輸出入に必要な許可を与えない、または輸出入ができる場所の制限を課すことも禁止される。

（Trade Policy Review Mechanism：TPRM）のもと、各加盟国の協定の履行状況を数年おきにレビューし、加盟国間でレビュー対象国の政策について活発な議論が行われる。

　さらに、WTO には加盟国間の国際経済紛争を処理する準司法的手続が設けられている。国際経済紛争とは、国際経済協定の解釈・適用を巡る争いを意味し、越境取引における加盟国の私人または組織の国際経済協定上保障されている経済的利益・権利に対する侵害がある場合、その対象違反行為の協定整合性が争われる。WTO 紛争解決手続は、第一審である小委員会（パネル）、上訴審である上級委員会が設けられ、協定解釈にかかる判断の安定性・一貫性がはかられている。

　WTO 紛争解決手続を定めた協定として、紛争解決了解（The Understanding on Rules and Procedures Governing the Settlement of Disputes：DSU）がある。パネルは案件ごとに 3 名のパネリストが選任され、審理を行う。上級委員会は加盟国のコンセンサスで選任された 7 名の委員を有する常設機関である。ただし、上級委員の再任について加盟国間でコンセンサスが形成できず、2019 年 12 月以降全 7 名が空席となっており、機能停止しているが、パネルは現在も利用されている。GATT 時代は、被申立国も含めた全締約国の同意が必要とされ、パネル判断の採択が困難であり、さらにはパネル設置にも至らないケースも多かったが、その教訓を生かし、WTO においては、ネガティブ・コンセンサス方式により手続が自動化され、パネル設置を望まない加盟国（ほとんどの場合被申立国）がパネル設置や判断の採択をブロックできない仕組みが作られた。協定整合的に違反措置を是正しなければならないとの勧告を履行しない場合、申立国は対抗措置を講じることができる。

　WTO 紛争解決手続において、これまで 620 件以上 [6] にのぼる協議要請がなされ、そのうち約半数がパネル手続以降に進み、最終解決まで至っている。

（2）　WTO 協定の関連機関

WTO は、スイスのジュネーブに本部を構え、事務局には、市場アクセス、

---

6)　https://www.wto.org/english/tratop_e/dispu_e/dispu_e.htm

貿易救済、農業、貿易と環境、サービスと投資等の各分野を管轄する部、紛争解決手続を管轄する法律部および上級委員会部、TPRM を統括する TPR 部、経済統計を管轄する経済調査・統計部、技術支援を提供する技術協力部等があり、協定運用や交渉、履行監視、紛争解決について、加盟国の支援を行う。

　主要加盟国の所管官庁としては、日本では、協定運用や交渉、履行については、外務省経済局国際貿易課や経済産業省の各産業所管課および通商政策局国際経済部、農林水産省や財務省、国土交通省等の各産品所管課が担当する。また、紛争解決の事案が生じた場合には、外務省国際法局経済紛争処理課および経済産業省通商政策局国際経済部国際経済紛争対策室が中心となって対応する。加えて、アンチダンピング、相殺関税等の貿易救済調査・措置については、経済産業省貿易経済安全保障局貿易管理部特殊関税等調査室および財務省関税局関税課特殊関税調査室が調査当局として調査・決定を行う。WTO 紛争解決手続や貿易救済調査の対応において、政府や企業が外部法律事務所を起用し、意見書の作成や法的戦略の構築等の支援を行う場合もある。

　米国では、大統領府内に設けられ外交交渉権限を有する通商代表部（United States Trade Representative：USTR）が貿易交渉や紛争解決手続の対応全般を担当する。貿易救済の調査当局として、財務省（Department of Commerce：DOC）および国際貿易委員会（International Trade Commission：ITC）が調査・決定を行う。EU では、主として欧州委員会貿易総局（DG TRADE）が欧州の貿易政策の履行全般を担当する。また、中国では、商務部（Ministry of Commerce：MOFCOM）が国内・対外経済、貿易を管轄する。

(3)　WTO 協定に関するリサーチ

　WTO の各協定や関連文書につき、経緯や議論を網羅的にフォローするのは非常に困難だが、WTO 協定に関する基本的な解説書としては、**小室程夫『国際経済法〔新版〕』**（東信堂、2007 年）、**中川淳司ほか『国際経済法〔第 3 版〕』**（有斐閣、2019 年。以下、「中川ほか・国際経済法」）が例として挙げられる。より掘り下げた実務書および研究者向けの書としては、**小室程夫『国際経済法』**（信山社、2011 年）、**松下満雄＝米谷三以『国際経済法』**（東京大学出版会、2015 年）、**松下満雄ほか編『ケースブック WTO 法』**（有斐閣、2009 年）がある。また、

WTO 協定の主要条文の解説書として、**外務省経済局国際機関第一課編『解説 WTO 協定』**（日本国際問題研究所、1996 年）も有益である。加えて、**経済産業省 通商政策局編「不公正貿易報告書——WTO 協定及び経済連携協定・投資協定 から見た主要国の貿易政策」**[7]は、タイトルのとおり諸国の不公正な貿易措置 に関して国際ルールとの整合性も含め問題提起を行うとともに、WTO 協定の 概説や実務、**2** および **3** で述べる FTA/EPA、投資協定についても概説する。 さらに、WTO 協定に関する実務に携わる者にとって必読書ともいえる、**Peter Van den Bossche, Werner Zdouc "The Law and Policy of the World Trade Organization"**（Cambridge University Press, 2021）は、WTO の紛争事例における 判例も参照しながら、WTO 協定の実体法に関して詳説する体系的な教科書と して非常に有用である。

WTO 紛争解決手続におけるパネルおよび上級委員会判断の要点を集積した **WTO Analytical Index**[8]は、協定条文ごとの先例集といえる。条文文言の解 釈判断の変遷・発展が簡潔かつ網羅的にまとめられており、法的議論を展開す る文書を作成する際には必ず目を通すことが推奨される。さらに、一部コンテ ンツは有料となるが、**WorldTradeLaw.net**[9]も判例のリサーチには有用である。

最後に、国際通商をめぐる最新の動向について、**Inside U.S. Trade**[10]、 **Washington Trade Daily**[11]等を購読することで、タイムリーな情報を入手す ることが可能である。

2 地域貿易協定（RTA）

⑴ RTA とは

1990 年代以降、地域貿易協定（Regional Trade Agreement：RTA）による、地域 的な自由化を進める動きが活発化した。RTA とは、一般に、二国間、複数国 間、地域または地域間において貿易自由化のために締結される経済協定を指す。

---

7) https://www.meti.go.jp/policy/trade_policy/wto/3_dispute_settlement/32_wto_rules_and_com pliance_report/321_past_report/compliance_report.html

8) https://www.wto.org/english/res_e/publications_e/ai17_e/ai17_e.htm

9) https://www.worldtradelaw.net/index.php

10) https://insidetrade.com/

11) https://www.washingtontradedaily.net/

関税同盟（Customs Union）[12]と自由貿易協定（Free Trade Agreement：FTA）[13]が主な経済統合の形態とされ、WTOにおいてGATT24条のもと規律されている。近年では、経済連携協定（Economic Partnership Agreement：EPA）も見られ、日本が多く締結している類型であるが、関税やその他貿易障壁の緩和・撤廃だけでなく、投資、環境、競争、デジタル貿易等の非関税分野における経済関連ルールを含み、より包括的な経済の自由化を目指すものであり、通常、FTAよりも広範な分野を規律する。近年日本が締結した大型EPAとしては、CPTPP（2018年12月発効）、日EUEPA（2019年2月発効）、RCEP（2022年1月発効）が例として挙げられる。また、二国間で一定の農産品と工業品の関税を撤廃または削減する日米貿易協定（2020年1月発効）も、米国向け輸出が多い日本にとって大きな影響を持つRTAの1つである。

RTAにおける規律のほとんどはWTOのルールを前提としており、分野によってはWTOの権利義務を確認するのみのものもあるが、多くはWTOプラスとしてWTOでの約束の範囲以上の自由化を約束したり、WTOのルールがない分野の規律を発展させたりする。この点がまさに地理的特性や経済的関心を共有する国家間で締結するRTAだからこそ実現できる大きな価値と言える。RTAは、域内での貿易に対する関税やその他貿易障壁を緩和・撤廃するが、域外に対してはそれらの待遇を供与せず差別的となることから、WTOの大原則の1つである最恵国待遇に反するが、RTAは経済活動に対し有益であるとの認識から、一定の条件を満たした場合に例外的に認められるとされている[14][15]。

RTAの規則の中でも企業や貿易実務家にとって最も重要なものが、原産地規則である。域内で適用される、WTO税率よりも有利な関税（特恵関税）率を享受し、RTAメンバーではない他国より競争力ある価格で相手国に輸出する

---

12) 関税同盟は、同盟国・地域間で関税やその他貿易障壁を撤廃するとともに、域外に対して共通の関税と通商規則を適用する。

13) FTAは、域内原産のモノ・サービスに対する関税やその他貿易障壁を緩和もしくは撤廃し、域内貿易の自由化を目的に形成される。

14) GATT24.4条。

15) WTOにはRTAを監視する委員会（Committee on Regional Trade Agreement: CRTA）が設置されており、加盟国は透明性確保のため、RTAを同委員会に通報する義務を負う。

ためには、この特恵原産地規則の充足が必須となる。同規則は、国によってまたは品目によって基準[16]や計算式が異なるものも多く、細かなルールまで確認することが肝要となる。RTA の特恵関税を享受するためには、輸入に際し原産地証明を取得する必要があり、この準備方法も RTA によって異なる[17]ため、注意が必要である。このように、各国が多数の RTA を締結し、それらのもとで異なる原産地規則が複雑に重なり合うさまを Bhagwati は「スパゲティボウル」と呼んだ[18]。このような状況下において、グローバル・サプライチェーンを有する企業にとっては、各 RTA のもとでの特恵関税や異なるルールの分析評価が必要不可欠になっている。

RTA にも国家間の仲裁型紛争解決手続が設けられているものが多い。ただし、仲裁人の選任がくじ引きとなっており、利用する側にとってリスクが高かったり、対抗措置が整備されておらず履行の確保が困難であったりする場合も多い。先進的なルールを有する RTA である USMCA（NAFTA）や CPTPP は、WTO 紛争解決手続同等の手続の自動性、強制管轄権、対抗措置を備えており、今後の活用例の蓄積が期待される。

(2) RTA に関するリサーチツール・入門書

各国が締結している RTA については、通常、政府（日本では外務省）のウェブサイトに、協定本文や概要、交渉経緯等が掲載されている。品目別の原産地規則については、**税関の EPA・原産地規則ポータル**[19] が便利である。

基本的な解説書としては、**小林友彦ほか『WTO・FTA 法入門〔第 2 版〕』**（法律文化社、2020 年）、WTO ルールと比較しながら RTA のルールを概説する**飯野文『WTO FTA CPTPP──国際貿易・投資のルールを比較で学ぶ』**（弘文堂、2019 年）などがある。主な RTA の協定条文解説書としては、TPP および

---

16)　大別して、関税分類変更基準（輸出製品の HS コードと、その製品を生産するために使用する構成材料の HS コードが一定程度変更されているか）と付加価値基準（製造過程においてどの程度の価値が加えられたか）がある。

17)　輸出国における発給機関から原産地証明書を発給してもらう方式（第三者証明方式）や、輸入者または輸出者などが自ら申告書を作成する方式（自己証明方式）などが挙げられる。

18)　Bhagwati, Jagdish N., "US Trade Policy: The Infatuation with FTAs"（1995）.

19)　https://www.customs.go.jp/searchro/jrosv001.jsp

RCEP の逐条解説を提供する『TPP コンメンタール』（日本関税協会、2019 年）、
『RCEP コンメンタール』（日本関税協会、2022 年）の他、中川淳司「TPP と日
本」（「貿易と関税」で全 13 回連載、2016 年〜2017 年）も有益である。経済産業省の
「EPA/FTA/投資協定」のページ [20] では、EPA 交渉の最新状況を把握するこ
とができる。また、原産地規則の詳細な説明も含む実務家向けの書やガイドラ
インとしては、羽生田慶介『稼げる FTA 大全』（日経 BP、2018 年）、JETRO
「EPA 活用法・マニュアル」[21]、長谷川実也 = 松本敬『基礎から学ぶ原産地規
則』（日本関税協会、2023 年。以下、「長谷川 = 松本・原産地規則」）、経済産業省「EPA
原産地証明ガイドライン」[22]、JETRO「TPP11 解説書」[23] や「RCEP につい
て」[24]、「日 EU・EPA 解説書」[25]、今川博『日米貿易協定――原産地規則の概
要と実務』（日本関税協会、2020 年）などが挙げられる。

3　投資協定

(1)　投資協定とは

　投資協定は、外国からの投資を保護する環境を整備し、国際的な投資活動を
促進することを目的として締結され、現地法人の設立・運営など海外事業の展
開に際して外国投資家を国内投資家と比して差別的に取り扱うことや不当に財
産を収用することなどが禁止されている。二国間投資協定（Bilateral Investment
Treaty：BIT）と多国間投資協定（Multilateral Investment Treaty：MIT）の他に、
FTA や EPA において投資保護の規律を定めた章として締結されるものもある。
投資協定の数は海外直接投資の拡大等を受け、1990 年代に飛躍的に増加し、
現在世界で 3000 を超える協定が締結されている [26]。投資協定においては、
投資参入後の投資財産の保護（内国民待遇、最恵国待遇、公正かつ衡平な待遇、不当な

---

20)　https://www.meti.go.jp/policy/trade_policy/epa/index.html

21)　https://www.jetro.go.jp/theme/wto-fta/epa/

22)　https://www.meti.go.jp/policy/external_economy/trade_control/boekikanri/gensanchi/guide
line.html

23)　https://www.jetro.go.jp/ext_images/theme/wto-fta/tpp/TPP11_kaisetsu.pdf

24)　https://www.jetro.go.jp/theme/wto-fta/rcep.html

25)　https://www.jetro.go.jp/ext_images/world/europe/eu/epa/pdf/euepa202003.pdf

26)　UNCTAD, World Investment Report 2024, p.21.

収用の禁止、紛争解決手続等）についてのみ規定する伝統的な類型のものを「保護型」、これに加えて投資参入段階における内外無差別や特定措置の履行要求の禁止等も規定する先進的な類型のものを「自由化型」と呼ぶ[27]。

　投資協定における適用（保護）対象は、「投資財産」および「投資家」であり、これらの定義については、各協定を参照する必要があるが、いずれも比較的広範に定義されており、投資受入国の措置が問題となる場合、その範囲が争われることもある[28]。保護対象である投資財産および投資家は、適用される投資協定が「保護型」か「自由化型」かによって保護される投資活動の範囲は異なるが、内国民待遇、最恵国待遇の平等待遇に加えて、公正かつ衡平な待遇、十分な保護および保障を含む一般的待遇が付与される。また、投資協定においては、投資受入国が個別の投資家に対して負った義務の遵守義務（アンブレラ条項）、ならびに特定措置の履行要求の禁止、正当な補償を伴わない収用の禁止等も規定されている。

　投資協定の解釈または適用について締約国間で争いがあり、協議によって解決に至らなかった場合には、通常、仲裁裁判所に付託することができる。この締約国間での紛争解決手続は、国家間紛争処理（State-State Dispute Settlement：SSDS）と称される。加えて、投資協定および RTA には、外国投資家が投資受入国の政府に対し訴えを提起する投資家—国家間投資仲裁（Investor-State Dispute Settlement：ISDS）が備えられているものがある。エネルギー分野における投資の保護および自由化を規定するエネルギー憲章条約も、同様に仲裁への付託を可能とする多数国間条約である。これらの協定・条約のもと、外国投資家

27）　投資の重要性の高まりに伴い、投資の保護や自由化に関する包括的で法的拘束力のある国際ルールの策定の必要性が認識され、1995 年、OECD において多数国間投資協定（Multilateral Agreement on Investment：MAI）の交渉が開始されたが、環境規制など国家の規制権限が侵害されるといった懸念等が顕在化し、1998 年に交渉は決裂した。他方、国際投資に関する取組は WTO においても進んでおり、従来の投資保護や自由化とは異なるが、途上国の国際投資の参加促進を目的とした「開発のための投資円滑化に関する協定（Investment Facilitation for Development Agreement：IFDA）」のテキスト交渉が行われ、2023 年 7 月に妥結した。WTO 加盟国は、2024 年 2 月の第 13 回 WTO 閣僚会合（MC13）において、同協定を WTO 協定の附属書として取り込むための合意を図ったが、インドと南アフリカの反対により実現しなかった。今後は、WTO の一般理事会において議論が継続される予定。

28）　*Salini Construttori & Italstrade v.* モロッコ、2001 年判断等。

と受入国との間の投資紛争については、投資家が投資紛争解決国際センター（ICSID）や国連国際商取引法委員会（UNCITRAL）などの仲裁規則に基づく仲裁に付託することができる。仲裁廷が、投資受入国の協定違反を認定した場合には、投資受入国に対し、投資家への金銭等による賠償を命ずることができる。投資協定の解釈・適用に関し、SSDS が利用されることは非常に稀である一方、ISDS は海外直接投資の増加により近年利用が急増しており、投資協定に基づく仲裁付託の数は 2023 年 12 月時点において 1300 件を超えている [29]。

(2) 投資協定に関するリサーチツール・入門書

投資協定およびそれに基づく仲裁に関する解説書としては、**小寺彰『国際投資協定——仲裁による法的保護』**（三省堂、2010 年）、**中川ほか・国際経済法、経済産業省「不公正貿易報告書」**の投資章などがあるが、**経済産業省ウェブサイトの「投資協定」に関するページ** [30] は、投資協定の概要や事例紹介、締結状況に加え、投資協定に関する FAQ も提供しており有益である。また、**JETRO「海外進出のための投資協定ハンドブック」** [31] でも、投資協定について非常にわかりやすく説明されている。海外直接投資の最新トレンドを分析した UNCTAD による年次報告書「**WORLD INVESTMENT REPORT**」[32] も参考になる。

また、実務担当者向けの入門書としては、**フレッシュフィールズブルックハウスデリンガー法律事務所編『よくわかる投資協定と仲裁』**（商事法務、2018 年）は、投資仲裁の経験が豊富な弁護士による指南書であり、多様な事例とともに実践的な活用法を解説する。**小寺彰 = 川合弘造編『エネルギー投資仲裁・実例研究——ISDS の実際』**（有斐閣、2013 年）は、エネルギー憲章条約および FTA/EPA における紛争解決の実例と条文解釈につき解説する実務書として有益である。投資協定関連の文献や仲裁判断などの検索ツールとしては、**Kluwer Arbitration** [33]、

---

29) UNCATAD, Investment Dispute Settlement Navigator（https://investmentpolicy.unctad.org/investment-dispute-settlement）.

30) https://www.meti.go.jp/policy/trade_policy/epa/investment/

31) https://www.jetro.go.jp/ext_images/theme/wto-fta/pdf/toshikyotei2024.pdf

32) https://unctad.org/topic/investment/world-investment-report

33) https://www.kluwerarbitration.com/

第 14 章　国際通商分野のリサーチ

UNCTAD Investment Policy Hub[34)]、Italaw[35)] などが有用である。

4　貿易救済

(1)　貿易救済措置の概要

　貿易救済措置は、WTO 協定上認められた制度であり、ダンピング輸入を理由に追加関税を課すアンチ・ダンピング関税措置（以下、「AD 措置」）、輸入品が補助金を受領していることを理由に追加関税を課す補助金相殺関税措置（以下、「CVD 措置」）および輸入急増を理由に追加関税等を課すセーフガード措置（以下、「SG 措置」）が存在する。AD 措置および CVD 措置は特定国からの輸入品に課されるの対して、SG 措置は全ての輸入品に課される。

　日本では、AD 措置を賦課するために、①ダンピング輸入、②国内産業の実質的な損害、③上記①と②の因果関係を満たす必要がある。「ダンピング輸入」は、輸出国での国内販売価格よりも低い価格で輸出を行う場合等に認定され[36)]、「実質的な損害」は、販売、利潤、生産高、市場占拠率、生産性、投資収益率、在庫、雇用、賃金、資金調達能力等の複数の指標を総合的に評価して判断される。調査当局[37)] は、通常、国内産業の申請に基づき調査を開始し、利害関係者（国内生産者、海外供給者、輸入者等）からの質問状回答等を踏まえて、AD 措置を課すか判断する（調査期間は原則 1 年）。利害関係者は、質問状に回答するとともに、他の利害関係者の主張や当局の認定に意見を述べることができる。貿易救済措置を発動できる期間は、AD 措置および CVD 措置は 5 年、一般 SG 措置は 4 年だが、一定の事由がある場合、調査を経て延長も可能である（ただし、一般 SG 措置は合計 8 年まで）。

　貿易救済措置の申請を行うには、申請者にて、申請書や質問状回答の作成、

---

34)　https://investmentpolicy.unctad.org/

35)　https://italaw.com/

36)　例えば、A 国が、ある商品を国内市場では 100 円で出荷する一方で、日本に 90 円で出荷している場合、その差額 10 円がダンピングに該当し、日本は、当該金額に相当する追加関税を賦課することができる。

37)　日本においては、財務省、経済産業省および当該調査で問題となる国内産業を所管する省庁の担当部署が調査を担当する（不当廉売関税に関する政令 18 条、相殺関税に関する政令 14 条、緊急関税等に関する政令 11 条、輸入貿易管理令 3 条 1 項、貨物の輸入の増加に際しての緊急の措置等に関する規程 9 条）。

327

意見書の作成、当局との折衝等を行う必要がある。また、海外の貿易救済措置の調査に巻き込まれた場合、競合他社と比較して不利な追加関税を課されたり、そもそも輸出を諦める事態を回避するため、応訴する企業も増えている。これらの対応は、企業の法務部・営業部・財務部などが主体となるが、貿易救済措置のルールの複雑性から、同分野に精通する法律事務所が関与する場合も多い。

貿易救済措置は、各国の国内法令を根拠とするが、WTO 協定上の規律にも服するため、以下では、日本国内での調査を念頭に、日本の法令に触れた後に、WTO 協定上の規律を解説する。

(2) 貿易救済措置に関する国内法令の概要およびリサーチ方法

日本の貿易救済措置の関連法令等は、図表 14-2 のとおりであり、実務では、貿易救済措置の発動要件や調査手続をリサーチする場合、法令上の条文およびガイドラインの規定が検討の出発点となる。また、これら法令解釈の参考として、『**特殊関税コンメンタール〔新訂〕**』（日本関税協会、2014 年）がある。

図表 14-2

措置	関連法令等
AD 措置	関税定率法 8 条、不当廉売関税に関する政令、不当廉売関税に関する手続等についてのガイドライン
CVD 措置	関税定率法 7 条、相殺関税に関する政令、相殺関税に関する手続等についてのガイドライン
SG 措置	関税措置：関税定率法 9 条、緊急関税等に関する政令、緊急関税等に関する手続等についてのガイドライン 数量制限：輸入貿易管理令 3 条 1 項、貨物の輸入の増加に際しての緊急の措置等に関する規程

また、経済産業省のウェブサイト「**貿易救済措置（アンチダンピング等）トップページ**」[38]では、基本的な事項から発展的な内容まで、様々な情報を確認することができ、そこに掲載されている「**申請手引き**」[39]やモデル申請書、過

---

38) https://www.meti.go.jp/policy/external_economy/trade_control/boekikanri/trade-remedy/index.html

39) https://www.meti.go.jp/policy/external_economy/trade_control/boekikanri/trade-remedy/peti

328

第 14 章　国際通商分野のリサーチ

去の調査事例等も参考となる。さらに、日本での前例がない論点については、他国（米国、EU等）における貿易救済措置の事例等[40]や、WTO 協定上の規定や解釈（⑶で後述）を参照することもある。なお、貿易救済措置の内容や世界的な動向を概観できる資料として、経済産業省が毎年公表する「**不公正貿易報告書**」の「**アンチ・ダンピング措置**」、「**補助金・相殺措置**」および「**セーフガード**」の章（第 2 部第 6 章〜第 8 章）も有用である[41]。

⑶　貿易救済措置に関する WTO 協定上の規律の概要およびリサーチ方法

　貿易救済措置は、各国の国内法令に基づき発動されるが、WTO 協定上の規律も設けられており（図表 14-3）、各国は当該規律に則して、貿易救済措置を発動することが求められている。

図表 14-3

措置	WTO 協定上の関連協定
AD 措置	千九百九十四年の関税及び貿易に関する一般協定第六条の実施に関する協定（以下、「AD 協定」）
CVD 措置	補助金及び相殺措置に関する協定（以下、「SCM 協定」）
SG 措置	セーフガードに関する協定（以下、「SG 協定」）

　これら協定をリサーチする場合は、各協定の条文を当たることが出発点となるが、WTO のパネル・上級委員会の先例（WTO Analytical Index[42]を含む）や、WTO での議論（各委員会の公表資料等）も参照となる[43]。また、基本書として、AD 協定に関しては Philippe De Baere, Clotilde du Parc, Isabelle Van Damme "The WTO Anti-Dumping Agreement: A Detailed Commentary"

---

tion/index.html

40)　例えば、米国については、ACCESS というウェブサイトから登録をすることで、各 AD 措置において提出された公開文書を検索・閲覧することができる（https://access.trade.gov/login.aspx）。

41)　経済産業省「2024 年版不公正貿易報告書──WTO 協定及び経済連携協定・投資協定から見た主要国の貿易政策」（2024 年 6 月 6 日）第 II 部第 6 章（https://www.meti.go.jp/shingikai/sankoshin/tsusho_boeki/fukosei_boeki/report_2024/pdf/2024_02_06.pdf）。

42)　https://www.wto.org/english/res_e/publications_e/ai17_e/ai17_e.htm

43)　前掲注 40）参照。

(Cambridge University Press, 2021)、SCM 協定に関しては **Dominic Coppens "WTO Disciplines on Subsidies and Countervailing Measures: Balancing Policy Space and Legal Constraints"** (Cambridge University Press, 2014)、SG 協定に関しては **Fernando Piérola-Castro "WTO Agreement on Safeguards and Article XIX of GATT: A Detailed Commentary"** (Cambridge University Press, 2022) などが挙げられる。

5　貿易実務と通関・関税

　貿易とは、国境を越える物品（貨物）の商取引を指す。売主と買主が別の国に所在しているため商品の輸送や代金の支払いに時間がかかること、売主・買主以外にも通関業者や運送業者、保険会社や銀行など様々な関係者が取引に関与することなどが特徴であり、国内取引と比較しても複雑な手続が必要となる。

⑴　貿易実務

　貿易取引の実務は、①売主と買主の間の売買契約をはじめとする各種の契約や文書（カミ）に関するもの、②国際的な貨物輸送（モノ）に関するもの、③国際的な代金の決済（カネ）に関するものに大別できる。

　いずれについても、国内取引とは異なる特殊な考慮や実務が存在するが、中でも弁護士として相談を受ける機会が多いのは①のカミに関する実務（契約書に関する助言等）である。この点については、法制度や商習慣の違いによる当事者間の認識の齟齬やこれに起因するトラブルを防ぐため、商品の品質、数量、価格、代金の決済方法等の取引条件を、書面で明確に合意することが重要である。また、国際的な商品取引における輸送業者の手配、保険、通関手続等に関する役割分担・費用負担、危険の移転時期について、定型的な取引条件を「FOB」「CIF」のようなアルファベット 3 文字の符号で定めたインコタームズ (Incoterms：International Commercial Terms) と呼ばれる国際的な貿易規則（一種のテンプレート）が存在し、実務で頻繁に用いられている。契約不履行の際の損害賠償や契約解除、準拠法や紛争解決方法（裁判か仲裁か等）についても、個別取引ごとに慎重な検討をする必要がある。

(2) 輸出入通関

国境を超える商品の売買取引である貿易取引には、通関と呼ばれる手続が必須となる。通関とは、輸出入しようとする貨物について、品名、数量、価格などを税関に申告し許可を得る一連の手続を指す。貨物が国境を越えて輸出される際に行われるのが輸出通関であり、外国から貨物が到着し輸入される際に行われるのが輸入通関である。通関手続は、通関業者などの専門の業者が代行することが一般的で、通関手続だけでなく貨物運送、倉庫・配送など、国際物流業務をワンストップで行うフォワーダーと呼ばれる業者に依頼することもある。

① 輸出通関

貨物の輸出に際しては、輸出国の税関長に対し輸出の申告を行い、必要な許可を受けなければならない。輸出申告は、貨物が現在置かれている場所で行うことができるが、輸出許可を受けるためには原則として保税地域に搬入したうえで税関の検査を経る必要がある。

貨物や仕向地によっては、関税関係法令以外の法令に基づく輸出許可または輸出承認が必要になる場合がある（他法令手続）。例えば外為法に基づく輸出管理（安全保障貿易管理）や経済制裁対象の貨物を輸出する場合には、輸出前に経済産業大臣の許可または承認を得る必要がある。輸出許認可対象品目や対象国・地域は、国際情勢の変化にともない頻繁に変更・修正されるため、都度確認を行うことが肝要である。

② 輸入通関

外国から到着した貨物は、保税地域に搬入したうえで税関に対して輸入申告を行い、輸入許可を得る必要がある。輸入手続には、輸入申告の他に関税（(3)参照）、内国消費税および地方消費税の納税手続も含まれる。これらの税については、原則として輸入日（輸入許可を受けるものは許可日）までに納付する必要がある。

また、輸入の際の水際規制として、日本においては、麻薬、銃、爆発物、火薬、偽造貨幣などは輸入が禁止されているほか、外為法上経済産業大臣の輸入承認が必要になる貨物（経済制裁の対象貨物など）がある。このほか、衛生上または防疫上の審査・届出の対象となる貨物がある。例えば食品については、輸入申告に先立ち、厚生労働大臣宛てに食品等輸入届出が必要となる。さらに、野

菜、果物、穀類等の輸入については植物防疫所における検査を、動物や肉類の輸入については動物検疫所における検査を受ける必要がある。

(3) 関　税

　貨物の輸出入時に課せられる税金のことを関税というが、通常は輸入時に課せられる輸入関税のことを指す。関税の額は、貨物の価格または数量（課税標準）に HS コードや原産地によって決まる関税率を乗じて計算する。HS コードとは、HS 条約に基づいて定められた産品の関税分類番号である。21 の「部（Section）」と 97 の「類（Chapter）」に分類され、世に存在するすべての産品がいずれかの HS コードを持つ。6 桁の分類コードは世界共通だが、それ以上の細分類は各国の裁量に委ねられている。関税の納税義務は、原則として輸入者が負う。

　関税の納税義務や計算方法等を定める法律として、関税法（賦課、徴収、通関手続、罰則等）、関税定率法（税率、貨物の分類、課税基準、輸入禁制品、免税等）、関税暫定措置法（暫定的または追加的な措置等）がある。これら関税三法は、財務省が管轄となる。

　関税額の計算方法は、貨物の輸入申告金額を基準とする従価税（ad valorem duty）方式、貨物の輸入申告量を基準とする従量税（specific duty）方式があり、この 2 つの混合型を従価従量税方式と呼ぶ。適用可能な関税率は複数あり、大別すると、国内法で定める国定税率として基本税率と暫定税率、国際協定に基づく協定税率として WTO 譲許税率、FTA/EPA 税率、開発途上国原産品に適用される特恵税率がある [44]。HS コードごとの税率は、税関ウェブサイトの輸入統計品目表（実行関税率表）で確認できる。

　関税に関する実務において弁護士の関与が重要となる分野として、原産地規則、関税分類および関税評価が挙げられる。2 でも述べたように、RTA ごとに異なる特恵原産地規則の適用可否の評価については、それぞれの RTA に規定される条文の法解釈が求められる。また、関税分類および関税評価について

44）　関税率適用の優先順位としては、原則として、特恵税率→FTA/EPA 税率→WTO 譲許税率→暫定税率→基本税率の順となる。ただし、協定税率と国定税率の間では、税率の低い方が適用される。

第 14 章　国際通商分野のリサーチ

も、輸入申告において関税分類や関税額に関する記載内容の誤りにより過少申告加算税や延滞税を追徴されないためにも正確な理解が重要となる。

⑷　貿易実務と通関・関税に関するリサーチ方法

　貿易実務と通関・関税に関する実務書は数多あるが、入門書としては、**布施克彦『図解即戦力　貿易実務がこれ 1 冊でしっかりわかる教科書』**（技術評論社、2020 年）、**石川雅啓『新しい貿易実務の解説』**（文眞堂、2019 年）、**曽我しのぶ『基礎から学ぶ貿易実務──日英対訳〔改定版〕』**（日本関税協会、2023 年）等がある。また、**片山立志『メガ EPA 時代の貿易と関税の基礎知識』**（税務経理協会、2020 年）は貿易実務だけでなく、EPA 原産地規則についても解説する実務書として有益である。根拠法のリサーチにおいては、関税関係法令に加え消費税、外為法関係法令も網羅する**日本関税協会『関税六法』**は必携である。また、それぞれの実務解説書として、原産地規則については、**長谷川＝松本・原産地規則**、関税分類については、「**原産地規則と品目分類**」（「貿易と関税」で連載中、2023 年〜）、関税評価については、**『関税評価 303〔改訂 8 版〕』**（日本関税協会2020 年）が有用である。

6　政府調達
⑴　政府調達の概要

　政府調達とは、中央政府、地方政府、独立行政法人その他の公的機関による、物品およびサービスの調達活動を意味する。政府調達は、公的役割を担う公的セクターの調達活動であり、国民の税金を財源とするため、民間取引とは異なる規律が設けられている。日本の政府調達は、会計法や地方自治法等に基づき実施されるが、一部調達は、国産品を優遇する内外差別等を禁止する WTO 協定の「政府調達に関する協定（Agreement on Government Procurement）」（以下、「WTO 政府調達協定」）等の国際ルールにも服する。

　日本政府は、政府調達に関する国内での苦情申立手続として、政府調達苦情処理体制 [45] を設けており、政府調達が、WTO 政府調達協定等に違反する形

45）　https://www5.cao.go.jp/access/japan/chans_main_j.html

で実施されたと考える場合、政府調達苦情検討委員会に苦情申立てを行うことができる。同委員会は、かかる苦情を検討してWTO政府調達協定等への不適合が認められるかを判断し、不適合が認められた場合、是正策を提案するが、苦情申立ての時点から当該政府調達の手続は原則として停止するため、調達の日程への影響にも注意が必要である。

(2) 政府調達に関する国内法令の概要およびリサーチ方法

中央政府（国の機関）の調達活動は、原則、会計法、予算決算及び会計令（昭和22年勅令165号）、予算決算及び会計令臨時特例（昭和21年勅令558号）、ならびに契約事務取扱規則（昭和37年大蔵省令52号）に基づき実施される[46]。もっとも、国際条約の規律が及ぶ調達活動は、予算決算および会計令等の特例を定める「国の物品等又は特定役務の調達手続の特例を定める政令」（昭和55年政令300号）および「国の物品等又は特定役務の調達手続の特例を定める省令」（昭和55年大蔵省令45号）に基づき実施される。なお、各省庁等は、これらの規定に基づいた調達手続の細則を示す契約規則、資格審査規定などを定めている点にも注意を要する。また、日本政府は、政府調達に関する運用上の自主的な措置として「政府調達手続に関する運用指針」を定めており[47]、同指針は中央政府に適用されるほか、地方政府にも趣旨に則った協力要請がなされている。

政府調達に関するリサーチは、上記法令等の条文が出発点だが、国内制度の概要と参照すべき資料をまとめた**青木孝徳編『政府調達制度の手引』**（大蔵財務協会、2015年）や、会計法について解説した**前田努編『会計法精解〔令和2年改訂版〕』**（大蔵財務協会、2020年）も参考となる。また、政府調達について、特に国内法の観点から詳述した資料として**有川博『官公庁契約法精義2020』**（第一法規、2020年）も存在する。

---

46) 地方政府の活動は、原則、地方自治法や地方自治法施行令（昭和22年政令16号）等に基づき実施されるが、国際条約の規律が及ぶ調達活動については、地方自治法施行令等の特例を定める「地方公共団体の物品等又は特定役務の調達手続の特例を定める政令」（平成7年政令372号）に基づき実施される。また、地方自治体においては、契約事務規則等を定めることが多く、内部部局ごとの契約事務規程を定める例もある。

47) https://www.cas.go.jp/jp/seisaku/chotatsu/index.html

第 14 章　国際通商分野のリサーチ

(3)　政府調達に関する国際ルールの概要およびリサーチ方法

　日本の政府調達に適用される国際条約には、WTO 政府調達協定のほか、日EU/EPA[48]、日英 EPA[49] 等の経済連携協定や、CPTPP[50] 等の多国間経済連携協定が存在する。これら国際ルールのリサーチでは、具体的な条文を確認することが最も重要だが、国際的な動向を毎年公表する**経済産業省の不公正貿易報告書**の「政府調達」の章を確認することも有益である [51]。基本書として、**Sue Arrowsmith, Robert D. Anderson "The WTO Regime on Government Procurement: Challenge and Reform"**（Cambridge University Press, 2011）が挙げられる。WTO 政府調達協定の解釈については、WTO の**パネル・上級委員会の先例**（WTO Analytical Index を含む）を参照することもある。

7　経済安全保障

(1)　経済安全保障とは

　近年、米中対立の激化といった動きも背景に、日米欧の主要国を中心に「経済安全保障」を意識した施策が数多く導入され、国際通商法実務の中で重要な地位を占めるようになっている。「経済安全保障（economic security）」という概念に国際的に定まった定義はないが、大きくは、他国の軍事的脅威からの国土・国民の防衛という狭義の安全保障を超えて、経済分野も含めた国家の安全・国民生活の安定の観点からの施策や国家戦略を広く含む概念と位置づけることができる [52]。こうした意味での経済安全保障には、例えば①〜③の要素が含まれると考えられる [53]。

---

48)　経済上の連携に関する日本国と欧州連合との間の協定。
49)　包括的な経済上の連携に関する日本国とグレートブリテン及び北アイルランド連合王国との間の協定。
50)　環太平洋パートナーシップに関する包括的及び先進的な協定。
51)　https://www.meti.go.jp/policy/trade_policy/wto/3_dispute_settlement/32_wto_rules_and_compliance_report/321_past_report/compliance_report.html
52)　例えば日本の「国家安全保障戦略」（2022 年 12 月 16 日閣議決定）では、「我が国の平和と安全や経済的な繁栄等の国益を経済上の措置を講じ確保することが経済安全保障」との表現が用いられている。また、2022 年 9 月 30 日に閣議決定された我が国の「経済施策を一体的に講ずることによる安全保障の確保の推進に関する基本的な方針」4 頁では、日本の経済安全保障推進に向けた重点施策として、自律性の確保、優位性ひいては不可欠性の獲得・維持・強化、国際秩序の維持・強化の 3 要素が挙げられている。

335

① 自律性・優位性・不可欠性の確保

自律性とは、自国の産業基盤やサプライチェーンの強靭化を通じて、他国に過度に依存しない経済構造を確保することをいう。自律性を確保するための施策としては、補助金などの促進的措置を通じた産業基盤の強化が挙げられる。一方、不可欠性・優位性とは、先端技術分野を中心に、自国にしかない技術や他国よりも優れた技術の流出を防止したり更なる発展を図ることにより、国際社会において不可欠ないし優位な地位を獲得・維持することをいう。

② 外交・安全保障目的の経済力の利用

自国の経済力を背景に、非軍事的手段を通じて自国や国際社会の安全保障を実現することも経済安全保障に含まれうる。国際法違反を行った国家等の主体に対する経済制裁（資産凍結や輸出入規制）がその典型であるが、平時における経済外交なども、広い意味では経済安全保障のための施策といえる。

③ 国際秩序の維持・強化

WTO 体制をはじめとする国際ルールとこれに基づく法の支配を通じた国際秩序の維持・予測可能性の確保を通じて、自由で公正な国際経済秩序を維持・強化し、国の安全や経済の安定を確保することも経済安全保障の一側面と考えられる。

⑵ 経済安全保障を実現するための法制度

経済安全保障は様々な要素が複合した広汎な概念であり、これを実現するための施策も多岐にわたる。経済安全保障を実現するための政策手法は、大きく、罰則を伴う規制的手法（ムチ）と、補助金などの促進的措置（アメ）に分けることができる。日本の法制度のうちムチに相当するものとしては、例えば次のような制度が挙げられる。

・軍事転用可能品目の輸出管理（安全保障貿易管理）

・投資管理

・経済制裁

・特定秘密保護法や重要経済安保情報の保護及び活用に関する法律（日本版セ

53）　例えば中谷和弘「経済制裁の国際法構造」令和 3 年度外務省外交・安全保障調査研究事業『経済・安全保障リンケージ研究会中間報告書』（日本国際問題研究所、2022 年）41 頁参照。

キュリティ・クリアランス法）などの秘密保護法制
・経済安全保障推進法に基づく基幹インフラ役務の安定的提供の確保に関する
　制度および特許出願の非公開制度
・出入国管理
　一方、アメに相当する制度としては次のようなものがある[54]。
・経済安全保障推進法に基づく重要物資の安定的供給の確保に関する制度およ
　び先端的な重要技術の開発支援に関する制度
・産業基盤強靱化や研究開発のための各種補助金
　上記のほか、各国におけるサイバーセキュリティ関連の法制度やデータの越
境移転規制なども、広い意味で経済安全保障にかかわる施策といえる。

(3) 経済安全保障に関する案件の特徴

　経済安全保障は、様々な施策・法制度の集合体であり、案件の内容や特徴も
分野によって異なる。もっとも、一般的な傾向としては、次のような点を挙げ
ることができる。

① 機微性

　経済安全保障分野の中でも輸出管理、投資管理、経済制裁など「ムチ」に相
当する制度は、通常、刑罰法規としての性格を有し、違反した際には刑事罰や
行政罰が科されるリスクがある。外国では、違反行為に高額の制裁金が課され
ることも珍しくない。また、違反行為を行った場合、安全保障・外交上深刻な
事態を引き起こす可能性、社会的に厳しい批判を招く可能性なども存在する。

② 専門性

　日本の外為法、米国 OFAC 規制・輸出管理規則（EAR）などを筆頭に、主要
国の経済安全保障関係の法令は一般的に極めて複雑・難解であり、運用面でも
特殊な考慮を要する場面が少なくない。そのため、法令の原文や政府が公表し
ている解釈・運用指針等の一次資料にあたることはもちろん、必要に応じて当

54）「アメ」に相当する制度においては、補助金の支給要件として技術流出措置の実施や懸念国
　向けの投資制限といった条件を課す場合もあり（例えば経済安全保障推進法に基づく特定重要物
　資の安定的供給の確保に関する制度や米国 CHIPS 法のガードレール条項など）、これらは「ア
　メ」と「ムチ」を組み合わせた施策といえる。

局に照会したり、当該分野の実務に精通した専門家の見解を確認するなどの対応が必要となる。

③ 法域横断性

　経済安全保障分野では、あるひとつの取引を実行するにあたって、複数の国の法規制を横断的に検討する必要が生じることが多い。例えば経済制裁分野では、国境を超える送金その他のクロスボーダー取引について、日本の外為法に加え、米国やEUの規制への抵触が問題になることがある。

④ 政 治 性

　各国当局が経済安全保障関係の施策をエンフォースするにあたっては、実質的な安全保障リスク、国益への影響、世論の支持といった政治的・政策的要素が考慮されることが多い。また、国際政治の環境に応じて規制の内容自体が目まぐるしく変化することもこの分野の特徴である。

(4) 経済安全保障分野のリサーチ方法

　経済安全保障に関する法制度は多岐にわたるが、各論については個別分野の法令の規定に基づいて実務対応を行うことになる。日本をはじめ、主要国の規制・制度の詳細は法律だけでなく行政規則（日本の場合、政令、省令、告示など）や運用指針（通達やガイドライン）で定められていることが多く、下位規範も含めて一次資料にあたることが重要である。もっとも、まずは法制度の概要など全体像を理解することが必要であり、書籍等における解説を手掛かりとすることが有用である。

　まず、経済安全保障分野における法務対応全般を横断的にカバーした書籍としては、大川信太郎『企業法務のための経済安全保障入門』（中央経済社、2023年。以下、「大川・経済安保」）、境田正樹ほか『わかる経済安全保障』（金融財政事情研究会、2023年）、西村あさひ法律事務所国際通商・投資プラクティスグループ編『人権・環境・経済安全保障——国際通商規制の新潮流と企業戦略』（商事法務、2023年。以下、「西村あさひ編・人権・環境・経済安保」）などがある。経済安全保障の定義や国際法との関係等を掘り下げたものとして、中谷和弘『経済安全保障と国際法』（信山社、2024年）、鈴木一人「検証 エコノミック・ステイトクラフト」国際政治205号（2022年）、「特集・経済安全保障の法的制御」法律時

報 96 巻 1 号（2024 年）などがある。このほか、経済安全保障担当大臣（当時）が日本の経済安全保障政策を論じた書籍として**高市早苗『日本の経済安全保障——国家国民を守る黄金律』**（飛鳥新社、2024 年）が、主要国の経済安全保障への取組を行政官経験者らが政策面から解説したものとして、**風木淳『経済安全保障と先端・重要技術——実践論』**（信山社、2023 年）、**鈴木一人＝西脇修編著『経済安全保障と技術優位』**（勁草書房、2023 年）などが挙げられる。

　個別分野について見ると、実務上特に重要性が高い輸出管理、投資管理、経済制裁の 3 分野については、外為法で手当てされており、詳細は「第 15 章外為法分野のリサーチ」を参照されたい。令和 4 年に成立した経済安全保障推進法については、**内閣府をはじめ所管官庁のウェブサイト**に制度解説、各種指針、FAQ などが掲載されており、実務ではこれらを参照することが多い。書籍における解説としては、上述した大川・経済安保のほか、**服部誠ほか『経済安全保障推進法と企業法務』**（民事法研究会、2023 年）がある。

　外国の法制度については、輸出管理分野では米国輸出管理規則（EAR）に基づく再輸出規制が実務上重要であるところ、当該分野については**安全保障貿易情報センター**（CISTEC）[55]がウェブサイトで制度解説や最新動向に関する情報発信を行っている。経済産業省貿易管理部の現役職員が執筆した輸出管理に関する詳細な解説書として**風木淳＝大川信太郎編著『詳解 外為法——貿易管理編』**（商事法務、2022 年）があり、外為法のほか EAR についても詳細な解説がある。また、国際輸出管理レジームの歴史や主要国の制度を網羅的に研究した書籍として、**浅田正彦編『輸出管理——制度と実践』**（有信堂高文社、2012 年）がある。投資管理分野については、実務上は米国 CFIUS による審査制度が重要であるが、これについては**大川信太郎『外為法に基づく投資管理』**（中央経済社、2022 年）、**渡井理佳子『経済安全保障と対内直接投資——アメリカにおける規制の変遷と日本の動向』**（信山社、2023 年）などに解説がある。経済制裁分野では、米国 OFAC 規制や米国・EU・英国における対ロシア経済制裁などが問題になることが多いが、日本語書籍における体系的な解説はあまり見当たらない。そのため、実務では規制の原文や当局の FAQ 等のほか、現地法律事務所のニ

55）　https://www.cistec.or.jp/

ュースレターなどを参考にすることが多い。

8　人権・環境と通商規制

　近年、人権や環境に配慮したバリューチェーンを実現するため、事業者に、一定の取組を求める規制の導入が相次いでいる。これら規制のバリエーションは多様だが、かかる取組を実施していることを、製品を市場で販売する条件にしたり、取組が不十分な場合に、経済的負担を課す規制も現れている。このような動きは、世界的にも新しい潮流ではあるが、今後も拡大することが予測され、国際通商法分野との関係でも、重要性が高まっていることから、本章では、現在の世界的な動向について、簡単に触れることとする。

(1)　人権に着目した規制

　2011 年、国連人権理事会において、「ビジネスと人権に関する指導原則」への支持が採択されたことも受けて、企業活動における人権尊重の要請が高まるとともに（「ビジネスと人権」の問題）、欧米を中心に、バリューチェーン上の人権リスクを問題とする規制の導入が相次いでいる。これら規制の態様は、法域や規制対象により異なるが（図表 14-4 を参照）、いずれも、バリューチェーン上の人権侵害に対して、企業に一定の取組を求めるものであり、当該事態への対応を誤ると、企業の事業活動が制約を受ける場合もある。

図表 14-4　規制の類型

措置の類型		内容
人権 DD 規制	開示・報告型	人権 DD の実施状況の開示・報告を求める（例：EU 企業持続可能性報告指令〔CSRD〕[56]、英国現代奴隷法）
	直接規制型	人権 DD の実施を直接義務付ける（例：EU 企業持続可能性デュー・ディリジェンス指令〔CSDDD〕[57]、EU 電池規則、EU 森林破壊防止規則〔EUDR〕）
上市・輸入規制		強制労働品等の上市・輸入を禁止する上市・輸入規制（例：米国ウイグル強制労働防止法〔UFLPA〕、強制労働製品の EU 域内での流通と域外輸出を禁止する規則）
輸出規制		人権侵害に用いられる可能性のある貨物等（監視機器等）の輸出を制限する輸出規制（例：米国 EAR）

340

第 14 章　国際通商分野のリサーチ

　また、途上国が、低い賃金水準や劣悪な労働条件を利用して製品を安価に製造・輸出することで、先進国の産業・労働者が損害を被っているとの不満（いわゆる「ソーシャルダンピング」の問題）を背景に、当該問題を通商規制を利用して解決しようとする動きが存在する点も、注意が必要である。例えば、国際協定である米国・メキシコ・カナダ協定（USMCA）は、「事業所特定の迅速な労働問題対応メカニズム」（RRM）と呼ばれる、団結権や団体交渉権が保護されていない場合、個別事業所の産品が輸入規制の対象となる制度を設けており、米国は、メキシコに対して、当該制度を積極的に活用している。

　以上のとおり、バリエーション上の人権に着目した規制の導入が拡大する中で、今後は、国際通商法や各国通商規制に関する知見だけでなく、国際人権法や国際労働法についての理解も重要となる場面が増えてくることが予測される。

(2)　環境・持続可能性に着目した規制

　これまでも、国際環境条約等を遵守するための輸出入規制が存在したが（廃棄物等の輸出入手続等を定めるバーゼル条約、野生動植物の種の保存についてワシントン条約等）、近時、様々な環境リスクに対応するための、新たな類型の規制導入が進んでいる（図表 14-5 参照）。

図表 14-5　新たな類型の規制

キーワード	内容
気候変動	温室効果ガス排出に伴う地球温暖化に対応するための、製品の原材料調達から廃棄・リサイクルに至る過程を通して排出される温室効果ガス排出量（カーボンフットプリント）に着目した規制（例：EU 炭素国境調整措置〔CBAM〕）や、サプライチェーンうえで地球温暖化に結びつく活動が行われていないかに着目した規制（例：EU 森林破壊防止規則〔EUDR〕）
資源循環	天然資源の有限性や資源採掘時に温室効果ガスが多く排出されることを念頭に、天然資源の消費を抑制し使用済み資源の循環を拡大させる目的で、資源の再利用（リユース）や再生利用（リサイクル）を拡大するための規制（例：EU バッテリー規則、EU エコデザイン規則）
生物多様性	生物多様性の保全と持続可能な利用を目的にした規制（例：EUDR）

---

56)　CSRD では、環境および事業活動に関する開示も要求されている。
57)　CSDDD では、環境デュー・ディリジェンスの実施も要求されている。

341

これら規制の多くは、(1)と同様、企業に、自社のバリューチェーンに関して、一定の取組を求めるが、中には、環境親和的なバリューチェーンを有する製品・役務を優遇したり、取組が不十分な製品・役務の販売を制約するなど、企業の競争力に直結する可能性がある点で、注意が必要である。また、今後、この分野の高まりを受けて、国際通商法や各国通商規制に関する知見だけでなく、国際環境法についての理解も重要となる場面が増えてくることが予測される。

(3) リサーチ方法

　上記で説明した人権・環境に関する国際通商法の先端領域を横断的に解説したものとしては、**西村あさひ編・人権・環境・経済安保**がある。また、人権に着目した規制のうち、「ビジネスと人権」については、**国連指導原則**[58]の解説や**責任ある企業行動のためのOECDデュー・ディリジェンスガイダンス**[59]などを確認することが最も重要だが、それ以外に、**大村恵実ほか『人権デュー・デリジェンスの実務』**（金融財政事情研究会、2023年）、**西村あさひ法律事務所「ビジネスと人権」プラクティスグループ編著『「ビジネスと人権」の実務』**（商事法務、2023年）、**塚田智宏『「ビジネスと人権」──基本から実践まで』**（商事法務、2024年）などが参考となる。また、その他の人権に着目した規制や、環境・持続可能性に着目した規制については、**法律事務所が出しているニュースレター**を参照することが多い。

［平家正博＝Ⅰ、Ⅱ4・6・8、小川　慶＝Ⅱ4、堀　裕彌＝Ⅱ6、

児玉みさき＝Ⅱ1〜3・5、

宮岡邦生＝Ⅱ5・7］

---

58)　国際連合広報センターウェブページ掲載の訳文：https://www.unic.or.jp/texts_audiovisual/resolutions_reports/hr_council/ga_regular_session/3404/

59)　外務省ウェブサイト掲載の日本語版：https://www.mofa.go.jp/mofaj/files/000486014.pdf

第 **15** 章

外為法分野のリサーチ

I 外為法実務の特徴

1 外為法とは

外為法は、「外国為替及び外国貿易法」を正式名称とする法律を意味しているが、実務上は同法だけでなく、同法に連なる政令、省令、告示、通達等も含めて「外為法」と総称することが多い。以下では、外為法という言葉をこうした広い意味で用いることとする[1]。

2 外為法分野の全体像

外為法は、対外取引の基本法として位置づけられ、対外取引が自由に行われることを基本としつつも、必要最小限の管理または調整を行っている（外為法1条）。クロスボーダーの資金の出入りを管理し、国際収支の均衡や通貨の安定を図るとともに、その資金の出入りの原因となる貿易取引（モノ）、役務取引（サービス）、および資本取引（カネ）などの各種の取引を管理対象としている。

すなわち、外為法は、資金の出入りとしての対外取引の決済として行われる「支払または支払の受領」（支払等）、その原因となる取引である輸出・輸入、サービスの提供（「役務取引」）、預金、金銭の貸借、証券取得・譲渡、対外直接投資などの「資本取引」、外国の会社や非居住者による日本の会社の株式の取得等を行う「対内直接投資等」などの対外取引に関し、取引当事者に対して、許可・承認の取得、事前届出、事後の報告等の義務を課すことにより必要最小限度の規制を行っている。

---

1) 紙幅の関係から以下では基本的に日本における外為法実務を中心としつつ、必要に応じて主要法域における外為法実務にも触れることとする。

343

図表 15-1

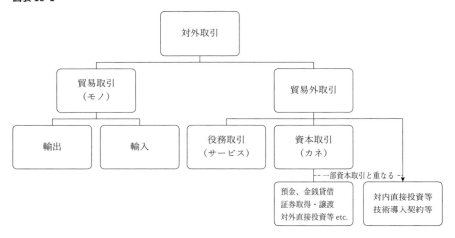

　これらの外為法に基づく規制を通じて以下の措置が講じられていて、日本政府の経済安全保障・安全保障上の施策における主要な役割を担っており、近時の地政学的な状況下においてその重要性が高まっている。

図表 15-2

経済制裁	国連制裁や有志国協調等として行う制裁対象者に対する資産凍結、貿易制限等
安全保障貿易管理	武器や軍事転用可能な貨物や技術が、懸念される団体や個人、国家に渡ること等を防ぐために輸出や技術移転に一定の制限
対内直接投資審査（投資管理）	国の安全等の観点から指定される一定の業種を営む会社に対する外国資本による買収や投資を審査

　また、外為法は、経済制裁や安全保障貿易管理に関する規制の実効性を確保するために、輸出者等に対して態勢整備等の義務（2010 年 4 月より適用施行）、金融機関等に対しても取引の適法性確認義務、本人確認義務、態勢整備等の義務（2024 年 4 月より適用）を課し、また、これらの義務の遵守に関し当局に指導、助言、勧告、命令等を行う権限を付与しており、特定の事業者に対する業法としての性質も有している。

3　外為法の所管大臣・官庁

　外為法の所管大臣は各条文ごとに明記されているが、大要、輸出や輸入など
の貿易取引については、経済産業大臣、支払等や資本取引といった資金の移転
にかかわる事項、為替・通貨については、財務大臣（ただし、支払等や資本取引の
うち輸出や輸入に直接伴って行う行為、工業所有権等の移転や使用権の設定等は経済産業大
臣）、役務取引については、技術の移転や工業所有権等の移転や使用権の設定
かかわるものは経済産業大臣、それ以外は財務大臣、対内直接投資等について
は、財務大臣および対象事業の事業所管大臣が所管している（外為法69条の2、
外国為替及び外国貿易法における主務大臣を定める政令、対内直接投資等に関する政令7
条）。対内直接投資等の「事業所管大臣」については、財務省のウェブサイト
に掲載されている「指定業種に係る事業所管大臣一覧」[2] に記載されている。

　外為法関連の事務については、財務省および経済産業大臣より日本銀行に対
し、支払等や資本取引に関する報告書、対内直接投資等の届出や報告書の受理
に関するものが委任されており（外国為替令26条、対内直接投資等に関する政令10
条）、日本銀行が窓口として重要な役割を果たしている。また、経済産業大臣
の所掌に属する貨物の輸出または輸入に関しては、税関長を指揮命令すること
ができるとされるとともに、権限の一部が税関長に委任されている（輸出貿易
管理令12条、輸入貿易管理令18条）。

　なお、外為法の違反により刑事責任が問題となる場合には、警察および法務
省の管轄となる。

4　外為法に関する案件の特徴

⑴　法制の特徴

　外為法は、政府による規制の発動の大部分を行政府の判断に委ねる委任立法
の形式がとられている。規制の具体的な対象行為が、政令、省令、告示といっ
た下位の法令に委ねられている。規制の発動の機動性、弾力性を重視した結果
であると考えられるが、規制の対象が広いことや、度重なる制度改正を経て接
ぎ木的な改正や技術的な改正が繰り返されたこととあいまって結果として極め

---

2)　https://www.mof.go.jp/policy/international_policy/gaitame_kawase/fdi/daijin_ichiran.pdf 参照。

て難解な法律となっている。経済制裁、安全保障貿易管理、対内直接投資等のそれぞれについて、政令、省令、告示の体系があり理解するのは必ずしも容易ではない。以下は、参照する可能性のある主な関連する政令と省令を図解したものであるが、これに加えて省令に連なる告示、通達、輸出管理であれば、経済産業省貿易管理部の発出する輸出管理の注意事項も含めて必要に応じて確認する必要がある[3]。

図表 15-3

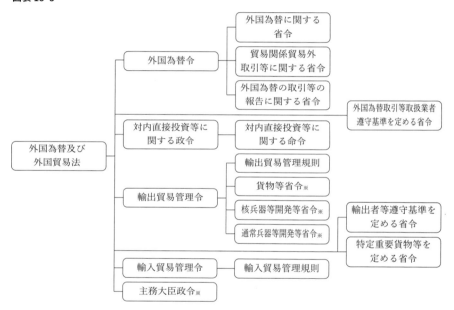

また、外為法は、令和元年、令和4年4月、12月と、令和元年以降の過去

---

[3] 本文中の※印を付したそれぞれの法令名の正式名称は、「主務大臣政令」は「外国為替及び外国貿易法における主務大臣を定める政令」、「貨物等省令」は「輸出貿易管理令別表第一及び外国為替令別表の規定に基づき貨物又は技術を定める省令の一部を改正する省令」、「核兵器等開発等省令」は「輸出貨物が核兵器等の開発等のために用いられるおそれがある場合を定める省令」、「通常兵器等開発等省令」は「輸出貨物が輸出貿易管理令別表第一の一の項の中欄に掲げる貨物（核兵器等に該当するものを除く。）の開発、製造又は使用のために用いられるおそれがある場合を定める省令の一部を改正する省令」をそれぞれ意味している。

第 15 章　外為法分野のリサーチ

5年間に3度の実質的な改正が行われているだけでなく、ロシアによるウクライナ侵攻を受けた制裁措置、FATF第4次対日審査の勧告を受けたマネロン、テロ資金、拡散金融対応のための制度運用強化、みなし輸出の明確化、半導体製造装置等の23品目、量子計算機や先端集積回路・半導体などの戦略分野を対象とする輸出規制強化、輸出者等の遵守基準の強化及び技術管理強化のための官民対話スキームの導入を含む安全保障貿易管理強化、対内直接投資等の事前届出審査の対象業種の見直しなど、政令、告示レベルの改正、通達の改訂などの短期間に多くの制度改正、見直しが行われており、常に最新の法令を確認する必要がある。

(2)　所管省庁による解釈・執行の特徴

　運用における規定の解釈については、執行を行う行政庁に委ねられている部分が大きく、行政庁の通達等で通常の日本語の語法より拡張され、あるいは限定された意味を有する場合があり、直観と異なる場合が多くあるため注意を要する。例えば、外為法上の「債権」は「金銭債権」のみを意味している一方（外為法6条1項13号）、「支払」および「支払の受領」については、「当事者間において証券、動産、不動産に係る権利その他の支払手段以外の財産的価値の移転により債権債務を消滅させる行為（現物決済又は代物弁済により債権債務を消滅させる行為及び贈与を含む。）」も含むものとされ、金銭などの支払手段による場合だけでなく、広く債権債務の消滅を含む概念とされている[4]。また、安全保障貿易管理における技術に関する役務取引規制においても、例えば、「製造」については、「建設、生産エンジニアリング、製品化、統合、組立て（アセンブリ）、検査、試験、品質保証等のすべての製造工程をいう」とされている[5]。このように規定の解釈にあたっては、法文だけでなく、通達などを含めた当局の示している解釈を注意深く確認する必要がある。

　また、外為法の解釈、および政府による運用については、外為法に基づく規

---

4)　「外国為替法令の解釈及び運用について」（昭和55年11月29日付蔵国第4672号）第1章の2「支払等」。

5)　「外国為替及び外国貿易法第25条第1項及び外国為替令第17条第2項の規定に基づき許可を要する技術を提供する取引又は行為について」（平成4年12月21日4貿局492号）1（3）。

347

制の国際的な性格が影響する場合があることにも留意する必要がある。経済制裁については国連制裁やG7や欧米の有志国協調として行われていることから、例えば、米国財務省外国資産管理室（OFAC）の制裁、欧州理事会が行う制裁などの解釈が日本の政府当局による外為法の解釈にあたって参酌される場合がある[6]。また、FATF第4次対日審査の勧告を受けたマネロン、テロ資金、拡散金融対応のための制度運用強化として、規制を拡張的に適用する方向で解釈が明確化されるなどの措置も行われている[7]。

　安全保障貿易管理においても、大量破壊兵器関連の拡散防止のための条約や、通常兵器および関連汎用品・技術規制の国際輸出管理レジーム（例：ワッセナー・アレンジメント、ミサイル技術管理レジーム）における確立された解釈にも影響を受けることに留意する必要がある。なお、安全保障貿易管理に関しては、武器等の海外移転については、外為法の武器輸出の運用指針である政府の防衛装備移転三原則の解釈によっていることにも留意する必要がある。

　最後に、安全保障を目的とした規制については、個別の事案において安全保障上の目的を達成するために行政庁が広めの解釈をとる可能性があることについては十分に留意する必要がある。現在の地政学的な状況をふまえると、既存の外為法では対応できないような事象が生じる可能性があり、このような場合には日本政府としてはやや無理な解釈をとっても既存のルールを適用し、安全保障上の目的を達成しようとする可能性もある。このため、必要に応じて当局に対して解釈の照会を行うなど慎重な対応が必要となるケースがあることに十分に留意する必要がある。

(3)　外為法の取引における検討項目としての重要性の高まり・弁護士の関与

　外為法は前記のとおり多岐にわたる対外取引の類型を規制していることから、

---

6)　例えば、「ロシア連邦向けの建築サービス及びエンジニアリング・サービスの提供禁止措置について Q&A」（令和5年6月30日財務省、経済産業省、国土交通省）では、「規制の運用に当たっては、米国、EU、英国の規制を参酌することがありますので、事業者の皆様におかれましては、各国の規制範囲もご確認いただくようお願いします。」とされ、各国の規制措置を参酌することが明らかにされている。

7)　「令和5年6月1日施行の支払告示・資本取引告示のFAQ」（令和5年5月26日財務省国際局外国為替室）問3。

348

外為法に関与する弁護士のかかわり方も様々であると考えられるが、これまで
は M&A やクロスボーダーの資金調達その他のファイナンス取引における、プ
ロセスの一環として届出や報告等の手続が必要かどうかを確認するといった程
度の関与も多かったのではないかと思われる。もっとも、近時の地政学的な状
況においては、外為法の経済制裁、安全保障貿易管理、投資管理措置を通じて、
取引を断念したり、スケジュール上の影響を及ぼすような事例がでてきている。
このため、これらの規制の適用をふまえた案件の見立てやそれをふまえた対応
策の検討の重要性が高まってきている。依頼者への助言にあたっては、外為法
の法令の正確な理解に基づく規制内容の助言は当然のことながら、具体的な取
引の対象となる貨物やサービス、対象となる会社の営んでいる事業の安全保
障・経済安全保障上の重要性の位置づけ、潜在的な取引の相手方の属性、政府
の経済安全保障に関する他の施策（例：経済安全保障推進法）との関係、米国や欧
州の規制内容、今後の規制の強化の見込みや方向性、取引を継続・実施した場
合の依頼者へのレピュテーション上の影響もふまえた助言や、当局との対話が
必要となる場合もある。

　外為法の経済制裁、安全保障貿易管理、投資管理措置における弁護士の主な関
与方法としては例えば、①制裁対象国との取引の開始、継続に関する外為法に基
づく経済制裁規定の助言、②輸出許可違反対応、社内管理体制への助言、③外国
投資家による日本企業の買収に関する外為法の事前届出審査対応、当局との誓
約（安全保障上の観点から求められる実質的な取引実施の条件）の交渉などがあり得る。

(4)　複数の法域の規制にまたがる対応の必要性

　(2)で外為法の国際的な性格について言及したが、外為法は対外取引を規制す
る法律であり、外為法の適用がある取引については、同時に他の国の法律の適
用が問題となることが多い。例えば、外為法の経済制裁に関する助言を行うに
あたっては、同一の取引について、米国財務省外国資産管理室（OFAC）の制
裁、欧州理事会が行う制裁などの適用可能性を並行して検討し、制裁対象者の
関係国の対抗立法としての制裁法についても一定の考慮をする必要が生じ得る。
また、安全保障貿易管理であれば、同時に米国の輸出管理規則（EAR）や国際
武器取引規則（ITAR）に基づく再輸出規制の適用可能性やその影響を考慮する

必要がある場合もあり得る。さらに近時では、投資管理の案件について、米国の 2018 年の FIRRMA（外国投資リスク審査現代化法）による CFIUS（対米外国投資委員会）の権限強化や、2020 年 10 月の欧州の EU 対内直接投資審査規則の全面適用をふまえて、欧州の EU 加盟国や、イギリス、オーストラリア、カナダといった西側の各国で、CFIUS 型の投資審査制度が導入され、この流れはさらに、中国、韓国、シンガポールなどのアジア各国にも広がっている。この結果として、日本で行う企業間の M&A においても、日本の外為法に基づく事前届出審査だけでなく、買収の相手方が特にこれらの国に子会社を有しているよう場合においては、間接的に子会社を買収したものとして当該国の CFIUS 型の投資規制の適用を受け、届出・審査の対応が必要となるケースが生じている。この場合は、それぞれの国・地域の現地弁護士と協働しながら、各法域ごとのファイリング要否の分析や、届出が必要と判断された国・地域における届出・審査の対応が必要となる場合がある。もちろん、日本以外の法域における対応は日本の弁護士限りで対応するのではなく、それぞれの国・地域の現地弁護士と協働しながら助言することになるのであり、こうした協働のために各国の弁護士との協力関係の維持が重要となる。

Ⅱ　外為法全般にかかるリサーチツール

1　関係当局ウェブサイト

　外為法実務に携わる弁護士が最も参照するリサーチツールは、関連する法令や、『外国為替・貿易小六法〔令和 5 年版〕』（外国為替研究協会、2023 年）を除けば、**財務省**[8]、**経済産業省**[9]、**日本銀行**[10] **のウェブサイト**である。前記のとおり、外為法分野については、規制対象の詳細を規定している省令や告示レベルの改正が近時頻繁に行われている。財務省および経済産業省のウェブサイトには最新の制度改正に関する情報が掲載されているため、最新の制度改正の影

---

8)　https://www.mof.go.jp/policy/international_policy/gaitame_kawase/index.html

9)　貿易管理のポータルである https://www.meti.go.jp/policy/external_economy/trade_control/index.html、安全保障貿易管理につき https://www.meti.go.jp/policy/anpo/index.html。

10)　https://www.boj.or.jp/about/services/tame/index.htm

350

第 15 章　外為法分野のリサーチ

響を見落とすことがないよう、必ず下記で列挙している参考書籍だけでなく、財務省および経済産業省のウェブサイトを確認することが望ましい。

2　外為法分野の参照書籍

⑴　全体を解説した書籍

　外為法分野については、近時多くの制度改正や運用強化が行われている分野であることもあり、分野全体をカバーする基本書と位置づけられる書籍は存在していないが、各制度をまんべんなく全体像を概説するものとして、**中崎隆編著『詳説 外為法・貿易関係法』**（中央経済社、2021 年）や、**『外為法ハンドブック 2023』**（三菱 UFJ リサーチ＆コンサルティング、2023 年。以下、「外為法ハンドブック」）がある。**外為法ハンドブック**は、毎年改訂されており、最新のルールがコンパクトにまとまっているため、全体像を理解し、手続のみを行う場合や金融機関において外為法の対応を行う場合は、参照しやすいと思われる。

⑵　経済制裁分野

　外為法に基づく経済制裁の制度・運用を詳細に説明した書籍は現状存在していないが、**吉村祥子編著『国連の金融制裁──法と実務』**（東信堂、2018 年。以下、「吉村編著・金融制裁」）は、国連制裁を理解するうえで非常に参考になる。とりわけ当時の財務省国際局外国為替室長が執筆した第 6 章「日本における国連金融制裁の履行」は外為法に基づく制裁の枠組みの概要を理解するうえでも参考になる。また、ロシア制裁と国際法、WTO 協定整合性については、**浅田正彦＝玉田大編著『ウクライナ戦争をめぐる国際法と国際政治経済』**（東信堂、2023 年）に収録されている各論稿が参考になる。

⑶　安全保障貿易管理

　安全保障貿易管理を含む貿易管理分野については、経済産業省貿易管理部長および担当官が執筆した**風木淳＝大川信太郎編著『詳解 外為法──貿易管理編』**（商事法務、2022 年。以下、「風木＝大川編著・詳解外為法・貿易管理編」）が定評のあるコンメンタールとして、実務上頻繁に参照されている書籍と考えられる。また、少し古いが経済産業省の担当者らが執筆した**田上博道＝森本正崇『輸出**

351

管理論——国際安全保障に対応するリスク管理・コンプライアンス』（信山社、2008 年）も、経済産業省の輸出管理・コンプライアンスに関する考え方や、過去の違反事例の解説や裁判例からみる外為法の解釈を分析している点は参考になる。

　また、日本で唯一の輸出管理専門の非政府組織であり、主要な輸出企業が会員となっている一般財団法人安全保障貿易情報センター（以下、「CISTEC」）は、会員向けの活動に加えて、一般人も入手可能な安全保障貿易管理を含む輸出管理に関する様々な書籍を発行しているところ、Q&A 形式で輸出管理制度について解説する『**輸出管理法令の道しるべ〔改訂第 24 版〕**』（CISTEC、2024 年）、『**実務者のためのわかりやすい安全保障貿易管理——Q&A 及びガイダンス〔第 7 版〕**』（CISTEC、2018 年）、事例形式かつ Q&A の形式で解説する『**事例で考える輸出管理〔第 2 版〕**』（CISTEC、2016 年）、キャッチオール規制について Q&A の形式について解説する『**キャッチオール規制に関する解説・事例集2024**』（CISTEC、2024 年）などがあり、いずれも輸出管理実務に関し参考になる。また、CISTEC は、個別の輸出管理品目ごとのガイダンスに関する書籍（例えば、『**輸出管理品目ガイダンス——通信・情報セキュリティ〔第 19 版〕**』〔CISTEC、2023 年〕）を発行しており、弁護士が該非判定[11] や会社や第三者が実施した該非判定の合理性を検証しようとする場合は、非常に参考になる。

　また、安全保障貿易管理に関する社内管理体制の実務を詳細に解説するものとして、**東芝輸出管理部編『キャッチオール輸出管理の実務〔第 3 版〕』**（日刊工業新聞社、2010 年）は、2010 年当時の書籍であるが、2024 年の現在においても参考にすべき点は少なくない。

　上記のほか、輸出管理の第一線の研究者および経済産業省の担当者を含む執筆陣が、国際輸出管理レジームと日本を含む主要国の輸出管理制度を丁寧に解説するものとして**浅田正彦編『輸出管理——制度と実践』**（有信堂高文社、2012 年）がある。

---

11)　輸出しようとする貨物や提供しようとする技術が、リスト規制に該当するか否かを判定する手続。

⑷ 投資管理（対内直接投資等）

投資管理（対内直接投資等）については、日本銀行国際局国際収支課外為法手続グループが作成し同行のウェブサイトに掲載されている**「外為法Q&A（対内直接投資・特定取得編）」**（以下、「日銀Q&A」）[12] をまず参照することが多いと思われる。そのうえで、2019年から2020年の改正の立案担当者らが執筆した**今村英章＝桜田雄紀編著『詳解 外為法——対内直接投資等・特定取得編』**（商事法務、2021年。以下、「今村＝桜田編著・詳解外為法・対内直投編」）が、各条文を逐条解説的に解説したコンメンタールであり、実務上よく参照されており、当局照会にあたっても本書をふまえた照会を行うことが望まれる。また、当時の審査の実務対応や米国の投資管理制度も含めて解説したものとして、**大川信太郎『外為法に基づく投資管理』**（中央経済社、2022年。以下、「大川・投資管理」）がある。政府における実務は変遷している可能性はあるものの経済産業省の所管する指定業種・コア業種に関する考え方や審査実務等に関する解説は参考になる。また、実務家がM&A・投資実務の視点から執筆した**アンダーソン・毛利・友常法律事務所編『M&A・投資における外為法の実務』**（中央経済社、2020年。以下、「アンダーソン・毛利・友常編・外為法実務」）がある。当局の照会結果に基づくものかどうかは慎重に吟味が必要な箇所もあるが、具体的な取引における適用関係について考察しており実務上参考になる。また、投資管理および輸出管理を弁護士がQ&A形式で概説した書籍として、**貞嘉徳＝高田翔行『経済安全保障×投資規制・貿易管理 外為法Q&A』**（中央経済社、2023年）がある。

また、外為法に基づくものを含めた投資管理分野の学術書としては、**渡井理佳子『経済安全保障と対内直接投資——アメリカにおける規制の変遷と日本の動向』**（信山社、2023年。以下、「渡井・経済安保」）がある。投資管理制度の経済安全保障の文脈における位置づけや米国の投資審査制度の解説および日本の制度の変遷は参考になる。

⑸ 立案担当者等によるその他の書籍

外為法に基づく安全保障管理や制裁によるものを含む先端・重要技術管理と

---

12) https://www.boj.or.jp/about/services/tame/faq/data/tn-qa.pdf

経済安全保障に関する政府の取組を概説するものとして、**風木淳『経済安全保障と先端・重要技術──実践論』**（信山社、2023年）がある。

　また、過去の外為法の改正における政府の担当者が執筆した制度全体に関する逐条解説としては、外為法を原則自由の法体系に改正し、外資法を廃止した昭和54年改正の大蔵省の立案担当者が執筆した**福井博夫編著『詳解　外国為替管理法』**（金融財政事情研究会、1981年）および平成9年の更なる自由化の改正当時の通商産業省の担当者が執筆した**外国為替貿易研究グループ編『逐条解説改正外為法』**（通商産業調査会、1998年）がある。これらの書籍は、すでに入手が難しくなっており、また、制度が改正されている部分も多いが、外為法の基本的な構造や総則の考え方など現在でも参考になる部分が多い。また、同じように、過去の自由化の変遷や制度改正当時の考え方を理解するために、**松山鎌志『改正外為法の実務』**（外国為替研究協会、1999年）や**関要＝渡邊敬之『新しい外国為替管理法100問』**（財経詳報社、1981年）などを参考にすることがある。

(6)　金融機関実務

　外為法ハンドブックは前記のとおり金融機関実務をふまええたものとなっているが、これに加えて、**三井住友銀行総務部金融犯罪対応室編著『図説　金融機関職員が知っておきたい外為法の常識』**（金融財政事情研究会、2014年）は、近時の改正は反映されていないものの金融機関の実務に沿って詳細に解説がされており参照に値すると考えられる。

3　外為法に関する定期刊行物

　外為法を網羅する定期刊行物は存在していないが、輸出管理分野に関する日本語の定期刊行物としては、CISTECが毎月15日に刊行している「**CISTECジャーナル**」がある。日本の輸出管理だけでなく、米中の輸出管理や経済安全保障に関する施策の解説や論文が掲載されているため、国内外の輸出管理および経済安保の動向の最新の議論がフォローできる。このほか、日本の主要な法律雑誌でも、外為法に関する論文が掲載されることがある。外為法制度改正の際に立案担当者や弁護士が執筆した論稿以外にも、経済産業省の担当者が、主要な法律雑誌において、経済産業省における対内直接投資等の審査運用につい

て解説しているものもあり、実務上参考になる。

このように、外為法実務においても、基本的な文献調査については他の法分野と同様に行うことができる。

4　国外の外為法分野に関する情報

日本の場合は、歴史的な経緯から、輸出管理（export control）、対内直接投資審査（FDI Screening）および制裁（sanction）が1つの外為法により規律されているが、これら3つの分野は、国外においては、それぞれ別々の法律あるいは法体系の中で規律されていることが多いと思われる。

したがって、上記3分野については、上記の分野ごとに情報を収集する必要がある。いずれの分野も近時、地政学的な状況の変化を受けて、各国において制度改正が相次いで行われている。このため最新の規制の概要を把握するためには、**規制当局のポータルサイトやFAQ**を確認するとともに、**各国法律事務所が公表する最新のニュースレター**を参照する必要がある。しかしながら、制度の概要を把握するために、まずは手始めに、Lexologyによる「**Panoramic**」[13]やThomson Reutersによる「**Practical Law**」といった商用データベースに掲載されている各国法律事務所が公表する制度解説を参照することも多いのではないかと考えられる。

米国の輸出管理制度、とりわけ輸出管理規則（EAR）の適用が再輸出規制を通じて問題となる場合は、EARを執行するアメリカ合衆国商務省産業安全保障局（Bureau of Industry and Security：BIS）のポータルサイトを確認する場合があり、また、軍需物資を規律する国際武器取引規則（ITAR）の適用が問題となる場合は、ITARを執行する国務省（DOS）の武器取引管理局（DDTC）のサイトをそれぞれ確認する場合がある。また、EARについては、日本語の参考文献もいくつか存在しており、例えば、『**米国輸出管理法の再輸出規制──実務者のためのガイダンス（2023年10月版）**』（日本機械輸出連合、2024年）がある。また、**風木＝大川編著・詳解外為法・貿易管理編**にも米国輸出管理制度の概要が記述されている。米国以外の法域については、CISTECは、欧州、中国、韓

---

13)　以前は「Getting The Deal Through（GTDT）」という名前であった。

355

国、東南アジア等の各国の輸出管理制度についての解説書を発行しており、参考になる。

また、米国の CFIUS（対米外国投資委員会）による投資審査制度に関する日本語の参考文献としては、**長島・大野・常松法律事務所ニューヨークオフィス編『日米実務の比較でわかる 米国アウトバウンド M&A 法務の手引き』**（中央経済社、2021 年）、**大川・投資管理、渡井・経済安保**などの書籍に解説がある。

最後に、米国の制裁制度についても日本語で体系的に解説した書籍は見当たらないが、読み物としては、**杉田弘毅『アメリカの制裁外交』**（岩波新書、2020年）が米国の制裁の概説書としては参考になるであろう。

それ以外にも、輸出管理、投資管理、制裁については、経済産業省やジェトロが委託調査に基づいて作成し公表している外国の輸出管理制度や投資審査制度を調査し、日本語で纏めた資料を参考にすることもできる。

III 個別の分野でのリサーチ

1 企業買収と投資審査

〔事例 1〕
　依頼者である外国メーカー X 社は、素材メーカーである上場会社 Y 社について、公開買付を通じて Y 社発行済株式の全部を取得することを計画している。Y 社は国内外に子会社を有しており、製品の一部は海外の子会社によっても製造しているようである。X 社より、外為法および海外の FDI に関する事前届出の要否、スケジュールについて助言してほしい、との依頼を受けた。

(1) 外為法に基づく日本の当局対応

① 事前届出の要否

事前届出の要否の検討は、㋐「外国投資家」（外為法 26 条 1 項）に該当するか、㋑計画している行為が、上場企業の株式または議決権の 1% を取得するなどの外為法の規制対象行為（対内直接投資等、または特定取得）（同条 2 項・3 項）に該当するか、㋒㋑の行為を行おうとしている会社が、事前届出の対象となる業種を営んでいるか、当該業種が「コア業種」[14] に該当するか、㋓届出や報告が不要とされる行為類型に該当し、または事前届出が免除される場合に該当する

356

第 15 章　外為法分野のリサーチ

かをそれぞれ検討していくことになる。

　特に(イ)の外為法上の規制対象行為には、株式の取得だけではなく、金銭の貸付、社債の取得、事業目的の実質的な変更の同意（原則として株主総会における承認）、外国投資家またはその関係者の取締役または監査役の選任に対する同意、事業譲渡、会社分割、合併による事業の承継など、様々な行為類型があり、1つの M&A を通じて複数の規制対象行為が行われる場合は、事前届出も複数必要となることもあり得る。

　上記(ア)(イ)(エ)の検討にあたっては、通常は、日銀 Q&A の記載を確認・検討することにより行うことができる。しかしながら、外為法の個々の規定の解釈や適用が必ずしも明らかではなく、それぞれの規定の規制の趣旨や経緯の確認等の深掘りが必要となる場合は、**今村＝桜田編著・詳解外為法・対内直投編**などを参照することが考えられる。また、事例のように、M&A や投資の文脈で具体的にどのように規制対象行為に該当するか、特に TOB やその後のスクイーズアウトが想定されている場合にどのように届出を行うかなど、M&A や投資の具体的なアクションに即した判断が求められる場合には、**日銀 Q&A** に加えて、**アンダーソン・毛利・友常編・外為法実務**の Part II「ケーススタディ」が参考になる。ただし、具体的な当てはめについては、個々の事案ごとに弁護士による慎重な吟味とともに、日銀、財務省、経産省などへの照会が必要な場合があり得る。

　(ウ)については、事前届出対象業種である指定業種、または当局による慎重な審査が行われる可能性のあるコア業種にどのようなものがあるかについては、財務省のウェブサイトの「対内直接投資審査制度について」に掲載された指定業種・コア業種に関する告示を確認する必要がある。指定業種を規定する告示 15) では、「産業に関する分類を定める件（平成 25 年 10 月総務省告示第

---

14)　外国投資家（非居住者、外国会社等）による対内直接投資等に関し事前届出が必要となる業種（指定業種）のうち、国の安全を損なう等のおそれが大きいものとして株式取得等に関する事前届出免除を原則利用できない業種である。

15)　「対内直接投資等に関する命令第 3 条第 3 項の規定に基づき財務大臣及び事業所管大臣が定める業種を定める件」（平成 26 年 3 月 6 日内閣府、総務省、財務省、文部科学省、厚生労働省、農林水産省、経済産業省、国土交通省、環境省告示 1 号）の各別表の備考欄、及び、「対内直接投資等に関する命令第 3 条第 1 項及び第 4 条第 2 項の規定に基づき、財務大臣及び事業所管大

357

405号）の分類表に従う」とされているため、指定業種への該当性の判断にあたっては、総務省の公表している日本標準産業分類の記載および、各産業分類番号ごとに例示されている業種を相当程度参考にすることになる[16]。

　その際、個々の指定業種やコア業種の該当性の解釈について体系的・包括的に解説した文献・資料は現状存しないものの、**日銀Q&A**や「**商事法務**」（商事法務研究会）においてその時々の経済産業省の担当者が執筆して経済産業省の運用について説明を行っている解説記事[17]が複数あるため、これを参考にすることができる。また、近時では経済産業省のウェブサイトにおいて解説が提供される場合もある[18]。

　また、投資先の会社が指定業種またはコア業種を営んでいるかに関しては、投資先の登記事項証明書に記載された目的、有価証券報告書その他の開示資料やウェブサイトの記載から投資先がどのような事業を行い、製品を製造し、技術を有しているかなどを推知するとともに、友好的な投資案件であり、投資先が協力的である場合は、デュー・ディリジェンスの過程を通じて、または契約締結後の届出準備の一貫として、投資先に対して質問リストを送付しその回答をふまえて検討を行うことが想定される。投資先が協力的ではない場合や、非上場会社であり有価証券報告書などの開示書類が存在しないなど投資先の事業内容に関する手がかりが少ない場合などは、財務省が事前届出等の要否を判断する際の便宜のために作成し公表している「**本邦上場会社の外為法における対内直接投資等事前届出該当性リスト**」を参考にすることが考えられる[19]。

　臣が定める業種を定める件」（平成29年7月14日内閣府、総務省、財務省、文部科学省、厚生労働省、農林水産省、経済産業省、国土交通省、環境省告示3号）の別表の備考欄を参照。

16)　もっとも、日本標準産業分類に掲げられている各分類項目ごとに記載されている具体的な業種の記載は例示であって、当局が例示されていない業務についても該当するという判断をする可能性が否定できないため、その該当性が確かではない場合は、問題となっている指定業種の事業所管省庁に問合せを行うことが考えられる。問合せの一覧は、財務省ウェブサイトの「**事業所管省庁照会先一覧**」（https://www.mof.go.jp/policy/international_policy/gaitame_kawase/fdi/shouchou_ichiran.pdf）に掲載されている。

17)　例えば、大澤大「経済産業省における外国為替及び外国貿易法に基づく投資管理と実務上の諸論点」商事法務2294号（2022年）および福冨友美「令和五年四月の外国為替及び外国貿易法関連告示の改正概要等」商事法務2327号（2023年）。

18)　「経済産業省所管の指定業種に関するFAQ」（2024年）（https://www.meti.go.jp/policy/anpo/toushikanri4.pdf）。

第 15 章　外為法分野のリサーチ

②　スケジュールの検討

　対内直接投資等および特定取得の届出の原則的な審査期間（待機期間）は 30日であるが、最長 5 か月まで延長される可能性があり、また、30 日より短い期間に短縮されることがある（外為法 27 条・28 条）。財務省および事業所管省庁は、2024 年 8 月末現在までに審査に要した日数を含む、審査期間に関するデータを公表しておらず、かつて日本政府により投資の実行が阻止された事例は、過去には公表事例では 1 件しか存しない。このこともあり、事前届出について実際のところいつまでに当局が審査を完了するか、審査がどのような帰結になるのか（例えば、一定の事項の遵守を投資家が届出書に記載することにより審査が完了することになるのかなど）の予想を行うことは必ずしも容易ではない。この点に関し、財務省が 2024 年 9 月に公表した外為法・投資審査制度に関する 2023年度の年次報告 [20] では、「約 7 割の事前届出について 2 週間以内で審査が終了している」としており、国の安全等を損なう事態を生ずる投資等に該当しない問題のない事例については 30 日より短い期間で早期に審査が終了する可能性はある。一方、当該年次報告書では、当局と外国投資家とのコミュニケーションの中で、外国投資家が提出した事前届出を取下げて届出にかかる対内直接投資等を取りやめるなどの、取下げが行われた事案は、2871 件の事前届出のうち 399 件（2023 年度）とされており、個々の取下げの理由は不明ではあるもののスムーズに審査が完了する場合ばかりでないこともうかがえる [21]。いずれにせよ、現在の地政学的な状況下では短い審査期間は期待しない方が賢明であり余裕をもったスケジュールを組む必要がある。

---

19)　リスト（2024 年 9 月 13 日時点版：https://view.officeapps.live.com/op/view.aspx?src=https%3A%2F%2Fwww.mof.go.jp%2Fpolicy%2Finternational_policy%2Fgaitame_kawase%2Ffdi%2Flist.xlsx&wdOrigin=BROWSELINK）には、「外為法上、事前届出の要否は投資家が自ら判断することが原則であり、本リストはその判断の便宜のため取りまとめたものです。本リストは、リストの更新時における上場企業からの任意の回答や定款・有価証券報告書等に基づいており、本リストの分類と実際の分類が一致しない可能性があります。」と注記されていることに留意する必要がある。

20)　**財務省「外為法・投資審査制度アニュアルレポート　年次報告書（2023 年度）」**（https://www.mof.go.jp/policy/international_policy/gaitame_kawase/fdi/annual_report2023.pdf）。

21)　前掲脚注 20）年次報告書 21 頁。

359

③ 届出書・報告書の作成

必要な届出書・報告書は、基本的には、日本銀行が公表しているひな形様式とその記載例を参照しつつ作成することになる。届出書は比較的シンプルなものであるため、過去のサンプルの収集以外に、リサーチが必要な項目は多くはないと思われる。

(2) 海外当局対応

前記のとおり、日本企業同士の買収案件であっても、例えば買収される会社が海外子会社を有している場合において、当該海外子会社の所在する法域において、米国型の投資審査制度を有している場合は、日本企業である買収者による当該海外子会社に対する間接投資に関し、投資管理に基づく届出審査が必要となり得る。このため、海外子会社が存する法域において、米国型の投資審査制度を有するかどうかの確認が必要となる場合がある。その際には、まずは手始めに、「Panoramic」や「Practical Law」といった商用データベースに掲載されている制度解説や**各国の法律事務所のニュースレター**を参照することも多いと思われるが、これらの資料だけでは、各国の制度の詳細や適用関係が不明なことも多い。また海外の投資審査に関する制度では、予め指定された一定の事業を行っている会社への投資や[22]、外国政府系と資本関係を有する投資家による投資については、事前の許可や事前の届出を義務付けつつも、これらの要件を満たさない場合であっても、政府が計画されている投資について、安全保障上の懸念があると判断する場合には、当局の裁量で審査を開始することができる権限（Call-in）を政府に認める制度を採用する国が主流になりつつある。このような Call-in を認める法制度では、投資家による任意の届出を通じて当局の審査を求めることを許容しているケースも多い。任意の届出を行うかどうかは、結局、現地の審査当局が検討中の投資について安全保障上の懸念を理由に Call-in を行う可能性があるかどうかという現地の政策動向・執行動向をふまえた専門的な検討が必要となる。このため、これらの見解を得るため現地の

---

[22] ただし、保護の対象となっている事業の種類は国ごとに異なるため、日本の対内直接投資審査制度で規制対象となっていない事業分野（例：金融、病院などのヘルスケア分野など）でも投資について、事前の許可や事前届出の対象となり得ることに留意する必要がある。

第 15 章　外為法分野のリサーチ

法律事務所に依頼することも少なくない。

2　輸出規制対応

〔事例 2〕

　依頼者である輸出業者 X 社は、部品メーカーである Y 社の製品を長年にわたって一般包括許可を得たうえで A 国の Z 社に輸出をしていたが、社内の監査の過程で、輸出実績のほとんどない B 国に輸出が行われ、包括許可の対象外の輸出が行われていた可能性があることが判明した。X 社より今後の対応について助言してほしいとの依頼を受けた。

(1)　制度の説明と用語の解説

　〔事例 2〕では、安全保障貿易管理の適用関係を検討する必要があるが、安全保障貿易管理の枠組みは複雑であり、また技術的な用語も多いため、普段接していない弁護士が助言を行うためにはまずは制度の仕組みと用語を理解する必要がある。これらの制度の概要の理解に際しては、上記で引用した輸出管理分野での文献の他、経済産業省のウェブサイトに掲載される「**安全保障貿易管理ガイダンス──入門編**」[23] や、ジェトロが法律事務所に作成を委託し、公表している「『**安全保障貿易管理』早わかりガイド**」[24] を参照することが考えられる。

　そのうえで、依頼を受けた弁護士としては、依頼者から受領した包括許可証を確認するなどにより、依頼者が 5 つある包括許可[25] のうち、どの種類の包括許可を取得しており、今回の輸出を行った製品が輸出貿易管理令別表第 1 の 1 から 15 の項に掲げられるリスト規制対象製品のうち、どの製品なのかをまず確認する必要がある。

　その際、輸出する貨物または提供する技術の種類と、輸出・技術提供の仕向地との組み合わせについては、経済産業省の公表している**マトリクス表**[26] を、それぞれの包括許可ごとの取得条件については、**経済産業省通達「包括許可取**

---

23)　https://www.meti.go.jp/policy/anpo/guidance.html

24)　https://www.jetro.go.jp/ext_images/world/security_trade_control/pdf/guide/202401_v2.pdf

25)　一般包括許可、特別一般包括許可、特定包括許可、特別返品等包括許可、および特定子会社包括許可。

361

扱要領」[27] を参照する必要がある。とりわけ問題となっている製品が、そもそもリスト規制品の対象に該当するかが問題となる場合には、「該非判定」に関する書類をメーカーから取り寄せて確認したり、また必要に応じて当該分野に詳しい外部の専門家と連携するなどして、該非判定を実施し直すことも考えられる。また、本件の場合は、依頼者が輸出者として行うべき適切な取引審査を行っていたか、外為法上求められる輸出者遵守基準が遵守できていたかについても、依頼者からヒアリングを行ったり、輸出管理内部規程を確認したうえで検討する必要がある。

検討の結果、外為法や包括許可の条件に違反のおそれがある場合には、速やかに、経済産業省への案件調査票を用いて、報告を行い事後審査を受ける必要がある。

(2) 違反があった場合の影響の確認

外為法上の必要な許可を取得しないで、規制対象である貨物の輸出や技術の提供を行った場合は、刑事罰、行政制裁（3 年以下の輸出等の禁止）、警告（原則企業名公表）、経緯書または報告書の提出（原則企業名非公表）等の処分・対応が行われることがある。また、事案によっては当該企業が保有する包括許可が取り消される場合もある。ただ、実際にどのような処分が行われているか（例えば、再発防止策の提出で済むのかどうか）は、経済産業省の公表している**違反事例**[28] なども確認して行う必要がある。

(3) 米国輸出規制の観点からの検討

米国輸出管理規則（EAR）は、一定の品目について、米国から外国への輸出だけでなく、日本等の第三国から外国への再輸出（Reexport）も規制している。このため、日本からの輸出が問題となる場合でも、米国の EAR が域外適用と

---

26) 特別一般包括役務取引許可 / 一般包括役務取引許可 / 特定包括役務取引許可 / 特定子会社包括役務取引許可マトリックス（https://www.meti.go.jp/policy/anpo/law_document/tutatu/tutatu24fy/matrix__ekimu.pdf）。

27) https://www.meti.go.jp/policy/anpo/law_document/tutatu/tutatu24fy/houkatu_toriatukaiyouryou.pdf

28) https://www.meti.go.jp/policy/anpo/violation00.html

して適用される場合があり得るため、EAR も常に念頭に置く必要がある。規制対象の再輸出に該当するかは、米国内で製造・開発された技術・ソフトウェアかどうか、米国内で規制対象の米国原産貨物・ソフトウェアが一定割合以上（通常は 25% 以上）組み込まれた製品であるか、米国原産の一定のリスト規制該当技術・ソフトウェアによって直接生産された製品であるかなどを検討する必要がある。依頼者側ですでに整理済みのことも多いと考えられるが、米国の輸出規制についての対応が必要となる場合は、米国の専門弁護士と協働して対応することが考えられる。これらの米国輸出管理の基本的な枠組みについては、既に紹介した文献のほか、CISTEC のウェブサイトに掲載されている「**EAR 関連・解説資料**」[29)]、ジェトロの公表している「**米国の経済安全保障に関する措置への実務的対応**」[30)] や「**『安全保障貿易管理』早わかりガイド**」を参照することが考えられる。

3 経済制裁に関する相談対応

〔事例 3〕
　日本のメーカー X 社は、A 国の Y 社より製品の供給購入の打診を受けた。Y 社の株主は現在調査中とのことであるが、Y 社は、日本政府が有志国とともに制裁を実施している B 国の財閥企業に製品を供給している可能性がある。依頼者 X 社から、Y 社から製品を購入し、Y 社に対して代金を支払うことが可能かどうかについて助言してほしいとの依頼を受けた。

⑴　外為法に基づく制裁取引該当性の検討

　日本の法制上、制裁を規律する包括的な法律はないものの、国境を越える貿易取引（モノ）、役務取引（サービス）、および資本取引（カネ）などの各種の取引を禁止し制限する制裁は外為法に基づいて行われている。日本の制裁の枠組みそのものを解説した文献は多くはなく、**吉村編著・金融制裁**に掲載されている財務省国際局外国為替室長が執筆した第 6 章「日本における国連金融制裁の履行」があるほかはあまり体系的に説明が行われているものは見当たらない。もっとも、制裁の制度概要は、外為法において経済制裁のために用いられてい

---

29) https://www.cistec.or.jp/service/beikoku_saiyusyutukisei/ear_kaisetsu.html

30) https://www.jetro.go.jp/ext_images/_Reports/01/dedae9f21f1fbbcb/20230003_01.pdf

る各条項の解説をコンメンタールなどで確認すれば、理解はできるものと思われる（外為法 10 条・16 条 1 項・21 条 1 項・25 条・48 条 3 項・52 条などの解説）。また、個別の制裁プログラム（例：ロシア制裁）であれば、法律事務所が解説しているニュースレターは各種存在するので、これらを参考することが考えられる。そのうえで、検討対象の取引が、外為法の制裁により規制される行為に該当するのか、取引の相手方が制裁対象者に該当するのか、輸入する物品が制裁対象地域から輸入されることが禁止されている物に該当するかなどを検討することになる。

その際、例えば、特定の制裁対象者に対する「支払」「支払の受領」「輸出」行為の該当性が問題となる場合などについては、財務省および経済産業省は、基本的には制裁の特殊性を考慮しつつも、外為法の制裁以外の文脈でとられる解釈をとることも多いと考えられるため、制裁行為該当性の解釈にあたっては通常の外為法についての解説本を参考にすることも考えられる。

他方で、外為法に基づく制裁の執行にあたっては、制裁を回避する迂回行為への対応を強化したり、制裁を協調して行う有志国の制裁内容と平仄をとる観点などから、時々において財務省および経済産業省が、制裁の執行範囲を明確化するための通達、解釈指針や Q&A を示すことがある。このため、助言を求められた場合は、必ずこれらの解釈指針や Q&A に目を通したうえで、助言を行う必要がある。例えば、「**ロシア連邦向けの建築サービス及びエンジニアリング・サービスの提供禁止措置について Q&A**」（2023 年 6 月 30 日）[31] や、経済産業省のウェブサイトに掲載されている「**ロシア等への輸出入に関するFAQ**」[32] などがこれに該当し得る。

なお、経済制裁は、外為法に基づいて行われる場合は、外為法の所管官庁が財務省と経済産業省にまたがるので、制裁関連の情報を入手するため、財務省および経済産業省の関連ページの双方を確認する必要がある。また、制裁対象者の指定は、外務省の告示で行われているため、必要に応じて外務省のウェブサイトを確認する必要がある。

---

31) https://www.mof.go.jp/policy/international_policy/gaitame_kawase/gaitame/economic_sanctions/ukrainehoudou_20230630_faq.pdf

32) https://www.meti.go.jp/policy/external_economy/trade_control/02_export/17_russia/qa.html

(2) 米国の制裁該当性の検討

米国財務省の OFAC（海外資産管理局）が実施する経済制裁については、その適用の範囲が非常に広く、取引に米国との接点（例：米ドル決済を行う場合）があったり（一次制裁）、制裁対象者との重大な取引であること等（二次制裁）を理由に、米国国外の日本企業による取引について、OFAC による経済制裁が適用される可能性がある。ひとたび OFAC に制裁違反が認定された場合には民事制裁金の額も多額となることから、経済制裁について検討を行う場合は、外為法に基づく制裁の適用関係だけでなく、OFAC による制裁の適用可能性についても念頭におく必要がある。〔事例 3〕でも、米ドル決済を行う場合などはとりわけ、OFAC による制裁もあわせて検討する必要があると考えられる。もちろん、OFAC による制裁の適用関係に関する詳細な分析が必要となる場合は、米国現地の専門弁護士とともに対応することが多いと考えられる。欧州の制裁については、OFAC による制裁ほど規制・執行範囲が広いわけではないが、OFAC によるものと同様に、必要に応じて現地の専門弁護士と協働のうえ対応が必要となる場合がある。

〔桜田雄紀〕

執筆者一覧

・＊＊は編集代表、＊は章編著者を示しています。
・章ごとに執筆順で掲載しています。
・2024 年 12 月末日時点の情報を掲載しています。

第1章　リサーチの基本 ─────────────────

中村智子（なかむら　ともこ）＊　　Ⅰ・Ⅱ 1〜3

森・濱田松本法律事務所 外国法共同事業　図書セクションマネージャー
1991 年立正大学大学院文学研究科修了。1990 年 6 月森綜合法律事務所（現・森・濱田松本法律事務所）において初めての図書スタッフとして入所。以来、蔵書管理システムの導入、判例・法令・企業情報等データベースの導入および管理、森・濱田松本法律事務所ウェブサイト「法務トピックス」担当。
［主要著作］「法律事務所の図書担当と弁護士が教えるリーガル・リサーチ基本の㋖第 1 回リサーチの対象資料／パブリック・データベース」ビジネス法務 2021 年 8 月号、「同第 2 回法令・判例・文献商用データベースのサービスと機能」ビジネス法務 2021 年 9 月号、「同 3 回新聞雑誌記事・企業情報・企業適時開示データベースのサービスと機能」ビジネス法務 2021 年 10 月号

門永真紀（かどなが　まき）＊　　Ⅱ 4・Ⅲ・Ⅳ

アンダーソン・毛利・友常法律事務所 外国法共同事業　パートナー弁護士／Chief Knowledge Officer
2007 年慶應義塾大学法科大学院修了（J. D.）。2021 年より Corporate Legal Operations Consortium Japan Regional Group の Co-Lead。外資系メーカーおよび大手総合商社への出向経験を有しており、事務所内のナレッジ・マネジメントに取り組むほか、所外でのセミナー・講演等も多く扱っている。
［主要著作］『Legal Operations の実践』（商事法務、2024 年）〔共編著〕、「法務組織を強化するナレッジ・マネジメントとその仕組みづくり」ビジネス法務 2022 年 6 月号、『企業法務におけるナレッジ・マネジメント』（商事法務、2020 年）〔共著〕

第2章　訴訟実務のリサーチ

川端健太（かわばた　けんた）＊　　　Ⅰ・Ⅱ

森・濱田松本法律事務所　外国法共同事業　パートナー弁護士

2007年東京大学法科大学院修了（J. D.）。主な業務分野は、訴訟・紛争処理、環境法、企業再生等。訴訟・紛争処理案件では、極めて多岐にわたる案件を経験し、大型事件や難事件において、優れた実績を有している。また、近時では、環境法分野にも力を入れており、所属事務所では、環境法プラクティスグループを主宰し、案件での助言等、中心メンバーとして活動している。

［主要著作］『製品事故・企業不祥事対応実務マニュアル』（民事法研究会、2024年）〔共編著〕、「令和4年改正民訴法（民事訴訟手続のIT化等）について」会計・監査ジャーナル808号（2022年）〔共著〕、『企業訴訟実務問題シリーズ　環境訴訟』（中央経済社、2017年）〔共著〕

嶋村直登（しまむら　なおと）　　　Ⅰ・Ⅱ

森・濱田松本法律事務所　外国法共同事業　シニア・アソシエイト弁護士

2011年早稲田大学法学部卒業。2020年カリフォルニア大学バークレー校ロースクール修了（LL. M.）。2022年〜2024年グーグル合同会社出向、2020年〜2021年Pillsbury Winthrop Shaw Pittman法律事務所（ロサンゼルス）執務、2016年〜2018年ソフトバンク株式会社出向。お茶の水女子大学および日本女子大学講師。数多くのIT関連紛争を解決に導く。

［主要著作］『ケースで学ぶ法学ナビ〔第2版〕』（みらい、2024年）〔共著〕、「令和4年改正民訴法（民事訴訟手続のIT化等）について」会計・監査ジャーナル808号（2022年）〔共著〕

綱島康介（つなしま　こうすけ）＊　　　Ⅲ

アンダーソン・毛利・友常法律事務所　外国法共同事業　パートナー弁護士

2008年慶應義塾大学法学部法律学科卒業。2015年University of California, Los Angeles School of Law修了（LL. M.）。企業間の商取引に関連する様々な類型の紛争のほか、証券訴訟や消費者関連の大規模訴訟について、国内外の依頼者を代理した豊富な経験を有する。2024年からはIBA Litigation Committeeのオフィサーを務めている。

［主要著作］「Chambers Global Practice Guides - Enforcement of Judgments 2024」（Chambers and Partners, 2024）

司波　望（しば　のぞむ）　　　Ⅲ

アンダーソン・毛利・友常法律事務所　外国法共同事業　アソシエイト弁護士

2019年一橋大学法学部卒業。

第3章　会社法分野のリサーチ ————————————

十倉彬宏（とくら　あきひろ）＊　　Ⅰ1・Ⅲ4

長島・大野・常松法律事務所　パートナー弁護士

2009年東京大学法学部卒業。2017年カリフォルニア大学ロサンゼルス校ロースクール修了（LL. M.）、2017年〜2018年 Fenwick & West LLP（シリコンバレー）勤務、2018年〜2019年 Meitar（イスラエル）勤務、2019年 Mattos Filho（サンパウロ）勤務。主な業務分野は M&A、スタートアップ投資、アクティビスト対応等。

［主要著作］「座談会 進化する企業統治」MARR 357号（2024年）〔共著〕、「米国におけるアーンアウト条項の利用実態」商事法務2174号（2018年）

坂本佳隆（さかもと　よしたか）＊　　Ⅰ2・Ⅲ2

アンダーソン・毛利・友常法律事務所 外国法共同事業　パートナー弁護士

2006年東京大学法学部卒業、2008年東京大学法科大学院修了（J. D.）。2016年南カリフォルニア大学ロースクール修了（LL. M.）。2012年〜2013年東京大学法科大学院非常勤講師、2016年〜2017年 Reed Smith LLP（ロサンゼルス）勤務、2017年〜2019年法務省民事局（会社法担当）出向。主な業務分野は、M&A、コーポレートガバナンス、株主総会対応等。

［主要著作］「Corporate Governance 2024 - Trends and Developments（Japan Chapter）」(Chambers and Partners, 2024)、「2024年株主総会の実務対応 株主総会における『想定問答』の意義とポイント」商事法務2356号（2024年）〔共著〕、『一問一答 令和元年改正会社法』（商事法務、2020年）〔共著〕

野澤大和（のざわ　やまと）＊　　Ⅱ1・Ⅲ3

西村あさひ法律事務所・外国法共同事業　パートナー弁護士

2004年東京大学法学部第三類卒業、2006年東京大学法科大学院修了（J. D.）。2014年ノースウェスタン大学ロースクール修了（LL. M.）。2012年〜2013年東京大学法科大学院非常勤講師、2014年〜2015年 Sidley Austin LLP（シカゴ）勤務、2015年〜2017年法務省民事局（会社法担当）出向。主な業務分野は、国内外の M&A、コーポレートガバナンス、アクティビスト対応、株主総会対応等。

［主要著作］『新株発行・自己株処分ハンドブック』（商事法務、2024年）〔共著〕、『デジタル株主総会の法的論点と実務』（商事法務、2023年）〔共編著〕、『実務問答会社法』（商事法務、2022年）〔共著〕

河島勇太（かわしま　ゆうた）＊　　Ⅱ2・Ⅲ1

森・濱田松本法律事務所 外国法共同事業　パートナー弁護士

2005年東京大学法学部卒業、2007年東京大学法科大学院修了（J. D.）。主な業務分野は、株主総会対応を始めとする会社法全般、訴訟・紛争、M&A 等。

[主要著作]『新しい事業報告・計算書類〔全訂第2版〕』（商事法務、2022年）〔共著〕、『令和元年 改正会社法』（有斐閣、2021年）〔共著〕

第4章　M&A のリサーチ

福田　淳（ふくだ じゅん）＊　　Ⅰ・Ⅱ

アンダーソン・毛利・友常法律事務所 外国法共同事業　パートナー弁護士
2007年東京大学法学部卒業、2009年東京大学法科大学院修了（J. D.）。主に、プライベートエクイティ・ファンド案件、上場会社の経営統合・資本業務提携案件を含む M&A 全般を取り扱う。外資系証券会社への出向経験を有し、M&A について幅広い経験を持つ。

大沼　真（おおぬま まこと）＊　　Ⅲ1

長島・大野・常松法律事務所　パートナー弁護士
2009年慶應義塾大学法学部法律学科卒業。2016年 Columbia Law School 卒業（LL. M.）。M&A・企業組織再編・ジョイント・ベンチャーを中心として、企業法務全般を取り扱う。2016年から2019年にかけてドイツ、オランダ、ロシアの法律事務所にて執務し、欧州・ロシア CIS 地域における M&A その他の企業取引に関して幅広い経験を有している。
[主要著作]『株式交換・株式移転・株式交付ハンドブック』（商事法務、2023年）〔共著〕、『ESG 法務』（金融財政事情研究会、2023年）〔共著〕、『詳説・カーブアウト M&A』（商事法務、2023年）〔共編著〕

山内建人（やまうち けんと）　　Ⅲ1

長島・大野・常松法律事務所　アソシエイト弁護士
2020年東京大学法学部卒業。

若林義人（わかばやし よしと）＊　　Ⅲ2

西村あさひ法律事務所・外国法共同事業　パートナー弁護士
2003年慶應義塾大学大学院政策・メディア研究科修了（M. M. G）。2006年慶應義塾大学法科大学院修了（J. D.）。2016年南カリフォルニア大学ロースクール修了（LL. M.）。2014年〜2015年 KDDI 株式会社出向。会計士補（2008年登録）。米国公認会計士（2017年登録）。上場会社の経営統合、資本提携、非上場化・スクイーズアウトその他、国内外の M&A 案件に多数対応。
[主要著作]『新株発行・自己株処分ハンドブック』（商事法務、2024年）〔共著〕、『スクイーズ・アウトの法務と税務〔第3版〕』（中央経済社、2021年）〔共著〕、『M&A 法大全(上)・(下)〔全訂版〕』（商事法務、2019年）〔共著〕

執筆者一覧

近澤　諒（ちかさわ　りょう）＊　　Ⅲ3

森・濱田松本法律事務所 外国法共同事業　パートナー弁護士
2007年東京大学法学部卒業。2016年米国ペンシルベニア大学ロースクール修了（LL. M.）。2016年〜2017年 Davis Polk & Wardwell 法律事務所にて執務。上場・非上場の企業およびプライベートエクイティ・ファンドを依頼者とし、特に、LBO を含む買収、ジョイント・ベンチャー、アクティビスト株主対応、敵対的買収防衛、コーポレートガバナンス等について助言を行う。
［主要著作］「公開買付制度に関する令和6年金商法改正と今後の展望」ビジネス法務 2024年10月号〔共著〕、「企業買収における行動指針と買収提案への取締役会の対応」会計・監査ジャーナル820号（2023年）、『M&A法大系〔第2版〕』（有斐閣、2022年）〔共著〕

第5章　倒産・事業再生分野のリサーチ ─────────────

片桐　大（かたぎり　だい）＊　　Ⅰ・Ⅱ

森・濱田松本法律事務所 外国法共同事業　パートナー弁護士
2005年早稲田大学法学部卒業、2008年東京大学法科大学院修了。2016年米国ペンシルベニア大学ロースクール修了（LL. M.）。2016年〜2017年 Pillsbury Winthrop Shaw Pittman 法律事務所にて執務。規模の大小を問わず、債務者代理人として数多くの私的整理、法的整理案件を取り扱っている。
［主要著作］「In-Depth: Insolvency Edition 12- Japan Chapter」（Law Business Research, 2024）、「事業再生 ADR から簡易再生手続に移行した本邦初の事例」事業再生と債権管理 36巻4号（2023年）〔共著〕、『企業再生の法務〔第3版〕』（金融財政事情研究会、2021年）〔共著〕

南田航太郎（みなみだ　こうたろう）　　Ⅰ・Ⅱ

森・濱田松本法律事務所 外国法共同事業　シニア・アソシエイト弁護士
2015年東京大学法学部第一類修了（J. D.）。2022年〜2023年内閣官房新しい資本主義実現本部事務局出向（事業再構築法制）。法的整理、中小企業版私的整理ガイドライン、中小企業活性化協議会スキーム、事業再生 ADR 等の私的整理、債権回収案件に債務者代理人、第三者支援専門家、債権者代理人のいずれの立場でも多数対応している。
［主要著作］「経営者保証ガイドラインに基づく Win-Win 型廃業支援」銀行実務779号（2024年）〔共著〕、「会社の法律 キーワード WEB」（第一法規、2019年）〔共著〕

田子小百合（たご　さゆり）＊　　Ⅲ

アンダーソン・毛利・友常法律事務所 外国法共同事業　パートナー弁護士
2007年慶應義塾大学法学部（法学士）、2010年神戸大学法科大学院（J. D.）。2018年米国 Columbia Law School（LL. M.）。倒産・事業再生や M&A を中心に、特に海外企業が

371

関与するクロスボーダー案件に多数携わる。倒産・事業再生案件では、大型法的手続や私的整理案件をはじめ、債務者側・債権者側・スポンサー側・破産管財人側など様々な立場での実務経験を有している。

［主要著作］「Guide on Conducting an Out-of-Court Workout in Asia」（Asian Business Law Institute, International Insolvency Institute, 2023）、『ケースでわかる実践「中小企業の事業再生等に関するガイドライン」』（中央経済社、2022年）〔共著〕、「Guide on the Treatment of Insolvent Micro and Small Enterprises in Asia」（Asian Business Law Institute, International Insolvency Institute, 2022）

横山兼太郎（よこやま けんたろう）＊　　Ⅲ

西村あさひ法律事務所・外国法共同事業　パートナー弁護士

2003年東京大学法学部第一類卒業（LL. B.）、2005年東京大学大学院法学政治学研究科修士課程修了（LL. M.）。2016年米国 UCLA ロースクール修了（LL. M.）。2016年〜2017年 Davis Polk & Wardwell 法律事務所にて執務。長年にわたり、債務者サイド、債権者サイド、スポンサーサイド等、様々なクライアントの立場から事業再生／倒産案件に携わる。

［主要著作］『事業再生大全』（商事法務、2019年）〔共著〕、『破産実務 Q&A 220問』（金融財政事情研究会、2019年）〔共著〕、『法的整理計画策定の実務』（商事法務、2016年）〔共著〕

第6章　独占禁止法分野のリサーチ ────────────

髙宮雄介（たかみや ゆうすけ）＊＊　　Ⅰ・Ⅱ

森・濱田松本法律事務所 外国法共同事業　パートナー弁護士

2007年東京大学法科大学院修了（J. D.）。2016年米国ニューヨーク大学ロースクール修了（LL. M.）。2016年〜2017年 Gibson, Dunn & Crutcher、U. S. Federal Trade Commission 勤務。2023年神戸大学大学院法学研究科博士課程修了（Ph. D.）。違反被疑事案・企業結合審査・下請法対応を含めた国内外の独占禁止法案件を中心に企業法務全般を取り扱う。

［主要著作］「グリーンガイドラインの特徴及び実務的な観点からの若干の考察」公正取引 872号（2023年）、「The Intellectual Property and Antitrust Review - Japan Chapter」（Law Business Research, 2023）、『条解独占禁止法〔第2版〕』（弘文堂、2022年）〔共著〕

上田優介（うえだ ゆうすけ）　　Ⅰ・Ⅱ

森・濱田松本法律事務所 外国法共同事業　シニア・アソシエイト弁護士

2015年一橋大学法科大学院修了。2024年米国コロンビア大学ロースクール LL. M. 在学中。独占禁止法案件全般を扱う。

［主要著作］『条解独占禁止法〔第2版〕』（弘文堂、2022年）〔共著〕

小林和真呂（こばやし　かずまろ）＊＊　　Ⅲ1

西村あさひ法律事務所・外国法共同事業　パートナー弁護士

2004年東京大学法学部第一類修了（LL. B.）。2014年米国コロンビア大学ロースクール修了（LL. M.）。2014年〜2015年 Cleary Gottlieb Steen & Hamilton LLP（ワシントン D. C.）勤務。幅広い産業分野において、企業結合、カルテル対応、一般取引相談を含む競争法業務全般に豊富な経験。契約交渉、ビジネスへの影響を踏まえた助言、機動的な対応をとることに強み。

［主要著作］「Practical Law - Merger Control Quick Compare Chart: Merger control in Japan: overview」（Thomson Reuters, 2022）、『条解独占禁止法〔第2版〕』（弘文堂、2022年）〔共著〕

真貝淳一（しんがい　じゅんいち）　　Ⅲ1

西村あさひ法律事務所・外国法共同事業　アソシエイト弁護士

2017年東京大学法学部卒業（LL. B）、2019年東京大学法科大学院修了（J. D.）。国内外の企業結合審査対応、カルテル・一般取引相談を含む、独占禁止法・競争法業務全般に主に従事。

［主要著作］「EU競争法における昨年の規制改革の動向」N&A ニューズレター（2023年）、「米国M&A最新動向　米国司法省による新セーフハーバー・ポリシーの発表」N&A ニューズレター（2023年）

鈴木剛志（すずき　たけし）＊＊　　Ⅲ2

アンダーソン・毛利・友常法律事務所　外国法共同事業　パートナー弁護士

2006年京都大学法学部卒（法学士）2007年〜2011年外国法共同事業法律事務所リンクレーターズ勤務。2012年〜2014年公正取引委員会事務総局経済取引局企業結合課、Wilson Sonsini Goodrich & Rosati 勤務。公正取引委員会および海外法律事務所での勤務経験を活かして、国内外の競争法案件（とりわけ、国際カルテル案件および企業結合審査案件）を専門的に取り扱っている。

［主要著作］「GCR Insight - The Asia-Pacific Antritrust Review Merger Control（Japan Chapter）」（Law Business Research, 2024）、「The Merger Control Review（Japan Chapter）」（Law Business Research, 2024）、『企業結合ガイドライン』（商事法務、2014年）〔共著〕

伊藤伸明（いとう　のぶあき）＊＊　　Ⅲ3

長島・大野・常松法律事務所　パートナー弁護士

2009年名古屋大学法科大学院修了（J. D.）。2016年米国コロンビア大学ロースクール修了（LL. M.）。2016年〜2017年、2019年 Ashurst（London）勤務。2017年〜2019年公正取引委員会事務総局経済取引局企業結合課勤務。公正取引委員会では、多数のM&Aの

審査および企業結合ガイドラインの改正に関与し、現在は国内外の独占禁止法案件を中心として企業法務全般を取り扱う。

[主要著作]「苦手意識を克服！独禁法・競争法の最重要テーマ20：企業結合規制／企業結合審査の強化／ガン・ジャンピング」ビジネス法務2024年4月号、「The International Comparative Legal Guide to: Merger Control（Japan Chapter）」（Global Legal Group Limited, 2024）、「新日鐵住金株式会社による山陽特殊製鋼株式会社の株式取得に関する審査結果について」公正取引823号（2019年）〔共著〕

水野幸大（みずの こうだい）　　Ⅲ3

長島・大野・常松法律事務所　アソシエイト弁護士
2019年早稲田大学法学部卒業。

第7章　ファイナンス分野のリサーチ ——————————

宮下優一（みやした ゆういち）＊　　Ⅰ1・Ⅱ1・2(3)・Ⅲ3

長島・大野・常松法律事務所　パートナー弁護士
2009年京都大学法科大学院修了（J. D.）。2016年米国UCLAロースクール修了（LL. M.）。2016年Thompson Hine LLP（New York）勤務。2016年〜2017年SMBC日興証券株式会社資本市場本部エクイティ・キャピタル・マーケット部勤務。キャピタルマーケット分野を中心に取り扱い、IPO、公募増資、社債、サステナブルファイナンス、企業情報開示等の豊富な経験を有する。

[主要著作]『IPO実務検定公式テキスト〔第8版〕』（中央経済社、2024年）〔共著〕、「In-Depth：Sustainable Finance Law - Edition 2（Japan Capter）」（Law Business Research, 2023）〔共著〕、『ESG法務』（金融財政事情研究会、2023年）〔共著〕

吉澤　優（よしざわ ゆう）＊　　Ⅰ2・6・7・Ⅱ2(2)・Ⅲ2

アンダーソン・毛利・友常法律事務所 外国法共同事業　パートナー弁護士
2011年東京大学法科大学院修了（J. D.）。国内大手金融機関のプロジェクト・ファイナンス部門への出向経験を有し、プロジェクト・ファイナンス、PFI、不動産ファイナンス、ストラクチャード・ファイナンス等の金融取引を中心に、各種エネルギー・インフラ案件についても幅広く取り扱っている。

諸井領児（もろい りょうじ）＊　　Ⅰ3〜5・Ⅱ2(1)・Ⅲ1

西村あさひ法律事務所・外国法共同事業　パートナー弁護士
2004年東京大学法学部第一類卒業、2006年慶應義塾法科大学院修了（J. D.）。2015年米国ノースウェスタン大学ロースクール修了（LL. M.）。不動産ファイナンス案件や、再生可能エネルギー関連のプロジェクトおよびそれに係るプロジェクト・ファイナンス案件に

おいて、投資家から金融機関に至るまで国内外のクライアントを幅広く代理している。

［主要著作］「The International Comparative Legal Guide to: Real Estate 2014（Japan Chapter）」（Global Legal Group, 2014）〔共著〕、「再エネ法のもとでの太陽光発電事業に係るプロジェクトファイナンス」金融法務事情1952号（2012年）〔共著〕、『東京都の温室効果ガス規制と排出量取引』（白揚社、2010年）〔共著〕

増田亮太（ますだ りょうた）　　I 3〜5・II 2 (1)・III 1

西村あさひ法律事務所・外国法共同事業　アソシエイト弁護士

2018年一橋大学法学部卒業、2020年早稲田大学法科大学院修了（J. D.）。

第8章　金融規制分野のリサーチ ─────────────

高山　徹（たかやま　とおる）＊　　I・III 2 (1)〜(5)(7)(9)(14)

長島・大野・常松法律事務所　パートナー弁護士

2009年慶應義塾大学法科大学院修了（J. D.）。2017年米国デューク大学ロースクール修了（LL. M.）。2017年〜2018年金融庁検査局総務課・金融証券検査官、2018年〜2019年金融庁総合政策局リスク分析総括課・金融証券検査官等を歴任。金融レギュレーション、危機管理、リスクマネジメント、コンプライアンスに関する問題を中心に、金融庁での勤務経験を活かし、金融機関に関する案件を幅広く取り扱う。

［主要著作］「各種ガイドラインをふまえた態勢整備 金融機関のコンプライアンス・リスク管理」ビジネス法務2022年9月号、「『コンプラアイアンス・リスク管理に関する傾向と課題』の概要」金融法務事情2122号（2019年）〔共著〕、『営業責任者 内部管理責任者必携（会員・特別会員共通）』（日本証券業協会、2013年〜2015年）〔共著〕

高田隆平（たかた　りゅうへい）　　I・III 2 (1)〜(5)(7)(9)(14)

長島・大野・常松法律事務所　アソシエイト弁護士

2020年東京大学法学部卒業。2022年早稲田大学大学院法務研究科修了。

青木俊介（あおき　しゅんすけ）＊　　II・III 1・2 (6)(8)(10)〜(13)

アンダーソン・毛利・友常法律事務所　外国法共同事業　パートナー弁護士

2006年東京大学法科大学院修了（J. D.）。2013年米国ニューヨーク大学ロースクール修了（LL. M.）。2013年〜2014年Sullivan & Cromwell法律事務所NYオフィス勤務。金融規制、フィンテック、キャピタルマーケッツ案件を専門とする。金融規制にかかわる最先端の動向を踏まえ、特に新規性が高く分野横断的な案件（デジタル証券案件等）に関し国内外の依頼者に対し助言を行う。

［主要著作］『メタバースと法』（金融財政事情研究会、2024年）〔共著〕、「Chambers Global Practice Guides' on Fintech 2023（Japan）- Law & Practice」（Chambers and Partners, 2023)、『暗号資産・デジタル証券法』（商事法務、2020 年）〔共著〕

村井恵悟（むらい けいご）　　Ⅱ・Ⅲ 1・2 (6)(8)(10)〜(13)

アンダーソン・毛利・友常法律事務所 外国法共同事業　アソシエイト弁護士

2015 年慶應義塾大学法学部卒業。2020 年〜2022 年金融庁企画市場局市場課出向。国内外の金融機関・フィンテック事業者に対して金融規制法全般に関する助言を行う。

[主要著作]『デジタル通貨・証券の仕組みと実務〔第 2 版〕』（中央経済社、2024 年）〔共著〕、「金融商品取引業者等の最良執行方針等に係る関係政府令の改正の概要」商事法務 2297 号（2022 年）〔共著〕

中島庸元（なかしま のぶもと）　　Ⅱ・Ⅲ 1・2 (6)(8)(10)〜(13)

アンダーソン・毛利・友常法律事務所 外国法共同事業　アソシエイト弁護士

2020 年東京大学法学部卒業。2022 年東京大学法科大学院修了（J. D.）。

第 9 章　税務分野のリサーチ

遠藤　努（えんどう つとむ）*

長島・大野・常松法律事務所　パートナー弁護士

2009 年東京大学法科大学院修了（J. D.）。2016 年英国ケンブリッジ大学修了（MCL）、2017 年オーストリア・ウィーン経済大学修了（LL. M. in International Tax Law）。国際取引や組織再編取引等に関する税務アドバイス・プランニング案件に数多く取り組んでいるほか、移転価格税制や国際的な組織再編に関する紛争事案を含む多くの税務争訟案件において納税者を代理している。

[主要著作]『詳解 web 3・メタバースビジネスの法律と実務』（商事法務、2024 年）〔共編著〕、「外国子会社合算税制における適用除外記載書面の確定申告書への添付の意義」ジュリスト 1571 号（2022 年）

長谷川雄一（はせがわ ゆういち）

長島・大野・常松法律事務所　アソシエイト弁護士

2020 年東京大学法学部卒業。2021 年東京大学法科大学院（司法試験合格により）退学。

第 10 章　労働法分野のリサーチ

秋月良子（あきづき りょうこ）*

森・濱田松本法律事務所 外国法共同事業　カウンセル弁護士

2006 年京都大学法学部卒業。2008 年京都大学法科大学院修了。2009 年〜2020 年髙井・岡芹法律事務所にて執務。経営法曹会議会員。使用者側の人事労務分野を専門とし、紛争

対応、行政機関対応、会社規則類の制定・改正対応、企業再編案件等を取り扱う。

[主要著作] 『2024年版 年間労働判例命令要旨集』（労務行政研究所、2024年）〔共著〕、『雇用調整の基本』（労務行政、2021年）〔共著〕、『判例解説 解雇・懲戒の勝敗分析』（日本加除出版、2020年）〔共著〕

渡邉悠介（わたなべ ゆうすけ）

森・濱田松本法律事務所 外国法共同事業 アソシエイト弁護士

2017年京都大学法学部卒業。2018年京都大学法科大学院（司法試験予備試験合格により）退学。紛争局面・平時対応ともに、労働法務分野に関する案件を幅広く取り扱う。

[主要著作] 『2024年版 年間労働判例命令要旨集』（労務行政研究所、2024年）〔共著〕、「サイバーセキュリティ×労働法——セキュリティ目的でのモニタリングと雇用管理上の諸論点」NBL1268号（2024年）〔共著〕、『退職・再雇用・定年延長』（労務行政、2021年）〔共著〕

第11章 知的財産法分野のリサーチ ━━━━━━━━━━

粂内将人（くめうち まさと）＊ Ⅰ・Ⅲ2・3

長島・大野・常松法律事務所 パートナー弁護士

2005年東京大学法学部卒業、2009年大阪大学法科大学院修了。2017年カリフォルニア大学ロサンゼルス校ロースクール修了（LL. M.）、2017年〜2018年 Kirkland & Ellis LLP（シカゴ）勤務。主な業務分野は知的財産法、不動産、ヘルスケア等。ライフサイエンス分野をはじめ、様々な業種の企業に対し、知財関連取引等、企業法務全般にわたって幅広く助言を行っている。

[主要著作] 『ヘルステックと法』（金融財政事情研究会、2023年）〔共編著〕、「医療データの利活用について」リーガルマインド2023年9月号〔共著〕、「空間デザイン（建築物・内装）の意匠登録についての考察と実務上の留意点」ARES不動産証券化ジャーナル2023年7・8月号〔共著〕

小槻英之（おつき ひでゆき） Ⅰ・Ⅲ2・3

長島・大野・常松法律事務所 アソシエイト弁護士

2013年東京大学法科大学院修了（J. D.）。2022年米国ニューヨーク大学ロースクール修了（LL. M.）。2022年〜2023年 Munger, Tolles & Olson LLP LAオフィス勤務。

[主要著作] 「令和2年著作権法改正と企業法務実務」NBL 1181号（2020年）〔共著〕、『取引ステップで考える実践的M&A入門』（商事法務、2017年）〔共著〕

山内真之（やまのうち まさゆき）＊ Ⅱ・Ⅲ1

アンダーソン・毛利・友常法律事務所 外国法共同事業 パートナー弁護士

2004 年慶應義塾大学大学院理工学研究科卒業、2007 年東京大学法科大学院（法務博士
（専門職））。2013 年米国 Stanford Law School（LL. M.）。知的財産関連業務およびライフ
サイエンス等の先端技術に関する法律業務に携わり、医薬関係、農薬、半導体、液晶表示
技術、印刷技術、3D プリント技術、通信関連技術等の侵害訴訟案件・ライセンス交渉案
件・共同開発案件・技術移転案件を取り扱う。
［主要著作］『医薬・ヘルスケアの法務〔第 2 版〕』（商事法務、2020 年）〔共著〕、『実務
で役立つ 世界各国の英文契約ガイドブック』（商事法務、2019 年）〔共著〕

第 12 章　危機管理実務のリサーチ ━━━━━━━━━━

沼田知之（ぬまた ともゆき）＊　　Ⅰ・Ⅱ 1・2・Ⅲ 3
西村あさひ法律事務所・外国法共同事業　パートナー弁護士
2004 年東京大学法学部卒業、2006 年東京大学法科大学院修了。企業の危機管理、独占禁
止法対応を専門とする。贈収賄、品質・検査不正、個人情報／営業秘密の漏洩、粉飾決
算・インサイダー取引等の金商法違反、環境法令違反、反社会的勢力問題など多数の案件
で、事実調査、行政当局・刑事当局対応（公取委の確約手続、日本版司法取引への対応を
含む）、マスコミ・投資家・消費者対応、原因究明、再発防止策の立案等を含む戦略的な
対応を行う。
［主要著作］『資本・業務提携の実務〔第 3 版〕』（中央経済社、2024 年）〔共著〕、『役
員・従業員の不祥事対応の実務〔改訂版〕』（第一法規、2024 年）〔共著〕、『条解独占禁止
法〔第 2 版〕』（弘文堂、2022 年）〔共著〕

辺　誠祐（へん ともひろ）＊　　Ⅱ 3〜5・Ⅲ 1・2
長島・大野・常松法律事務所　パートナー弁護士
2008 年神戸大学法学部卒業、2010 年京都大学法科大学院修了。2017 年米国デューク大
学ロースクール修了（LL. M.）。コンプライアンス・危機管理・企業不祥事対応、人事・
労働法務、民事・商事争訟等を中心に、企業法務全般に関するアドバイスを提供している。
コンプライアンス関連業務については、平時の内部統制・コンプライアンス体制の構築か
ら、有事の事実調査・危機対応まで、著名な案件を含め豊富な経験を有している。
［主要著作］『M&A を成功に導く 法務デューデリジェンスの実務〔第 4 版〕』（中央経済
社、2023 年）〔共著〕、「海外子会社のコンプライアンス体制」月刊監査役 714 号（2020
年）、『不祥事対応ベストプラクティス』（商事法務、2015 年）〔共著〕

高井志穂（たかい しほ）　　Ⅱ 3〜5・Ⅲ 1・2
長島・大野・常松法律事務所　アソシエイト弁護士
2018 年東京大学法学部卒業、2020 年東京大学法科大学院修了。

第13章　情報・データ（個人情報保護）分野のリサーチ ——————

北山　昇（きたやま のぼる）＊

森・濱田松本法律事務所　外国法共同事業　パートナー弁護士

2010年東京大学法科大学院修了。2021年ジョージタウン大学ローセンター（National Security Law LL. M.）卒業。2017年から2019年4月まで個人情報保護委員会事務局にて法令解釈、日EU間の十分性認定の交渉等を担当した後、2019年5月から2020年6月までBird & Bird法律事務所（独仏白）で執務。個人情報、ITおよびサイバーセキュリティ等の案件を多く手掛ける。

［主要著作］『個人情報保護法』（商事法務、2024年）〔共著〕、『グローバルデータ保護法対応Q&A100』（中央経済社、2024年）〔共著〕

城戸賢仁（きど たかのり）

森・濱田松本法律事務所　外国法共同事業　アソシエイト弁護士

2017年京都大学法学部卒業、2019年京都大学法科大学院法学研究科研究科修了。2023年から個人情報保護委員会に任期付公務員として赴任中。赴任前は、主に個人情報保護法に関する案件や金融機関のコンプライアンスに関する案件等を取り扱っていた。

［主要著作］「預金業務に関連する個人データの第三者提供・開示」金融法務事情2214号（2023年）、『グローバルデータ保護法対応Q&A100』（中央経済社、2024年）〔共著〕

第14章　国際通商分野のリサーチ ——————

平家正博（へいけ まさひろ）＊　　Ⅰ・Ⅱ4・6・8

西村あさひ法律事務所・外国法共同事業　パートナー弁護士

2005年東京大学法学部卒業、2007年東京大学法科大学院修了。2015年米国ニューヨーク大学（LL. M.）修了。2016年〜2018年経済産業省通商機構部国際経済紛争対策室（参事官補佐）。国内外の企業・政府相手に、WTO/FTA、貿易救済措置、貿易管理、関税・原産地関係、通商政策等、国際通商分野全般を手がける。近時は、サプライチェーン上の人権・環境・経済安保の問題も、幅広く手がけている。

［主要著作］「Chambers Global Practice Guides - International Trade 2024（Japan chapter）」（Chambers and Partners, 2024）、『人権・環境・経済安全保障——国際通商規制の新潮流と企業戦略』（商事法務、2023年）〔共編著〕、「『ビジネスと人権』の実務」（商事法務、2023年）〔共著〕

小川　慶（おがわ けい）　　Ⅱ4

西村あさひ法律事務所・外国法共同事業　アソシエイト弁護士

2017年東京大学法学部卒業。アンチダンピング等の国際通商分野、国内外の企業結合審査をはじめとする競争法分野に従事。各種規制対応や、ガバナンス、コンプライアンス体

制の構築支援にも携わる。

堀　裕彌（ほり ひろや）　Ⅱ6

西村あさひ法律事務所・外国法共同事業　アソシエイト弁護士

2021年東京大学法学部卒業。国内の企業・官公庁を相手とするWTO政府調達協定、同補助金協定、貿易救済措置、通商政策等に関連する国際通商業務に従事。このほか、国内外の企業結合審査対応、私的独占、不公正な取引方法など競争法分野の業務にも携わる。

児玉みさき（こだま みさき）＊　　Ⅱ1〜3・5

森・濱田松本法律事務所 外国法共同事業　外国弁護士

2005年名古屋大学法学部卒業、2007年名古屋大学大学院国際開発研究科博士前期課程修了。2009年ベルン大学 World Trade Institute, Master of International Law and Economics 修了、2014年米国フォーダム大学（LL. M.）修了、2014年名古屋大学大学院国際開発研究科博士後期課程修了。2010年〜2011年在ジュネーブ日本政府代表部（専門調査員）、2014年〜2018年 Shearman & Sterling LLP 勤務、2018年〜2023年経済産業省通商機構部国際経済紛争対策室（参事官補佐）。WTO協定、関税・EPA/FTA、アンチダンピング、政府調達、貿易と開発、輸出管理、経済安全保障、ロシア制裁など、国際通商／経済安全保障に関する幅広い業務を扱う。

[主要著作]「経済的威圧と企業活動」国際商事法務52巻2号（2024年）

宮岡邦生（みやおか くにお）＊　　Ⅱ5・7

森・濱田松本法律事務所 外国法共同事業　パートナー弁護士

2004年東京大学工学部卒業、2007年東京大学法科大学院修了。2013年米国コロンビア大学（LL. M.）修了。2014年〜2016年経済産業省通商機構部国際経済紛争対策室（参事官補佐）、2017年〜2020年世界貿易機関（WTO）上級委員会事務局法務官。WTO/FTA、貿易救済、輸出管理、経済制裁、経済安全保障推進法対応、ビジネスと人権、環境・気候変動など、国際通商／経済安全保障全般を扱う。

[主要著作]『国際通商法実務の教科書』（日本加除出版、2024年）、『経済安全保障時代の対抗措置』（文眞堂、2024年）〔共著〕、『国際通商秩序の地殻変動』（勁草書房、2022年）〔共著〕

第15章　外為法分野のリサーチ ─────────────

桜田雄紀（さくらだ ゆうき）＊

西村あさひ法律事務所・外国法共同事業　パートナー弁護士

国内外の投資審査（FDI）対応、輸出管理、経済制裁、セキュリティ・クリアランス等の外為・経済安全保障関連案件を多数手掛ける。財務省国際局にて大臣官房企画官として執

務し、2020 年の外為法改正の立案・運用強化、対ロシア制裁などに携わった経験や、シンガポールにて執務し、国際 JV・建設契約／紛争・コンプライアンス案件などに広く対応した経験も有する。慶應義塾大学法学部卒業、UCLA ロースクール修了（LL. M.）。

［主要著作］『詳解外為法——対内直接投資等・特定取得編』（商事法務、2021 年）〔共編著〕、「Chambers Global Practice Guides - International Trade 2024（Japan chapter）」(Chambers and Partners, 2024)、『人権・環境・経済安全保障——国際通商規制の新潮流と企業戦略』（商事法務、2023 年）〔共著〕

企業法務のリーガル・リサーチ

2025 年 3 月 10 日 初版第 1 刷発行
2025 年 5 月 15 日 初版第 3 刷発行

編集代表	髙宮雄介
	小林和真呂
	鈴木剛志
	伊藤伸明
発行者	江草貞治
発行所	株式会社有斐閣
	〒101-0051 東京都千代田区神田神保町 2-17
	https://www.yuhikaku.co.jp/
装　丁	高野美緒子
印　刷	株式会社理想社
製　本	大口製本印刷株式会社
装丁印刷	株式会社亨有堂印刷所

落丁・乱丁本はお取替えいたします。定価はカバーに表示してあります。
©2025, Yusuke TAKAMIYA, Kazumaro KOBAYASHI, Takeshi SUZUKI,
Nobuaki ITO
Printed in Japan ISBN 978-4-641-12657-2

本書のコピー、スキャン、デジタル化等の無断複製は著作権法上での例外を除き禁じられています。本書を代行業者等の第三者に依頼してスキャンやデジタル化することは、たとえ個人や家庭内の利用でも著作権法違反です。

JCOPY 本書の無断複写（コピー）は、著作権法上での例外を除き、禁じられています。複写される場合は、そのつど事前に、(一社)出版者著作権管理機構(電話03-5244-5088, ＦＡＸ03-5244-5089, e-mail:info@jcopy.or.jp)の許諾を得てください。